# ERDOGAN RISING

The Battle for the Soul of Turkey

Hannah
Lucinda Smith

# 艾爾多安的崛起

一場為了信仰、權力、國際地位，
建構土耳其靈魂的新戰爭

漢娜・露辛達・史密斯——著
譯——林玉菁

獻給我的父親，他播下繁多種實。

# 目次

導讀

# 看見土耳其的強人——艾爾多安

陳琬喻——《轉角國際》、《大誌》專欄作家

在每一場大大小小的選舉中可以發現，領導土耳其二十年的政治強人雷傑普·塔伊普·艾爾多安只要站上造勢會場的舞台，底下搖旗吶喊的支持群眾，甚至是收看新聞轉播的反對人士，無一不佩服艾爾多安天生的舞台魅力與演講功力。艾爾多安總能吸引媒體的注意力，佔據國內外新聞媒體的版面，並朝著他心中的「新土耳其」目標不計一切代價地前進。

## 帶領土耳其走過二十年

回首過去二十年的政績，艾爾多安集褒貶功過於一身。土耳其在他的領導之下，在經濟層面上不僅曾創下經濟成長率九點六％的佳績，還成功還清所有國際貨幣基金（ＩＭＦ）的債

務，被國際信評與投顧公司列為高發展潛力國家；但也曾經發生里拉暴跌二十%，通貨膨脹與失業率雙雙居高不下，又強勢插手央行決議，撤換與自身理念不合的央行總裁引發外資出走的危機。在國內政治層面上，艾爾多安無疑是選舉的常勝軍，擁有大批的追隨者與支持群眾；但同時他也面對昔日黨內戰友一一出走另組政黨的威脅，長期沒有得到改善的國內庫德族與敘利亞新移民問題，更是艾爾多安棘手的內政問題。除此之外，土耳其與他國在外交層面上從未停止過的合作與衝突，更是區域政治的重要變因。艾爾多安可以讓土耳其是北約組織中軍事第二強大的國家，成為美國在中東最有力的盟友；也可以轉身與伊朗和俄羅斯開啟三國會談，針對敘利亞內戰問題提出共識，牽制歐美強權。

## 土耳其是前進？還是倒退？

促使艾爾多安崛起的背後力量來自於長期被自由派壓迫的在地保守派，對於保守派來說，艾爾多安是位虔誠愛民又為土耳其的國家利益奮鬥的領袖。是他讓這些保守派可以重新有尊嚴地戴上頭巾，自由地進入學校與國會。讓自由可以真正落實在每一個族群，而不只是符合狹隘的西方視角而已。但緊縮國際記者報導權與國內反對派發聲管道的那雙手，同時也來自於艾爾多安。艾爾多安的擁護者認為這是在與西方列強和恐怖組織對抗中的必要之惡；但在自由派的眼中，他們深怕嘗到至高無上權力所帶來的甜頭而「嗜甜成癮」的艾爾多安，無法再容忍任何反對聲音，會讓那些希望土耳其更好的菁英灰心出走，終究導致土耳其共和國愈走愈退步。

## 土耳其利益的維護者

艾爾多安在政治舞台上，一手拿著守護土耳其利益與伊斯蘭價值的蜜糖，另一手則是執著用來壓制國內外反對聲音的鞭子，雙手並用一路鞏固權力至今。土耳其人民對於艾爾多安有著複雜的情感，可說是又愛又恨這位伊斯蘭保守派領導。二〇一五年之後，土耳其經歷了恐怖攻擊與政變的威脅，國內經濟也長期沒有起色，人們將對大環境與經濟的不滿怪罪於艾爾多安，反對的聲音即使在受限的國內媒體環境下也愈來愈大聲。但在面對西方與周遭國家的威脅時，人民卻多半認為只有強勢的艾爾多安，才能在各國覬覦之下保全土耳其，維護屬於土耳其的利益。

從本書作者漢娜・露辛達・史密斯在擔任特派記者的實地觀察中，可以深入地貼近每一個在土耳其發生的重要事件。不僅可以從事件的歷史脈絡中去了解這位政治強人的崛起與發展，更能透過訪談紀錄，了解到來自不同族群與派系的人們最真實的想法。這些珍貴的資料，都讓我們在了解土耳其文化與政治外交上，可以有更深一層的認識。

# 地圖

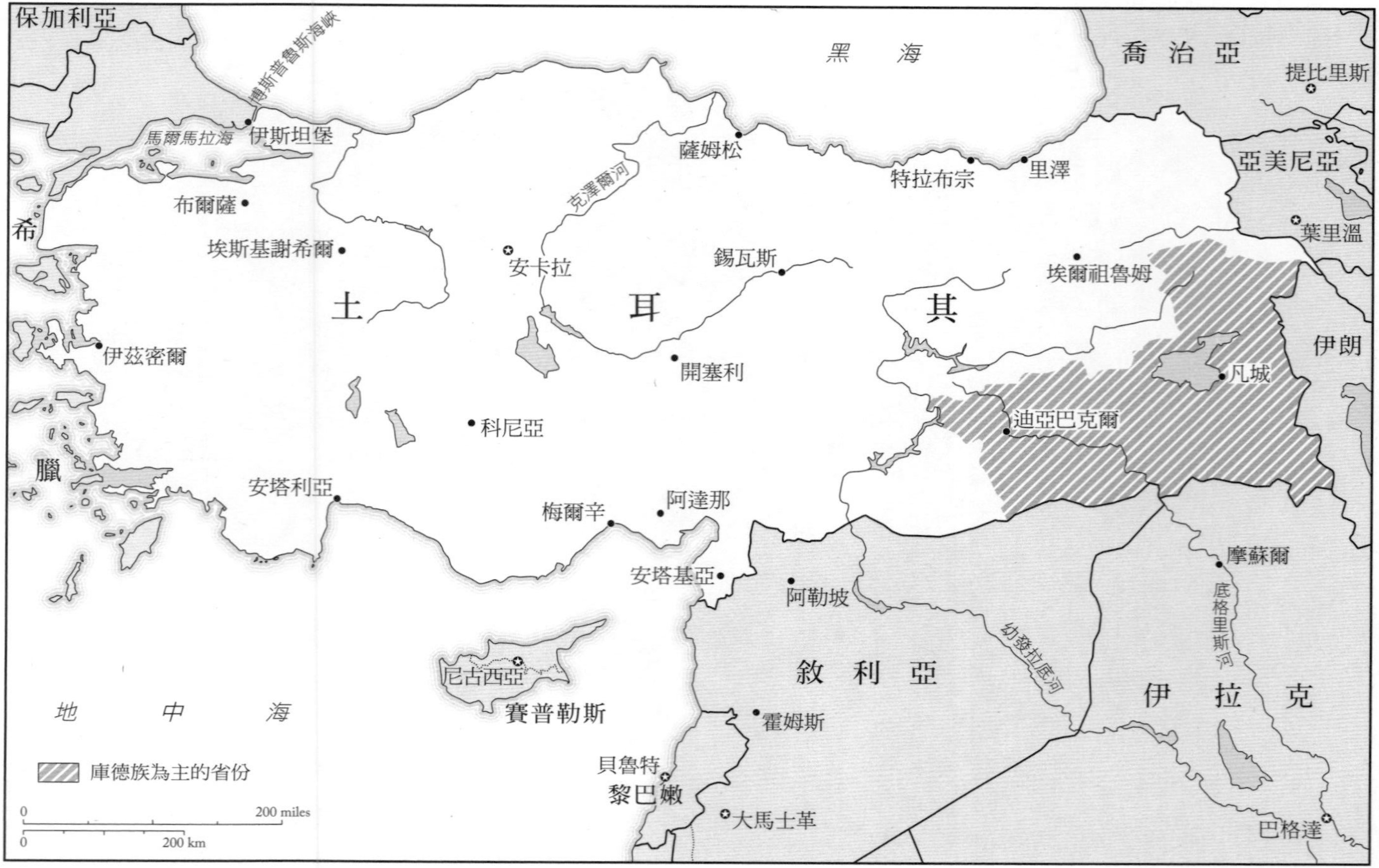
保加利亞
博斯普魯斯海峽
黑海
喬治亞
提比里斯
馬爾馬拉海
伊斯坦堡
薩姆松
克澤爾河
特拉布宗
里澤
亞美尼亞
布爾薩
希
埃斯基謝希爾
安卡拉
錫瓦斯
埃爾祖魯姆
葉里溫
土
耳
其
伊朗
伊茲密爾
開塞利
凡城
科尼亞
迪亞巴克爾
臘
安塔利亞
梅爾辛
阿達那
摩蘇爾
安塔基亞
阿勒坡
底格里斯河
幼發拉底河
尼古西亞
敘利亞
伊拉克
地中海
賽普勒斯
霍姆斯
庫德族為主的省份
貝魯特
黎巴嫩
大馬士革
巴格達
0
200 miles
0
200 km

地圖一：土耳其地圖

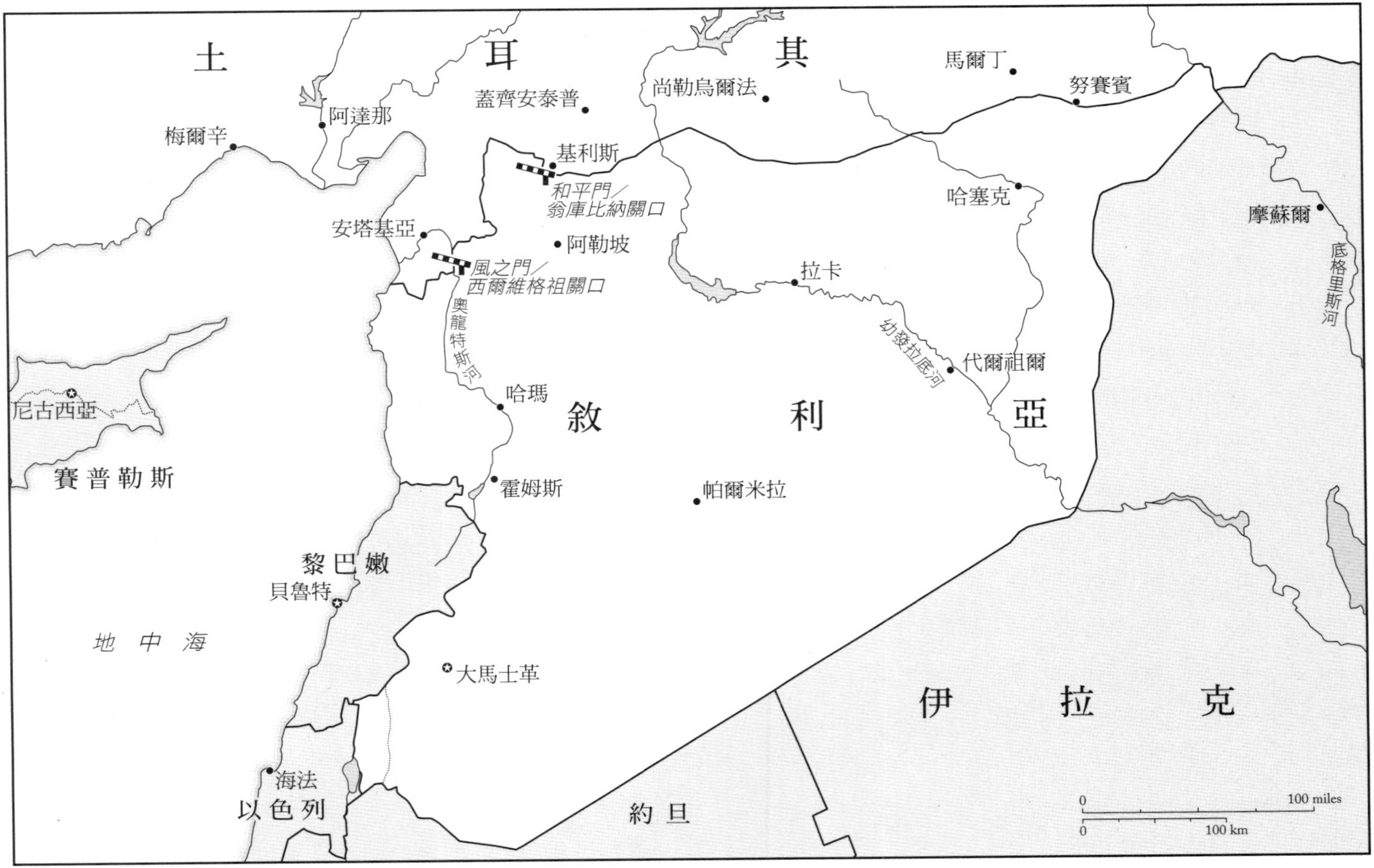

地圖二：敘利亞與土耳其邊界地區地圖

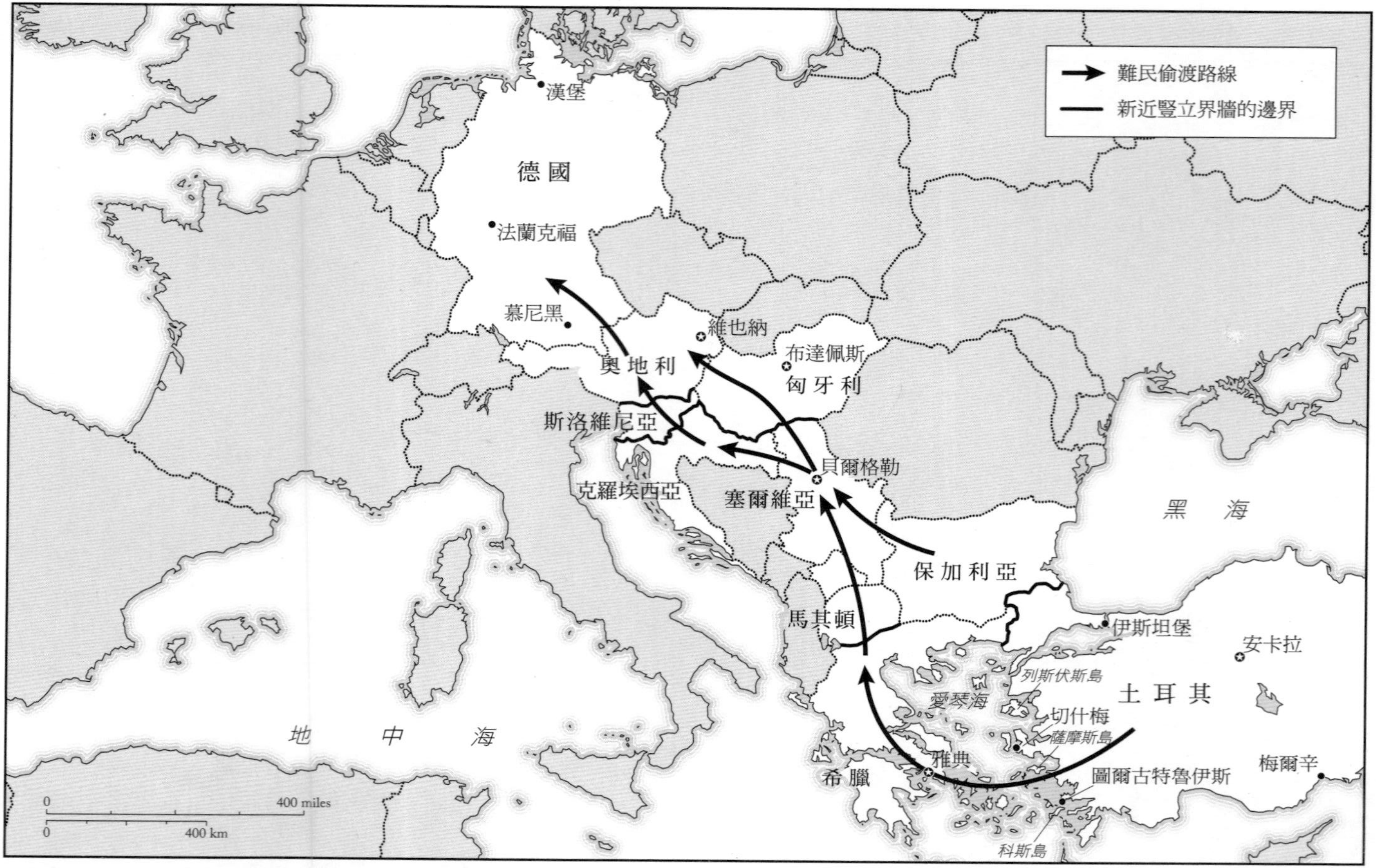


地圖三：從土耳其進入歐洲的難民偷渡路線地圖

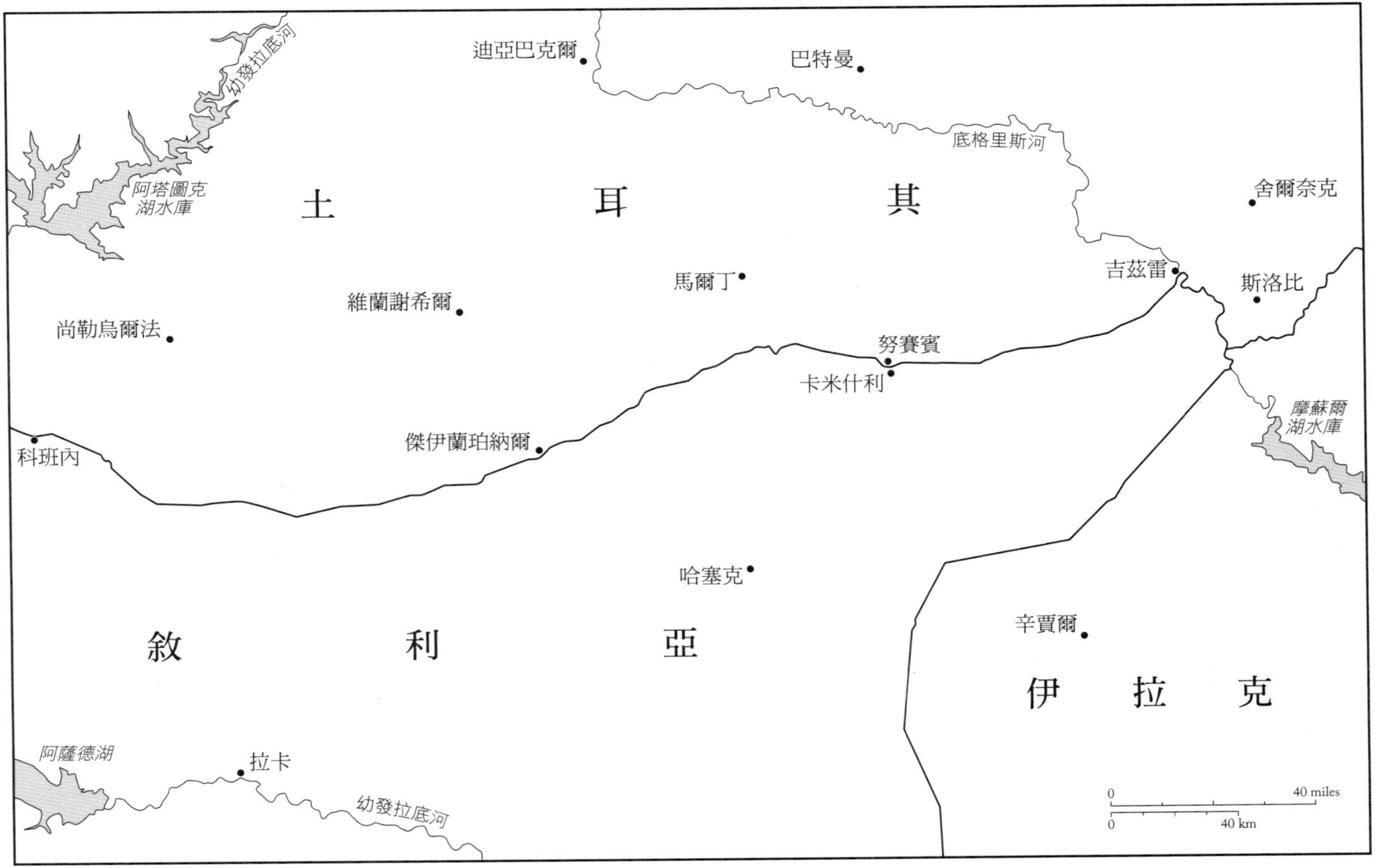


地圖四：土耳其、伊拉克與敘利亞之間的庫德族區域地圖

耶希爾皮納許
居爾泰佩
哥克蘇
阿爾納弗科伊
蓋奇歐斯曼巴沙
希什利
七月十五
烈士大橋
琴蓋爾柯伊
貝希克塔什
塔克辛
廣場
卡森柏沙
切格梅科伊
百瑞巴沙
博斯普魯斯海峽
巴拉特
於斯屈達爾
奇西克里
烏姆拉尼耶
法蒂赫
伊斯坦堡
費蒂赫
塔特立蘇
歐亞海底隧道
卡迪科伊
澤廷布努
阿塔謝希許
馬爾馬拉海
0
2 miles
0
2 km

地圖五：伊斯坦堡地圖

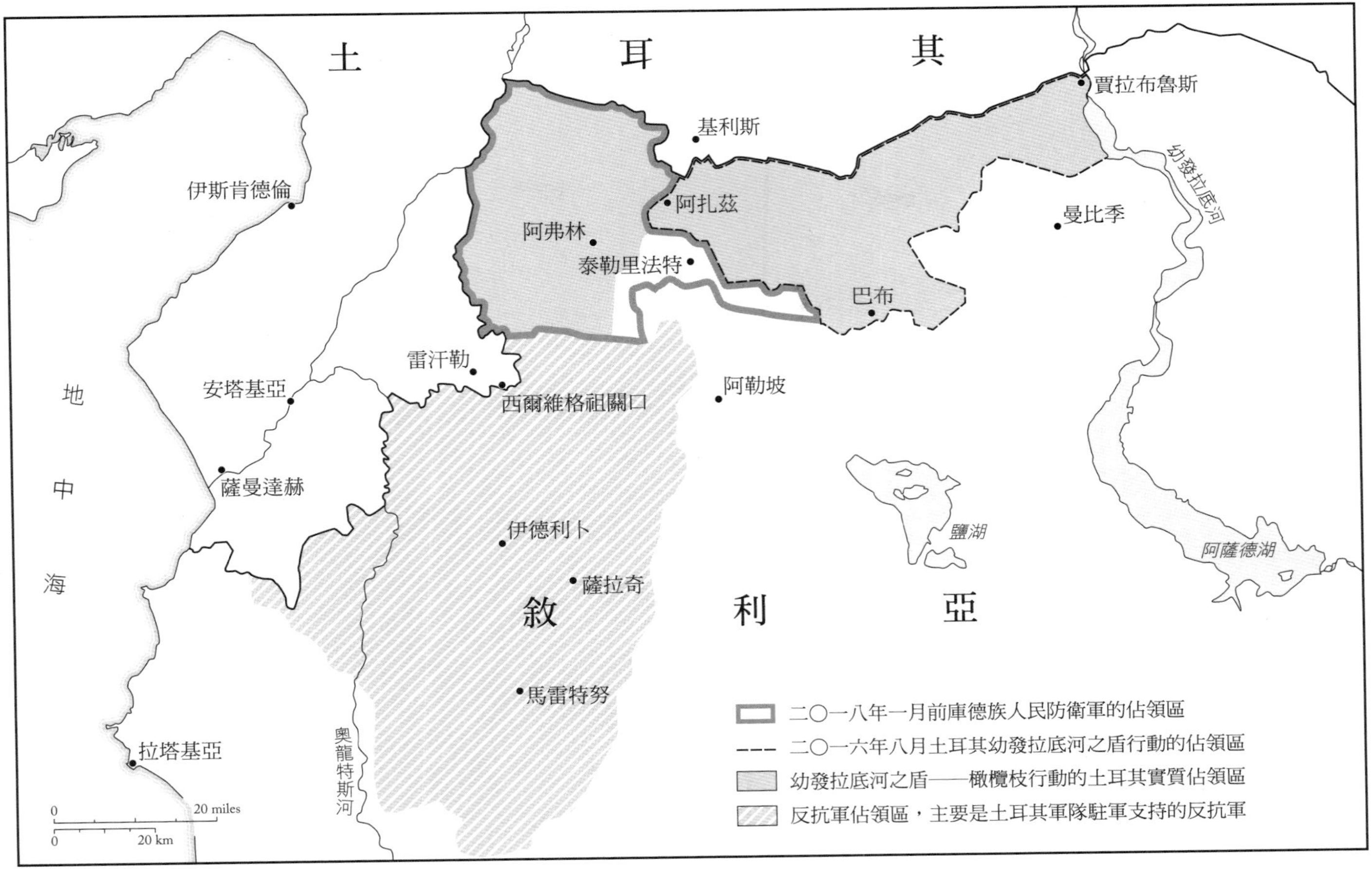
土
耳
其
賈拉布魯斯
基利斯
伊斯肯德倫
阿扎茲
曼比季
阿弗林
泰勒里法特
幼發拉底河
巴布
雷汗勒
阿勒坡
安塔基亞
西爾維格祖關口
地
中
海
薩曼達赫
伊德利卜
鹽湖
阿薩德湖
薩拉奇
敘
利
亞
馬雷特努
二〇一八年一月前庫德族人民防衛軍的佔領區
二〇一六年八月土耳其幼發拉底河之盾行動的佔領區
幼發拉底河之盾——橄欖枝行動的土耳其實質佔領區
反抗軍佔領區，主要是土耳其軍隊駐軍支持的反抗軍
拉塔基亞
奧龍特斯河
0
20 miles
0
20 km

地圖六：敘利亞北部的土耳其軍隊戰鬥區地圖

# 人物介紹

## 艾爾多安派

| | |
|---|---|
| 雷傑普・塔伊普・艾爾多安（Recep Tayyip Erdoğan） | 土耳其總統、前總理與前伊斯坦堡市長 |
| 貝拉特・阿爾貝伊拉克（Berat Albayrak） | 艾爾多安的女婿，經濟部長（已於二〇二〇年十一月卸任） |
| 胡賽因・貝斯里（Hüseyin Besli） | 艾爾多安的文膽 |
| 阿赫麥德・達夫托赫魯（Ahmet Davutoğlu） | 外交部長，後來成為土耳其總理 |
| 納吉梅汀・埃爾巴坎（Necmettin Erbakan） | 救國黨黨魁，艾爾多安的第一個政黨 |
| 阿布杜拉・居爾（Abdullah Gül） | 艾爾多安的早期盟友，前土耳其總統 |

易卜拉欣·卡林（İbrahim Kalın）　艾爾多安的發言人
希拉爾·卡普蘭（Hilâl Kaplan）　挺艾爾多安派的記者
艾洛爾·歐裘克（Erol Olçok）　媒體化妝師

**反對派**

穆斯塔法·凱末爾·阿塔圖克（Mustafa Kemal Atatürk）　土耳其共和國創建者
賽拉哈汀·戴米爾塔許（Selahattin Demirtaş）　庫德族政治領袖
穆哈瑞姆·因傑（Muharrem İnce）　二〇一八年總統大選時艾爾多安的對手
凱末爾·克利其達洛赫魯（Kemal Kılıçdaroğlu）　反對黨黨魁

**敵人**

費圖拉·葛蘭（Fethullah Gülen）　伊斯蘭神職人員，被控為政變圖謀者
阿布杜拉·鄂嘉蘭（Abdullah Öcalan）　庫德族武裝團體庫德工人黨領袖

# 黨派與武裝組織列表

**正義與發展黨**（**Adalet ve Kalkınma Partisi**）：艾爾多安的政黨，中間偏右的伊斯蘭政黨。

**共和人民黨**（**Cumhuriyet Halk Partisi**）：凱末爾的政黨及主要反對黨，由凱末爾．克利其達洛赫魯領導，偏左的世俗主義政黨。

**敘利亞自由軍**（**Free Syrian Army**）：反對敘利亞總統巴沙爾．阿薩德（Bashar al-Assad）的主流武裝團體。一開始為民族主義者，後來遭到伊斯蘭主義者滲透掌握。不同時期受到土耳其、卡達、沙烏地阿拉伯、美國、英國與其他歐洲國家支持。

**人民民主黨**（**Halkların Demokratik Partisi**）：由賽拉哈汀．戴米爾塔許領導的主要庫德族團體。

**伊拉克與敘利亞的伊斯蘭國**（**Islamic State of Iraq and Syria**）：主要由外國戰士組成的極端伊斯蘭團體，透過土耳其進入敘利亞。一開始獲得敘利亞自由軍接納，後來轉而對抗敘利亞自由軍，並奪取反抗軍佔領的大片敘利亞區域。

**支持陣線（Jabhat al-Nusra）**：蓋達組織（Al-Queda）在敘利亞的分支。主要由敘利亞的伊斯蘭主義者組成，多數與敘利亞自由軍並肩作戰。二〇一二年十二月被美國列為恐怖組織。

**救國黨（Milli Selâmet Partisi）**：一九七〇年代主要的伊斯蘭主義政黨，也是艾爾多安的第一個政黨，由反對西方的伊斯蘭主義者納吉梅汀・埃爾巴坎領導。一九八〇年政變後關閉。

**庫德工人黨（Partiya Karkerên Kurdistan）**：阿布杜拉・鄂嘉蘭於一九七八年成立的庫德族民兵，八四年開始在土耳其東南部發動起事。在土耳其、歐盟及美國遭到查禁。

**福利黨（Refah Partisi）**：埃爾巴坎的新政黨，一九八〇及九〇年代主要的伊斯蘭主義政黨。一九七年政變後關閉。

**人民防衛軍（Yekîneyên Parastina Gel）**：庫德工人黨的敘利亞側翼。成立於二〇〇四年，在敘利亞衝突期間嶄露頭角。土耳其列為恐怖組織；與美國合作對抗伊斯蘭國。

「然而土耳其政治這門學問如此卑鄙可恥，即便最好的畢業生也難全身而退。」

——T・E・勞倫斯《智慧七柱》（*Seven Pillars of Wisdom*）

# 引言

## 二〇一六年七月

距離叛變士兵試圖暗殺他不到四十八小時的時間，艾爾多安已經在此重回舞台。太陽西下，禮拜召喚聲響起，總統抹下眼中淚水。

「艾洛爾是我的老朋友，」他開口，卻說不下去。「我沒辦法談太多。真主至大。」艾洛爾．歐袞克是艾爾多安的廣告高手，他最信任的媒體化妝師、忠誠的朋友。前一天晚上，他是首批衝往博斯普魯斯大橋的人之一，現在他的屍體躺在我們眼前的棺木裡。

對歐袞克一家、艾爾多安或土耳其，一切再也回不去了。兩晚之前，坦克車塞滿大橋，天際滿是戰機。軍隊反叛艾爾多安；艾爾多安的步兵也很快上街，艾洛爾．歐袞克則站在第一線。赤裸胸膛的年輕男性與戴著頭巾的女性肩並肩，在這仲夏午夜裡，站在機槍火線之前；其他人則躺在坦克履帶前進的路徑上。隨著時勢逆轉，對這群政變將領不利，袒胸大汗的艾爾多安派憤怒青年則抽下皮帶，鞭笞投降的政變步兵。伊斯坦堡夏日的完美晨光照亮了他們扭曲的臉龐；光燦破曉籠罩著橫跨兩大洲的都市。這些影像數分鐘內傳遍社群媒體。他們如此美麗，也如此恐怖。

政變雖然遭到鎮壓，代價卻相當慘重。兩百六十五人死於這個血腥夜晚，半數都是以艾爾多安之名對抗政變的平民。士兵對著橋上抗議者開火時，艾洛爾．歐裘克與十六歲的兒子阿布杜拉（Adbullah）遭到槍殺。還有數千人受傷。由於策動政變的嫌疑人仍舊抗拒逮捕，因此還有零星駁火；巡弋的 F-16 戰機引擎聲震動伊斯坦堡的天際。整個週末，街頭奇異地杳無人聲；土耳其人待在室內，盯著新聞祈禱。

死者包含一名當地市長，他試圖與士兵說話時，胃部近距離中彈；還有艾爾多安其中一位幕僚的哥哥；另外是政府派報紙《新黎明報》（Yeni Şafak）的知名專欄作家。特戰士兵組成的攻堅隊伍衝進艾爾多安當時正在度假的地中海度假村，準備必要時殺了他，卻以分毫之差錯失良機。

艾爾多安已經返回伊斯坦堡，與死亡擦肩而過的他，似乎並未留下任何痕跡。他將士兵趕回軍營，並宣稱政變企圖是「神的禮物」，讓他終於可以清除這些試圖摧毀國家的人。當他前往伊斯坦堡亞洲側一間清真寺中舉行的艾洛爾．歐裘克葬禮，向數千群眾致詞時，已有六千人遭到拘押。當伊瑪目（*imam*）為艾洛爾及其子祈禱時，懇求真主道：「請保護我們免於受過教育者的邪惡。」

一股重量壓在土耳其身上。每晚，塔克辛廣場（Taksim Square）充滿大批艾爾多安的支持者，他們現身確保敵人不會再來。數天之內宣布了緊急狀態，每天都有數千名同謀嫌疑人遭到逮捕。遭指控的領導人頭上纏著繃帶，頂著黑眼圈，在國家電視頻道示眾。

私底下，朋友們談起他們的憂慮。「共和國再見了」，一通簡訊這樣寫著。「民主再見」。

我住的伊斯坦堡街區中心，通常無時無刻充滿街頭小販、計程車司機與妓女的叫喊聲，政變後的早晨卻幾近無聲；人行道空蕩蕩，交通少到僅剩幾輛車。走在空蕩街頭，我遇到的唯一人群，是週六總站在主街上販售黑白明信片的幾名女性。通常土耳其國父凱末爾的低解析度照片要價五里拉。今天，一名燙著金色捲髮的中年婦女靜靜地將一張塞進我手裡。

「老天，這實在是個黨派的國家。」幾天後，我的朋友尤素夫說，他仍舊感到震驚，試著了解眼前的一切。「就像零年[1]的耶路撒冷。」

二〇一六年七月之後的那幾年，艾爾多安對敵手的鎮壓持續膨脹，扭曲的勝選及啟人疑竇的戰爭故事，填滿了我的報紙專欄方寸之間。我一再遭遇同樣的問題：「西方為什麼不斷絕跟艾爾多安的往來？將他棄絕在外，讓他跟土耳其自生自滅？」

背後的理由相當複雜，但答案很簡單：我們不能放棄土耳其，因為土耳其跟艾爾多安都至關重要。拋開東方遇到西方的古老過時想法——土耳其的重要性遠大於此。這個國家一側接壤歐洲，另一側則是中東，第三側面對前蘇聯，吸收緩衝了各個區域的混亂動盪。蘇聯時期，土

1 譯註：Year Zero，原指法國大革命期間，廢除法國王制後，國民議會頒布新曆，宣稱一七九二年為第一年。後用於一九七五年柬埔寨在赤柬掌權後，完全摧毀揚棄舊制，以新的革命文化取而代之。

耳其接收欲脫離共產極權統治的東歐集團難民。蘇聯帝國崩潰時，它成為貧窮的前蘇聯人尋求工作的地方，有錢人則來此派對狂歡。此刻，隨著中東陷入愈顯擴張的動盪，土耳其更是全世界最大的難民收容國，接納了來自敘利亞、伊拉克、阿富汗與其他國家的五百萬難民。

土耳其是G20會員國，被視為世界上最大的經濟體之一。它擁有北大西洋公約組織（NATO）裡人數第二多的軍隊；隨著俄羅斯擴張主義總統弗拉基米爾．普丁（Vladimir Putin）的崛起，這個西方軍事聯盟發現自己正被捲入新冷戰中。超過六百萬的海外土耳其人，是這個國家與地球各國貿易談判時的街頭大使。土耳其不是偏遠的孤立國家，隔絕於世界之外。它是全球安全繁榮的重要一員。

千年來，現代土耳其立國的這塊土地，由於是貿易路線與文明的交點，而不斷遭到覬覦爭搶。若要親眼見證，只消在伊斯坦堡新機場的高聳天花板下，花一個小時看看過往旅客。這座機場是艾爾多安愈發浮誇奢華的公共建設中最大型的計畫。二〇一九年四月啟用，土耳其政府宣稱到了二〇二二年將有超過兩億人經過這座機場，讓它成為世界上最大最繁忙的交通熱點，旅客人數將是亞特蘭大機場的兩倍，倫敦希斯洛機場的二點五倍。走過免稅購物區，你會看到全身裹在黑布裡只露出眼睛的海灣國家阿拉伯婦女，旁邊則是不顧建議穿著無袖上衣短褲、曬傷到發亮的英國人。你會看到綁著雷鬼辮子的背包客，打扮時髦的俄羅斯公主；時機若對時，還會看到裹著白布的伊斯蘭朝聖者前往麥加（Mecca）。你會看到寬扁的亞洲臉孔，以及裹上亮麗印花布、像雕像一般的非洲女士。土耳其就位在這一切的中心。

然而它也位於全球化錯誤那一側的旅程中心——從中東及非洲出發的非法偷渡路線，穿越土耳其及愛琴海前往歐洲。伊斯坦堡後巷茶店裡，另一種旅遊市場蓬勃發展，不比伊斯坦堡新機場的售票大廳遜色。此地，穿著皮夾克的猥瑣男人對絕望的人開出致命價格。偷渡者通往歐洲的門票不保證存活，卻比閃亮新機場的廉價航空貴上許多。

因此試想，若艾爾多安讓土耳其完全背離西方，或這個國家陷入全面混亂，將會發生什麼情況。例如二〇一五年從土耳其海岸湧向希臘，希望到歐洲尋求新生活的大批人潮？那只能算小巫見大巫。發展中世界裡還有千百萬人仍舊熱切想要走上這趟旅程，崩潰的土耳其將是他們的後門。倘若更糟的，土耳其內部發生重大衝突或經濟崩潰？不只是數十萬或數百萬土耳其人會加入湧向歐洲的行列，精明領袖如俄羅斯的普丁，將會很快利用混亂，擴張自己的領土與影響力，一如他在敘利亞所為。

艾爾多安不是笨蛋。他很清楚自己的重要性，也玩弄這一點，經常試探西方盟友的底線。有時看似脫離常軌，實際上卻是個精明的政治操弄者，早在唐諾．川普（Donald Trump）上台的十五年前，就開始雕琢自己的民粹主義品牌。倘若西方國家想要圍堵控制艾爾多安——倘若他們想維持土耳其穩定並與世界接軌，就得這麼做——首先得先了解這個人。此外，還得了解他憑什麼能獲得許多土耳其人的愛戴。

他有什麼好愛戴的？表面上來看，並不多。艾爾多安住在擁有上千房間的宮殿群——阿克薩瑞宮（Aksaray，又稱白宮）中，他就任總統後就開始興建這處宮殿。他與追隨者都喜歡浮誇的歷史裝扮。跟巴勒斯坦總統馬赫穆德．阿巴斯（Mahmoud Abbas）的新聞合照裡，他站在阿克薩瑞宮的大階梯上，士兵穿著不同時期的鄂圖曼帝國服飾列隊夾道。雖然經常宣揚自己的工人階級出身，並自詡為對抗菁英的社會低階代表，他的妻女卻穿著歐洲名牌的高級訂製服飾。

艾爾多安領導的政黨，正義與發展黨是土耳其民主史上最成功的政黨，雖然該黨從未贏得超過百分之五十的選票。艾爾多安本人站在土耳其政壇頂峰的時間，超過這個國家歷史上的任何其他領袖。二〇〇三年成為總理後，他就開始壓制軍隊權力，改寫國家憲法，重塑外交關係，並比任何當代世界領袖更擅長玩弄分而治之的政治。

艾爾多安的權力掌控經常看起來搖搖欲墜，然而每次將國家送進票匭時，他都能贏得勝利。正是這種持續的威脅感——害怕他可能會被驅逐，導致一切回到他上台之前的情況——不斷鼓舞著他的支持者。他並非巴沙爾．阿薩德（Bashar al-Assad）或普丁，運用造假或壓倒性選舉勝利來緊握權位。艾爾多安之所以能持續主導土耳其，大幅度地同時仰賴著厭恨他與崇拜他的人。為了讓自己贏得更多熱情，他必須向基層支持者展現出有人想隨時推翻他，而且很可能成功。他們也必須感受到持續性威脅，如此一來，當他在新一輪危機中勝出時，才能讓粉絲感受到強大的狂喜浪潮。這類危機確實不少。

土耳其正式上仍舊是歐盟成員候選國，然而身為派駐這個國家的報紙特派員，我仍被警察拘留過兩次，吸過的催淚瓦斯已不復記憶，當我試著跟敘利亞難民交談時，也遭到土耳其坦克以砲塔相對。當時，這些難民正要逃離關閉邊界之後肆虐的暴力。從我家前門，我看著這個稱之為家的國家，在民主、新聞自由與人權的排名上直線下降。就像土耳其其他記者，我也經常重新調整說話的界線。我能笑嗎？我能批評嗎？質疑呢？土耳其的外國媒體圈中總是瀰漫著入監或遣返的威脅，但對土耳其記者來說，這些都是現實。目前有六十八名左右的土耳其記者關在牢裡，是世界上關押記者數目最高的國家。此外還有數萬名學者、反對運動者、在任政治人物、以及所謂的政變謀劃者，都關在監獄中等待審判，很可能要花上數年才會進入法院審理程序。你開始理解到土耳其已經變成一個什麼樣的國家，雖然尋求便宜度假的觀光客，可能還是會被疲軟里拉（lira）與湛藍大海所吸引，開心地攜家帶眷在此過上兩週。當旅行團湧入全包式度假村，喜愛冒險的週末遊客探索伊斯坦堡頗具氣氛的後巷時，土耳其人正看著自己的存款銳減、食物價格陡升，孩子們瘋狂尋求離開土耳其的機會。

在艾爾多安緊縮的獨裁政權下寫作與生活，得跟腦中的聲音共存。每次你送出一篇文章，或跟陌生人談笑時，那聲音會問：你確定要這樣說？你看著自己的抽菸社交活動，快速變成深夜在窗前獨享的隱蔽日常習慣；早晨會看著鏡子，發現眉間的憂慮細線已經畫下一道深溝。獨裁也攪亂了你的性生活；讓你碰到每個人時，心裡會先刷過一串疑問：他們穿的是什麼？他們從哪來？他們為誰工作，我能相信他們到什麼地步？這些日子以來我聽到鄰居經常爭吵，也在伊斯坦堡街頭看見更多鬥毆。熱愛現狀的土耳其人，喜歡挑釁其他人。憎恨現狀的土耳其人，則喜歡跟他們碰到的西方人吐苦水——這是他們僅存少數安全的共鳴板。從「你在土耳其住多久了？」開展的對話，通常會繞到「你到底為什麼還在這裡？」擔憂電話是否遭到監聽、公寓是否遭到監視的壓力，讓腦袋的運作慢了下來，變成令人疲累的分心焦慮，直到某個時間點，你會發現所有跟朋友的對話都回到政治。雖然有許多憤世嫉俗的諷刺幽默材料，卻沒有一件在你笑完之後，還能讓你覺得開心。住在這個體系裡，就是看著你認識的人遭到權力與金錢誘引，開心追求的過程中拋棄了自己的道德指針——換句話說巴結奉承你討厭的人——為了生存你不得不如此，然後你也開始厭惡自己。

這一切都會纏到你身上，等你發現自己在注視什麼的時候，已經太遲了。直到政變企圖之後，我才清楚看見一直以來發生的事——土耳其搖搖欲墜的民主墮落成一人統治，艾爾多安國度的黎明升起。當我專注在日常新聞的細節、敘利亞戰爭及歐洲難民危機時，他的掌控已經無所不入，導致他跟國家已經不可分離，國家也跟民族不可分離。此刻，面對每位待在土耳其的記者都會問的永恆問題，我會說答案是只要不涉及艾爾多安，談笑、質疑與批評都可以。然而在如此單一壟斷的國家中，其實也沒有留下太多討論空間。

我看著艾爾多安與土耳其經歷七場選舉、幾十次恐怖攻擊、一場政變企圖、一場內戰、外交失利、跟歐洲相互謾罵、大規模街頭抗議、難民潮湧入與大規模公部門人員清算。每一次我都認為「就是這一次了，這次他一定會完蛋」，他總是以更強壯的姿態勝出。

我必須承認，土耳其總統給了我某些絕佳的寫作材料。雖然我經常希望自己可以還給他。

艾爾多安是最早的後現代民粹主義者。他掌權十七年，最近一次選舉在二〇一八年六月，這表示他至少將持續掌權到二〇二三年。已經有一整代土耳其人不太記得或完全不清楚艾爾多安之前的時代，產生了許多值得對手擔憂之處。他們憂慮他悄悄在土耳其推動伊斯蘭化，這個國家曾經是最鐵桿的世俗主義國家。他們指出他在東部強烈鎮壓庫德族反抗者，數萬人遭到殺害或流離失所；還有他跟敘利亞某些意識形態可疑的武裝反抗團體之間的親密關係。曾視艾爾多安為「寶貝」的歐洲人，現在也開始將他當作討人厭的青少年。每次他威脅開放邊界，允許數萬移民搭著便宜塑膠船穿過愛琴海時，距離土耳其海岸一步之遙的希臘小島居民，只能摒住呼吸集體焦慮。

我花了六年時間觀察艾爾多安，跟他的追隨者談話，感覺風向。我每天都想著他，多數日子裡會寫到他，即便我們從未見過面。但我並不是一開始就想做個艾爾多安的觀察者，甚至也沒想過當土耳其特派員。

二〇一三年初，我從倫敦搬到土耳其南方與敘利亞交界的安塔基亞（Antakya）小城，開展自由戰地記者的生涯。鄰國的戰火讓安塔基亞變成瘋子、武器販子、難民與記者的繁忙巢穴。敘利亞反抗軍從阿薩德總統軍手上奪得附近兩處邊界通道，我花了一年時間，來回穿越邊界，進入敘利亞，報導日益嚴重的大屠殺。然而隨著敘利亞陷入黑暗，同事們開始在黑幫與伊斯蘭民兵手中失蹤，記者們開始從安塔基亞撤離。跟著多數敘利亞記者群，我也北遷到伊斯坦堡；這裡沒什麼大事。

二〇一三年春天，從一小群環保示威演變成艾爾多安職涯所面對最嚴重的街頭抗爭——曾經大規模的蓋齊公園抗爭——現在已經流於伊斯坦堡上流街區四散的左派論壇。他們是一群開心的抗爭者，任何人都可以站上肥皂箱，群眾則舉手搖晃以示讚賞，而非鼓掌（後者下流且過火）。我懷疑他們能給艾爾多安帶來多少不快？蓋齊公園抗爭一年後，小規模街頭抗議成為伊斯坦堡首要的運動形式，主角僅剩一小群似乎享受著催淚彈伺候的死忠者。我訪問過一名學生領袖，談到即將發生的抗議是「跟警察發生衝突」，彷彿這是整件事情的重點。示威抗議如此常見且可預料，因而變成了某種累贅，而非新聞。那一年有好幾次在我睡覺時，催淚瓦斯滲進了臥室。

我感到無趣而悲傷。我離開了敘利亞，那是我跨越國土、投入許多精力的故事。我渴望有一天能回去，再度在敘利亞報導。當時我在安塔基亞有個交往對象是敘利亞人，一半的時間都跟他一起。現在回想起來雖然奇怪，但伊斯坦堡實在沒什麼可寫的。

然而有一天我突然陷入愛河。搭乘深夜廉價航空從安塔基亞返回伊斯坦堡途中，當飛機大幅橫跨都市下降時，我望向窗外。博斯普魯斯海峽兩側的黑色疤痕上，數百萬星星點點的燈火，勾勒出海岸形狀、交通壅塞的道路、大橋與宮殿。從上方俯視，這座邋遢城市閃耀著光芒，我突然很慶幸回到這裡；每次在伊斯坦堡上空「請繫安全帶」燈亮時，我仍有這股感覺。我花了六個月時間、從敘利亞的放逐中發現，我來到了這個全世界最美、最憂鬱且迷人的城市。我漸漸不再南下安塔基亞，跟敘利亞人的關係也慢慢淡掉。

因此，是機緣而非出自個人判斷，當新聞開始紅起來的時候（那些爆炸案、跟歐洲的外交謾罵以及對艾爾多安的高度興趣），我成了少數以土耳其為根據地的全職記者。幾個月過去，我發現即便是最老套且不重要的土耳其消息，只要多少牽涉到艾爾多安，都能成為頭條。我特別有印象的一條是關於他的妻子埃米內（Emine），在演講中認為鄂圖曼蘇丹的後宮——容納大群潛在性對象之處——可視為女性主義的堡壘。西方媒體全都瘋了，即便有一派嚴肅的學術討論可能同意埃米內的意見。對艾爾多安的興趣，及土耳其逐漸上升的動亂，很快讓我獲得

《泰晤士報》的常態報導工作。

我發現自己也受他吸引。我第一次看見艾爾多安本人，並不是為了報導，只是人剛好在附近，也對他有興趣。二〇一三年五月，當時我仍住在安塔基亞，兩顆汽車炸彈襲擊了另一個住有數千名敘利亞難民的土耳其邊境小城雷汗勒（Reyhanlı）。這是敘利亞衝突的首度外溢攻擊事件，死亡慘重：五十二人死亡，小城中心整個炸開。燒焦的肉體殘塊後來在排水溝中被發現，可見爆炸威力之嚴重。部分敘利亞人跨過邊境返回戰區，害怕他們若留下來，將很快面對當地人的憤怒。一週後，艾爾多安前往雷汗勒對人民發表演說。因為雷汗勒距離安塔基亞只有半小時路程，我也決定前往。

跟後來幾年的景象相比，眼前的群眾規模小且冷靜，艾爾多安的演講也頗節制。但那一天我注意到一些未來會一再看見的事：明顯由國內各地巴士運送來的數百人；黨內志工發送旗幟與棒球帽，在電視螢幕上呈現一片紅海景象；出現的人似乎更想靠近艾爾多安，勝過關心雷汗勒發生的事。

四年後，二〇一七年一個清冷的五月早晨，我再次看到他時，跟那次低調事件可謂天差地別。一個月前，他剛在憲法公投中險勝，將行政權由國會轉到總統手中，正義與發展黨在安卡拉（Ankara）的主要籃球館中舉行黨大會。上午八點鐘我坐下時，整個場地充滿為他們英雄高歌的年輕男性。艾爾多安預計在中午時分上台，重新出任黨魁一職。三年前他辭任總理，隨後當選總統時，象徵性辭去黨魁一職。因為根據當時古老但現已揚棄的憲法，國家元首應維持政治中立。實際上，他從未鬆脫對政黨的掌握。他持續在國會大選中為正義與發展黨助選，也公開驅逐膽敢脫離他路線的總理。

正義與發展黨的黨大會展現出驚人的政治奇觀。群眾中有人打扮成鄂圖曼蘇丹，旁邊坐著庫德族女性，握著布條宣布自己來自東部小鎮舍爾奈克（Şırnak），最近才在土耳其安全部隊與庫德族民兵的激戰中遭到屠殺。「一切為了祖國！」他們大喊，就像中東人在婚禮中常出現的大吼，奇異地歡慶自己的家園淪為廢墟。音響不間斷播放音樂，不斷重複的有限清單中包含鄂圖曼軍樂及公投行動主題曲〈是的，理所當然〉（Yes, of course）。其中，獲得群眾大聲合唱的「東不拉」（*dombra*）式歌曲，高頌著艾爾多安，更是臉不紅氣不喘的阿諛主題曲。「他是被壓迫者的聲音，他是靜默世界的高聲。雷傑普．塔伊普．艾爾多安！」歌曲由此展開，接下來的四節重複類似的主題。

艾爾多安在妻子與女婿陪同下，準時進入籃球館；多數人相信時任能源部長的貝拉特．阿爾貝伊拉克將是熱門的繼承人選。講台四周策略性擺上一桶桶紅色康乃馨，讓艾爾多安進行勝利繞場時可以投擲給熱情的群眾。台上的灰髮男士朗讀枯燥的黨職候選人名單時，明顯無人聞問。在黨務大位上，艾爾多安是唯一的候選人，這也是唯一重要的議程。

跟其他陷入強人統治的國家相比，土耳其顯得與眾不同。它擁有不只一個，而是兩個，也許還有三個或四個同時存在的個人崇拜群體。

上升中的艾爾多安派，我親眼見證它的演化。還有阿布杜拉．鄂嘉蘭，他是庫德工人黨反社會的祖父型領袖。從一九九九年就被關進島上監獄，但他仍擁有一大群國內及海外庫德族追隨者。除了土耳其的庫德工人黨外，敘利亞、伊拉克與伊朗也有相關民兵團體奉他之名發動戰鬥。他的吸引力甚至延伸到西方左派——他們深深被他在婦女平權及無政府主義的理念所吸引，願意無視於他的槍手與婦女造成的重大傷亡。當最新一輪和平進程在二〇一五年夏天破局時，我前往土耳其南部山區訪問鄂嘉蘭的弟弟。我聽說他是個睿智之人，針對惡名昭彰的手足，可以給我中肯的敘述。穆罕默德·鄂嘉蘭（Mehmet Öcalan）自家種植的無花果甜美誘人，但訪問卻很快轉入了奇詭的方向。他試著說服我，透過神通的力量，那位關在個人隔離監的兄弟知道中東地區每天發生的事，同時還能延伸掌握控制。整個過程中，他以庫德語的「領袖」（*Serok*）稱呼對方，從不稱他為阿布杜拉或「我的兄弟」。

此外還有曾經存或仍然存在的費圖拉·葛蘭。這位形容枯槁的伊斯蘭教神職人員自一九六〇年代起，就主導了一群祕密追隨者網絡。九〇年代起，他一直流亡深居美國賓州一處高度警戒的隱蔽牧場，直到最近他的信徒佔據了土耳其行政機關、警察及司法機關的高位。他們運用自己的權位霸凌、懲罰反對者，最主要的是對伊斯蘭祕密教派在自己國家掌握大權而感到不安的世俗派人士。艾爾多安與葛蘭曾是某種盟友，直到二〇一三年兩派遽然分裂，並在國內掀起個人戰爭。艾爾多安指控葛蘭籌謀了二〇一六年的政變。直到現在，光憑任何時刻以任何方式與葛蘭運動掛上關係的指控，就能毀了一個土耳其人的人生。

最後，還有穆斯塔法·凱末爾·阿塔圖克——土耳其共和國的國父——以及可能是唯一能夠嚴肅挑戰艾爾多安的人，雖然阿塔圖克已經死了八十一年。阿塔圖克，或至少是仍舊活躍在今日土耳其人想像中的阿塔圖克，幾乎代表了艾爾多安厭惡的一切，反之亦同。他是個鐵桿的世俗主義倡議者，面對其他國家時採取不侵略的態度，更代表著與歐洲及西方結盟的土耳其。

阿塔圖克一直是土耳其英雄，但也逐漸成為艾爾多安反對者集結的中心。二〇一七年憲法公投前夕，我住的伊斯坦堡街區（百分之八十一的人投票反對艾爾多安集權一身計畫的世俗主義堡壘）變成一處以阿塔圖克為靈感的露天藝術展區。軍事主義與阿塔圖克的主題曲〈伊茲密爾進行曲〉（Izmir March），也成了「反對」運動的非正式主題曲。在土耳其內外都很常聽到艾爾多安的批評者哀嘆他如何拆解了阿塔圖克的遺產。

也許比起阿塔圖克長存的影響力，更說明了反對派此時的狀態。這一派無疑將會持續，但裂縫已經開始顯現。艾爾多安統治期間，過去沉默、厭惡阿塔圖克及其所代表一切的人，發現他們終於可以發聲了。這些人主要是貧窮的穆斯林、在阿塔圖克無情的世俗主義下失勢的人，雖然其中也包含對任何毫無克制的崇拜感到不快的自由派。但那些曾支持削減阿塔圖克遺產的人，現在也對艾爾多安支持者的造神行動感到不安。因此，土耳其成了炫目的培養皿：觀察一派個人崇拜興起，隨著另一派緩緩衰落。

六年之間，我走遍這個廣大多元、經常令人疑惑，卻永遠驚豔的國家之每個角落，也報導過伊拉克、敘利亞與東南歐洲邊界的動亂。一路上我跟政治家、罪犯、警察、計程車司機、軍閥、旗幟小販、難民等人對話，我的筆記中充滿各種角色，足以讓我寫上好幾年。但在艾爾多安身上，我發現了作家所渴望的、最引人入迷的角色。

然而促使我開始寫作此書的，並非政變企圖，即便那場政變充滿了所有好萊塢的戲劇張力與頭版注意力。二〇一六年七月那一晚只是序曲，為之後揭櫫的真正悲劇設定場景。政變失敗一週年的偉大慶典完整揭露了艾爾多安累積的個人崇拜程度後，我開始寫作本書。十一個月後，我完成第一版手稿時，他已經透過總統選舉鞏固權力，並將在位直到二〇二三年。屆時，他將掌握土耳其長達二十年。

故事雖以這兩個事件完結，但核心的整段期間內，我就坐在舞台第一排，眼睜睜看著土耳其沉淪。二〇一三年初抵達此地時，我以為自己會停留幾週報導敘利亞情勢，然後返回倫敦生活。艾爾多安才剛開始從有瑕疵但可以忍受的民主派，倒向無情獨裁的民粹主義者。兩年內，他已經變成全世界都聽過的可恨人物，接著他帶著這個國家邁入數十年來最混亂的時期。二〇一五至一六年的十八個月中，土耳其經歷難民危機、一波波恐怖攻擊、庫德族區域新一輪暴力衝突以及政變企圖。此後，就算多數土耳其人似乎返回了某種日常穩定與正常生活，艾爾多安卻進一步鞏固了他的權位，更強力鎮壓反對者。

要挑出敘事線索並不容易：他的路徑不總是平穩或清晰。多重劇情線同時展開，線性交會又再度繞回自身。境外事件的影響竄過邊界，強化了土耳其國內滋長的力量。同時間，艾爾多安向人民高舉他扭曲的世界觀，就像一面哈哈鏡。寫作同時，我在整個書架上的土耳其及敘利亞採訪筆記中來來回回，試著講出我所見證之事。我重讀舊日記，打電話給老朋友，在過去二十五年來的剪報中撒網撈針，還「洗劫」了《泰晤士報》的歷史文獻庫。

我的談話對象包括歷史與政治學者，還列出一張超長清單，包含外交官、艾爾多安陣營內線、政策遊說者、顧問與反對黨，並一一聯繫，在具名或不具名的情況下接受訪問。多數人不理我，部分拒絕我。同意接受採訪者多半以不具名為條件，每個人都對這幅艾爾多安與土耳其圖像畫上一筆。部分人名經過變更，通常是為了保護本人或家人仍在敘利亞境內的人。其他狀況中，我僅以名字或職位來指涉受訪者。由於這個國家的現況，我無法向多數助我寫作此書的人致謝；希望未來更好的時刻，我能夠展現我的謝意。

故事裡有條模糊的時序，然而土耳其從來不能以單一時序來理解。為了了解現在，你必須連結到過往；為了分析艾爾多安與他的追隨者，你也必須熟悉其他共享舞台的小角色。近代歷史記憶在艾爾多安的土耳其，已然成為一種反叛行動；在他依自己的喜好重新塑造這個國家的同時，記憶遭到抹去，事件被重寫。到了二〇二三年下一輪選舉預定舉行時，舊的內閣制記憶已經淡去，四十歲以下的人從未參加過哪次選舉，是艾爾多安或他的政黨未曾奪得某種勝利。

因此，在土耳其官史將一切抹去之前，我試圖以本書記錄我的見證；就像歷史贏家總是塗抹掉他們不喜歡的一切。這一切從政變企圖後的一年開始：在高舉領袖的激昂群眾之間；當這個國家開始相信自己所說的謊言之時。

# 第一章　兩個土耳其，兩方陣營

## 二〇一七年七月
## 政變一週年

豐滿的老奶奶、苗條的年輕女性、八字鬍大叔跟強壯厚實的男人，他們彷彿融為一體般移動，全都在頭頂高舉著土耳其國旗。我就身處這條紅河之中。當我掙脫人流，爬上跨越公路的陸橋俯瞰，他們看起來就像一幅點畫中的微小畫點。我瞇起眼睛，飄揚的紅旗融為一股悸動的巨大量體。

賽爾甘以幽默期待的眼神，看著他們魚貫通過。

「布猶倫～～！」（*BUYURUUUUUN!*）他大喊；這種土耳其街頭小販的叫賣聲，約可翻譯為「來買喔！」

一個家庭停下腳步看看他攤在人行道上的商品，簡單的攤位上排著廉價T恤、棒球帽與髮帶，上面印著一張嚴肅的臉，有著濃眉與修剪整齊的鬍鬚，通常會出現在一排諂媚標語之下：

我們的總司令！
我們的總統！
土耳其挺你！

賽爾甘以自己為模特兒，穿上整套裝備，圓潤泛紅的臉龐戴上棒球帽，中年肚腩上繃著一件T恤，還有各種手環及圍巾，爆炸性地全都穿上身。友善的笑容跟嚴厲的艾爾多安印刷頭像格格不入。

「這只是生意，」客人離開後他坦承，「我在各家政治場合都做生意，但現在就屬艾爾多安產品的生意最好。」

幾公尺外人行道上的另一個小販薩瓦什進一步說明。

「也許是因為買艾爾多安產品的人比較年輕。」他提出看法：「但在艾爾多安場子賣的量，是其他場的六或七倍。」

他是對的。土耳其的年輕人是總數最大也最沮喪的年齡層，在七月夜晚塞滿尋常伊斯坦堡街區的群眾中格外顯眼。這裡也有家庭，以及圍著頭巾的大膽年輕女性，穿梭在緊密的團體間。其中之一揮舞著印刷標語：「我們有艾爾多安，他們沒有！」但跟著人潮移動愈久，我就愈誤以為自己要去參加足球賽。

今晚，街道屬於這些人——艾爾多安的狂熱粉絲——歡慶政變失敗一週年。槍聲沉靜下來的那一天起，就為艾爾多安開啟了道路，以奪取更多權力。對這些群眾來說，狂歡是有理由的。我們正朝向伊斯坦堡的象徵之一——這座跨越博斯普魯斯海峽的優雅大橋，日落時分會亮起數千盞顏色變幻的浪漫燈光。我最喜歡搭上深夜的公共小巴超速駛過大橋，朦朧而感傷。從歐入亞時看向右邊，你會看到海峽南口突然開向馬爾馬拉海（Sea of Marmara），倒映出遠方伊斯坦堡鄂圖曼市中心的輪廓。左方會看到河岸上一片奢華的洛可可風宮殿，以及庫雷利（Kuleli）軍事高中的砲塔，此地是好幾代野心勃勃年輕軍官的母校；還有艾爾多安的旗艦奢華工程——新鄂圖曼風格的地標——強穆勒加清真寺（Çamlıca Mosque）及宣禮塔。無論清晨小巴有多喧鬧，接近這片迷醉景觀時都會安靜下來。

政變企圖幾個禮拜後，這座大橋就改了名字，形象也重新打造，現在它是七月十五烈士大橋——紀念艾爾多安最好的時刻。路標也重新製作，巴士路線加上新的站名宣告。在週年紀念的這一晚，這裡是所有紀念活動的震央；通往此處的道路沿線排滿喇叭，大聲放送愛國音樂，驅策上萬名四處遊走的民眾。

艾爾多安正是這場秀的明星。一開始，他替一座烈士紀念碑揭幕。驕傲立在橋東側的草地山坡上，這座紀念碑就像太空時代發出冷光的月亮：巨大、亮白而不甚協調。內側刻上去世平民的姓名。伊斯蘭的喪禮祈禱由此大聲播送，二十四小時不間斷。雖然就像一位憤世嫉俗的朋友所指，在來往交通的吼聲中，不可能聽得到這些祈禱。

接著是大橋頂端舞台上傳來的演說聲。最前方的觀眾僅限貴賓，但東側入口外的區域安排了大螢幕，讓此地的數萬人可以親近領袖。這場盛事也在每個土耳其電視頻道上實況轉播。隨著艾爾多安就位，一群貴賓輪流致意。

「感謝我們的烈士，感謝我們的總指揮！」司儀高喊。「雷傑普·塔伊普，艾爾多安～～！」帶著無邊禮拜帽的虔誠男性將壓平的紙箱鋪在路上，朝著麥加方向跪下。司儀朗誦死者姓名時，每個人都安靜下來。接著艾爾多安本人站上講台發表演說，充滿對背叛者與外國勢力干涉的譴責，並保證主事者將被究責砍頭。接著他搭車前往私人飛機，飛機將艾爾多安一行人送回首都安卡拉，同樣儀式再來一遍。

不屬於艾爾多安粉絲俱樂部的人則逃往自由派的海岸城鎮，逃避電視報紙，在地中海岸上暢飲雞尾酒，直到一切結束。然而他們的總統終將找到他們。午夜過後沒多久，所有手機使用者都收到艾爾多安的錄音簡訊，以他獨特的拖延聲調說著：「身為您的總統，恭喜您歡慶七月十五日民主與全國團結日。我祈求真主慈悲護佑我們的烈士，傷者健康平安。」一個小時內我收到六通只是想確認的朋友電話，因為他們不相信艾爾多安會搞出這種事。

類似「政變週年慶」的這類活動，已經變成土耳其的搖滾演唱會——特別是在真正的演唱會愈來愈少之後。我手上有劣等物種樂團（Skunk Anansie）的票，政變後沒幾天打算跟在伊斯坦堡的校園時代老朋友一起去看；我從青少年時代就迷上這個團。但新聞播出七月十五日屠殺消息後，樂團很快取消演出。自從二〇一四年為了掃平足球流氓，引進帕索利格（Passolig）電子售票系統後，足球賽的觀眾（土耳其熱情的藍領階級）數量也持續下降。雖然土耳其政客似乎總是能找到理由上台對著搖旗的群眾吶喊。

至少還有一些活動能讓街頭小販兜售商品。

「我以前也去足球賽賣東西。」穆罕默德說，這位個頭嬌小的粗糙老頭留著濃密的灰白鬍鬚，明顯厭惡今晚的演出。「你知道的，仿製隊服、圍巾那一類的東西。後來他們就開始取締。札比塔（Zabıta）」——土耳其獨有的商標檢驗與交通警察混合體——「開始開單。現在則是球隊律師到處巡邏，查看我們攤位。他如果看你賣任何有球隊標誌的東西，就會告你。」

「取締是什麼時候開始的？」我問。

「艾爾多安上台後就開始了！」他笑著回答。

即便在這個艾爾多安自己的場子裡，穆罕默德還是被找碴。官方的活動風紀委員搭乘小皮卡貨車，載滿土耳其國旗與印有官方政變紀念標誌的棒球帽，免費發放。我收下一些，加入我逐漸增加的土耳其政治小物收藏裡，繼續走向大橋。

就在拱橋上升之前，聚集的群眾過於密集，讓我失去繼續往前的動力。因此我停了下來，四處張望，接收發熱的嗡嗡聲。一名也是記者的朋友曾傳簡訊警告，腦熱的群眾會對著CNN新聞團隊高唱辱罵之詞。我想到這，以為筆記安全放在背包中，應該可以融入群眾了。我卻錯了。

「不好意思，你是記者嗎？」一名穿著黑色全身長袍（*abaya*）、戴著頭巾的苗條年輕女性不知從哪冒出來，抓住我的手肘，讓我有些意外。

是的，我回答，我是記者。

「哪個頻道？」

她的眼神嚴厲多疑，不像那些好奇的、通常都很友善的土耳其人。我告訴她我替報紙工作，而非電視台，但她不相信。

「真的嗎？」

當晚的同伴曾在四年前的埃及政變中遭到暴徒攻擊，因此對於這類警訊相當敏感。其他人開始四處張望時，我甩開那名女性，往人群深處擠進去。當我再度停下腳步時，注意到一名牙齒很難看的年輕男性，深棕色的牙齒以奇怪角度咬向嘴巴，向上看著螢幕，露出微笑。「塔伊普！」英雄的實況照片在幾百公尺外亮起來時，他放聲大喊：「塔伊～～普！」他完全陷入狂喜，一點也沒發現我盯著他看。

## 正義征途

一星期後，輪到另一個陣營。潮濕的週日午後，大批穿著白T恤的土耳其人進入博斯普魯斯海峽亞洲海岸上的濱海大道。這裡沒人賣艾爾多安的商品。

反對派領袖凱末爾．克利其達洛赫魯剛從安卡拉走到此地，全長兩百八十英哩，三個星期在豔陽下步行，由數百名警力護持。一路上他集結了數千名支持者，在穿越伊斯坦堡外側窮困街區時高喊「權利！法律！正義！」（*HAK! HUKUK! ADALET!*）。進入城市的高速公路為這些遊行者封閉一個車道。另一側車道上行進的休旅車按著喇叭表示支持。裹著黑色罩袍（*burka*）的婦女站在頹圮水泥公寓的陽台上，揮舞拳頭尖叫抗議。其他人則以四指朝天的手勢輕侮，這原是埃及穆斯林兄弟會（Muslim Brotherhood）的手勢，後來被艾爾多安粉絲俱樂部採用。

克利其達洛赫魯獨自走完最後一英哩，一圈圈黑衣警察圍繞著他矮小不屈的身影。沒人相信他能走到這一步。當初因為一名黨員遭到逮捕而促使他發動遊行時，他也曾遭到訕笑。他也不曾規劃在數十萬、也許是數百萬人面前走上舞台；這些人支持他，同時也憎惡艾爾多安。

然而克利其達洛赫魯的臉龐在T恤上不大上相。七十歲的克利其達洛赫魯頭髮花白、矮小且咄咄逼人，還是一名職業官僚。擔任土耳其的世俗派政黨共和人民黨黨魁的七年中，總是無法與六英呎高的前足球員艾爾多安相匹敵。因此捨去克利其達洛赫魯的臉，街頭小販的商品改用一張金髮藍眼、高聳顴骨的英俊臉龐：穆斯塔法．凱末爾．阿塔圖克的臉。他不僅成立了克利其達洛赫魯的政黨，還建立了土耳其共和國。他能操多語，風流花心，酒量驚人，更是戰爭英雄，具有遠見的政治家。對土耳其「這」半邊的人來說，他就是英雄。雖然已經去世八十一年，他仍舊是艾爾多安最大的敵手。

我們得談談阿塔圖克的傳奇。一八八一年他生於塞薩洛尼基（Thessaloniki），現在屬於希臘的一部分，但在當時卻是鄂圖曼帝國最富裕且最多元的城市之一。[1]他的父母是前任軍官與

1 譯註：位於希臘北部，現為希臘第二大城，曾是古希臘馬其頓王國首都，羅馬時代是君士坦丁堡通往羅馬的必經要塞。鄂圖曼帝國時代將此地改名為薩洛尼卡（Selânik），除了湧入的穆斯林與原來的希臘正教徒外，還接收大量被西班牙逐出的塞法迪猶太人（Sephardic Jews）。直到一九一二年，薩洛尼卡都是帝國對歐洲的重要港口，特別是對俄國、中東歐與德國，也是帝國最早迎接歐化的地中海港城之一。因此，一九〇八年的青年土耳其黨人革命不是在伊斯坦堡爆發，而是在薩洛尼卡。凱末爾於一八八一年出生於薩洛尼卡，然而二十世紀初帝國衰弱、巴爾幹半島民族運動興起、歐洲列強介入，原先多元族群共存的薩洛尼卡掀起了族群爭鬥。最終新興希臘在列強支持下奪取薩洛尼卡，引起大火焚城、猶太人遭屠殺，大量穆斯林被迫離開薩洛尼卡，遷往鄂圖曼帝國境內。這是凱末爾家族後來遷徙的背景。詳細可參見馬可孛羅出版的《黎凡特：基督教、伊斯蘭與猶太教共存的實驗場，士麥拿、亞歷山卓及貝魯特諸城人文史》（二〇二〇）。

家庭主婦，出生時名字只叫穆斯塔法。就像其他出身平凡的聰明男孩，他也走上類似的道路。首先入讀軍事學校，學習西方哲學、識字與基礎數學，並獲得數學老師賦予的第二個名字「凱末爾」，意為完美。畢業後他成為一名軍官。

但他所服務的帝國卻面臨衰微。鄂圖曼人曾統治地球一大片跨越歐亞非的區域，然而到了二十世紀初，帝國邊陲卻紛紛脫離。凱末爾加入的軍隊逐漸對統治者蘇丹產生異心；到了第一次世界大戰前夕，只剩還沒推翻蘇丹而已。凱末爾是動亂中的下階層參與者，也熱烈支持改革。巴爾幹、北非與黎凡特前線的經驗讓他相信，此類龐大、難以施展且多民族組成的帝國將難以存續。這個帝國必須縮減回只有土耳其人的民族國家。

一戰帶給鄂圖曼帝國不光彩的終章。此時國家實質上由土耳其青年團（Yougn Turks）統治，這群軍官團中包含凱末爾。同時間蘇丹穆罕默德五世（Mehmet V）則坐困伊斯坦堡宮殿裡，非常清楚名義上他雖然仍是帝國元首，實際上所有權力已經旁落。

當其他軍官決定站在德國一方加入大戰時，凱末爾雖不認同，卻仍舊展現出過人的軍事能力。一九一五年的加里波利戰役（Battle of Gallipoli）為他贏得戰爭英雄的名聲，當時英、法、澳洲與紐西蘭的軍隊對達達尼爾海峽（Dardanelles）發動大型海軍攻擊。此處是進入伊斯坦堡前最後的海上咽喉。凱末爾帶領的土耳其軍在最後的武力展現中，擊敗敵軍。接著整個帝國就完全崩潰了。

鄂圖曼人與德國結盟的決定，帶來了最後終結。一九一八年十一月十三日，大戰結束才兩天時間，英、法、希臘與義大利軍隊進入伊斯坦堡。很快地，希臘人佔據大片愛琴海岸，以及伊斯坦堡進入歐洲的入口——色雷斯（Thrace）。同時間，法軍進佔東南區域的城市，靠近今日的敘利亞，以及富含煤礦的北方區域。

新任蘇丹穆罕默德六世（Mehmet VI）對於帝國崩解幾乎無計可施。一九二〇年，他簽下《色佛爾條約》（Treaty of Sèvres），承認不同外國勢力在自己土地上的代管權。戰鬥似乎已經離鄂圖曼人遠去，卻未離開凱末爾。就在和平協議一簽訂後，他就開始醞釀逆轉傷害的計畫。脫離伊斯坦堡後，他前往土耳其北方位於黑海岸上的薩姆松（Samsun），開始打造民族反抗運動。雖然遭到蘇丹反對並下令停止這類活動，到了一九二〇年初，凱末爾已經聚集了規模龐大的追隨者，並在安納托利亞平原上的小城安卡拉（Ankara）另立國會。他由此地發動土耳其獨立運動，奪回安納托利亞領土、海岸區，以及最終的伊斯坦堡。最後一艘英國戰艦於一九二二年十一月十七日離開舊帝國首都。船上載著最後一任蘇丹穆罕默德六世，他遭到凱末爾成立的新國會不光榮地驅離。穆罕默德六世於六年後在棺木中返回伊斯坦堡，餘生則都住在義大利里維耶拉地區（Italian Riviera）。

穆罕默德六世下台五天後，蘇丹統治遭到解散。他的堂弟阿卜杜勒邁吉德二世（Abdulmecid II）繼任哈里發（caliph），成為全世界穆斯林的領袖，但任期同樣短暫。不到兩年時間，哈里發制度也遭廢除。六百年歷史的鄂圖曼帝國就此結束。

凱末爾引領的運動拯救了土耳其的驕傲，也取回大片領土。從鄂圖曼帝國的廢墟裡，他建立了現代共和國：一九二三年簽訂的《洛桑條約》（Treaty of Lausanne）承認土耳其是個主權國家。對多數人來說，這樣也許已經足夠。但凱末爾最驚人的成就卻是由此開始。身為共和國第一任總統，從一九二三年建國到三八年去世之間，他為自己豎立了一項艱鉅的任務：提升他的人民，讓他們脫離舊習慣與想法，將他們重新打造成二十世紀的公民。他最知名的改革是棄用以阿拉伯文書寫的鄂圖曼字母，改用拉丁字母。他將世俗主義寫進憲法，將神趕到私領域，並讓每個人依循西方傳統選擇姓氏，導致今日土耳其充滿許多精采綽號。「歐茲圖克」（*Oztürk*，純潔土耳其人）、「尤迪倫」（*Yıldırım*，閃電）或「伊瑪目歐格魯」（*Imamoğlu*，伊瑪目之子）等都是家常便飯。凱末爾自己選了「阿塔圖克」（*Atatürk*），意為「土耳其人之父」。他也積極推動女性平權。

對揮舞阿塔圖克旗幟的人而言，他是讓土耳其免於鄰國不幸命運的人。「倘若不是阿塔圖克，我們會像阿拉伯人一樣！」是常聽到的話。倘若西方人聽起來覺得狂熱偏執，在中東待上一段時間你就會了解。身為女性，在阿拉伯世界旅行及工作，挫折還算是最好的情況，更糟的是害怕。我在阿拉伯國家工作的時候，曾被詰問、抓走、摸身、噤聲與輕蔑。一切只因我是女人。然而此刻我想向那個世界裡許多不符合這類刻板印象的男性同事及朋友致意，他們經常讓我免於這類惱人情況。在土耳其，女性面對令人困擾的老套搭訕詞時，似乎只是嘆口氣，讓自己學會如何處理善妒的沙文主義行徑以及持續的男性餓狼眼光。然而家暴率及女性死於男性親屬之手的比例之高，且節節上升，令她們無法嘆氣以對，必須咬牙承受。至少在土耳其西部城市的世俗街區中，土耳其女性可以如同西方女性一樣自由生活。在伊斯坦堡，我可以清早穿著萊卡緊身衣慢跑，也可以夜間穿著短洋裝進入酒吧。阿塔圖克的仰慕者將這一點歸功於他——無論是真是假。

阿塔圖克的粉絲是世俗主義者（至少在政治上，私底下則不一定），相對富裕，受過教育，外表時尚，也較為平易近人。簡言之，他們幾乎是艾爾多安支持者的對立面。在克利其達洛赫魯的漫長步行中，經常可以聽到對他支持者的嘲弄，認為他們沒空陪走，因此改派司機代表。現身參與所謂「正義遊行」的人看來像是大學教授、作家與工程師。還有大批中年婦女團體，搭著遊覽包車從遙遠城市前來，走向遊行場地的路上彼此分享粗俗笑話。我看著年長退休夫妻，甜蜜穿著「正義」T恤夫妻裝，手牽手沿著濱海大道前進。這些人，跟我那六〇年代公寓裡穿著毛皮大衣、帶著小狗的老太太，是屬於同一個土耳其。老太太緊抓著水晶威士忌酒瓶、香菸及所有美好舊日的璀璨；不過沒有像恐怖秀表演的假牙展示。

「啊……我們周圍都是美好的人。」尤素夫說。他雖然不願承認，但這位土耳其攝影師無疑屬於這個世界。當我很想刺激他時，我會叫他「白土耳其人」，就是「這一半」土耳其人的不嚴謹標籤。這個詞意指菁英、世俗主義者、「那些坐在博斯普魯斯岸邊啜飲威士忌的人」——正如一名艾爾多安死忠盟友所說，帶著發自內心的厭惡與不屑。總統本人則相當自傲於代表另一半的土耳其人——貧困、宗教虔誠且邊緣化。「你的兄弟塔伊普是個『黑土耳其人』！」他曾在面對忠誠支持者的演說中如此大吼。無論何時，我叫尤素夫「白土耳其人」時，他都會翻白眼氣呼呼的，但他從未否認。

海濱大道前往馬爾泰佩（Maltepe）校閱場的路上，充滿悠閒的週日散步氛圍；克利其達洛赫魯將在此登台。白衣群眾舔著冰淇淋，停在時髦的水岸咖啡廳喝茶。開心輕鬆的聊天聲中，我聽到幾段度假故事、孩子們的大學生活近況。比起艾爾多安的場子，這裡較少惡意，但也缺乏動力與方向。這些人在十五年前失去土耳其的掌控權，卻仍散發著對於權力的輕鬆不在意。同時間，艾爾多安的支持者仍舊充滿落水狗般的旺盛鬥志。舊習慣是很難放棄的。

這名頭髮灰白的官僚總是輕易成為訕笑的對象。艾爾多安在他的造勢場合中播放一九九〇年代土耳其醫院的影片。當時克利其達洛赫魯正是國家的衛生部長。無疑地，當時醫院的情況相當糟，充滿骯髒病房與呆滯的長排人龍。克利其達洛赫魯的臉出現在螢幕上時，群眾就會發出不滿的噓聲。克利其達洛赫魯開始進行靜走時，總理畢那利・尤迪倫（Binali Yıldırım，艾爾多安的死忠支持者）也出言嘲諷。

「何不搭乘我們的高鐵呢？」他提出誘餌，強調新的閃亮高鐵路線，也是政府爭取選票的公共工程之一。

但克利其達洛赫魯開始接近伊斯坦堡時，卻讓艾爾多安感到心驚。數以千計的正義征途支持者行經將要舉行政變紀念典禮的「新蘇聯風」看板時，艾爾多安愈發難堪：這個不夠格的對手竟然要奪走他的雷霆閃電？因此他開始指控克利其達洛赫魯透過這次行動，默默支持策動政變企圖的領袖費圖拉・葛蘭，以及眾所皆知的恐怖組織——庫德工人黨。

「國會政治已經無法實現，所以我只好上街。他們無法對抗我的自由精神。」克利其達洛赫魯完成苦行的五天後，這名黝黑精實的老人在安卡拉辦公室裡對我說。由於很少人相信票匭，因此這些大型集會人數就成了新戰場。

每一次，政客呼籲自己的兵團上街時，總會爆發人數論戰。共和人民黨宣稱有兩百萬人參加正義遊行；伊斯坦堡市長辦公室（政府指派）則反擊，認為真正數字只有十七萬五千人。

同時間，政府總是宣稱自己的遊行（通常是在伊斯坦堡歐洲側為此目的特別興建的耶尼卡皮〔Yenikapı〕校閱場上舉行）高達數百萬人參加。在政變後的「團結遊行」中，他們宣稱有五百萬人。公投前的造勢活動場上，即便群眾裡有大片空白區域，他們仍舊宣稱有一百萬人。當我在《泰晤士報》報導中指出這個數字有誇大之嫌時，支持政府的記者大聲抗議。其中一人指控我是個猶太建國主義者（Zionist），試圖摧毀艾爾多安。瘋狂忠誠的報紙《晨報》（Sabah）頭條則狂喊有「數百萬」人出現在橋上慶祝政變週年。但即便是《晨報》記者，在內文第一段也失去了信心，將數字下修到「數十萬」。

也是有史來的首次，伊斯坦堡的地形工程師協會發現自己成了政治裁判。它提出了一份關於正義遊行人數的聲明，語氣與慣常的土耳其修辭全然不同：

> 馬爾泰佩遊行區域約為二十七萬五千平方公尺。參與者同時還出現在交通封閉區域，約為十萬平方公尺。因此參與遊行的公民所佔區域約為三十七萬五千平方公尺……估計參與者數量時，技術上通常認為每平方公尺可站三到六個人，因此至少有一百五十萬人參加「正義遊行」。專家認為考量遊行區域的擁擠情況，人數可能高達兩百萬。

我自己的約略估計也同意這個數字：馬爾泰佩與耶尼卡皮校閱場的區域大小差不多，而艾爾多安的政變紀念所舉行的大橋區域，不可能容納超過二十萬人。

「他們不是膨脹數字，而是直接捏造數字！」尤素夫說。我的筆記本上畫滿好幾頁我們的計算方式。

街頭小販穆罕默德則不需數學。

「我一輩子都在群眾裡打滾，一看到他們，就很清楚人數。」他說。「正義遊行至少有三百萬人。他們說十七萬五千人，就是說謊。」

是的，克利其達洛赫魯的形象大增已經超越任何人的預期。然而他的背後靈才是真正召喚出死忠支持者的人：穆斯塔法．凱末爾．阿塔圖克。

## 對手

讀過達芙妮．杜穆里哀（Daphne du Maurier）作品的人，可能會認出艾爾多安與藍眼金髮帥哥阿塔圖克之間的關係。就像《蝴蝶夢》（*Rebecca*）中的無名女主角執迷於丈夫死去的前妻；臉皮薄的艾爾多安，雖急切地想建立自己的歷史定位，卻同時得花上數小時對持續受到民眾歡迎的最強敵手感到煩惱不已。

你可能忘了阿塔圖克已經不在人世。在土耳其，他無處不在，你甚至可能期待他會出現在遊行中，或上電視接受訪問。就像英國女王，他的臉實在太過熟悉，因此難以客觀評價。此刻，他可能是唯一一個影響力超越艾爾多安的人。在土耳其各處旅行時，你最常看到的大概就是他的照片。艾爾多安的臉——照片上經常比實際年輕二十歲——高掛在保守街區公寓大樓間的布條上。但阿塔圖克才是那個佔據聚光燈的人。

他的上相也影響很大。在相機開始無所不在的時刻，總是瀟灑裝扮的阿塔圖克立刻了解相機的力量。阿塔圖克生涯的每個階段——軍官、反抗者、戰爭英雄、願景領袖——連帶著他從傳統鄂圖曼紳士轉變成二十世紀政治家與流行典範的過程，都被展現在一系列古典影像中。

阿塔圖克在安卡拉的陵寢（*Anıtkabir*）也許可被視為他的粉絲總部，但你可以在每個街角及幾乎每間商店遮棚下發現他的小神龕。他早期的肖像與照片看起來就像其他筆挺的鄂圖曼軍官。但在後期照片裡，阿塔圖克游泳、跳舞，跟鏡頭調情，穿著精心訂製的服裝，抽著高檔雪茄。一張知名側影照片中，他走在加里波利戰場的前線，頭戴鄂圖曼軟呢帽（*fez*），手指抵在臉頰上深思。另一張照片中，阿塔圖克身穿黑色燕尾服，與身穿雅致無袖長禮服的養女共舞。還有一張是他直視鏡頭，一手捻著雪茄，另一手插在口袋裡，唇上透著蒙娜麗莎式微笑。他也曾穿著書呆型毛編背心，教一群興奮小孩學習新引進的拉丁字母。這張清單可以一直持續……。

我喜歡透過土耳其人展示的阿塔圖克照片，來猜測他們的個性。每次看到櫃檯後方釘著阿塔圖克的軍裝照片，我會想像店主是個愛國者，對自己的軍旅生涯也充滿了驕傲與情感。若選擇西裝筆挺的阿塔圖克，我打賭他們一定是傾向西方的知識分子。倘若如同我公寓附近一間土耳其居酒屋（*meyhane*，傳統的茴香酒海鮮餐廳），牆上貼滿阿塔圖克不同時期到人生終點的各種肖像，我相信他們肯定是血統純正的阿塔圖克狂熱粉絲。

我自己最喜歡的照片，掛在一間伊斯坦堡烘焙坊櫃檯後的牆上，充滿了生命力與幽默感。第一眼看到，就讓我開心地叫了出來。這是一張阿塔圖克的彩色照片，在前往安塔利亞

（Antalya）的蒸汽遊船上，玩起孩子的鞦韆。照片是在他去世的三年前拍攝，他的身體情況並不好。明亮的眼睛深陷，金髮髮線後退；虛弱突出的中圍洩露他對杯中物的喜好；他將於五十七歲死於肝硬化。然而他笑得如此開心，幾乎可以想像他飛上天時的大喊大笑。另一張比較不出名的照片，是在這張前後幾分鐘拍下的，照片中的阿塔圖克站在鞦韆上，有個孩子從他兩腿中間偷看。我想，這是我能理解的個人崇拜，這確實就是個人崇拜。侮辱阿塔圖克或毀壞他的影像，仍舊能讓你入獄，或至少遭到離你最近的阿塔圖克崇拜者一頓好打。二〇〇七年時，在艾爾多安統治下，法院判決禁止所有YouTube影片，因為有些影片侮辱了阿塔圖克。這則禁令維持了兩年半的時間。

網路言論審查仍舊相當普遍，然而這些日子以來，侮辱艾爾多安更可能帶來法院命令。同時間，阿塔圖克的真正吸引力仍舊相當強烈。年輕土耳其人經常使用阿塔圖克照片作為自己的臉書頭像，或將他的簽名刺青在自己手臂上。你可以買到飾有阿塔圖克頭像的T恤、馬克杯、汽車保險桿貼紙或鑰匙圈。我自己的收藏品裡就有玻璃酒瓶、煮蛋計時器與隨身鏡。幾乎每座城裡都有以某種方式紀念他的小型博物館，由當地志工經營，來訪的土耳其人認真地跟阿塔圖克蠟像拍下自拍照。蓋齊公園抗議——二〇一三年夏天剷除同名公園的改建計畫激起的暴動——期間，年輕抗議者很快發現倘若他們將阿塔圖克肖像加在牆上已噴好的反艾爾多安標語上，當局就不敢用漆蓋掉。負責這項痛苦任務的市府工人決定在兩陣營間小心前進，塗掉標語的同時，也小心翼翼不去破壞阿塔圖克的肖像。即便艾爾多安相當厭惡，阿塔圖克派仍舊存續。因此，艾爾多安也培育了他自己的個人崇拜。

二〇一五年十一月的國會大選前夕——時任總統的艾爾多安實際上根本也沒參加這場選戰——我造訪了他出身的卡森柏沙區（Kasımpaşa），位於伊斯坦堡中部的港灣街區。在後巷鞋店裡，我找到法特瑪．奧茲切立克（Fatma Özçlik），這位五十九歲、活力充沛的婦女從小就認識艾爾多安。

「喔喔！他很帥！」她說：「很高，很帥！是的，他在螢幕上確實有點兇，但你能怎麼辦呢？」

我問她會投給誰。

「塔伊普！」她回答。

但是艾爾多安並不在選票上，我說。這表示她會投給正義與發展黨嗎？

「不要！」她堅持。「他們我一個都不喜歡！我跟你說，現在統治正義與發展黨的傢伙很糟糕。他們把自己的問題怪到塔伊普身上。」

我繼續問。那她會不會投給總理阿赫麥德．達夫托赫魯（Ahmet Davutoğlu）。這實際上也是一種對艾爾多安的支持吧？（不過後來他因為太有獨立自主的精神而遭到老闆清算。）

「不！我才不喜歡那個達夫托赫魯，我不相信他。他們我一個都不喜歡——只有塔伊普！他們都不能取代他。正義與發展黨少了他就不成。」

她不願意考量其他選項，所以我一直無法確認她是否會投票。

繞過轉角，我拐進阿赫麥德．居勒（Ahmet Güler）的理容院，這間可能是全伊斯坦堡最知名的理容院，擁有全國最知名的客人。店內一角的小型電視正播放艾爾多安在庫德族城市迪亞巴克爾（Diyarbakır）群眾大會上的演說實況。阿赫麥德跟椅子上圍著剪髮斗篷、滿臉刮鬍泡沫的客人，都留著跟英雄一樣仔細修剪的八字鬍。

「我們都以艾爾多安為榮，他是卡森柏沙之子！」他告訴我。「他仍然是我們的一分子。我跟他很熟，覺得他完全沒有變。」

他停下來，思考一會兒，加上粗魯誠實卻很「土式」的結尾：

「好吧！他看起來又累又老，眼睛下面也有眼袋了。除此之外，我只有好話！」

他是怎麼辦到的？這個穿著不合身西裝、脾氣暴躁的老人？當我採訪土耳其各地的忠實粉絲時，經常如此自問。通常我感覺到有群人認為他們的時代與他們的人終於到來。數十年來，土耳其的窮困保守選民發現自己只要不威脅到秩序，就能參與民主政治。一旦他們選出的政治人物看似有可能真正讓事態倒向支持者渴望的方向時，軍隊（自詡為阿塔圖克世俗政權的守護者）就會介入推翻。

然而這只是故事的一半。除了因為戴頭巾而禁止讀大學與擔任公職的女性，以及希望政治人物也跟自己一樣進行祈禱並禁酒的男性之外，還有其他難以想像的艾爾多安支持者，但他們確實支持艾爾多安。一天下午，我在水岸露台，與一名喝酒的金髮學術人士共進午餐。她在英國長大，公開談論自己對於艾爾多安的厭惡。單身、世俗且無子，當總統形容這樣的女性不完整時，她認為自己被冒犯了——這是艾爾多安最新一系列排除不虔誠者的垃圾聲明。然而最終，她就像艾爾多安其他支持者，也讓他全身而退。當我問她為何土耳其最有權力的人卻如此敏感易怒且缺乏交際手段時，她甩甩亮麗的髮型笑著說：「因為他是雙魚座。」

在這些出乎意料的社會角落裡，他的吸引力究竟來自何處？一位受過西方教育的世俗派記者告訴我，她有兩個政治偶像——艾爾多安與柴契爾夫人（Margaret Thatcher）。在兩人身上，她看到相同特質：勤奮不懈的工作態度，堅定相信自己的方向是正確道路，並粉碎所有敵人。她也讚賞兩人都是白手起家，來自樸實背景一路爬上頂端。其他人就算不欣賞這個人，也讚賞艾爾多安打破了凱末爾派（阿塔圖克的信徒）幾十年來對這個國家的箝制。

現在隨著土耳其的世俗主義者成了落水狗，很容易對世俗主義產生浪漫想像，只要他們奪回權力，國家的一切又會步入正軌。但仍記得世俗主義光榮歲月的人很清楚，世俗派就像任何宗教政權一樣獨裁。一九八〇年政變之後，世俗派教條式限制戴頭巾女性不得接受高等教育及擔任公職，將數百萬女性關進家務勞動與生養子女的生活裡——對阿塔圖克直言不諱的女性主義主張來說，相當諷刺。阿塔圖克自己曾推動禁戴鄂圖曼呢帽的奇怪律法；這種無邊銜穗的紅色呢帽在鄂圖曼帝國晚年十分風行，蔚為經典。他的決定在東部的保守城市埃爾祖魯姆（Erzurum）的堅定戴帽派之間激起了「帽子革命」，卻遭阿塔圖克的軍隊鎮壓，十三名領袖遭到處決。

雖然阿塔圖克並未要求，但自任阿塔圖克遺產守護者的這群人，幾十年來控制法院、大學及最明顯的——軍隊。他們壓制任何阻擋任務的人。當你在土耳其東部跟庫德人聊天時，不大可能發現太多阿塔圖克粉絲。當年庫德人反抗土耳其民族建國計畫時，正是阿塔圖克下令轟炸庫德族城市。即便在今日的庫德族區域，阿塔圖克的雕像似乎都比平常來得更高大、更傲慢，從視覺上，好像對那些死在政府手中者的後代甩一巴掌。題辭上刻著他最有名的話：「身為土耳其人，是一件多麼開心的事。」——似乎是為了嘲弄庫德人而存在。第一位為一九三〇年代事件向庫德人道歉的土耳其總統，正是艾爾多安。奇詭的是，現在艾爾多安也向庫德族基進派發動戰爭。

「你看見艾爾多安派眼中的神情沒有？那種確信將有最終真相的篤定？阿塔圖克派也曾有過相同的神情。」一名記憶深刻的土耳其人說。他半數家人是直言不諱的左派分子，一九八〇年政變後遭到監禁。

還有另一種看待艾爾多安成功的角度：幸運的時間點。艾爾多安並非第一位懷抱野望，想將土耳其帶往新方向的政治人物。一連串展現虔誠、反對舊秩序的領袖中，他只是最新的一位。支持基礎一直存在。阿塔圖克從未完成或大幅達成將土耳其轉變成真正世俗國家的野心。而艾爾多安派的成長速度比阿塔圖克派來得快速；粗俗地說，窮人與宗教虔信者通常生比較多孩子。同時間反對派指控，逃離內戰定居土耳其境內的三百萬敘利亞人中，艾爾多安將賦予約十分之一的人公民身分。他們深信艾爾多安此舉只是為了將來收割選票。

然而艾爾多安與意識形態上的前人不同之處，在於他先成功從基本盤之外獲得支持，包含社會自由派、全球化與自由貿易的支持者及反對軍隊指導的人，最後又轉身鎮壓同一批人。國際特赦組織看見了事態的諷刺性；二〇一六年政變後艾爾多安強力關押反對派記者時，國際特赦組織在公開信中提醒艾爾多安，一九九九年艾爾多安本人因為在群眾集會中朗誦宗教詩歌而遭捕入獄時，他們也曾為他挺身而出。

阿塔圖克於一九三八年去世後，土耳其就像一個不倒翁，不穩地從一側擺盪到另一側，卻又總是回到正中央。這個國家的兩大主要力量對抗拉扯，總是讓它回到中央——雖然此刻艾爾多安的個人魅力、政治手腕與好時機看似挑動了這股平衡。

即便在剝奪數萬人自由與生計的清算潮中，非艾爾多安愛戴者仍舊會買他的單。一次我的聊天對象說自己公司必須取消二十萬件T恤訂單，因為他們擔心設計可能會冒犯總統。我們聊起歐洲的話題，這是當時艾爾多安最愛的仇恨對象。

「但是歐洲人說謊！」這位絕非艾爾多安粉絲的人說。「我們收容了三百萬敘利亞難民，歐洲人一毛都沒付！」

艾爾多安宣稱，歐盟為了阻止尋求庇護者湧過愛琴海而承諾給土耳其的錢，幾乎從未實現。但這是謊言。十八個月裡，歐盟信守承諾簽訂了價值將近三十億歐元的計畫經費，還有另外預備交付的三十億歐元。歐洲經費投入土耳其的衛生與教育體系、難民營及政治庇護者拘留中心，這些只是經費的一部分。還有幾十億經費以歐盟入會基金的方式提供，這筆錢是用來協助未來的歐盟成員國提升水準到達歐洲水平。然而艾爾多安卻成功地說服人民，土耳其被布魯塞爾騙了。艾爾多安的謊言並非一張網，而是黏膠，密實塗上之後任何底下的實情都無從顯露。如此作為的目的也很清楚。

「聽著！」他告訴土耳其人，「你可以不喜歡我，但我正在對抗那些試圖摧毀國家榮譽的人。」

這是百試不爽的一招。畢竟，阿塔圖克的吸引力之一，也是將近一世紀前，他從邪惡列強手裡搶救了土耳其。兩派也許都不願承認，但他們的共同點確實超乎想像。

「他的獨裁，是讓土耳其不會再產生另一名獨裁者。」一九三二年，與阿塔圖克同時期的英國軍官及傳記作者H・C・阿姆斯壯（H.C. Armstrong）如此寫下，當時這位國父的改革正如火如荼開展。今日則輪到艾爾多安來改變這個國家，壓倒阻攔者，確保不再走回舊秩序。這正是他的支持者想要的方式。

# 第二章　敘利亞內戰的背景

## 二〇一一年四月
## 敘利亞大馬士革

第一次前往中東的旅途，是我人生中第一次碰到個人崇拜。我當時二十七歲，雖然從未去過中東，卻心生嚮往，黎巴嫩首都貝魯特（Beyrouth）更是喚起榮耀與戰爭的意象。當時我是個倫敦的電視製作人，主要為第四頻道與英國國家廣播公司（BBC）的時政部門製作大型調查報導，包含獄中猖獗的海洛因問題及高層建築整修後的防火瑕疵（比格蘭菲塔〔Grenfell〕大火[1]早了整整七年）。很快地，我發現英國新聞業是個封閉產業，我申請的任何外派職位都對我的經驗毫無興趣。因此我只能趁著假期前往這些非尋常的地方，偶爾賣出幾篇文章。

1　譯註：二〇一七年六月十四日凌晨發生在二十四層格蘭菲塔的大火，是英國本土在二戰結束後最嚴重的一場住宅大火，造成七十二人死亡。由於兩年前外牆整修時，使用了易燃建材，火災一發生後就不可收拾。

我買下機票的時候，阿拉伯之春還沒啟動，但飛進約旦首都安曼（Amman）時，數十年來最大型的群眾抗爭已經來回席捲中東。我帶著模糊計畫，打算從陸路進入敘利亞，接著前往黎巴嫩。突尼西亞與埃及的老獨裁者宰因．阿比丁．班．阿里（Zine El Abidine Ben Ali）與侯賽尼．穆巴拉克（Hosni Mubarak），已經遭到草根運動群眾匆匆趕出宮殿之外。而對抗穆安瑪爾．格達費（Muammar al-Gaddafi）上校的利比亞武裝反抗軍，也很快將贏得北約的空襲支持。

我進入敘利亞時，靠近約旦邊界的南部省城德拉（Deraa）小型示威抗議已經持續擴張約兩週。敘利亞總統阿薩德一開始似乎不受區域內其他地方蔓延的動亂影響，部分是因為他的國家對外關閉。為了取得十四天的敘利亞觀光簽證，我找了一位在小公司工作的朋友，偽造了我是他祕書的工作證明。我若在簽證申請函上明寫自己是記者，抵達邊界時絕無入關的可能；在安曼青年旅館中，我就碰到一名剛在邊境被拒的美國旅客。此時，各自為政的阿薩德反對運動才剛興起，激起愈來愈多維安鎮壓行動，主要發生在德拉等地與都市的貧窮郊區；近年來大批鄉村移民因為旱災，被迫離開農地遷入都市郊區。但大馬士革、阿勒坡與霍姆斯等敘利亞大都市裡受過教育的年輕運動者，也利用這個機會，開始挑戰他們痛恨的獨裁者。透過臉書，每週五主麻日聚禮過後，他們組織了「憤怒之日」（Days of Rage）行動。

從合租計程車裡，我只能看到敘利亞軍隊用坦克擋住德拉關口。這輛雪佛蘭計程車實在太古老，讓安曼與大馬士革間一百二十五英哩公路的來回路程有種懷舊感。司機往前直視，一語不發，兩對與我同行的老夫妻也陷入無聲深思。曾經光彩奪目的東方旅館房間內，敘利亞國家電視台播送著事件的官方版本。這座旅館就像風華逝去的老婦人，坐落在大馬士革中心的紅燈區內。窩在巨大下沉的床上，我看著一公里外總統府前的抗議，區域內充滿阿薩德支持者的吶喊。一發覺可能發展成報導機會，我開始試著聯繫反對運動人士。

同時間，我在大馬士革舊城中心遊走，厚實石砌城牆間狹窄巷道組成的迷宮，飄散著茉莉的甜蜜滋味與水煙霧。我在此發現阿薩德形象紀念品的專賣店，打火機、咖啡杯、汽車防撞桿貼紙一應俱全。印有阿薩德頭像的彩旗，每面看來都一模一樣，沿著舊城區屋椽交互延伸。一天早上，我跟一位新朋友走過主要大道。十分鐘前，當我對附近的奧米亞清真寺（Umayyad Mosque）驚豔不已時，這位包著緊實白頭巾的甜美敘利亞女孩跟我搭訕。她抓住我的手臂，並指著他說。「*Beheb Bashar!*」（我愛巴沙爾！）她帶著新近改宗者的熱誠眼光說：「你也愛巴沙爾嗎？」

我能說什麼？總統阿薩德是個短下巴、長脖子，說話咬舌的人。還有，他已經是個謀殺者。她跟我走過舊城區的清爽四月天，阿薩德手下的惡徒正對八十英哩外的德拉示威者大開殺戒。他們用小男生玩電動時的冷漠態度，從屋頂上開槍逐一射殺群眾。我給了不置可否的回應聲，似乎讓她感到滿足。

經過一連串漫長的電子郵件、每次都來自不同號碼的電話、被放鳥的會面以及終於到來的好運，我最終找到一位名叫盧亞的反抗運動者。她是大馬士革青年團的一員；當時人數實在很少，他們竟然能聯絡上彼此，相當不可思議。當週五，她正要組織憤怒之日行動。目前為止，反對運動還沒能獲得太多勝利，只有少數民眾現身參與抗爭，多數立刻遭到逮捕。他們的群體組織與自身都完全遭到敘利亞情報組織滲透。

在悶熱的週二夜晚，盧亞跟我在舊城基督徒區域的繁忙餐廳中見面；她戴著紙質牙科口罩蓋住口鼻，整個晚上都未取下。她宣稱是為了遮掩近日才做的牙齒治療。

「我們透過Skype彼此溝通。」她以完美英語告訴我。染黑頭髮與身穿嬉皮服裝讓她彷彿格拉斯頓柏立（Glastonbury）[2]的一員。「我們用假名，事實上就算在街上擦身而過，也不認得彼此。」

她離去前說的話確認了我的懷疑：她害怕自己若露臉，有人可能會注意到她跟外國人見面，並將兩件事情連在一起。

「隔牆有耳。」她說，起身時以指節敲擊餐廳牆面上的古老砌石。我從未再見到她或跟她說到話；她的電話號碼沒人接，我寄出的電郵也沒有回應。

這些恐懼與恐慌造成一個阿諛諂媚的社會。起義行動開始萌芽的那個月中，我去到大馬士革各處，都會看到阿薩德的照片。軍裝的阿薩德，貼在烤肉店炙熱的玻璃櫃上。給嬰兒點眼藥水的阿薩德，釘在文具店大門上。帶著墨鏡的阿薩德，靠在黑色閃亮賓士車的後窗上。

想要更獻媚的敘利亞人，會貼出什葉派（Shia）三巨頭：阿薩德、黎巴嫩什葉派民兵真主黨的好戰領袖哈桑・納斯魯拉（Hassan Nasrallah）及當時的伊朗總統馬哈茂德・阿赫邁迪內賈德（Mahmoud Ahmadinejad）的肖像。倘若真想贏得額外好處，他們就會放上阿薩德之父哈菲茲・阿薩德（Hafez al-Assad）的照片——這位阿薩德王朝的首位總統已經去世超過十年，仍舊英魂常在。有些熟識且一起喝酒的敘利亞年輕人警告我週五時要小心。

「待在旅館裡，」來自上流社會遜尼派家族的開朗、肉壯青年法利斯說。「別去清真寺或舊城，至少等到主麻日聚禮完全結束後。」

另一個名叫阿赫麥德的男同志則說自己厭惡阿薩德，卻也對反對派感到不安。「我們不知道這些人是誰，」他警告我，「他們可能是伊斯蘭主義者，或任何人。」

二〇一一年春天，我離開大馬士革及此地小小的革命火花，返回倫敦賣我的故事。我得到一些邊緣性雜誌的青睞，但也就這樣；利比亞起義正緊踩油門，直到當年十月格達費死於一群暴徒之手為止，利比亞的消息將主導中東區域新聞。

同時間，敘利亞城市抗爭也不斷上升。靠近黎巴嫩邊界的多元文化大學城霍姆斯正是震央之一，數千民眾聚集在城中心的舊鐘塔邊高喊：「人民要政權下台！」由於敘利亞境內並沒有自由運作的國際媒體，抗爭消息僅能靠著晃動的手機影像外流。隨著抗爭升級，超越政府控制，安全部隊開始在屋頂部署狙擊手，對群眾開槍。愈來愈大膽的抗爭者遭到大批逮捕，送進令人聞風喪膽的政府監獄。

接著，二〇一一年秋天，YouTube上開始出現穿著各種迷彩裝的武裝團體影像，揮舞著三星旗幟，類似敘利亞官方的二星旗幟，卻明顯不同。三星很快成為反對派的標誌，這群反抗軍

2 譯註：英國小鎮，自一九七〇年舉辦世界最大型露天音樂節與表演藝術節。

宣稱自己為敘利亞自由軍。很快地，大批敘利亞軍官開始叛逃加入敘利亞自由軍，抗爭轉變成全面衝突。阿薩德軍隊包圍霍姆斯市中心，死亡人數節節上升。突然間，敘利亞上了報導。

我曾親眼見證開頭的一幕，因此急著想回敘利亞進行報導。所以接下來兩年我設法存錢，結識更多報社人士，買了一件防彈背心，終於在二〇一三年二月，帶著幾組電話號碼與穿越邊界進入阿勒坡叛軍佔領區的計畫，前往土耳其邊境。每天都有數千名敘利亞人進入土耳其，從北方省分伊德利卜（Idlib）與阿勒坡逃離，躲避敘利亞自由軍與阿薩德軍的對戰。反向進入戰區則跟對土耳其邊境守衛出示護照一樣容易。

## 二〇一三年二月
## 自由敘利亞

敘利亞反抗軍佔領兩處通往土耳其的邊界關口，和平門（Bab al-Salaam）與風之門（Bab al-Hawa）；土耳其政府也維持這兩處關口開放，允許反抗軍、難民與記者進出敘利亞的反抗軍佔領區。過去僅有大膽背包客與跨界貿易商才會光顧的沉睡邊境關口，現在成了武器、援助與無助人民的通道。我的敘利亞接應人前晚來接我，確認進入戰區路線的基本安排，並將我留在和平門的土耳其檢查哨前，告訴我他會在另一側等我。他沒有護照，因此得由沿著邊界幾百公尺外的走私路線之一進入敘利亞。我被獨自留在孩子群中，他們拉著我的腿想賣水給我，車陣內每輛車的每寸空間都塞滿毛毯、尿布與衣服，已經夠讓人理智斷裂。但比起邊界另一側，這只是小巫見大巫。不斷往前擠的敘利亞人對不耐的土耳其官員揮舞文件大聲吼叫，他們身後是遭到洗劫的免稅商店，最後則是草草縫成的敘利亞自由軍破爛旗幟，高掛在佔領區的邊界之上。招牌上寫著：歡迎來到自由敘利亞。

自由敘利亞看來像是《瘋狂麥斯》（Mad Max）的電影場景。許多蒙面的武裝人員在阿薩德空襲過的城市街道間流竄。迫擊砲砸進房舍頂樓，讓房子結構看來像融化的起司，然而許多家庭仍舊住在下層樓面，街道上商人也仍舊販賣著小物件、兒童珠寶、圍巾與飾有敘利亞自由軍三星旗幟的手環。路邊小販還販賣市面上唯一買得到的燃料——從塑膠油桶中倒出來的非法液體——幾個月內就能搞砸車輛引擎。

二〇一三年二月，在阿勒坡的反抗軍佔領區內，我發現了曾在大馬士革追尋的那種理想青年運動者，但他們已經被擁槍的人宰制了。現在，所謂的「解放區」成了軍閥戰場，他們都想從這團混亂中分一杯羹。阿薩德撤出的空間湧現上千個小領地，每塊領地都有一名被傲慢沖昏頭的自我中心人物，下面帶著一群走狗。前商人、建築工及伊瑪目都能自封領袖，他們的手下肆無忌憚地劫掠，或者將自己對於伊斯蘭的嚴苛想法強加在受苦的人民身上。

到了夜間，整座城市一片黑暗，至少在反抗軍佔領區確實如此。這裡的電力被切斷，多數人民仰賴路邊取得的私油驅動發電機。當我坐在骯髒的臨時媒體中心裡，柏油煙味飄進鼻孔裡；這裡曾是某人的家，破裂積塵的櫥櫃中仍能看見零星家當。外面，年輕反抗者在夜間佔領街道，對幾公里外仍舊明亮且照常運作的政府區發射迫擊砲。此舉必然招致反擊，以及急切想要一夜好眠者的咒罵。

亮晃晃的日光顯露出阿勒坡街邊堆成小丘的大型垃圾山。住在垃圾堆中的沙蚤叮咬人體，其傳播的利什曼原蟲病正肆虐人群，特別是孩子。在當地慈善團體成立的診所中，我看到痛苦的嬰兒每天都得在皮膚的潰瘍上注射藥物。城中檢查哨現在由背景愈來愈模糊的武裝團體控制，我們接近時，我的司機跟接應人會將音響改放納西德（*nasheed*）歌謠，這是一種聖戰士熱愛的、歌頌暴力與失落的人聲合唱曲。返回土耳其邊界的路上，我們經過近日遭到踏平與遺棄的村落。

兩年前的革命承諾已經深陷在悲劇的惡臭浪潮下。整個阿勒坡浮現許多前線，政府空軍對反抗軍佔領區進行無情轟炸時，數萬人逃離家園。死亡人數成千上萬，戰爭開始陷入極端狀態。敘利亞步上的道路，即將給予世界一長串新的文化參照點：小面積的精確轟炸、化學攻擊、無情反抗軍及伊斯蘭國。

結束敘利亞任務，跨越邊界進入土耳其時，就像從黑白片進入全彩世界。穿過敘利亞邊界後的第一個土耳其城鎮基利斯（Kilis），與阿勒坡之間的兩點直線距離僅有四十英哩。這是所有土耳其城市中最無趣的一座，小小的鄂圖曼市中心圍繞著一圈又一圈住滿農民的新蓋公寓。這裡不會出現在任何土耳其的旅遊指南中，但比起阿勒坡卻像天堂。每次回到這裡，我剝掉用來掩蓋衣服的黑色披肩，大口吸進映入眼簾的色彩。經歷過物質缺乏的阿勒坡，土耳其「跳蚤窩」中的熱水、隱私、電力與一夜好眠，感覺就像在倫敦薩伏伊飯店過上一晚。

## 二〇一三年夏天 阿勒坡反抗軍佔領區

二〇一三年阿勒坡城內最強大的反抗軍派系是統一旅（Liwa al-Tawhid），這支伊斯蘭主義民兵由不起眼的前香料進口商阿卜杜勒卡德爾·薩利赫（Abdulkader al-Saleh）所領導。他使用假名哈吉·馬瑞亞（Haji Marea）。「哈吉」是完成麥加朝聖的穆斯林享有的頭銜，馬瑞亞則是他出身的破敗小鎮，位於阿勒坡北方。前一個夏天，哈吉·馬瑞亞跟他的鄉巴佬旅隊進入市區，迅速割據一方時，富裕的阿勒坡都市居民並不開心。統一旅與其他反抗軍旅隊控制了市區東側的貧困保守區域，政府則守住西側富裕區域。那裡的居民可能知道自己的總統是個暴君，但多數人寧願謹守認識的惡魔，而不是將賭注下在不認識的雜牌反抗軍身上。

統一旅建立了相當出色的公關運作。我身為戰地記者的第一個清晨，剛抵達阿勒坡不到幾分鐘就碰上了這場面。我們直接開進阿爾德·哈姆拉區（Ard al-Hamra），整個阿勒坡東側幾乎都是這類混亂街區。阿薩德軍的彈道飛彈在日出前的深夜時分擊中這個街區，我眼前街道上一小片蜂蜜色房屋全都夷為平地。孩子們在廢墟上到處跑跳，尋覓可以搶救變賣的剩餘物品。這一倖存者已經救出，死者可以辨識的部分也被挖出。塵土下散布的是屍體破塊與毀損家具。這一切跟我過去兩年在新聞報導中所見如此相似——倒塌房屋、哭泣婦女、頭上舉著槍枝嚎叫的男人——只是現在以超高畫質出現在我眼前。我完全震驚不動，花了好幾秒時間才發現對街孩子對著我歇斯底里地大叫，狂亂揮手指著我頭上的空間。我朝上一看，曾是優美茱麗葉陽台一角的大塊石頭，正剝離上方建築，即將砸在我頭上。我趕快移開，回他們一個虛弱笑容，揮手感謝。

幾秒鐘後，一輛後車斗門拉開的貨車，急嘯倒過轉角，剛才四處遊走的人全都聚到貨車邊上。這是統一旅反抗軍的人道面；他們雖然是個槍桿子政權，卻希望全世界人看到另一張臉。在我跟另一名年輕媒體運動者法魯克的鏡頭前，他們開始拋出毯子與食物包，等待的群眾也湧向前抓取物資。接下來幾個月中，我看到所有武裝反抗團體都有類似行動；他們的媒體聯絡官試著向外國記者及我們的接應人推銷，將一連串愈來愈奇怪的慈善動作包裝成值得報導的國際新聞。蓋達組織補助公車的服務。其他團體則以沙烏地阿拉伯或科威特無名捐款者的資金，開設烘焙坊，提供麵包給窮人，卻拒絕讓男性志工服務女性。甚至伊斯蘭國也參一腳；一開始幾個月，它像有毒野草在苦難中四處萌芽，直到最終靠著恐懼進行統治。二〇一三年八月，伊斯蘭國在阿勒坡辦了兒童歡樂日活動，帶著蒙面頭套的武裝男性照看一群沉浸在吃冰淇淋大賽的六歲孩子。當天最後一項活動，是一群伊斯蘭國戰士與蓋達組織隊進行拔河比賽，興奮的觀眾看著身穿長袍（*thobe*）與涼鞋的過重大鬍子男人拉扯繩索的黑色喜劇。伊斯蘭國贏了——這正是幾個月後發展的適當象徵。這兩個極端團體，雖然衣著與意識形態上如出一轍，卻持槍相向。

跟我一同前往阿勒坡進行第一次採訪任務的接應人，是個有點愚笨的胖子，名叫穆罕默德。就像當時許多人，他也想從外國記者身上賺點現金，所作所為卻比統一旅的媒宣好不到哪裡去。雖然出身敘利亞，卻帶著明顯伊拉克腔調，他也在巴格達長大。他的父親是來自敘利亞北部保守城鎮吉瑟舒古爾（Jisr al-Shugur）的穆斯林兄弟會虔誠成員。這個虔誠信徒網絡過去偏好低調行事，直到阿拉伯之春將他們召喚出來。

中東古老的獨裁政權都很厭惡、害怕穆斯林兄弟會，因為這個組織提供了另類的政府體制想像。它運用世界上最強大的宗教意識形態作為黏著劑，直接訴諸被壓迫者。穆斯林兄弟會在西方雖然也不受信任，卻獲得容忍；對阿拉伯世界的世俗政權來說，如埃及的穆巴拉克與突尼西亞的班．阿里，卻是頭號公敵。在敘利亞，穆斯林兄弟會遭到厭惡之深，學童每天早上都有咒罵兄弟會的儀式，也是向阿薩德的復興黨（Ba'athist）[3]宣誓國家效忠的一部分。一九八〇年時，加入兄弟會可以判處死刑，兄弟會員也以一連串愈加暴力的抗爭與游擊隊攻擊作為報復。最後在一九八二年二月，哈菲茲．阿薩德總統派遣軍隊進入兄弟會起義的震央哈瑪（Hama），包圍轟炸全市人口長達二十七天。將近兩萬五千人遭到殺害，但由於媒體管道受到限制，城內的人無法與外界溝通，因此幾乎未曾獲得報導。敘利亞國內的人都聽過哈瑪事件，但因為害怕政府進一步作為，導致敘利亞人自發性對外保持緘默。當時敘利亞內部並沒有獨立媒體，也沒有讓消息外漏的網路。兄弟會起事遭到鎮壓，整個城中心毀之一旦。僅剩的兄弟會成員遭到監

3　全名為阿拉伯復興社會黨；在敘利亞地區，簡稱敘利亞復興黨。由阿拉維派軍隊與民兵組成，受阿薩德家族直接掌控，長期受俄羅斯、伊朗、中國與黎巴嫩真主黨支持，為目前敘利亞執政黨。

禁或潛逃出國，敘利亞再也沒人敢提起兄弟會。

哈瑪事件後，許多倖存的敘利亞兄弟會成員落入另一位中東強人保護者的歡迎懷抱。薩達姆・海珊（Saddam Hussein）認為這些人可能另有用處。

這位伊拉克總統雖是遜尼派穆斯林及派系領袖，他與敘利亞穆斯林兄弟會的結盟卻非出自宗教因素；事實上，後來他還對穆斯林兄弟會的伊拉克支系發動鎮壓。在一九七〇年代到八〇年代初，海珊的主要敵人是什葉派巨人伊朗，後者是阿薩德敘利亞的盟友。藉由親善敘利亞穆斯林兄弟會，海珊尋求削弱西鄰大馬士革，進而傷害東鄰德黑蘭的機會。

一九八二年前，海珊也資助訓練敘利亞穆斯林兄弟會，並在兄弟會對抗阿薩德起事失敗後，敞開國門迎接逃亡者。當伊拉克其他地區因為領袖漸趨混亂的行徑而陷入赤貧時，敘利亞穆斯林兄弟會家庭卻獲得巴格達住處，享有慷慨福利。一九八〇年開打的兩伊戰爭，將長達八年之久。戰後兩年，海珊入侵科威特，導致國際制裁落在人民頭上。由於國際制裁幾乎對這個國家全面禁運，根據部分估計，一九九〇年代有五十萬名伊拉克兒童死於制裁直接或間接的影響。

我的接應人穆罕默德對這段時期的記憶卻十分不同。「巴格達是個很棒的地方，有許多派對。」他語帶夢幻地說。兄弟會家庭的好日子在二〇〇三年終結，當時美國領導的「自願聯盟」（Coalition of the Willing）入侵伊拉克，推倒海珊政權。不論西方推倒海珊政權時犯了何種錯誤，此人仍舊是當代歷史上最殘暴的獨裁者之一。然而十年後，穆罕默德想到海珊被捕、受審與處死時，仍舊反感冷笑。

穆罕默德談及海珊時，總是帶著沒有任何其他合理可能的肯定語氣。「海珊是個很棒的人。」他會這麼說，而且永遠無法說服他。以此刻身陷得向另一位獨裁者爭取自由的抗爭人士來說，這一點看來多麼諷刺。二〇一一年他跟兄弟怎麼從伊拉克返回敘利亞，一直是個難解的謎。回頭看，我很肯定那些古老家族牽繫應當是穆罕默德身處阿勒坡的原因。他跟這個城市甚少連結，卻十分熱衷於直接帶我前往統一旅總部——穆斯林兄弟會在此地的武裝代理人。當老阿薩德鎮壓、驅逐敘利亞穆斯林兄弟會的三十年後，此刻的敘利亞革命，在兒子輩身上看見報復的機會。

支持者形容統一旅是個溫和派伊斯蘭主義團體；比起蓋達與伊斯蘭國，它確實如此。但溫和是個相對形容詞。接觸統一旅的時間愈長，就對他們強迫施加於我——來此報導他們故事的外國記者——身上的嚴格伊斯蘭行為準則感到不耐。在阿勒坡街上，在這個多元信仰國家的多元信仰城市裡，他們命令我戴上頭巾，並宣稱這是「展現對人民的尊重」。事實並非如此，實際上只是對統一旅的尊重。通常我進入阿勒坡一般人家中，他們常做的頭一件事，就是告訴我可以脫下頭巾。

五月某一天在統一旅基地外，我坐在有如烤箱的車裡，忍著難耐的偏頭痛，等待遲遲不成的訪問，對於被命令穿上他人信仰難受的象徵愈發惱怒，於是我扯下頭巾。「去死吧！」我對自己咕噥道。

我永遠也不會忘記基地裡面晃盪的那些戰士陰沉的臉色。好幾次我聽見他們之間耳語交談「*sahafiya*」——「記者」。值得讚許的是，沒人叫我把頭巾戴回去，但我能感受到強烈的敵意。

更令人不安的是，哈吉．馬瑞亞願意接受蓋達組織的敘利亞分支——支持陣線（Jabhat al-Nusra）進入阿勒坡，與他們並肩對抗阿薩德。支持陣線的基地就在統一旅隔壁，他們將人質（包含外國記者與援助工作者）關在兩個組織共享的建築物地下室裡。後來被交給伊斯蘭國並在鏡頭前遭到謀殺的美國記者詹姆士．佛利（James Foley），在支持陣線手上的期間，據信就是被關在這個地下室。當時哈吉．馬瑞亞就在幾公尺外的房間裡，接受我們訪問。我們從未確定哈吉．馬瑞亞是否知道支持陣線的所作所為，他死於二〇一三年十一月一次政府軍空襲中。他的死訊傳來，我所認識的多數敘利亞人都將臉書頭像換成他的照片。

二〇一三年八月，最後一次造訪統一旅基地時，我發現基地外的馬路剛鋪上柏油，豎起一排優雅旗桿，通往高度警戒的入口。

「我們稱之為聯合國。」馬赫穆德笑道；開除穆罕默德之後，我找到這位世故、幽默且聰明許多的新接應人。馬赫穆德不是統一旅的粉絲。

這種傲慢也讓我厭惡，俗氣的展示更浪費了急切需要的資金。不過幾公尺外，就是被砲火炸裂的主要輸水管，學校及家園也在戰鬥中荒廢。

但在敘利亞，我也看見個人崇拜崩解之後進行的再裝修。二〇一三年穿越反抗軍控制的北方時，我看見兩年前在大馬士革舊城區曾見過的同一幅巴沙爾．阿薩德海報，只是現在他的眼睛被挖出，臉上寫滿各種髒話。我也在支持陣線佔領的水力發電大壩的大廳，看見他父親，也是這個恐怖政權的建築師，哈菲茲．阿薩德的胸像遺跡，他們幾乎完全燒毀這座胸像。附近城鎮的另一尊哈菲茲雕像，嘴裡被塞進一支皮涼鞋——這是終極的阿拉伯式侮辱。

二〇一四年春天，當我再次返回阿勒坡，經過一個荒涼冬季，伊斯蘭國已經擊敗了東側所有反抗軍，阿薩德軍則開始從直升機投擲裝滿炸藥的桶子。我發現統一旅已經被炸出他們的基地。由他們佔領時，已破爛不堪的舊眼科醫院，現在只剩廢墟中幾根殘柱。那些旗桿成了一排扭曲殘枝，哈吉．馬瑞亞之死也讓他不受控的暴徒手下遺忘了一度永恆的領袖忠誠，轉而被敵對勢力吸收。最終，這就是他們共同的結果。

## 土耳其的派系

也許因為我並未刻意追尋，因此直到進入土耳其好幾個月後，我才注意到土耳其個人崇拜的蛛絲馬跡。雖然住在安塔基亞，一開始我跟土耳其幾乎毫無關聯。我在敘利亞境內工作，下班時間跟土耳其境內的敘利亞難民往來，多數注意力都放在邊界對側的戰爭。戰區工作結束時，我回到土耳其喝啤酒、穿無袖上衣，享受無止盡的電力，扭開水龍頭就有熱水。我坐在土耳其邊境城鎮的水煙館裡，書寫邊界另一側發生的事；除非跟敘利亞的發展有所交集，土耳其政治發展只是背景噪音。

我當然知道阿塔圖克。每本土耳其旅遊指南都會提到他，並警告遊客別在公開場合批評他。我也記得在青少年時期讀過某本書，該名一九三〇年代的土耳其女性作者對於她的領袖前往歐洲——就像其他現代領袖一樣，西裝筆挺戴著窄邊呢帽——感到十分驕傲。無論如何，在安塔基亞是避不過阿塔圖克的。他臉部的粗獷畫像被光投射在俯瞰城鎮的山坡上，每條街跟屋頂露台都清晰可見。土耳其每個公家機關都有他的畫像或鑄鐵招牌，當第一次看到他的臉部線刻畫像時，我驚訝地發現他跟英國流行樂手史汀（Sting）長得好像。

我會知道艾爾多安及正義與發展黨，主要是因為我就讀曼徹斯特大學一年級時，他們就開始掌權。我修的課程之一著重當代歐洲政治，這在當時是充滿希望、擴張性的主題，特別著重歐盟擴張的無限可能，及前蘇聯衛星國的中歐國家即將加入歐盟。我進行報告的那一天，討論了土耳其選舉對歐洲的意義。那一年所有的不幸之中——伊拉克戰爭緩慢升級，阿富汗困境惡化——土耳其看似一抹希望。對著似乎無害的伊斯蘭主義者崛起而咆哮不止的土耳其世俗主義者，看起來還更像基本教義派。

我搬到土耳其三個月後，蓋齊公園抗爭爆發；這是我注意到的第一件重要新聞。他們在安塔基亞掀起微小波浪，本地的土耳其阿拉維派（Alawites）在主廣場上舉行沒什麼人參加的抗議活動。土耳其阿拉維派與阿薩德屬於同一個伊斯蘭什葉派支系。也許當時我對蓋齊公園抗爭的想法，受到周遭敘利亞人影響：他們視艾爾多安為英雄，沒有任何其他世界領袖像他這樣反對阿薩德，並持續歡迎難民。同時他們也不信任土耳其阿拉維派，因為後者與令人厭惡的阿薩德敘利亞政權有連帶關係。比起敘利亞維安部隊掃射抗爭者的子彈，土耳其警方鎮壓塔克辛廣場示威者的催淚瓦斯，實在算不上什麼。

然而蓋齊事件後，我開始注意到艾爾多安開始超越了總理的角色。當新的足球場開幕，他在開幕戰中踢球，一如既往無差錯射門得分。他登上晚間談話性節目，以毫無音調的聲音唱了一首動聽的土耳其歌謠，贏得滿堂喝采。電視頻道幾乎每天都會放送他的演講或訪視行程新聞。二〇一四年，他辭去總理並當選總統後，他的照片開始到處出現。一年後，正義與發展黨贏得國會大選，我敘利亞男友的父親從沙烏地阿拉伯住處打電話來。他從未到過土耳其。

「艾爾多安！艾爾多安！艾爾多安！」他開心高歌。

這開啟了我對艾爾多安及其崇拜者的好奇，這一刻我也開始執迷於解開土耳其總統魅力之謎。

# 第三章　建立艾爾多安品牌

總統喜歡戴墨鏡。這是他多年打造出來，一種介於伊斯蘭主義者與黑手黨老大之間的形象。

精心修剪的八字鬍從一開始就存在，這是任何虔誠穆斯林男人的標準配備。一九九〇年代，在蓬鬆髮絲襯托下的八字鬍還是閃亮棕色；幾年來，同一個主角身上，兩者都愈來愈短，也愈顯灰白。艾爾多安身邊的小圈子裡，八字鬍宛如伸展台上的新時尚。二〇一七年公投逼近時，《每日郵報》（Daily Mail）記者發現三十名內閣成員中，二十七名都蓄著「杏仁鬍」（*badem biyik*）。沒蓄鬍子的三人中，有一位是女性。

此外還有過大的西裝外套，通常是深灰藍色的交叉格子設計。這些外套一開始在二〇一四年八月的總統選舉登台，當時艾爾多安首度贏得大位。自此這些外套成為經典，以至於我朋友決定在吵鬧的公投後於派對上扮成艾爾多安時，唯一能想到的就是蓄一個禮拜的鬍子，然後穿上一件這種外套。二〇一五年，當外套開始在艾爾多安的圈子裡流行時，一名土耳其頂尖設計師給它取了名號：「普萊斯托葛式」（prestogal）外套。

「艾爾多安總統是將格子時尚帶到土耳其的人。沒人影響我們總統；他也不追隨世界潮流，而是開創自己的時尚。」設計師列馮・柯爾登其揚（Levon Kordonciyan）告訴土耳其國營的安納多盧通訊社（Anadolu）。

還有細金邊的飛行員風格墨鏡。艾爾多安在群眾集會與遊行現場都帶著這些漆黑墨鏡，眼神難以辨識。當他跟大批追隨者走在一起時，他們全都身穿黑衣，戴著與他相襯的墨鏡，你會以為黑幫老大來到此地。高階政治人物出門必有的吵雜車隊也是如此：首先是摩托警車隊，接著是大批成群的擋道車，佔據高速公路長達半公里。自從艾爾多安成為總統後，這些現象四處可見，目前為止他本人的車隊陣仗最大，通常會在安卡拉看到。政府車隊經過時，好幾個路口得要管制到順暢後再開啟，讓首都已經糟透的交通雪上加霜。

很難猜測這類特權會延伸到什麼程度。當然，艾爾多安出門就是如此，其他內閣高官也是如此。二〇一六年八月，政變企圖失敗後一個月，總理畢那利・尤迪倫的媒體團隊邀請我跟幾十名外國記者，前往博斯普魯斯海峽亞洲岸的一處鄂圖曼宮殿。歡快的尤迪倫安排在花園裡，跟我們共享豐盛的土耳其早餐，包含起司與多汁無花果、細緻紅茶與熱騰騰的酥餅。同時間穿戴黑T恤、綠灰色戰鬥褲、墨鏡與耳機的男人手持衝鋒槍，巡視現場每個角落。經過兩小時的討論，祖父級的尤迪倫謙遜真摯地表示我們應該多聚會，我們看著他在一段精采政治演出後，搭乘直升機離去。

其他部長出門時則比較低調。二〇一六年九月在土耳其東南方庫德族區域的實質首府迪亞巴克爾，當時安卡拉新任命的市長剛到任，我正好也在城內首屈一指的早餐名店裡。這座鄂圖曼建築哈珊帕夏驛站（Hasanpaşa Han）建於十六世紀，是一棟圍繞著中央露天庭園的兩層樓餐飲購物中心。當年穿越絲路的商販會在黑色玄武岩牆內過夜，馬匹在鋪滿草的中央空間休息，人員則在四周相連的房間內用餐過夜。

今日，地面層攤位販賣各種雜貨、鮮豔絲巾與印著庫德族英雄形象的地毯，一度可能會發現庫德工人黨領袖阿布杜拉．鄂嘉蘭的頭像。不過現在地毯商則謹守比較不爭議的人物，多數是庫德族歌手與詩人；如同我在境內其他區域所見，沒有人敢賣任何有艾爾多安形象的商品。穿過狹小的拱門廊，厚實外牆的黑暗內部，陡峭石階向上延伸，就像中世紀城堡內的神祕通道，通往二樓露台。迪亞巴克爾風格的早餐餐廳設在此地。起司、橄欖油、果醬、辛辣塗醬、番茄與小黃瓜切片、蜂蜜、濃厚奶油（*kaymak*，一種土耳其凝脂奶油）、中東芝麻醬（*tahini*）、煎蛋、奶油煎香辣臘腸，無數小碟子堆滿餐桌，加上隨時再續的無限量麵包與紅茶。

當時我跟翻譯及她的朋友一起用餐，該朋友曾在安納托利亞規模最大的亞美尼亞教堂聖吉拉戈斯教堂（Surp Giragos）[1]前的廣場上經營咖啡廳，直到當地庫德工人黨武裝分子與土耳其維安部隊的戰鬥淹沒了一切。二〇一五年十二月他關上咖啡廳，離開後十個月內都未曾返回，但一位設法進入宵禁區域確認教堂狀況的同事幫他拍了照片。哀傷與憤怒讓他的手抖了起來，

1　譯註：聖吉拉戈斯教堂為擁有七座聖龕的亞美尼亞教堂，為中東地區規模最大也是最重要的亞美尼亞教堂。一九一五年亞美尼亞種族滅絕期間遭到砲擊破壞，此後一直關閉。一九六〇年代產權返回當地亞美尼亞社群手中，然而七〇、八〇年代亞美尼亞人大量外移，當地社群大幅縮減。二〇〇九年作為土耳其政府與基督徒社群和解的象徵因此展開整修，並於二〇一一年重新開放使用，當時為土耳其第一間重新作為永久禮拜場所而開放的教堂，同時更設有安納托利亞地區第一間亞美尼亞博物館。然而二〇一六年二月庫德工人黨與土耳其軍隊的衝突，對教堂與附近的歷史街區造成重大損害。

不只是他的咖啡廳，還因為聖吉拉戈斯教堂的慘狀。他拿起手機讓我看士兵在本堂高聳的歌德拱門下設立的營地廚房，並把聖像改成阿塔圖克的肖像。

就在這一刻，跟尤迪倫隨扈裝扮相仿的近身保鑣陸續進入，散布在驛站的兩層樓。此起彼落的對話聲突然靜了下來，彷彿有人關掉音量，接著市長走進來，入席他的早餐桌。談話聲慢慢恢復，但我們不再討論教堂以及這些厚實古牆外肆虐附近區域的戰爭，整個早上只聊些普通小事。

然而艾爾多安上千房間的宮殿——阿克薩瑞宮——公開廊道上掛置的肖像裡，卻展現著這位土耳其統治集團頭號人物的另一面。他仍舊穿西裝戴墨鏡，卻置身世界的悲慘地點，而非權力場域；他親吻戴頭巾老婦人的手，或受到非洲兒童愛慕擁戴。

總統周圍的忠實成員，甚至連他的敵手，經常堅持這種個人溫暖是真的。一名在總統府工作的低階官員告訴我，會議中艾爾多安會堅持自己說話前，給每個人先上一杯茶。一名顧問堅稱，他訓斥土耳其人至少該生三個孩子，只是因為他在乎這些人就像他關心自己的家庭一般。艾爾多安任命的外資投資委員會主席則說，人們視艾爾多安如同自己的父親。

曾見過艾爾多安的人一再認為：他很有趣。但他對那些政治反對者施以鐵腕的直覺反應，也是人格中貨真價實的一部分。

「我從他的生命與家庭中理解到，他並不關心宏觀層面。」一位前幕僚告訴我。「他可能會落淚幫助某個人；但你若告訴他數千人在此聚集，他會派人突擊逮捕他們。千人涉及政治；前者則是人性。」

外交官的描述也很類似。艾爾多安當然可能頗具魅力，他們同意他的個人溫暖是真的，但也說他可以尖酸刻薄、蓄意刁難，特別是他感到不合己意或不受尊重的時刻。

「我並不覺得他特別有趣，但他確實很有存在感。」一位外交官說：「他相當溫暖，總是會拍拍我的背。要達到成功目的，你必須擁有某種特質，而他確實有。他很有吸引力，這一點並不常外顯。公開演講中他常看來憤怒嚴峻，但私底下並非如此。」

另一位在任期內曾數度親身感受過總統憤怒的外交官認為有兩個艾爾多安：「一個是想交朋友、具有外交手腕的世故之人，試著以他的能力影響他人。這是美好的艾爾多安。但是還有強硬、糟糕的艾爾多安。你永遠不知道哪一個會出現。」

土耳其之外，艾爾多安變幻莫測且經常相當頑固的性格，讓他贏得的誹謗比粉絲更多。然而在土耳其內部，這個國家雖然經常展現西化外表，內裡核心仍舊是個東方國家——這一點卻被視為他最大的特色。

「他最大的賣點之一，就是不論對錯，他都認真以對。」一名前顧問告訴我。「他很透明，這在土耳其是件好事。他什麼都不隱藏。他有話直說，這就是他為何會出這麼多錯。他有時候會說出蠢話，但不像歐洲政客那一套。他比較像是個領路人，就像鄂圖曼時代的政治人物。」

## 文膽

胡賽因・貝斯里為自己的伊斯坦堡辦公室牆面選了一張經典照片。墨鏡下的艾爾多安帶著微笑，身穿黑色長大衣，在隨扈圍繞下，向群眾揮手。這是新土耳其的新塔伊普，完全在他掌控之下。但在紅色萬寶龍香菸、鑽石紋路毛衣與疲憊下垂的灰敗臉色中，貝斯里本人卻看來更像老時代的遺痕——像年邁的雜貨店老闆或小官，而非革命的建築師。他的肩頭往前內縮，笑容有氣無力。他的鬍鬚比艾爾多安長，卻同樣灰白；透過鬍鬚吸菸的姿態暗示著深沉悲哀。也許他只是陷入沉思。

我們在他的寫作書房會面，巴爾幹風格老屋內的木鑲板閣樓位於伊斯坦堡亞洲側熱鬧區域的中心。琴蓋爾柯伊（Çengelköy）狹窄的卵石街道兩側都是自家經營的商店。這個區域位於博斯普魯斯海岸邊，突出海面的土地足以一覽海峽上三座吊索大橋的第一座，以及朦朧藍色映襯下，組成伊斯坦堡鄂圖曼中心的清真寺輪廓。週一晚間下班時間的噪音，從貝斯里書桌旁的巨大窗戶滲入，我坐進他舒服的皮椅。摩托車的引擎聲、店鋪叫賣聲揉合著日落宣禮的呼喚聲。從地板到天花板的書架上充滿宗教與政治書籍。窗戶上貼著一張穆斯林兄弟會的拉比亞之手（Rabia hand）貼紙，以四指朝上、拇指內折的手勢敬禮。當你走進門時，首先看見的是那幅艾爾多安肖像。

貝斯里的菸一根接著一根，偶爾抱歉他得停下來接聽電話。他說他很確定我無法適當重現他所說的話，因為外國記者從來都做不到。

「那麼你為何同意接受我採訪？」我問。

「那是我的禮貌。」他笑道。

但我心裡懷疑，對他曾為土耳其最有權力者塑造形象的那些歲月，他也渴望得到一些肯定。

一九七四年，當時二十多歲、高挑英俊的年輕貝斯里走進議會。救國黨是當時土耳其少數明顯的伊斯蘭主義政黨，而貝斯里是青年部主任。土耳其才剛經歷第二次軍事政變，左派與民族主義青年幫派之間勃發的街頭戰爭，導致謀殺率上升。敵對派系在街頭與大學校園裡，開槍、捅刀至死方休。避開暴力與派系鬥爭的救國黨則推動聚會祈禱、計畫與組織。此一策略確實開花結果。整個一九七〇年代，雖然從未贏得百分之十二以上的總投票數，但因為非伊斯蘭主義政黨無藥可救的分裂，救國黨在兩次聯合內閣政府中都獲得席次。

一九七四年，當時二十一歲的艾爾多安是救國黨貝伊奧盧（Beyoğlu）的地方支部領袖，這個伊斯坦堡市中心的平民地帶，是艾爾多安的故鄉。比艾爾多安略長幾年的貝斯里記得他當時已經是個有魅力的人，足以帶動整個房間的氣氛。「我不記得在哪裡首度聽到艾爾多安講話，但我記得當時他已經很傑出。」他說。「他可以讓眾人傾聽。他講話的時候，大家會有共鳴。」

兩年後，貝斯里任期結束，艾爾多安當選繼任。由中年書呆子教授納吉梅汀．埃爾巴坎（Necmettin Erbakan）領導的政黨中，他們是年輕的新血，追尋著自鄂圖曼晚期以來伊斯蘭主義者所深愛的議題。埃爾巴坎堅持土耳其所生的病——來自外國勢力干預及西方影響——解方就是重返伊斯蘭，並與穆斯林世界建立關係。統治共和國的邪惡世俗派菁英將土耳其引入北約組織，與歐洲親善，實際上正是害了她。土耳其真正需要的是伊斯蘭道德復興、人口成長與快速工業化，讓土耳其人的生活水準與西方並駕齊驅。

土耳其當局受到震撼，因此軍隊介入，在一九八〇年發生共和國的第三次政變。

救國黨就像其他政黨，都被將軍們關閉了。然而，年輕的艾爾多安，仍舊持續崛起。一九八五年，他成為福利黨（取代了救國黨）的伊斯坦堡黨部主委；一九八九年代表福利黨出馬角逐貝伊奧盧區長，卻未成功。一九九一年，他初次參與國會選舉，雖然贏了，卻因為政黨排名的關係，必須將席次讓給另一位國會議員候選人。這些挫折都未讓他喪志。同一年，貝斯里開始成為艾爾多安的文膽，他所規劃的策略，最終於一九九四年將艾爾多安送上伊斯坦堡的市長寶座。此後，艾爾多安從未在票匭競爭上落馬。

「我們的鬥爭並不只是為了權力，更是出自目標。」當我問他即便面對這麼多挫折，是什麼驅使他們前進時，貝斯里如此回答。「當你擁有目標，你不會只是因為缺乏權力就放棄。當你是命定之人，你會告訴自己必須奮鬥，但結果不一定操之在我。你盡人事，一切聽從阿拉之命。」

對話進行二十分鐘後，這是他第一次提到神。我無法確定這是否蓄意的；然而當我問到他們最大的障礙時，他承認是土耳其世俗派選民的疑懼。他稱呼這些人為共和國養成的世代，受到洗腦拒絕了信仰與東方傳統，偏好與西方虛假地親暱。但他也說自己給艾爾多安的關鍵策略之一，是遠離宗教形象，以擴大吸引力，超越救國黨狹隘的虔誠支持者根基。艾爾多安進入市政府後，他簽署文件承諾沒有人會因為政治屬性失去工作，或被迫遵守伊斯蘭律法。在工作上，他的政黨因為技術官僚的效率而贏得敬重。

艾爾多安在市政府初年的懷柔作法，將很快讓位給更具戰鬥力的調性。一九九七年在東方城市錫爾特（Siirt）的一場群眾聚會中，他朗讀了一首赤裸裸融合了伊斯蘭象徵及軍事民族主義的詩歌：「清真寺是我們的堡壘，／宣禮塔是我們的刺槍，／忠實信徒是我們的士兵。」阿塔圖克派主導的司法體系抓住這個機會，將艾爾多安壓回他們認為他該去的地方。伊斯坦堡市長由於煽動宗教仇恨，被判入監十個月。他當時已經脫離福利黨，後者也在十一個月後關閉。然而入監一事，後來卻證明了是艾爾多安所能想到最好的形象提升加速器。

## 入監時光

一九九九年，未來的土耳其總統聯合強尼・凱許（Johnny Cash）及圖帕克・夏庫爾（Tupac Shakur）[2]，從監獄裡發行了一張專輯。

《這首歌還未結束》（Bu şarkı burada bitmez）是一張三十五分鐘的艾爾多安詩歌朗誦專輯，背景襯以動聽的土耳其音樂旋律，並由烏魯斯音樂（Ulus Music）製作；這個唱片品牌擅長「向世界引介土耳其音樂的豐厚、多彩與多樣性，同時讓全世界也能善用我們寶貴的文化」。在土耳其的二手交易網站上仍舊可以輕易買到這張專輯的CD與卡帶。

當知名的四十三歲伊斯坦堡市長脫離福利黨而入獄時，他已經展開積極的蛻變行動，將自己重塑為土耳其首要伊斯蘭主義者。在定罪與入監服刑之間的十一個月裡，艾爾多安召開第一場主要記者會。就任伊斯坦堡市長時，艾爾多安幾乎總是拒絕與外國記者對話。現在，他需要

2　譯註：強尼・凱許為美國鄉村歌曲創作歌手；圖帕克・夏庫爾以簡稱2PAK聞名，為美國知名饒舌歌手，九〇年代時曾是金氏世界紀錄擁有最高銷量的饒舌歌手。

媒體來重塑他在世界舞台上的形象。因此他邀請了駐伊斯坦堡的特派員，在供應鄂圖曼料理的高檔餐廳共享大餐。

「為何你現在願意見我們了？」其中一位比較憤世嫉俗的特派員問道。

艾爾多安驚訝地轉向助理。這位和善的年輕人過去總是帶著抱歉，轉達老闆拒訪的回覆。「你怎麼沒告訴我這些記者想跟我見面？」他斥責這名不幸的官員。

在場的一名特派員說，這明顯是試圖保全面子的舉動。另一人則形容為「魅力攻勢」。

隨著艾爾多安案的法院審理持續進行，伊斯坦堡市府網站也變成抗議頁面，刊載支持訊息，並連結他的抗辯聲明全文。直到上訴失敗，一九九九年三月他終於要入監服刑時，艾爾多安已經建立起言論自由十字軍的名聲，並擁有一票忠實的支持者。入監之前，他獲准前往伊斯坦堡的征服者清真寺（Fatih Mosque），參加最後一次的週五主麻日聚禮。大批群眾前往清真寺與他一起祈禱，並形成護送隊伍，伴他前往伊斯坦堡西北方的珀納爾希薩爾（Pınarhisar）監獄。一九九九年七月，十個月刑期中只服完一百一十九天，艾爾多安就出獄了，數千人前往現場歡迎他。

## 廣告人

艾爾多安並非當時唯一被監禁的伊斯蘭主義市長。一九九六年，安納托利亞中部的開塞利

（Kayseri）市長，同樣出身福利黨的舒克魯・卡拉泰佩（Şükrü Karatepe）告訴群眾他的「心正在淌血」，因為他被要求參與榮耀阿塔圖克的典禮。一九九八年四月，就在艾爾多安被判煽動宗教仇恨一週後，他因為侮辱永恆的領袖被判一年刑期，並且立刻發監服刑，沒有上訴時間。然而卡拉泰佩背後少了個行銷天才，因此牢門一關上，他就被遺忘了。

同時間，與艾爾多安共事的，卻是業界最傑出的人才。

「即便艾爾多安被禁止參政，我們仍然可以發動溝通行動。他身上有參政禁令，因此我們試著踩在法律許可的邊緣。」杰瓦特・歐裘克（Cevat Olçok）說。這位西裝筆挺的大鬍子是土耳其第一間政治行銷公司阿爾特廣告（Arter）的總監。二〇一八年四月，在阿爾特廣告位於伊斯坦堡的極簡工業風辦公室中，隔著一張巨大書桌，我坐在他的對面。他身後書架的乾淨線條被各式鄂圖曼風擺飾、書籍與裝框的艾爾多安照片給毀了。然而，首要位置自然屬於兄長艾洛爾・歐裘克與侄子阿布杜拉的照片。兩人於七月十五日在博斯普魯斯大橋上，死於政變軍人之手。

艾洛爾・歐裘克與杰瓦特共同成立阿爾特廣告，一開始是在一九九四年的伊斯坦堡市長選舉中，擔任艾爾多安的媒體化妝師。他生於安納托利亞喬魯姆（Çorum）的貧窮虔誠家庭；就像艾爾多安，也畢業於伊斯蘭高中。然而不像多數同學進入神職，他卻進入藝術學院，更是全村第一個接受高等教育的人。

「我永遠不會忘記第一次跨越博斯普魯斯海峽的那一天。」艾洛爾後來回憶一九八二年進入伊斯坦堡的那刻。

一九八六年獲得藝術史學位後，他開始在廣告業工作。當時這是相對新穎且快速擴張的產業；一九八〇年軍事政變後第一位民選領袖，總理圖爾古克·厄扎爾（Turgut Özal）正開放土耳其經濟，土耳其人開始成為西方形式的消費者。經歷許多商業廣告公司後，一九九三年艾洛爾成立阿爾特廣告，一年後受艾爾多安僱用。兩人之間的連結就此展開，贏得伊斯坦堡市長選舉後，艾爾多安聘任艾洛爾為媒體顧問。

「艾爾多安從未停止行銷自己。」杰瓦特·歐裘克說。「我們為他製作宗教節日與國家重要節日的問候卡。當他受限不能參與政治時，他的標語是『這首歌還未結束』。我們設計海報送給每個土耳其人，供不應求。土耳其每個都市都可以看到。」

阿爾特的標誌海報正是後來出版的同名詩歌專輯封面：艾爾多安站在講台後演講的照片，背景是土耳其國旗。最頂端是他的名字，下方則是那句標語、一句聲明。除此之外，什麼都沒有；沒有政黨黨徽、標誌或解釋。什麼也不需要，艾爾多安就是品牌。

## 反叛者

艾爾多安入獄時，另一群年輕反叛者正從福利黨內部要求改變。這些叛徒就像艾爾多安，對納吉梅汀·埃爾巴坎的政治路線感到不滿。這群人來自大都會與專業背景，包含克里特島後裔的幹練律師布倫·阿林奇（Bülent Arınç）及前伊斯蘭發展銀行經濟學者阿布杜拉·居爾。一九九七年，居爾出馬參選福利黨黨魁，希望由內發動改革。他以少數票差落選。無論如何，幾個月後政黨也遭到關閉。

「我們曾經在福利黨中達到許多成就，然而隨著政治情勢改變，我們也開始犯錯。」居爾在他伊斯坦堡宮殿的巨大畫室中對我說。「黨大會中我成為候選人，我談的是民主、基本權利及人權，並說就算這些言辭在政治上不利，我們也必須採納正確政策。當時黨內相當獨裁。即便我可能贏得勝利，卻仍然沒有機會。那是個震撼。接著在沒有正當理由下，黨遭到憲法法庭關閉……我只是試著救黨。」

如同數十年來多次發生的情況，改革後的福利黨換了一個名字：幸福黨（Saadet Partisi）。然而居爾領導的新生代並未加入這個黨，相反的，他們分裂出去形成新團體。他們在居爾的故鄉開塞利舉行群眾集會來開展公共關係，接著開始巡迴土耳其。他們更吸引了政治明星——最近剛出獄、聲勢迭起的艾爾多安。居爾向歐洲議會發動遊說，反對艾爾多安的判刑監禁，並親自接觸艾爾多安，希望他出獄後加入居爾的新政黨。這位說話輕聲細語的技術官僚，將自己親手創立的政黨最高位，交給土耳其有史以來最具魅力的伊斯蘭主義者，毫無懸念。居爾說，要求聲浪來自團體內部。

「我們全都決定讓艾爾多安成為黨主席。他更受民眾歡迎。」居爾這樣說。

阿爾特團隊則是艾爾多安的一部分，因此他們也開始展開這個新政黨的品牌行銷工作。「我們針對名稱、辨識標誌與企業形象進行設計。」杰瓦特．歐袞克說。「艾洛爾是整個過程的領導者。我們在創黨宣言中增添訊息，也討論黨名。當時有許多點子，其中之一是青年黨

（Genç Partisi），但他們不喜歡；然後是白黨（Beyaz Partisi），從這裡又發展出「純潔」（*Ak*）；因此最後就叫純潔黨（Ak Partisi），因為土耳其需要乾淨的一頁。所有政治建制都已老舊，社會沒辦法得到他們想要的。但這個黨的人乾淨又聰明，因此我們提出『純潔黨』。」

阿爾特加緊馬力重新包裝時，文膽貝斯里則試圖找出土耳其人真正的認同，以及新打造的純潔黨要如何贏得選票支持。這些民意調查在發達民主國家並沒什麼了不起，但土耳其根深柢固的體系則會確保權力永遠握在世俗派菁英手裡，他們可能投某個方向，而虔誠信仰的大眾則支持另一邊；但最終是軍隊與國家的其他面向會決定誰掌控國家。任何試圖推動改革的政黨都看似徒勞無功。但這正是艾爾多安團隊採取的行動，並且執著地持續推動。

「我們對土耳其人民進行比較研究，也研究了過往政變的動力及發生的原因。」貝斯里說。「我們發現人民對政變的反應，接著討論所有收集到的資訊。我們希望避免未來可能觸發這類事件的契機。今天，艾爾多安說純潔黨並不是我們創的，而是人民創立的。我們的主要座右銘，是成為無聲者的聲音。我們真的知道人民想要什麼。」

居爾將福利黨與後續純潔黨的成功，歸功於一九九〇年代中期關於國會與政治辯論的電視報導量增加。

「以前政治只發生在會議當中。政治人物跟人民談完之後來這裡，」意指伊斯坦堡及安卡拉核心，「生活方式與所作所為全然不同。」居爾說。「當電視開始播送國會新聞，人們開始監看他們的代表。他們在村裡支持某個人，接著看到他們在國會中的所作所為。我們回應的是他們的感受。我們被實況轉播，首次實況轉播是在一九九〇年代。這是對土耳其民主的貢獻之一。過去，政治忠誠是代代延續的傳統，現在則透明多了。九〇年代，福利黨在全國生根，人們聽到電視上所講的，看見我們回應他們的感受。整個架構完全改變了。」

二〇〇一年，純潔黨創黨時，土耳其的經濟開始產生危機。貨幣陷入超級通貨膨脹，失業率攀升到百分之十。所有現有政黨都沾上貪腐或無能的汙點，或者兩者兼具。艾爾多安與他的團隊最終發展出來代表新政黨的辨識標誌是一盞燈泡——黑暗時代的希望象徵。同時為了符合黨名縮寫的「AKP」，他們將全名發展為正義與發展黨（Adalet ve Kalkınma Partisi）。

很快地，此黨成了全土耳其最熱門的政黨。一份世俗報紙專欄說黨名應該依縮寫發音為A—K—P，而非行銷者宣傳的「Ak Party」。時至今日，這一點仍舊爭論不休，同時也成為判斷一名土耳其人對該黨觀感的依據。每次我說「AKP」的時候，杰瓦特．歐裘克就會打斷。

「Ak Party！」他反駁道，不帶諷刺。

「一開始，目標是讓純潔黨……成為土耳其與世界的品牌。」他繼續說道，「這一點在創黨時就已點出。『純潔黨：世界的政黨』。十七年過去了。你可以在土耳其各地看到純潔黨，企業形象鮮明。」

二〇〇二年十一月，從純潔黨發展而來的正義與發展黨，在正式創黨十五個月後，於國會大選中贏得多數席次。歐洲安全合作組織（OSCE）是主要的國際選舉觀察員之一，選舉結果最終的評估報告，開頭十分欣喜：

> 土耳其國民大會（TGNA）的十一月三日大選結果展現出土耳其蓬勃有力的民主制度。許多政黨在國內各處積極參選，提供選舉人廣泛多樣的選擇。反對黨全面勝利顯現出土耳其選舉人在推動政府改革上施展的力量。

然而歐洲安全合作組織也注意到體制上部分的嚴重瑕疵。正義與發展黨僅囊括百分之三十四的選票，卻獲得將近三分之二的國會席次；另一個獲得席次的政黨是共和人民黨。這是因為土耳其奧祕難懂的選舉規則，規定只有總得票數超過百分之十的政黨可以進入國會。未達門檻的政黨得票數，則分配給超過門檻的政黨。

艾爾多安雖然是勝利政黨的黨主席，卻無法出任國會議員，因為犯罪判刑紀錄讓他不得出任公職。因此由居爾出任總理，但正義與發展黨立刻開始尋求跨黨派支持，修改禁止艾爾多安出任公職的法律。二〇〇三年五月，僅僅上任五個月的居爾讓位給艾爾多安時，黨內某些人一點也不驚訝。

「沒人預期我會辭職，包括塔伊普『貝伊』（Bey，土耳其式尊稱，約可理解為塔伊普先生）。」居爾說。「一切都很順利。當時有很多壓力，但我認為繼續留任並不合倫理。艾爾多安是黨主席。這是個倫理議題。我認為離開（總理職位）對我比較好。」

二〇一八年四月，我跟杰瓦特・歐裘克會面時，阿爾特跟正義與發展黨已經結伴相隨了十七年，經歷十場選戰、無數各種公關活動，同時還失去了創辦人暨精神領袖艾洛爾・歐裘克。

在他之下，他們將正義與發展黨的發展模式帶到國際上，參與北賽普勒斯、伊拉克、喬治亞、埃及、馬來西亞、阿爾巴尼亞、馬其頓、利比亞、突尼西亞與烏克蘭的政治選戰。他們也接商業案件。

但對他們的頭號客戶艾爾多安，阿爾特永遠全力以赴，超越政治公關的角色：艾洛爾．歐袞克甚至親自操辦總統兒女的盛大社交婚禮。也是他製作了二〇一四年艾爾多安總統大選時的主題歌，並說服老闆這首歌的優點。

「我們選戰的互動是這樣的。我們的英雄是艾爾多安。」後來艾洛爾．歐袞克說，「接著艾爾多安先生叫我過去，他說：『我如果說這首歌太個人化了，可能不大適合，是不是有點太晚了？』我對他說：『總理先生，這首歌跟你無關。這首歌是給那些希望表達敬愛的人民。這是他們的聲明。』」

搭配東不拉猛烈的土式戰歌節奏曲調，五年後歌詞仍舊迴盪在艾爾多安的群眾集會場合裡：他是被壓迫者的聲音，他是靜默世界的高聲。雷傑普．塔伊普．艾爾多安……

「在政治溝通上，艾爾多安是個天才；艾洛爾也是。」杰瓦特．歐袞克說。「他們清楚……如何接觸人民，了解他們的感受。他們是天生一對。」

「艾爾多安跟他的政黨去除了舊秩序。他們打開了土耳其的思想與眼界。我們會打造自己的電動車。我們正打造自己的戰鬥機與攻擊直升機。我們是世界上第十七大經濟體，更是今年G20峰會中發展最好的國家。艾爾多安正在實現土耳其的夢想。這正是他成為偉大品牌的原因。」

# 第四章　艾爾多安與朋友

## 土耳其僑民

烏符克・賽奇金（Ufuk Seçgin）是個沒有土耳其公民身分的土耳其人，同時內心是個自由派。他在德國出生長大，讀大學，支持左傾的德國社會民主黨（Social Democratic Party）。在取得第二國公民身分並經營事業的英國，他也支持英國留在歐盟。但在土耳其——在他的DNA裡——他是艾爾多安及正義與發展黨的堅定支持者。這不只是聰明行銷的成果。

「你應該看看一九九〇年代的土耳其。跟現在相比，簡直就是白天與黑夜的差距！」賽奇金以清脆的德國腔英語告訴我。「基本上，去醫院看病的風險極高。我還記得我們從德國藥房買藥寄到土耳其，因為土耳其沒有這些藥，或者太貴了他們負擔不起。還有食物銀行跟停水，土耳其沒有乾淨的飲用水。就像加油站，城裡會有取水站。人們每天拿著空瓶去取水。每天只有幾小時的電力供應。看看當時跟現在，你會說，這絕對是正義與發展黨的成就。」

生於一九七〇年代德國漢堡的土耳其移民家庭，賽奇金一開始只有土耳其公民身分。他的德國身分證明文件將他列為「客工（*Gastarbeiter*）之子」，客工是指二戰後經濟復甦時大批移往德國的土耳其經濟移民。他們無法成為德國人。然而一九九八年的選戰中，德國社會民主黨承諾取消只有德裔父母的子女可以取得公民身分的規定。賽奇金當時是個懷有野心計畫的商學院學生，看見歐盟公民身分的承諾將開展新商機。然而德國社會民主黨雖然贏得選舉，卻囿於右翼壓力不得不對承諾打折扣。最終通過的公民法修正案允許土耳其移民子女取得德國公民身分，但必須放棄土耳其國籍。然而其他地方的移民都可以擁有雙重國籍。

「這是因為他們想避免人們同時開兩輛車。」賽奇金說，「只有黑或白。德國人或土耳其人。你的優先選項為何，諸如此類。」

「我仍記得，當時我去參加一場地方會議，主持的是德國國會外交委員會主席，所謂的政壇老手。他出任這個選區的國會議員已經四十年了。我問他為何這樣做，給了他一份其他國家的公民規定。他開始講一些愚蠢回答，於是我繼續追問。最後他給我的答案是：『如果土耳其跟德國打起來呢？你會加入哪一邊？』」

二〇〇四年，賽奇金選了德國公民身分，放棄土耳其國籍。土耳其政府提供一張藍卡給賽奇金與其他相同處境的德籍土耳其人，這張卡片讓他們可以像公民一樣在土耳其居住工作，但沒有投票權。無論如何，土耳其確實投資在他們身上。正義與發展黨首度在二〇〇二年贏得大選時，他已經是熱情的支持者。他的室友，另一位德籍土耳其人不像賽奇金，他在英國大學裡過著充滿酒精的風流浪子生活，但看到選票湧入時立刻在網上入黨。

「我說：『艾爾多安或正義與發展黨所說的一切都跟你的信念相反。你到底為什麼要加入？』他說：『我要做生意，因此愈早加入正義與發展黨，未來就愈有利。』」

自此，賽奇金就不斷受到土耳其與德國的拉扯，試著讓他決定比較愛哪一邊，但實際上他想要的，不過是在全球化世界中做個成功的穆斯林紅頂商人。像許多土耳其人，他也受夠了歐盟以及土耳其試圖入歐的永無止境循環。同時間，身在英國，他雖不支持脫歐，卻也受其影響。脫歐對他不利，他再也無法像僱用英國勞工一樣，輕易僱用歐陸來的人才，或者輕易跨境工作。

此刻，在正義與發展黨和艾爾多安身上，賽奇金也看見有問題的政黨與領袖。他說接班計畫幾乎毫無徵兆，也沒有培養新一代的領袖；他也覺得政變失敗後的記者大逮捕有些過了頭。他擔心一度蓬勃的土耳其經濟可能會很快萎縮。但在他的世界正經歷不確定的時刻，艾爾多安卻是賽奇金能抓住的少數穩定。這位總統為他這樣的土耳其人帶來財富、穩定與榮耀；但對從外窺視的人來說，艾爾多安的炫目掩蓋了許多缺點。

「我看不到誰有那樣的領袖魅力。像艾爾多安這樣的人，並不是每十年出現一個，可能要每三十年或更久才會看到，」賽奇金說，「甚至連他的對手都說他確實有魅力，很在行。他讓土耳其重新回到了世界地圖上。」

## 新的穆斯林中產階級

賽奇金屬於艾爾多安治下，一波在土耳其發達起來的虔誠穆斯林企業家。他共同創立的企業「Halalbooking.com」，是個瞄準虔誠穆斯林客群的度假預訂服務網站。這是個快速成長的市場；「Halalbooking.com」目前市值約為六千至七千萬美元。

二〇一七年五月，他即將展開有史以來生意最火熱的一季，我跟著賽奇金與二十幾名男女企業家，參訪安塔利亞的清真認證度假村；他們全都是歐洲的穆斯林。三十六歲的頌居爾是來自布萊梅的時髦德籍土耳其人，帶著伊斯蘭頭巾，六年前兩個女兒出生後，才開始認真實踐伊斯蘭信仰。當時她才發現瞄準中產階級穆斯林的生活風格品牌奇缺，因此成為這一行的開拓者之一。頌居爾於二〇一六年展開線上訂房事業，一年後德國的線上清真旅遊產業中，仍然只有另一名競爭者。

「過往，這是個精緻的高級產業，一切都很昂貴。」頌居爾說，「你得包下一棟私人別墅或前往高級度假村，一週的家庭度假可能會花上四千歐元左右。」

四天之中，賽奇金帶我們參訪了虔誠穆斯林度假模式的新浪潮——面向大眾市場的清真認證旅館。第一站是土耳其首間獲得清真認證的旅館「貝拉」（The Bera）。巨大門廳飄散出水煙甜美的香氣，接待櫃檯後方懸掛著伊斯坦堡博斯普魯斯大橋全景，前景則是一間清真寺。擁有貝拉旅館的大型集團與艾爾多安交情不錯：他擔任伊斯坦堡市長時，市政府將市中心一塊精華地產，以真正價格的零頭，賣給這個集團。電視螢幕上播放的是支持艾爾多安的ATV頻道；門邊報架上掛的是同樣支持艾爾多安的報紙：《新日出報》（Yeni Şafak）及《晨報》。離開時，我獲贈的禮物是鄂圖曼歷史百科。

除此之外，貝拉就像任何一站全包式度假村：充滿亢奮的小孩，以及上次飛回家後就開始渴望度假的父母親。一對夫妻攤在大廳舒服的沙發上，兩個小女孩到處猛衝。我問他們政變失敗與恐怖攻擊後，是否對於在土耳其度假產生疑慮。

「我們其實沒聽過這些。」母親回答我，明顯希望我可以離開讓她休息。「我們去年才來過這裡，也很喜歡，所以決定今年再來。」

自助餐廳供應清真食物，除此之外與其他度假村並無不同。我住的舒適乾淨客房中，找不到聖經與塞滿啤酒、紅白酒的小冰箱，只有古蘭經跟基卜拉（*Qibla*）——在天花板上指出麥加方向的小箭頭。在女性水療與沙灘區的入門櫃檯前，我被一位（女性）警衛搜身，拿走手機與相機，才能穿過霧面玻璃大門。穿過更衣室與療程間，通往五十公尺沙灘的小徑，圍上飄動的布簾，其架在三十公尺高的旗竿之間。你看不到海面，視野被布簾擋住，雖然海水仍從下方湧入。在這片封起來的沙灘上，即便在男性的視線之外，女士們仍穿著相當保守的比基尼。我詢問一名女性，日光浴時看不到地平線是否讓她感到困擾。

「但若打開，船上或划水的男人就會看到我們。」她如此回答。

當晚我們在大廳一起享受喝茶與調味香菸的悠閒時光。我問起賽奇金，去年政變失敗後，前來土耳其的遊客人數是否下降並對他事業產生影響。他看著我彷彿我瘋了一般。

「下降？」他回答。「去年我們業績翻倍，今年還會再翻倍！」

二〇一七年時，土耳其已經成為全世界清真遊客第三大旅遊地點，比前一年上升了四名（僅次於馬來西亞與阿拉伯聯合大公國）。如今產值已達一千五百一十億美金的全球清真旅遊市場中，土耳其主宰了沙灘假期產業。在「Halalbooking.com」的列表中，土耳其旅館佔了絕大多數；這並非賽奇金有意為之，只是因為土耳其在一站全包的清真度假模式上發展得最好。畢竟從一九八〇年代起，透過泡在酒精裡的歐洲遊客，土耳其人就不斷測試、調整、演進這種服務模式。

「土耳其是一站全包度假村的中心。」賽奇金繼續說明。「在市場底部有大眾市場的度假村；清真市場頂端則有天使度假村（Angels Resort），每晚房價從三百五十歐元起跳。今年我有位烏克蘭客人，在天使度假村訂了六個禮拜，花了三萬一千歐元！」

但這是土耳其。在這裡，但凡神聖之事總要附贈一點凡俗小菜。

土耳其境內蓬勃發展的伊斯蘭休閒產業，最早的開拓者是令人意想不到的法多．阿昆都茲（Fadıl Akgündüz），人稱「噴射機」。這位自信破表的罪犯，每次剛從監獄放出來，就開始規劃下一場詭計。他最近因為誹謗被判刑，入獄十五個月——他宣稱某個愛琴海岸省長試圖以車禍謀殺他。在那之前，他以狡猾的分時度假（timeshare）交易詐騙了數百人；早在一九九〇年代，他就以從未實現的安卡拉建設案，向投資者募得數百萬英鎊，其中許多是歐洲的土耳其移民。雖然在更早之前，他啟動了第一個、也是唯一一個成功的專案：土耳其第一間清真認證度假村。

位於愛琴海岸城鎮迪迪姆（Didim）的奇想旅館（Caprice Hotel），是個由玻璃與塑膠外表構成的怪獸，從遠方看去，就像一艘下沉郵輪的船尾，內部則是純正新巴洛克風格裝潢。大廳的穹頂天花板以伊斯坦堡舊清真寺的風格裝點著鬱金香壁畫，地板則鑲嵌金色馬賽克磚。如同其他瞄準大眾旅遊市場的旅館，它每餐供應吃到飽的自助餐、大型游泳池與水療設施，以及直接通往沙灘的小徑。飯店內也有供應中式與義式餐點的一般餐廳，還有銷售部分土耳其頂級品牌的精品店。每週都有土耳其明星在飯店的娛樂中心演出。除了嚴重的幽閉恐懼症之外，入住的富裕旅客沒有理由需要擺脫這裡的花俏束縛。如果是虔誠穆斯林（多數都是），他們大可在此安心度假，絕不會錯過禮拜時間。

一九九六年度假村開幕時，「噴射機」法多・阿昆都茲提出一句口號：「現代化度假村，每天都可以聽到五次宣禮聲。」當時的土耳其從未聽過服務伊斯蘭市場的旅館。這是福利黨黨魁納吉梅汀・埃爾巴坎出任總理、艾爾多安擔任伊斯坦堡市長的年代。但艾爾多安的入獄以及推翻埃爾巴坎政府的一九九七年「後現代」軍事政變，都在在提醒每個人，凱末爾主義者仍舊把持大權。當阿昆都茲買下過去以墮落歐洲觀光客為主的度假村，並改裝成虔信者的天堂時，這塊以世俗派為主的區域居民並不開心。但無論如何，他的生意十分興隆。有錢的穆斯林過去得跟生活方式截然不同的旅客共享旅館：喝酒、在男女混合區域進行比基尼日光浴、無視伊斯蘭日常節奏。現在他們可以在一個類似自家的環境中休閒。在清真旅館裡，游泳池與水療區是男女分隔的，到處都看不見酒精，設有祈禱室讓住客可以從泳池畔直接溜上祈禱墊。

慢慢地，其他土耳其企業家也抓住這股潮流，等到二〇〇二年正義與發展黨掌權時，土耳其已經擁有五間清真旅館。到了二〇一四年，這個產業已經擴展成全國共有一百五十二間清真度假村、水療中心與精品旅館，包含一間清真滑雪度假村與一艘清真郵輪。同一期間，土耳其財富的整體上升可以部分解釋產業為何成長。社會中最貧困的一群——但通常也是最虔誠的一群——從只能維持基本生計提升到擁有一筆可支配的收入。一九九八年，奇想旅館開幕兩年後，土耳其人的平均年收入為八千五百六十七美元；棚屋區（*gecekondu*，意指「一夜之間建造」）[1]內的平均租金則會吃掉家庭收入的半數。到了二〇一四年，平均薪資來到一萬九千六百一十美元，房租或貸款卻只佔薪資所得的四分之一。新的中產階級已經興起，由一群來自安納托利亞中部保守城市的企業家所支撐。幾十年來菁英分子享受的一切，他們全都想要。

此外，還有艾爾多安因素。

「現在伊斯蘭的政治影響力提高了，」賽奇金說，「穆斯林會起身說：『等等，我也努力工作，我也有錢，我也想享受其他人享受的一切，那些社會頂層百分之十到十五的人享受的事。』艾爾多安之前，這個產業已經開始發展，但直到最近，觀光部從沒有任何支持這個產業的政策。什麼都沒有。所以你當然可以說，沒有艾爾多安，這個產業應該還是可以自己成長。但我的恐懼是，出於政治或意識形態的理由，土耳其的某人可能會試圖阻撓產業。透過艾爾多安與正義與發展黨掌權，他們的被動姿態已經幫助了這個產業成長。他們從未支持我們，但也沒有阻擋或妨礙我們。這已經很棒了；換成另一個政府，我可以想見有些人可能會試圖阻止產業往前走。」

土耳其標準中心從二〇一四年六月開始提供清真旅館認證。在此之前，這個產業中，土耳其已經落後其他伊斯蘭國家，如馬來西亞與阿拉伯聯合大公國。甚至英國旅遊局「造訪英國」也早在土耳其之前，就舉辦了清真旅遊會議。缺乏官方奧援的情況下，這個產業卻在愛琴海與地中海岸的燈紅酒綠之地生根開花。部分清真度假村是全新客製打造；其他則是一度充滿豪飲俄國人與歐洲人的舊旅館，改裝成清真度假村——拆除酒吧，闢建祈禱室，泳池與沙灘都分隔出男女區域。

隨著清真旅遊市場演進，發起人「噴射機」法多．阿昆都茲的商業計畫也跟著轉變。隨著更多大眾市場度假村開幕，他將奇想旅館升等成五星級豪華度假村，並將「旅館」一字改為「宮殿」。

「感謝奇想宮殿，為女士們設想周到！」旅館俗氣生硬的宣傳片中，一位面貌不清的男性說話者引導女明星穿梭在看似無止盡的設施間，她如此驚呼。「我的天啊！如此之美？這麼寬闊？如此寧靜？奇想宮殿……很難想像世上竟有這樣的宮殿！」

阿昆都茲同時還進行其他計畫：在伊斯坦堡設立第二間奇想旅館、安卡拉住宅區計畫、全明星球員的足球隊、在他出生的貧窮東部錫爾特省打造土耳其第一輛國產車。這些都沒有結果，大批憤怒投資者雙手落空。阿昆都茲於一九九八年逃出國，躲避起訴，但僅僅四年，二〇〇二年大選後（正義與發展黨首度執政），他以獨立候選人身分在錫爾特參選並贏得席次，

1　譯註：指二戰後在伊斯坦堡郊區違法建造的一或兩房建築。這些並非南美常見的那種貧民窟。這些佔地者蓋起的一般木造屋舍大多品質不佳，多數佔地者來自同一個村落，他們蓋屋時會鄰近彼此，因此在伊斯坦堡西部形成一大片聚落。由於城內成長的產業提供工作機會，政府也會定時改善村落狀況，甚至在幾個案例中，讓他們就地合法，直接將棚屋區域納入城市的範疇。

因此返回土耳其。他的政治生命很短；高等選委會立刻取消他的國會席次，表示他失去了當選議員後短暫享有的免責權。他被送進伊斯坦堡法院，接著坐上自己車牌號碼「34JET25」的豪華房車入獄服刑。

一年後阿昆都茲出獄，接下來的十年都在逃亡、入獄服刑與醞釀新計畫中度過。二〇一四年，他宣布自己在馬爾地夫買了一個小島，將轉成「穆斯林之島」。他開始穿著長袍頭巾，打扮成鄂圖曼貴族，並宣稱這個計畫將投資一億七千萬。土耳其某些最知名的虔誠穆斯林發出伊斯蘭律法教令（*fatwa*）給予支持，宣稱此一計畫是受到阿拉允許的。當最新計畫的投資人發現一切都是騙局時，曾經蓋下許可章的宗教人士之一遭到記者詰問。「我並沒有說買地。我說的是在伊斯蘭法教令下是許可的。」他堅稱。「倘若你沒仔細聽又做出蠢事，就會跟我一樣。我也失去了我的公寓。」

二〇一五年，法院下令查封第一間奇想旅館，以清償阿昆都茲仍未完工的伊斯坦堡計畫債權人。當地警察進入迪迪姆奇想宮殿，在六百名驚慌住客面前，開始將家具、小冰箱及電腦送上卡車。旅館的律師成功在最後一秒鐘達成協議，所有家具都返回旅館，但三個月後阿昆都茲卻因為監守自盜遭到逮捕。他入獄十六個月後，又立刻開始討論下一項計畫。

「東方將會重生，土耳其將會發達！」二〇一七年三月出獄這一天，他對等在監獄大門外的記者如此高喊。

## 葛蘭派

阿昆都茲仍是自由之身——至少目前為止。同樣高檔的清真度假村，馬爾馬里斯（Marmaris）天使度假村的原始所有人，土耳其企業家兼報社老闆阿金・伊貝克（Akın İpek）則沒那麼幸運。

進入千禧年後的頭十年裡，也就是正義與發展黨執政初期，伊貝克在土耳其企業菁英圈中嶄露頭角。這段時間，擁有某些關係代表著大量豐厚的利益，不論是政治上或經濟上。如同其他人，伊貝克也是費圖拉・葛蘭的公開支持者。葛蘭這位前神職人員一路登上教派領導人，帶領他小小的土耳其教團成為世界性運動。一九四一年生於東方的埃爾祖魯姆，葛蘭受訓成為伊瑪目，並加入土耳其宗教事務局（Diyanet）——這是在一九二四年共和國第一憲法之下成立的。宗教事務局聘僱土耳其全國所有宗教神職人員，並將他們分發到各清真寺任職。一九五八年畢業後，葛蘭被派至海岸區的伊茲密爾（İzmir），並很快將他的觸角伸到清真寺之外。根據葛蘭運動史，他開始在茶館與市鎮集會中演講。「他的演說主題，無論正式或非正式，都不明顯限於宗教問題；他也討論教育、科學、達爾文主義、經濟與社會正義。」運動史紀錄中如此宣稱。

建立了當地追隨群眾後，一九八一年葛蘭從宗教事務局退休，開始在土耳其與海外自由傳教。他也開始設立學校及慈善基金會。

保守城市開塞利的一名企業家仍記得一九八六年這位極具魅力的伊瑪目來到此地，開始對大批群眾布道。「他的演講非常精采，所有開塞利上流社會的婦女開始戴起頭巾。我們都很喜歡他的演說與聚會，因此開始為運動募款。我也給了一張支票。有個對宗教毫無興趣的醫師，『導師』（*hoca*）也讓他轉宗了。一會兒之後，我開始覺得他們不對勁，但很多人並不在意。正義與發展黨執政之後，所有政府合約都給了葛蘭派的企業人士。一個朋友曾說：『因為他們我才變得有錢，他們什麼都跟我買。』因為國家對宗教的壓力很大，所以大家都想要接受葛蘭派的說法。這個穆斯林組織涉入政治之外的各個領域。」

一九九七年二月，土耳其軍方發動所謂的後現代政變。坦克車開進安卡拉與伊斯坦堡，引發一連串事件，最後導致葛蘭流亡海外。艾爾多安所屬的福利黨黨魁埃爾巴坎於九六年成為總理，這位土耳其第一位徹頭徹尾的伊斯蘭主義者總理，逼得將軍們必須採取行動。將軍從戰情室發出備忘錄，埃爾巴坎的執政聯盟夥伴將他包圍，讓他下台。接下來幾年，土耳其的伊斯蘭主義政治勢力再度被迫縮回陰影裡；福利黨關門，埃爾巴坎的政治生涯終結；正義與發展黨的小苗則在黑暗中成長。

一九九九年，葛蘭搬到美國，此後便長居於賓州一處廣闊隱密的牧場，很少外出。但他從未停止宣教。葛蘭的影片吸引數百萬人點閱，在YouTube上吹捧、搞笑的內容皆有。（其中一段影片被加上西瓜動畫，讓伊瑪目滔滔不絕的同時，看起來像在用手狂劈西瓜。）

雖然他在土耳其之外鮮為人知，但到了二〇一三年，葛蘭的追隨者已經茁壯到足以將他推上《時代雜誌》（Time）世界年度百大最有影響力人物的第一名。他的追隨者，忠誠、世故且高度組織化，大批狂投讓他登上寶座。雜誌短訊洩露了編輯發現大量票數湧入支持這位不知名人物時的奇妙心情，似乎也暗示了未來的發展：

> 費圖拉．葛蘭是全世界最引人探究的宗教領袖。他從隱密的賓州退隱處宣揚寬容的訊息，贏得世界各地的仰慕者。葛蘭追隨者創立的學校在一百四十多國蓬勃發展。回應呼召的醫生更不支薪前往受災國家工作。
>
> 然而，葛蘭仍舊是個神祕人物。透過在政府、司法與警政體系高居要職的葛蘭學校畢業生，他對土耳其出身地的影響甚鉅。這讓他看起來像是背後的操偶者；在土耳其，嗤之以鼻者與愛慕者不相上下。

葛蘭派的政壇起落，正是艾爾多安故事中最混濁不清、也最具爭議的一段。但首先要說的，艾爾多安對該團體指控的核心內容是真實的。也許聽起來有如奇詭陰謀論，但葛蘭追隨者確實透過私下結黨，花了幾十年時間一寸寸打入土耳其國家體制。

以下的小故事可以說明葛蘭派是如何運作的。二〇一五年九月，艾爾多安與葛蘭的關係內爆時，一封來自倫敦霍桑顧問（Hawthorn Advisors）公關暨「聲譽管理」公司的電子郵件進入我的信箱，公布了一篇由一群英國律師執筆的研究報告。題為〈二〇一三年十二月後土耳其法治與人權狀況報告〉（A report on the rule of law and respect for human rights in Turkey since December 2013），這篇研究是由記者與作家基金會（Journalists' and Writers' Foundation）出資，這是知名的葛蘭派外圍組織。成立於一九九四年的記者與作家基金會，辦公室設立在伊斯坦堡信仰虔誠的於斯屈達爾區（Üsküdar）。根據二十一世紀頭十年沉浸在葛蘭派人士之間進行研究的美國學者約書亞・亨德立克（Joshua Hendrick），這個基金會是「葛蘭運動的主要公開面孔」。

「他們在土耳其與世界各地都有長期策略經營的歷史，獲取有力人士的支持，包含民選官員、記者與其他領袖。」亨德利克說。

他們確實為這篇報告找到很適當的作者群。四人中的兩位是現役英國政治家，下議院的愛德華・加尼爾（Sir Edward Garnier）及上議院的伍爾夫爵士（Lord Woolf）。加尼爾在這份工作的利益揭露上顯示，記者與作家基金會為他的一百小時工作時數，支付了十一萬五千九百九十四英鎊。報告出版的六個月後，下議院辯論歐盟──土耳其移民交易時，他起身提出「土耳其政府長期嚴重的人權與法治迫害問題」。

「當這些迫害持續時，」他說，「不應該進行任何開展新篇章（土耳其的歐盟成員資格）的討論。即便我們需要土耳其持續作為北約成員，並同意協助移民問題。」

雖然在他給下議院的聲明中提到他參與報告撰寫，卻未揭露誰是背後的出資者。二〇一六年八月當時我為《泰晤士報》撰寫相關報導時，他給我的回覆中堅持他與其他作者「並非（葛蘭運動的）支持者或依附者，而是以獨立英國律師的身分，就審閱的證據，撰寫這份報告」。

儘管他無疑清楚出資者是誰。霍桑公關一開始發給我的新聞稿最後，包含了一小段關於葛蘭運動的介紹：「葛蘭運動是由個人與宗教、人道及教育機構組成的公民社會網絡，遵循伊斯蘭學者費圖拉・葛蘭所倡議的跨信仰對話、社區服務與普世教育。」

很容易理解英國政治人物是怎麼被捲進去的。在土耳其以外，葛蘭派標榜自己是現代、多元主義伊斯蘭的倡議者，這是直接蓄意為西方聽眾打造的論調。運用這樣的論述，他們已經在土耳其移民社群中建立起大批追隨者，並在西方組織了無數開展方案與圓桌討論。自從艾爾多安發動鎮壓後，大批葛蘭派資金逃到英國，他們仍舊經營遊說團體「對話學會」（The Dialogue Society），邀請到前第一夫人雪莉・布萊爾（Cherie Blair）與全國公民自由理事會（Liberty）[2]前總監夏米・查克拉巴提（Shami Chakrabati）擔任客座講者。此外還設立教育信託基金，針對公立學校系統的學生提供免費週末家教課程。你得在他們的網站上挖得夠深，才會發現這些組織跟葛蘭運動的連結。

在土耳其境內，葛蘭派以經營富裕家庭學生就讀的高升學率私立學校，及提供貧困大學生便宜宿舍而聞名。「每個人都知道葛蘭派，但並不認為有威脅性。」一位在正義與發展黨上台初期派駐土耳其的西方外交官說。「他們被認為是無關緊要、有點怪異的祕密社團，在土耳其跟伊斯蘭世界其他地方募款、做好事、辦學校。身為外交官，我們並未太過在意也許應該更在意的地方。他們確實有些公民社團成分，特別在安納托利亞。感覺上像是德國或舊時代的英

2 譯註：全稱為全國公民自由理事會（National Council for Civil Liberties），為英國主要的法律扶助機構。

國，就像扶輪社（Rotary Club）。他們幾乎就屬於那一類，而非嚴肅的政治團體。」

葛蘭派在海外經營土耳其語言與文化中心。他們的成員若不是由葛蘭派菁英學校產出，就是從大學宿舍中精挑細選出來，都是最傑出、教育程度最高且擅長外語的人——土耳其最完美的海外文化大使。部分成員受到運動高層指示，進入土耳其公務與安全體系任職（通常先讀到偷來的試卷以確保他們可以獲得好職位），其他人則前往海外開設更多學校。比較貧窮的發展中國家——特別是信仰伊斯蘭的非洲地區、巴爾幹半島與中亞——都很開心迎接這些傑出虔誠的人來辦學。一個名為「公民反對公立學校特殊利益遊說」的團體曾發表一篇網路文章，題為〈除了南極以外的各洲〉（Every Continent But Antartica），列出據傳有葛蘭學校營運的一百零一個國家，從阿富汗到辛巴威。

「我記得柏林圍牆倒塌、蘇聯解體後，土耳其民族主義者，甚至連中間偏右的政黨，都曾經希望將中亞的兄弟們都納入土耳其的大傘下，類似土耳其近鄰的概念。」曾為正義與發展黨工作的美國遊說工作者說。「他們本想往東推進到中國邊境。但這些希望很快熄滅了，因為七十年的共產黨統治帶來的影響，讓他們的計畫並未奏效。但仍有些溫和版的軟實力計畫。葛蘭派被視為有用的工具，他們自己也想做。這是個雙贏局面，變成麻煩則是後來的事。這件事情很妙，因為多年來土耳其外交政策都是優先扶植這些學校；現在卻優先讓它們關門。」

正義與發展黨執政初年，艾爾多安相當樂意搭葛蘭派既有的網絡順風車。他的政黨在選舉上很有力，但在行政上卻相當弱勢，得面對凱末爾主義者所掌控的敵意官僚與軍隊。官僚體系中只有很少數正義與發展黨的人，畢竟這是個從邊緣崛起的政黨，才剛開始往中央邁進。軍隊也想將艾爾多安拉下來。司法體系多數人也想將他拉下。他跟正義與發展黨唯一的生存之道，就是建立聯盟。

「正義與發展黨在二〇〇二年執政後，就像其他人，我也在非正式報告中聽到愈來愈多葛蘭派人士被招攬進入政府部門，特別是警政與司法機關。」一名前國會議員說，「我試著針對這些非正式報告蒐集更多資訊，卻無法獲得太多可靠的結果。其中一次，我問了剛離職的前內政部長，是否真有大批葛蘭派人士被招攬進入警政單位。他說某個程度上是真的，但也反問：『這些人的報考成績就是比其他人好很多，你要我怎麼辦？』」

## 自由派

葛蘭派只是艾爾多安的諸多盟友之一。正義與發展黨也把手伸向自由派、反軍隊專政的運動團體，以及受不了陳腐老舊政黨的世俗派反對陣營成員。許多人在二〇〇一年一開始就跟正義與發展黨聯手。蘇雷曼・撒勒巴許（Süleyman Sarıbaş）律師從一九八三年就在圖爾古克・厄扎爾領導的祖國黨（Anavatan Party）裡擔任國會議員，在二〇〇二年十一月大選前不久加入了正義與發展黨。艾爾多安親自邀請他入黨。雖然對艾爾多安的個性有些不滿，撒勒巴許同意了。

「我認為艾爾多安雖然是個公民，但他從未完全擁抱西方價值。」撒勒巴許說。「他很情緒化，也容易受到驚嚇。膽小。他的生活方式介在都會與地方鄉村之間。他就是處在中間。我給你一個例子。他從口袋拿出瑞士刀清牙齒，相當鄉村風格。但他在伊斯坦堡長大，所以同時也很都會化。我遇到他時，他正接受審判，有案在身。他很怕被逮捕。他變成正義與發展黨主席後，當時另一個案件是關於他的房產。他似乎擁有很多房產，卻不清楚是怎麼得來的。他說是拿小孩的金子去換的。大約下午五點鐘，我們去見檢察官，檢查官想拘押他。法院就要關門了，那天法官有點遲到。我們等了半個鐘頭，法官才到庭。艾爾多安因為害怕被拘捕，臉都白了。」

撒勒巴許加入正義與發展黨，是因為二〇〇二年時，這個黨似乎追求改革議題。不到三年時間，他又離開這個政黨——那是正義與發展黨的第一波大規模辭職潮。二〇〇五年二到四月間，他是十三名退黨的國會議員之一，讓正義與發展黨陷入第一次真正的危機。根據當時法新社記者對大規模退黨的報導，艾爾多安已經展現出他「善變易怒」的個性。撒勒巴許辭退時說，這個黨並未真正致力於歐盟推動的改革，內部運作貪腐獨裁。世俗派的《共和報》（Cumhuriyet）漫畫家慕沙．卡特（Musa Kart）把面對黨內危機升溫的總理，刻畫成糾纏在毛線球中的貓。艾爾多安告他，要求賠償三千五百美元；並稱叛變者為「袋子裡的爛蘋果」。

留下來的大批議員似乎願意忽視對艾爾多安性格逐漸風起的雜音。正義與發展黨撐過了二〇〇五年危機，兩年後的選舉再度重創老對手——軍隊及國會中的最大反對黨共和人民黨。當年五月，面對正義與發展黨創黨人阿布杜拉．居爾被提名為總統，將軍們威脅要發動政變。憲法法庭聞風而動，立案審訊，打算關閉正義與發展黨。居爾是溫和派的伊斯蘭主義者，同時親歐。軍隊反對的理由？——他妻子戴著伊斯蘭頭巾。

艾爾多安聲稱對方無膽，並立刻發動改選。正義與發展黨大幅贏得選戰，確認了人民支持民主選出的政府，勝過不請自來的世俗派救星。數十名共和人民黨國會議員與數百名黨員脫黨加入正義與發展黨。

「二〇〇二至〇七年間，正義與發展黨似乎走在改革政治的路線上，」當時換黨的共和人民黨國會議員之一哈魯克．歐茲達爾加（Haluk Özdalga）說，「我們在黨內廣泛徵詢意見，大多數人支持換黨的想法。在我的選區安卡拉，好幾百名黨員跟著我們，他們也逐漸選上正義與發展黨內的幹部職位。這股從共和人民黨轉向正義與發展黨的黨員出走潮，約莫持續到二〇一一年。我自認為社會民主派。當時比起共和人民黨，正義與發展黨的意識形態跟我更接近。對於不了解當時兩黨情況的人可能聽起來會覺得有點奇怪。但當時許多歐洲的社會民主派也是這樣認為。正義與發展黨是組織上更為民主的政黨，而非一人獨裁。」

另一批在二〇〇七年入黨的七人中，包含二〇〇四年退出共和人民黨，成為無黨派國會議員的艾爾圖魯．古奈（Ertuğrul Günay）。古奈在正義與發展黨身上，看到土耳其新政治氣象的希望。艾爾多安任命他為文化部長。

「我直接獲得艾爾多安的邀請，加入正義與發展黨，」古奈說，「經過幾次會面，並徵詢友人意見後，我接受了邀請。在第一次執政期間，正義與發展黨在民主、社會福利與多元主義上，表現得很有朝氣。共和人民黨是國會裡的唯一反對黨，在歐盟與多元主義的議題上，遵循相當保守的路線。我知道共和人民黨內許多『左派』認為歐盟會分裂土耳其。我當時希望透過正義與發展黨，讓土耳其可以產生新的社會運動，孕育出與人民價值和平共存的進步政治。」

當時的艾爾多安是個願意接受批評、傾聽他人及學習的人——根據古奈的說法是「善意且真心追求民主」。一位外交官說，擔任總理初期，艾爾多安會拿著一疊寫滿討論事項的提醒卡進入會議。另一位則說他是「體系中許多重要的人物之一……卻毫無架子。其他人物會跟他辯論，包括居爾、阿布杜拉提夫·謝納（Abdüllatif Şener，另一位正義與發展黨創黨人，二〇〇七年脫黨）或阿里·巴巴強（Ali Babacan，經濟部長）。這些異議聲音都來自聰明人，他們在世界舞台上的經驗都遠高於艾爾多安。他仰賴這些人，他信任這些人，也尊重他們的建議與判斷」。

在世界其他地方也是一樣，這位土耳其的魅力政治新星也留給外國人良好的印象。正義與發展黨於二〇〇二年十一月第一次贏得國會大選，正當美國與「自願聯盟」加速對伊拉克宣戰的時刻。他們亟需在中東的盟友，而溫和伊斯蘭主義、擁抱西方的土耳其非常適合這個角色。艾爾多安在二〇〇二年十二月出訪華府，當時法律上他仍被禁止擔任國會議員，但很清楚這條法律將被修訂，他也將出任總理。根據當時的土耳其駐美大使法魯克·羅歐魯（Faruk Loğoğlu），艾爾多安「獲得紅毯禮遇……小布希（George W. Bush）在白宮接見他，不是橢圓形辦公室，而是大西洋廳。雖然他並非總理，不能進入橢圓形辦公室，卻又對當時的美國利益很重要。他將成為國會議員之事並非祕密，這並非美國『發現的』，實際上是公開的祕密。」

「在美國對抗伊斯蘭基進派的戰役中，土耳其是重要引線。這就好像一石兩鳥：土耳其對抗伊斯蘭基進派；也是圍堵伊朗的遜尼派軸心之一。」

美國國務院內的土耳其觀察者知道艾爾多安不太可能符合這些高度期待。二〇〇三年三月十五日，土耳其國會投票推翻將他阻擋在外的法律條文（共和人民黨也支持）。他成為總理時，也繼承了一個難題。兩週前，國會投票反對美國領導的伊拉克戰爭，這對所有人來說都是個意外。正義與發展黨內閣看似願意加入「自願聯盟」，但議員的投票結果反映出土耳其人普遍反對戰爭。他們選擇回應人民，而非向強大的美國同盟磕頭。接下來幾年中，艾爾多安會反覆做出類似算計，因為他很清楚少了人民支持，他什麼都不是。而美國的將軍們則永遠不會釋懷土耳其的背叛。

「我們過度推銷『民主穆斯林』這種概念，因為它看似結合了一切，從穆斯林兄弟會到歐盟成員資格。」一名美國外交官說。「外交是個競爭場域。你就像選美賽的教練，想要爭取所有的注意力。賽中有第一名、被遠遠抛在後面的第二名、幾乎不重要的第三名，以及剩下的人。因此，你會試著安排總統出訪。歐巴馬政權第一個出訪的國家就是土耳其。在理性世界中，土耳其很搶手；今天仍舊如此。但如此一來也揹著很多包袱。我們對於所謂『忠誠的』北約盟國的扭曲概念，則揹著更多包袱。」

艾爾多安在海外建立起民主派名聲之時，家鄉的葛蘭派則運用跟正義與發展黨結盟的空間，進一步伸入警政、司法、行政與軍隊。他們很快轉變成土耳其國家與社會內部強大的反民主祕密力量。隨著記者、學者與反對派政治人物開始發掘這混濁不清的網絡，當追問葛蘭派真實的意圖時，葛蘭派也開始運用關係與地位來懲罰與噤聲。在正義與發展黨執政初年一位駐土耳其的外國記者告訴我，他發現自己的家用電話與網路遭到團體監聽；當時非葛蘭派的警察正在調查同僚，因此把他叫去，給他看大量監聽稿。另一位來自總理辦公室的官員也告訴我極為相似的故事。

最惡名昭彰的案例中，在艾爾多安的許可下，葛蘭派檢察官與法官發起一系列訴訟案件，集體消滅軍隊的力量。二〇〇八至一三年間，數百名軍官、記者與政治人物都因涉嫌謀畫政變，被判有罪並長期監禁。這些審判後來成為轉捩點。一方面，葛蘭派協助艾爾多安除去最大對手：軍隊與凱末爾主義者。另一方面，他們也讓艾爾多安看到葛蘭派的實力。因此，艾爾多安對軍隊的恐懼，逐漸被對費圖拉・葛蘭的恐懼所取代。

「隨著逐步消滅其他建制力量，艾爾多安愈來愈不受束縛，但也更感受到葛蘭派的威脅。」兩人關係開始崩解的時期一名派駐土耳其的外交官說。「因此，從二〇〇九到二〇一六年政變企圖之間，發生了一連串事件。艾爾多安開始鎮壓反對勢力，特別是針對葛蘭派。」

## 醜聞

曾經的盟友現在在圈圈裡繞著彼此打量。二〇一三年，當時仍是總理的艾爾多安宣布他將參加來年的總統大選。同時間謠傳一九九九年就自我流放到美國的葛蘭也計畫返回土耳其。

二十一世紀頭十年間進行的和平計畫，讓艾爾多安與庫德工人黨之間的情勢緩和下來，這一點卻惹惱了葛蘭。核心信仰為無神論左派的庫德工人黨，是虔誠葛蘭派的天敵。在土耳其東南部與伊拉克北部的庫德族區域內，葛蘭運動開設了學習中心與學校，侵門踏戶進入庫德工人黨的地盤。對葛蘭與支持者來說，只有虔信而非政治對話，才能擊敗庫德工人黨。大學研究者亞典・帕拉伯伊克（Adem Palabıyık）在葛蘭運動網站的文章中寫下：

> 參加週五主麻日禮拜，披上頭巾，古蘭經課程與熟悉伊斯蘭的青年世代崛起，正是庫德工人黨不樂見的。因為這一代人不會進山；相反地，他們會參加週五禮拜，也會在齋戒月持戒。更重要地，他們不會屠殺彼此，他們不會對國家懷抱敵意，他們會具備伊斯蘭道德觀念。

雙方都很清楚，土耳其政壇中並沒有足夠空間，容納兩個同樣具有領袖魅力又信仰虔誠的人。悶燒中的艾爾多安—葛蘭關係，終於在二〇一三年十二月爆炸，透過土耳其警方的調查，揭露了一樁大型貪腐醜聞，充滿各種好萊塢驚悚片的要素。案件核心涉及一系列土耳其與伊朗之間的黃金交易，協助德黑蘭逃避美國制裁。一位名叫瑞札・札拉伯（Reza Zarrab）的土耳其—伊朗黃金交易商買通土耳其政壇高層，行賄內容主要是勞力士錶與塞在鞋盒裡的現金。土耳其國營的人民銀行（Halkbank）也涉入其中，還有艾爾多安的兒子與四名閣員。

當時土耳其內部的動亂煙硝尚未散去；蓋齊公園抗議結束還不到七個月。隨著事件演進，伊斯坦堡再度陷入土製汽油彈與催淚瓦斯的暴動。街上滿是塗鴉，寫著：「到處是賊」。二〇一三年十二月的抗爭前，我從未經歷過如此嚴重的催淚彈攻擊，也沒看過伊斯坦堡的抗爭者如此執意造成最嚴重的破壞。在穿越市中心數英哩長的獨立大道（İstkilal）徒步購物區中，他們拿煙火當武器，從巷子裡敲下地上的卵石，拿來攻擊警察；我看見一位不幸路人後腦遭到一擊。其他人則用商店招牌或道路工程標誌，沿路建立一連串焚燒壁壘。當警方發動反擊時，情況野蠻慘烈。他們首先用水砲澆熄獨立大道上的火堆，接著使用催淚瓦斯與煙霧彈，在恐慌與充滿煙霧的混濁空氣中，對群眾及眾人逃亡的狹窄巷弄發射塑膠子彈。

我慌忙衝進一處約有二十人的酒吧，躲避塑膠子彈攻擊。我以為已經安全了，開始放鬆下來，甚至想要來瓶啤酒的時候，外面卻混亂迭起。一瓶新的催淚瓦斯罐剛好落在窗戶外，瓦斯煙開始從窗框滲進來。跟每個人一樣，我也試圖逃往二樓，躲避辛辣刺激的煙霧，但很快地整個地方都充滿了催淚瓦斯。喘不過氣，甚至想吐，我衝回外面的窄巷，警察依舊不停掃射塑膠子彈，我只能盲目跑著。最後衝到另一頭，進入寬廣的塔拉巴希（Tarlabaşı）大道——庫德族暴徒與變性娼妓出沒的區域。當終於重獲乾淨的空氣，我攤在人行道上，大口吸氣。一位好心的店主給我一些清水，以及沖洗灼痛頭面的牛奶。催淚瓦斯的唯一好處是，只要一脫離，它的作用就會消減，讓你覺得幾分鐘前似乎要被自己身上的液體淹沒的想法，十分可笑。

當晚，政府看起來似乎要崩盤了，但每個人都知道醜聞並不只是表面看到的而已。街上的土耳其人毫不懷疑是葛蘭派的警察首長展開調查，這跟實際內容相去不遠。即便是抗議高峰，那些站邊的人都知道接下來會發生什麼事。

「我們擔心會被視為附和葛蘭派行動，」一名參加抗爭的年輕女性告訴我，「實際上，我們只是希望讓土耳其人民擁有權力。」

幾天內，艾爾多安指責葛蘭策劃了警方的調查行動，試圖推翻他的政府。數百名高階警官遭到撤職，調查檔案關閉，艾爾多安勉力保住政權。但他的政黨從此再也不同了。醜聞發生後幾天，八名正義與發展黨國會議員發聲抗議政府處理的方式，在被驅逐出黨的威脅下自行脫黨。

二〇〇七年從共和人民黨轉到正義與發展黨的哈魯克．歐茲達爾加，也是其中之一。「當時（二〇一三年十二月），我已經開始考慮跟正義與發展黨分道揚鑣……在貪腐案件浮上檯面的同時，我幾乎立刻就提出來，甚至在政府明白宣布立場之前。四名部長涉貪的證據可信，他們應該先辭職，以進行公正審判，我們就會清楚他們是否清白。然而政黨經過激辯後，卻決定逃避法律程序，在國會進行政治性投票以掩蓋這個案件。」

艾爾多安重新掌握權力後，開始對葛蘭派展開全面攻擊。首先他下令關閉葛蘭派私立學校體系，其中幾間是土耳其升學率最高的學校之一。接著法院開始鎖定與葛蘭運動有連結的企業家。首批的其中一人就是阿金．伊貝克。他的企業集團柯札．伊貝克（Koza İpek）旗下擁有二十二間公司，橫跨媒體、教育、礦業、觀光與航空。「馬廄」裡不只馬爾馬里斯的清真認證天使度假村，還有《今日報》（Bugün）與「Kanaltürk」電視頻道——兩者都是反對派的發聲管道。

二〇一五年九月，土耳其政府對伊貝克與葛蘭派的連結展開調查。雖有強烈跡象顯示他參與運動，他卻否認曾資助運動，以換取商業上的利益。直到二〇一二年底，伊貝克仍然可以私下與艾爾多安會面，雖然兩人關係已逐漸凍結；直到最後，根據伊貝克的說法，憤怒的總理在他面前大聲讀出《今日報》上的專欄批評。現在，伊貝克成了這場戰爭的第一個犧牲者。他所成立的私立大學關上大門，他的兄弟與好幾名親友遭到逮捕，他本人則逃亡倫敦。二〇一五年十一月，國會大選前三天，法院聲押他的公司與價值七十億美金的資產。在政府派報紙上，伊貝克被控與葛蘭同謀推翻艾爾多安，其中一篇特別不可信的報導，還指稱他加入倫敦的共濟會。我跟一名似乎是伊貝克助理的人，進行一連串曲折的電子郵件往來之後，終於讓伊貝克在二〇一六年三月同意回覆一些書面提問。

「我一生中，甚至從未違反交通規則。」伊貝克說，「我們是個親愛的家庭，只想幫助窮人。政府攻擊我的原因，是因為我拒絕成為政府派媒體。這跟葛蘭運動無關。政府給出兩個選項：加入他們，或反對他們。」

第二個倒台的知名對象是《時代報》（Zaman）——葛蘭運動的非正式喉舌，也是土耳其報攤最暢銷的報紙。《時代報》一直都是艾爾多安的支持者，甚至延攬他的顧問擔任客座專欄作家，直到二〇一三年十二月的貪腐醜聞讓它轉為反對聲音。

二〇一六年三月，法院下令接管《時代報》的母公司——費札公司（Feza）。警察進入編輯室，羈押編輯與主要專欄作家，並在其餘記者寫稿的同時，在背後盯著看。編輯群遭到解散，取而代之的看守者直接撤下報導，將報紙版面塞滿支持政府的文章，明顯就是在政府派的《晨報》編輯室中寫出來的。法院下令接管、而警察尚未闖入的幾小時中，最後一版舊版《時代報》送入印刷廠，頭版頭條挑釁宣稱「土耳其新聞自由最可恥的一天」。一天之後，頭版刊登艾爾多安的照片，報導他將為伊斯坦堡充滿爭議的第三條大橋奠基，標題寫著「興奮起建歷史性大橋」。

「感覺好像這份報紙在星期五晚上死了，星期天早上被借屍還魂。」《時代報》的外籍編輯穆斯塔法・艾迪普・伊爾瑪茲（Mustafa Edip Yılmaz）在新時代開始的一週後這麼說。「這感覺是土耳其共和國史上，言論自由最糟糕的時刻。我這輩子從沒見過像今天這麼可怕的暴力攻擊。」

報社的新方向立刻就掉到谷底。不到一週，出版量從六十五萬份降到六千份。

此後，特別是在二〇一六年政變企圖之後，土耳其媒體遭到大砍。在政府命令下，幾乎近兩百家媒體被關閉，部分是葛蘭派，但也有庫德族、左派或單純批判性媒體。擁有CNN土耳其網（CNN Türk）、《自由報》（Hürriyet）及多安新聞社（Doğan News Agency）的溫和派獨立媒體大亨艾登・多安（Aydın Doğan），在多年政府壓力下也終於放棄。他在二〇一八年四月將名下產業賣給親艾爾多安的企業集團。整體來說，二〇一六年政變企圖後，共有三百一十九名記者遭到逮捕，超過八十人仍舊關在牢裡——這是全世界最高的數字。

阿赫麥德・錫克（Ahmet Şık）也是其中一人。他的書《伊瑪目之軍》（*The Imam's Army*）揭露葛蘭派滲透土耳其政府的情況，導致二〇一一年首度被捕。當時是在艾爾多安—葛蘭聯盟破局之前，葛蘭派主導的法庭指控他是試圖推翻政府的凱末爾主義者。現在，在後聯盟時代，被艾爾多安拔去牙齒的司法體系則指控他與葛蘭派及庫德工人黨勾結。錫克在二〇一六年十二月被捕。二〇一八年四月則因為「協助」被禁的恐怖團體而判刑監禁七年半，目前仍在上訴中。

隨著土耳其的媒體遭到閹割，葛蘭派逃亡，直到四年後，一位意想不到的人物才將二〇一三年十二月土耳其發生的實況公諸於世。

二〇一六年三月亞當・克拉斯斐爾德（Adam Klasfeld）打開桌上卷宗時，我腦袋浮出似曾相識的感覺。這名紐約法庭記者經常報導跟國外相關的案件。在這座城市的聯邦法院之一——紐約南區法院——工作十年中，他曾見證厄瓜多亞馬遜雨林的村民試圖控告世界上最大的石油公司；在馬里蘭州，他也曾報導洩密給維基解密的美國士兵雀兒喜・曼寧（Chelsea Manning）軍事審判的精采過程。他也曾造訪關塔那摩灣（Guantanamo），逐步揭開美國中情局對關押在此的恐怖主義嫌疑犯進行的虐待審問。唯一的安慰是，每日刻苦繁瑣的工作中，卻也讓他經常是先嗅到大新聞的人。報紙記者通常只會在大審的最終出現，等待結果宣判，但他總是從頭待到尾。他經常是那個讓大家看到法庭揭露鐵證瞬間的人——不論是外洩文件、錄音或殺人犯證詞。

瑞札・札拉伯案件明顯將很有趣，雖然並不是克拉斯斐爾德一開始想到的理由。

「一開始，由於二〇一六年美國總統大選選戰正酣，我是以美國人的眼光在看這個案件。」一晚，克拉斯斐爾德在電話上，以連珠砲似的紐約腔對我說。當時是二〇一八年的第二週，整個美國東岸籠罩在媒體稱為「爆炸颶風」的狂風暴雪之下。美國總統川普也正面對他的風暴：一本爆炸性新書詳細描寫他政權內部的混亂。克拉斯斐爾德縮在法院頂樓的工作空間裡，從新的杯子啜飲晨間咖啡，杯子上寫著「五角大廈的某人暗戀我」，他正為下一個恐怖主義案件作準備。

「這個案件開始引起注目，是因為川普的盟友開始試圖保住札拉伯，包含前紐約市長魯迪・朱利安尼（Rudy Giuliani）及前美國檢察總長邁可・穆卡西（Michael Mukasey），後者是非常有影響力的共和黨人。」他說。「但這個案件的重要性很晚才浮現。我並不知道這個案件對數百萬土耳其人如此重要。」

瑞札·札拉伯：這位黃金交易商暨關鍵人物，不僅要破壞美國制裁伊朗的政策，也是艾爾多安去之唯恐不及的難堪人物。

二〇一三年十二月後，當艾爾多安對葛蘭派戰爭愈演愈烈之際，札拉伯仍舊在伊斯坦堡過著高調生活。他經常被拍到跟土耳其明星老婆在高檔餐廳共享美食，兩人育有一女。他們住在博斯普魯斯海峽邊的豪華別墅，擁有七艘遊艇與一架輕型飛機。他與艾爾多安的友誼並未受到影響。札拉伯捐贈將近五百萬美金給艾爾多安之妻埃米內設立慈善組織，並因此獲頒感謝獎。艾爾多安本人則稱札拉伯為「偉大的公益家」。在土耳其，當葛蘭派相關媒體受到鎮壓期間，少有記者膽敢繼續報導此刻已經結束的貪腐案，除非他們不怕被標為葛蘭派。

然而二〇一六年三月，出於不甚清楚且多方爭辯的理由，札拉伯決定帶著家人到佛羅里達州奧蘭多的迪士尼樂園度假。他應該知道這是充滿風險之舉——他的案件在土耳其也許已經結束，然而他一旦降落邁阿密，美國當局便可立即將他拘捕起訴。事情確實如此。他遭捕後，被檢察官普利特·巴拉拉（Preet Bharara）起訴；在克拉斯斐爾德工作的法院裡，這名檢察官以起訴華爾街騙子聞名。起訴書中同列被告者還有四位土耳其人民銀行高層與二〇一三年十二月貪腐案爆發當時的土耳其經濟部長穆罕默德·札菲爾·查拉揚（Mehmet Zafer Çağlayan）。二〇一六年三月被起訴時，查拉揚仍是正義與發展黨的現任國會議員。

巴拉拉的起訴書中，對於札拉伯與艾爾多安政府的關聯毫不隱諱。「伊朗與土耳其政府的高層官員參與並保護此一圖謀。」起訴書中寫道：「部分官員收受來自圖謀獲益者數千萬美金的賄款，因此他們推動此項圖謀，保護參與者，協助圖謀者躲避美國監察。」

前經濟部長查拉揚則被控收受價值數千萬美金的現金與珠寶，好掩蓋札拉伯的交易不受監察。回到土耳其，親政府媒體對蒙塵英雄札拉伯的態度產生三百六十度轉變，指責他與葛蘭勾結。然而艾爾多安本人卻對他的落難展現特別的興趣。二〇一六年九月，他在紐約與美國副總統拜登（Joe Biden）會面時，為釋放札拉伯說情。一個月後，土耳其司法部長同時也是艾爾多安親信的貝基爾．波茲達（Bekir Bozdağ），飛往美國會見檢查總長洛麗泰．林奇（Loretta E. Lynch），同樣也為札拉伯說情。同年冬天，艾爾多安繼續就此事致電總統歐巴馬（Barack Obama）。

二〇一六年十一月，川普贏得白宮寶座，艾爾多安相信他可以跟新任美國總統建立良好關係，畢竟兩人有許多共同之處。川普雖然對穆斯林與移民刻薄惡毒，但在他選上到就任之間，親艾爾多安的媒體從未批評川普。「我們可以跟他合作。」一位政府官員告訴我。艾爾多安與他的人馬開始就札拉伯案件，在背後對川普團隊進行遊說。一開始看似頗有成果。二〇一七年三月，札拉伯被捕一年後，川普開除了起訴檢察官普利特．巴拉拉。同一個月，札拉伯僱用了包含朱利安尼與穆卡西的新辯護團隊，兩人都與川普政權有強烈連結。部分報導指艾爾多安甚至提出與美國換囚，交換讓札拉伯返回土耳其。

然而二〇一七年十月，此案預定開庭日的前一個月，札拉伯卻消失了。土耳其外交部聯絡不上被監禁在聯邦監獄的札拉伯。土耳其媒體揣測他被美國政府當成人質。實際上，札拉伯跟美國政府達成協議——他承認所有指控罪刑，同意轉為證人，指證起訴書中被點名的土耳其人民銀行高層之一穆罕默德．哈坎．阿提拉（Mehmet Hakan Atilla）。札拉伯在二〇一七年十一月二十九日出庭，提出爆炸性證言，指控阿提拉與其他銀行高層，並宣稱艾爾多安與其前任經濟部長阿里．巴巴強也批准整個密謀。

克拉斯斐爾德開始在推特上實況轉播審判過程時，他對土耳其內部對札拉伯案高漲的期待，以及此案對安卡拉的潛在影響幾無所知。但不到幾分鐘，他就被新追蹤者的通知嚇傻了。「我一宣布將實況轉播審判，幾乎是立刻激起反應。」他說道，仍舊對接下來發生的事驚愕不已。「立刻被許多追蹤我的美國土耳其觀察者轉推。因此在土耳其開始獲得關注，接著就展開了。不到幾分鐘，幾萬幾萬的人持續加入追蹤。」

克拉斯斐爾德的新追蹤者姓名裡點綴著各種奇怪的字母變音符號，經常不知該如何發音。但除此之外，他認為自己跟這群增長的土耳其追蹤者有許多共同之處，他們緊緊追蹤他每則從法庭發出的推文。許多人受過良好教育，英文流利。有些人開始將他的推文翻譯成土文，讓非英文使用者也能追蹤。許多人開起土式玩笑。換成比較年輕的記者可能會埋首在法庭上的工作，但克拉斯斐爾德有時也會回擊幾個笑話。他甚至還學起幾句土語，開始以「來自紐約的早安」（*Günaydın*）來開展一日的推文。

「當我發文要去午餐，有人會送來土耳其食物的照片，建議我應該試試。我收到好多訊息如『來土耳其玩！但不是現在』。」他說。「想像幾千人湧到你家前門，他們多數講另一種語言，但非常友善。你會開始有點興趣，甚至不只有點興趣，特別是像土耳其這麼迷人的國家與人民。」

然而這些往來的溫暖與幽默中，克拉斯斐爾德了解到：他成了這個缺乏新聞的國家之新聞窗口，雖然他從未去過土耳其。土耳其所有親政府媒體管道全力放送這場審判是葛蘭的陰謀，而遭到重擊的反對派媒體此時幾乎無力反駁論點。土耳其人就像乾透的海綿吸水一樣，吞下克拉斯斐爾德提供的生硬事實資訊。

「人們想知道一切。他們想知道有多少錄音紀錄，錄音裡有什麼內容。我知道那是對二〇一三年貪腐醜聞的懲罰。」他說。「我從來沒有這種經驗，這麼多人關注我的推文。我認為這是種資訊飢餓，就是如此。我的印象是，他們強烈渴求關於土耳其政府、自己的未來與歷史的相關資訊。」

二〇一七年新年前夕下午四點的紐約，土耳其的鐘剛過午夜，克拉斯斐爾德跟美國朋友高舉茴香酒（*raki*），跟世界另一端的新朋友一起乾杯。三天後，六項指控罪名中，陪審團認為阿提拉在其中五項都有罪。

# 第五章　隔壁的戰爭

很難指出艾爾多安的野心超越國界的明確時刻。在他執政初年，對抗凱末爾主義者與軍隊的同時，他還無力思考干涉海外事務。然而，阿拉伯之春卻給了艾爾多安一個抓取更高全球地位的好機會，此刻也是葛蘭派剛擊敗軍隊、讓他行有餘力之時。艾爾多安對動搖鄰國的重大動亂之反應，讓他成為當今國際政治評價最分歧的領袖之一：對某些人來說他是被壓迫者的領袖，對其他人來說則是伊斯蘭極權主義的代表人。這些根源可以追溯至政權早期：二〇〇三年土耳其國會投票反對加入美國所領導入侵伊拉克的「自願聯盟」。這是艾爾多安土耳其與美國將軍的分裂之始，此後，即便在政治關係良好的年代也從未癒合。最終，這道傷痕將再度被撕裂，並將土耳其與華府的關係拉到幾十年來的最低點，並讓兩個北約盟國一再面臨軍事對立的當口。

## 思想家阿赫麥德．達夫托赫魯

二〇〇三年表決後，艾爾多安與阿赫麥德．達夫托赫魯很快著手在舊鄂圖曼帝國領土上，打造新關係。這位外交政策顧問後來成為外交部長。土耳其長期以來忽視自己的穆斯林鄰居，反而專注強化跟以色列與歐洲的關係。然而艾爾多安與達夫托赫魯開始跟巴爾幹、中東阿拉伯與非洲多數以穆斯林為主的國家建立友誼。以共同信仰、歷史的表述開啟外交契機，再透過投資、免簽證與軟實力強化關係；後者主要透過葛蘭派網絡運作。

達夫托赫魯跟艾爾多安一樣，都是來自地方省分的虔誠穆斯林，但不像他的老闆宛如街頭鬥士，他是學者。取得知名的博斯普魯斯大學政治學博士學位後，他曾在馬來西亞與土耳其任教。先以顧問身分加入正義與發展黨，在被提拔為外交部長後，他成為該黨世界大計的擘畫者。正義與發展黨的外交政策，是以他在二〇〇一年出版的《策略深度》（*Strategic Depth*）一書為根基，主張土耳其應當對舊鄂圖曼領土採取積極的外交手段，目標是成為世界的穆斯林強國。

「達夫托赫魯擁有整套複雜細膩的外交策略。」一位外交官說。「他的想法圍繞著鄂圖曼的權力與力量。（比起艾爾多安）他更加民主派。他想要的並非獨裁的鄂圖曼帝國，而是擁有高度權力的土耳其，透過民主而非獨裁手段施展力量。」

在土耳其老派外交政治體系中長大的本地觀察者，對達夫托赫魯與其新方向的評論，則沒那麼肯定。「對比艾爾多安，達夫托赫魯是個過度學術化的死硬派思想家。」二〇〇二年正義與發展黨首度贏得國會大選時，時任土耳其駐美大使法魯克・羅歐魯說。「他活在自己打造的世界中，所有一切都根基在伊斯蘭主義意識形態，被荒謬理論所把持……你會發現他的腦袋不大好，見面時總是講個不停，毫不停頓；這不是個考慮周密的人。達夫托赫魯對穆斯林兄弟會與遜尼派的意識形態忠誠，都反映在國內與外交政策上。」

達夫托赫魯的想法吸引艾爾多安，是因為它們承諾將他推上遜尼派穆斯林世界領袖的高位。正義與發展黨早年的民主化改革，受到強勁的經濟發展推波助瀾，讓土耳其成為區域內最富裕、也是最開放的穆斯林國家。西方領袖也開始視土耳其為伊斯蘭民主模範。達夫托赫魯以兩句話總結他的外交政策：「鄰國零衝突」與「少敵人，多朋友」。當時，艾爾多安最好的朋友莫過於另一位明顯的改革者——年輕的敘利亞總統巴沙爾．阿薩德。

## 阿薩德的敘利亞

阿薩德在二〇〇〇年剛從父親哈菲茲手中接過敘利亞時，不過三十四歲。他似乎在不情願中登上權位，畢竟成長過程中他並未期待接棒。本來是巴沙爾的哥哥巴塞勒（Basel）接受接棒的訓練；身為害羞的次子，巴沙爾則規劃要過著鎂光燈之外的生活。他用功讀書，多數時候遠離高位帶來的榮華陷阱，並前往倫敦享受實習眼科醫生相對低調的生活。

然而一九九四年，巴塞勒死於車禍。現在成了唯一繼承人的巴沙爾，被迫放棄醫學學業，返回大馬士革成為政治學徒。六年後，二〇〇〇年六月哈菲茲去世，巴沙爾在毫無挑戰者的情況下繼任總統：敘利亞人只能投贊成或反對，沒有其他選擇。在令人恐懼的敘利亞祕密警察情報局（Mukhabarat）監視下，選舉人將票投進票匭，很少人敢投反對。在百分之九十七的贊成選票下，巴沙爾宣誓就職。

不久後，他娶了漂亮時髦的未婚妻艾斯瑪·阿薩德（Asma al-Assad）。她來自敘利亞中部城市霍姆斯的有力遜尼派家族，卻在英國長大，就讀英國聖公會小學，在倫敦國王學院獲得電腦科學學位，成為摩根大通銀行的投資銀行家。巴沙爾與受過高等教育的妻子，看似跟敘利亞崛起世代的想法一致。他嫻熟科技，甫上任所做的第一件事就是開放網路（雖然仍舊高度受限且遭到監控），本人也出任敘利亞電腦學會主席。他看起來像是個閃過明顯財富陷阱的書呆子，而財富迷惑了中東地區其他獨裁者，如熱愛蛇皮鞋與綢緞長袍的利比亞強人格達費。巴沙爾對於不帶保鑣，自己開著沒有武裝防衛的車，載著家人在首都大馬士革到處跑，感到非常驕傲。

巴沙爾擔任總統初年，敘利亞人冒險相信他們的國家可能改變。他嘴上允許其他政黨加入國會，然而它們永遠沒有機會組成政府。他允許在公共領域中組成公民社會與討論團體。許多政治犯獲得釋放，大馬士革也成立證券交易所，敘利亞人終於可以使用手機。巴沙爾政權的頭兩年被稱為大馬士革之春——藝術家、知識分子、行動者及一般平民共同鬆了一口氣，政權對國家的嚴厲掌握似乎開始鬆動。

但這股鬆動卻沒有持續下去。二〇〇二年，大馬士革之春災難性戛然而止。利用過去兩年新生自由展開活動的思想家與異議人士遭到逮捕，送入監獄。剛萌芽的公民社會領域遭到斬斷。敘利亞人了解到新的溝通工具，只是給政權更多監視他們的選擇，恐懼與厭惡開始膨脹，直到二〇一一年春天，阿拉伯革命運動的初生浪潮也打進了敘利亞。巴沙爾·阿薩德的人民起身反抗，他的反應快而暴烈；不到六個月，抗爭行動已經轉變成全面內戰。

二〇〇八年艾爾多安、夫人埃米內與阿薩德一家曾在博德魯姆（Bodrum）的時尚土耳其度假村一起度假，距離動亂發生還有三年。一起度假後，艾爾多安開始稱阿薩德為他的「兄弟」，兩國的貿易連結也愈發蓬勃。然而隨著二〇一〇年末爆發的阿拉伯之春，艾爾多安看到自己可以在區域內扮演更重要的角色。舊的世俗派獨裁者遭到推翻，伊斯蘭主義政黨逐漸主導反對派。艾爾多安在革命後曾造訪埃及，在高喊「土耳其與埃及是手心手背」的狂喜群眾面前登台。他又前往突尼西亞與利比亞，類似場景等著他。這三個國家都選出與穆斯林兄弟會有深刻連結的領袖。

一開始，艾爾多安對支持敘利亞反對派有所遲疑，阿薩德是他的鄰居，也是公認的朋友，並非穆巴拉克或格達費這些遠方的被制裁者。然而在美國，必須移除敘利亞強人的信念愈來愈強，因此美國人轉向慣常的穆斯林盟友土耳其尋求支持。

「從二〇一一年中，華府就對世界政府施以壓力，要與阿薩德斷絕往來，並要求阿薩德下台。」一名當時駐土耳其的美國外交官說。「安卡拉並不願意。包含達夫托赫魯等部分人士相信阿薩德可以脫離伊朗掌握，邁向改革。達夫托赫魯與艾爾多安做過不少努力，包含至少前往大馬士革一次，獲得阿薩德並未實現的改革承諾。經過好幾輪討論後，土耳其人終於了解到這些努力都是徒勞無功，便與阿薩德脫離關係，加入美國陣營，要求他下台。一名非常資深的土耳其人告訴我，安卡拉以為自己將加入美國去除阿薩德的策略之中，後來發現我們什麼事都沒做。」

在土耳其內部，當艾爾多安與達夫托赫魯對阿薩德的態度轉向時，反對派並不平靜。世俗派狂熱下的共和人民黨，對於殘暴的敘利亞總統阿薩德可能被推翻，代之以伊斯蘭主義政府一事感到恐慌。該黨的立場至少部分受到選票基礎中大批阿拉維派信徒所影響；土耳其的阿拉維派是伊斯蘭什葉派的一支，與阿薩德家信仰的敘利亞阿拉維派有些關係，同樣也對遜尼派原教旨主義在中東的復興感到害怕。

二〇一一年十月，在艾爾多安切斷與敘利亞聯繫前的一個月，共和人民黨派出代表團與阿薩德會面。當時已經由外交體系退休的法魯克·羅歐魯也是成員之一。「阿薩德告訴我們另一個版本的故事。一開始，土耳其跟敘利亞有一段愉快正面的關係。土耳其向敘利亞的銀行部門提供建議，並輔導阿薩德如何軟化在人民生活中的形象。對於我方兄長式的照顧，阿薩德並不介意。但到了某個時間點，這些建議與輔導愈來愈不像對等關係，而更像命令。阿薩德雖不介意語氣，但對一國元首來說並不合適。他說最後一根稻草是土耳其政府堅持他將穆斯林兄弟會納入敘利亞政府之中。」

敘利亞危機爆發當時的土耳其總統阿布杜拉·居爾，同時提醒土國與美國政府必須小心謹慎。「我告訴美國人他們陳義過高。倘若沒有武力加持，就會變得很危險。後來我們發現他們並不打算動武。」居爾說。

## 二〇一一至一三年
## 敘利亞沉淪

二〇一一年底，隨著流血衝突在敘利亞西北部升溫，土耳其對逃亡平民開放邊界，為政治與武裝反對派提供一個安全退路。艾爾多安與達夫托赫魯的敘利亞政策是建立在阿薩德會遭到快速推翻之上，像埃及的穆巴拉克、突尼西亞的班·阿里與利比亞的格達費一樣，因此他們公開支持阿薩德的敵手。但艾爾多安政府內部的不安正在膨脹。

「直到二〇一一年，敘利亞跟土耳其的關係還很好。」艾爾圖魯·古奈說。「我們舉行聯合內閣會議，我們建立共同旅遊景點。此後，我想艾爾多安認為阿薩德會迅速倒台，他想插手新的（敘利亞）政權。身為他的閣員，我曾經試著跟他解釋這是不可能的。他相信敘利亞問題會在六個月內解決。」

其他人認為，現在回頭看，二〇一一年艾爾多安反對阿薩德一事，是個重要時刻。這是總理開始在外交與內政上同時公開追求伊斯蘭主義路線之時。

「艾爾多安在意識形態上與穆斯林兄弟會的路線一致，代表著土耳其版的穆斯林兄弟會。他希望土耳其成為伊斯蘭國家中的領袖，特別是在土耳其傳統上的核心地域。」前正義與發展黨國會議員哈魯克·歐茲達爾加說。「穆斯林兄弟會路線是理解正義與發展黨外交政策的最佳途徑。只有在這個途徑中，安卡拉彎彎曲曲、經常難以解釋的國際政策，才能看清全貌。只消看看與敘利亞、埃及、蘇丹、卡達、阿拉伯聯合大公國、沙烏地阿拉伯、利比亞、巴勒斯坦等國有關的政策，甚至是對西方政策。在許多方面，敘利亞危機成了對正義與發展黨及艾爾多安影響深遠的關鍵。」

倘若反抗軍在戰爭初期成功顛覆阿薩德，敘利亞毋庸置疑將由穆斯林兄弟會領導的政府接手，變成另一個艾爾多安可以施展大影響的阿拉伯國家。然而這件事情卻沒發生。從土耳其獲得庇護訓練的反抗軍，在二〇一二年夏天衝進阿勒坡後，透過穿越邊界而來的武器彈藥，讓起義轉變成一場消耗戰。三年間，衝突前線幾乎紋風未動；阿薩德的空中武力以無止盡砲轟，懲罰平民老百姓。波斯灣國家的金主開始攏絡反抗軍團體，提供大把鈔票，只要他們將團體名稱改成伊斯蘭相關、以阿拉之名戰鬥，並施行伊斯蘭教法（Sharia law）。很快地，敘利亞以外的伊斯蘭原教旨主義團體也開始移入這片廢墟，插旗佔地。許多敘利亞人一開始歡迎他們的到來，但並非出於宗教信念，而是他們施行嚴格法治——給反抗軍治下的無政府狀態，帶來受人歡迎的喘息空間。

二〇一三年春夏，每次進入戰區，我都看到戰爭典範一步步轉移。原教旨主義者永遠以不同程度存在於此，雖然早期很容易忽視他們，然而他們存在的跡象與逐漸成長的影響力正在上升。過去抹上大把髮膠、穿著緊身牛仔褲與設計師T恤的年輕反抗軍戰士，現在開始把頭髮留長，將上唇的鬍鬚剃乾淨，其餘部分則不動，作為向先知穆罕默德致敬。炙熱灼痛的八月天裡，我在阿勒坡後巷看到青少年塗鴉粗糙轉譯的「Ben Laden」（賓拉登）字樣，以紅漆草草畫在未倒的牆上。死硬派打得愈兇、玩得愈狂，就拿到更多錢；軍隊用腳投下選票。我訪問過一名蓋達組織戰士，過去曾在阿勒坡機場免稅商店的酒品部門工作，現在卻認定伊斯蘭主義才是最好的道路。不知如何他竟說服其他人，認為能夠背誦〈聖經．主禱文〉的我並不是無政府主義者；橫跨了二十年，這些禱文詞句彷彿從小學集會流回我的身體裡。

「我並不是說你必須是穆斯林，但你要相信神！」他懇求道。「因為你是個好人，我希望你不會被地獄之火焚燒。」

諷刺的是，隨著極端主義者掌握愈多權力，西方的報紙讀者卻更不在乎阿薩德對自己人民造成的痛苦，反而更在意這些一身是黑的年輕人很快將對自己的生命與社會造成威脅。而這一點回過頭來，則賦予蓋達組織更多力量，因為它可以宣稱西方沒人關心穆斯林正在死亡；這一點的可信度確實與日俱增。我在阿勒坡認識一位名叫摩罕的十七歲少年，每天早上至少花十五分鐘弄頭髮造型，整天不斷在汽車後照鏡前重新梳理。我們一起吃沙威瑪時，他讓我說不出話來。

「漢娜，我要加入蓋達組織。」他說。「我的朋友一個個死去，他們是唯一做點什麼的人。」

我瞪著他，嘴裡滿是雞肉跟美乃滋。他拿出一疊百元美金紙鈔，說是團體給的入團費。吞下食物後，我說出唯一能想到的虛弱反對：「拜託不要。」

有些更死硬派的反抗軍開始整天綁著自殺帶，我一開始還以為是種大張旗鼓的時尚宣言，而非真有其事。然而當我訪問一名戰士的父親，他兒子真的將這件事貫徹到底，在政府檢查哨中引爆自殺帶。那位父親談起不到一週前死亡的長子時，抹不去臉上的笑容。

「你難過嗎？」我問。

「當然不！」父親回答。「他帶走至少十個阿薩德的手下。他是烈士。」

我問起家族是否為他舉行葬禮，父親的表情則由歡愉轉成面對蠢人的痛苦。

「當然沒有。」他說，「沒甚麼好下葬的。他成了一塊烤肉。」

## 伊斯蘭國崛起

接著，敘利亞陷入更黑暗的境地。

「有個新團體。」二〇一三年四月，我準備新一趟進入阿勒坡的行程時，接應人穆罕默德對我說。「他們來自伊拉克，叫做伊斯蘭國（Isis）。」

一開始很難衡量危險。那幾個月裡，敘利亞的沙子經常流動，有時吞噬某些反抗團體，有時又吐出一些新團體。我問遍所有關係，伊斯蘭國是否願意受訪。「很難，」他們說，「他們不喜歡記者。」但最後，我被帶去跟一位名叫阿布．馬赫津（Abu Mahjin）的細瘦年輕男性見面。他穿著沙爾瓦—卡密茲（shalwar kameez）連身長衫長褲，黑色頭罩下只看得到黑色眼線（*kohl*）強調的雙眼。即便我要求房間裡不能有武器，他還是隨身帶著AK47步槍。他要求我必須戴上頭巾，並穿著長袍。我們面對面坐著，兩人看來都有些荒謬——畫著眼妝的聖戰士跟穿著「帳篷」、全身大汗的白人女性。當我們進行訪問時，房子裡的婦女——身為無懈可擊的敘利亞主人——送來兩碗香草冰淇淋放在我們面前，整個景象顯得更加超現實。他不拿下面罩，無法吃冰淇淋；我也不想自顧自大吃而得罪他，因此當他說起他相信先知已經預示敘利亞的亂局時，兩碗冰淇淋正漸漸融化。

「先知說我們應該追隨聖戰進入敘利亞，因為天使將在此將翅膀賜予伊斯蘭。」阿布．馬赫津說。「我們的目的是在敘利亞施行伊斯蘭教法，並高舉伊斯蘭國的原則。若不是為了這個目標，我們不會遠道而來在此戰鬥；我們會讓敘利亞人自己打自己。這不是敘利亞人決定的，這是先知穆罕默德決定的。」

伊斯蘭國正式宣布自己的存在前，它的觸手已經伸進敘利亞北部各地。每個反抗軍佔領的城鎮裡都有伊斯蘭國間諜，回報各種動向。只待伊斯蘭國正式成立，各伊斯蘭主義反抗民兵中都有戰士準備宣誓效忠。在我與阿布．馬赫津見面的阿勒坡北方小城曼比季（Manbij）中，地方的敘利亞自由軍領袖告訴我，他試著協調近日在此設立大型總部的伊斯蘭國與在地反抗團體。他的努力全是白費。同一天早上，當地的伊瑪目在曼比季主清真寺進行主麻日祈禱時，群眾將他從講台上拉出去，要求以伊斯蘭國路線強硬的外國傳道者取代。極端主義者已經逮捕數名城內最貪腐的敘利亞自由軍領袖，對曾經遭受他們勒索的人來說是相當受歡迎的行動。我訪問阿布．馬赫津的早上，我坐在車裡，看著一群青少年摩托車暴走族繞行曼比季的廣場，站立的後座乘客手持飛揚的伊斯蘭國黑色旗幟。

更重要的是，伊斯蘭國擁有一群遭困的受苦人民，對於世俗西方愈來愈懷疑譏諷。後者在紐約與日內瓦的會議上說的是一套，實際上做的又是另一套。起義之始，幾乎所有西方國家與國際組織都要求阿薩德停止屠戮人民。但聯合國決議案卻一再遭到俄羅斯阻撓，實際上就算通過了，又有何不同呢？聯合國可以派出武器檢查員與停火觀察員，卻不能派出軍隊反擊。敘利亞總統的莫斯科與德黑蘭朋友強而有力，這就是他的國家與埃及、利比亞及突尼西亞不同之處。他可以被制裁，也可以被厭惡，但這兩年中他持續以火箭炸彈猛擊異議人士，愈來愈確信沒人能阻止他。美英法聯合土耳其與卡達，在土耳其南部與約旦祕密訓練與武裝挑選出來的反抗者，卻不願提供公開全面的支持，以及曾在利比亞進行的空襲轟炸。我在敘利亞訪問過的每個反抗軍領袖，都要求公布他們對重裝武器的需求。其中一人，甚至帶我到位於阿勒坡近郊一處公寓社區地下停車場的臨時彈藥工廠。菸不離手的工人看管著大批炸藥，他以此為背景大罵西方缺乏行動。在遭受暴力的敘利亞人民身上，我看到逐漸增生的疲憊感，對於一度深信不疑的西方人權言詞，愈感憤世嫉俗。我所訪問過的每個人都很和善有禮，然而當他們說自己歡迎原教旨主義者時，也是恐怖炙人的誠實。因為當西方明顯無法實踐承諾時，他們還有什麼選擇呢？當我試著解釋英國民主政黨政治的眉角，伊拉克戰爭留在我們集體心靈的傷疤，以及我們的政治人物即便知曉正道也不會違背民意時，我覺得很羞恥。我的受訪者可以一句話壓倒所有解釋：但我們在這裡快死了。我無法反駁。當炸彈落在頭上，你的總統正在屠殺你的孩子時，這些遠方土地的眉眉角角、政黨政治、國會程序甚至是民主又有什麼意義呢？

## 二〇一三年五月
## 艾爾多安前往美國

二〇一三年五月，艾爾多安前往華府與歐巴馬總統會談時，廣大世界還沒聽過伊斯蘭國。這次訪問備感動榮，是為了保護歐巴馬第一任白宮任期內建立的關係。二〇〇九年就職後，歐巴馬就將土耳其納入首次海外訪問的行程裡。歐巴馬在安卡拉對國會發表演說。當丹麥報紙刊登先知穆罕默德漫畫，而艾爾多安對穆斯林世界與丹麥的衝突發表意見時，歐巴馬對土耳其與其總理的主動態度，讓艾爾多安扮演起調停者的角色。

艾爾多安連同外交部長達夫托赫魯及土耳其情報局長哈坎・費丹（Hakan Fidan）在華府受到國家的最高禮節迎接，並少見地受邀進入白宮與歐巴馬共進晚宴。敘利亞只是長長議題清單上的一項，此外還包含貿易、巴勒斯坦與伊朗在中東擴增的影響力。但艾爾多安希望他可以運用此行，說服歐巴馬提高對敘利亞反抗者的支持，讓他們能打到大馬士革，解決阿薩德。敘利亞政權對平民使用化學武器的證據愈來愈多；同月中我前往伊德利卜省的薩拉奇市（Saraqib），當地醫生給我一次空襲後拍下的影片與醫學報告，被害者口吐白沫並嘔吐不止。艾爾多安出訪前五天在雷汗勒發生兩起汽車炸彈案，他怪罪在阿薩德的情報組織頭上，卻也讓隔壁的戰爭衝過了土耳其邊界。在土耳其，報紙將這次會議形容為「歷史性」的；艾爾多安在安卡拉登機時告訴記者，這次會議將「決定敘利亞危機的新藍圖」。分析家預期他將試著說服歐巴馬，取消美國否決武裝反抗軍的決定，或者協助在敘利亞北部建立禁航區。

然而歐巴馬卻有其他考量。此刻西方情報機構正追著伊斯蘭國黑色旗幟進入敘利亞北部，相關簡報已經彙整到美國總統耳裡。從一開始對於全力支持敘利亞起事者就有些不冷不熱的歐巴馬，對於大批執著且暴力的聖戰士幾乎公開穿越土耳其，透過漏洞百出的邊界進入敘利亞，讓他感到不安。在其他地方，歐巴馬正看著另一個美國支持的阿拉伯之春運動，轉變成一場血腥逆襲。在利比亞，北約干涉趕下格達費不到一年後，班加西（Benghazi）的美國領事卻遭到伊斯蘭主義武裝分子謀殺。就在艾爾多安抵達華府的一個月前，受到伊拉克與阿富汗戰爭影響而走向基進的吉爾吉斯人兄弟檔，在波士頓馬拉松賽中放置兩枚壓力彈，爆炸導致三人死亡。

因此兩位總統會面時，他們對於敘利亞的想法已然分道揚鑣。雖然齊聚在白宮玫瑰花園聆聽首次會議後溫暖聯合記者會的記者們，可能還未了解到這一點。

但當晚，白宮晚宴中，兩人與隨行者卻進行了一場外交攻防戰。艾爾多安解釋當時已經拖到第二年的敘利亞戰爭，開始為土耳其帶來極大的問題。除了土耳其安置的難民，還有戰爭帶來的安全問題。艾爾多安期待美國——身為北約盟國且是首先將土耳其攬進推翻阿薩德陣營的人——能站在他這邊。他錯了。歐巴馬反而告訴艾爾多安，他必須切斷極端主義者進入敘利亞的路線，並停止支持死硬派武裝反抗派系。歐巴馬還宣布，只要原教旨主義者還在敘利亞，美國就不會提供反抗軍更多支持。

艾爾多安覺得他遭到歐巴馬背叛，且根據黨中內線，更開始懷疑華府是否密謀推翻他。返回土耳其後，街頭上突如其來的挑戰，在他的腦子裡，更證明他的懷疑是對的。

## 二〇一三年五月—六月
## 蓋齊公園抗爭

艾爾多安與歐巴馬會面後十二天，一小群環保人士在伊斯坦堡的蓋齊公園展開靜坐抗議。位於伊斯坦堡中心偌大的塔克辛廣場中央，這片雜木叢生的草地到處都是垃圾，入夜以後也相當危險，卻是都市高樓中的一小塊天堂。上班族坐在這裡享用午餐，男同志也在這裡尋找戀人。因此當政府宣布公園將被剷平，變成鄂圖曼軍營風格的購物中心時，點燃了土耳其青年之間長期悶燒的不滿。警察驅逐環保人士，將他們的帳篷燒掉之後，其他人前來展現支持與團結。不到幾天，數萬名支持者加入樹林間的亂髮嬉皮，佔領了塔克辛廣場，要求艾爾多安下台。

仍被歐巴馬回應刺傷的艾爾多安，指控示威者是受到邪惡外國勢力的指使，派出大量鎮暴警察。抗爭最激烈的那幾天，從塔克辛廣場的空拍圖顯示，整個廣場都被催淚瓦斯籠罩。鎮壓引來歐洲與美國的譴責，更強化了此後從未離開艾爾多安的多疑與偏執。同時間，他對蓋齊抗議者的言論，與黨內其他資深成員相左，包含期望政府軟化對應的總統居爾。

兩個月後，蓋齊公園抗爭仍舊砲聲隆隆，艾爾多安又遭遇另一次打擊。埃及的穆斯林兄弟會政府（二〇一一年艾爾多安出訪時灌頂加持的那個政府）經過兩年不當管理與原教旨主義派興起的狀況下，遭到軍事政變推翻。一度十分歡欣脫離世俗派獨裁者的埃及人，現在上街慶祝曾推翻並取代獨裁統治的伊斯蘭主義者覆滅了。艾爾多安不僅失去一位區域內的盟友，還眼睜睜看著他理想的政府典範——不過兩年前西方才大加讚賞的伊斯蘭民主政府——遭到瓦解與質疑。

一個月後，二〇一三年八月，巴沙爾．阿薩德對人民施放化學武器。雖非首度，此刻卻是無法忽視的大規模程度。大馬士革郊區的古塔（Ghouta），成排死亡的兒童裹在床單裡的照片，還有其他人口吐白沫、掙扎呼吸的照片，都震驚了還沒對敘利亞屠殺感到麻痹的世界。沙林毒氣奪走一千四百人的性命，這種神經毒素在緩慢窒息中奪取性命。每個人都期待著改變遊戲規則的報復行動。美國總統歐巴馬曾說，化學武器的使用就是他的底線；分析師後來辯稱那是私底下的評論。但對已經受苦超過兩年、緊抓著這些話的敘利亞人來說，這些辯稱毫無意義。美英法似乎將對大馬士革發動攻擊，住在土耳其境內的敘利亞難民則歡欣鼓舞。

「我會坐在法國坦克上回家！」我的朋友阿布德說，這位敘利亞叛逃軍人前一年才逃進土耳其。

二〇一三年進入邊界區域第一天，遇見他沒幾分鐘，我就知道這個光頭大個底下，是一顆寬容的心跟了不起的幽默感。敘利亞人迫他入伍，將他送進特殊部隊，覺得這是最適合他的地方。在土耳其，他為記者翻譯，為人數愈來愈多的難民進行人道工作，也跟我在啤酒杯裡聊起他將回家的那一天。

他的希望很快破滅。英國國會否決行動後，美法也縮手了。底線雖已跨過，然而什麼都沒發生。那是個轉捩點：這一刻，敘利亞進入了無止盡的戰爭。

## 西方在敘利亞改弦易轍

安卡拉的理解是，西方現在的第一要務是擊敗伊斯蘭國。但對於巴沙爾．阿薩德的未來，美國與土耳其之間的裂隙也愈來愈大。雖然廢除敘利亞獨裁者已經不在華府的議程上，安卡拉仍舊視此為區域未來穩定的必要基石。同時間，在敘利亞政策的領導上，五角大廈逐漸取代白宮——將軍們只在乎擊敗伊斯蘭國，而非維持美土關係。

「我感覺在對應伊斯蘭國一事上，土耳其人期待美國的領導。但這並非他們唯一關心的事。」一名參與二〇一四年建構反伊斯蘭國同盟的美國官員說。「土耳其支持強化伊拉克的安全機制，以對抗伊斯蘭國與其他敵人。但他們似乎偏好在敘利亞摧毀伊斯蘭國。（他們也問）對阿薩德的策略呢？擊敗伊斯蘭國後的策略是什麼？接下來呢？他們持續要求得到答案。我們在二〇一四年的答案是專心擊敗伊斯蘭國。土耳其人願意接受。但他們還是想知道關於敘利亞的策略。這一點從未解決，而且仍然是我們關係內的問題核心。二〇一四年，美國中央司令部（US Central Command，簡稱 CENTCOM）的高層中」——主導對抗伊斯蘭國軍事行動的單位——「沒人有興趣或有意願去推動美土關係。他們視土耳其為麻煩，寧願不去處理它。」

在這背後，形塑土耳其對敘利亞的政策，艾爾多安與達夫托赫魯之間，緊張態勢也愈演愈烈。二〇一四年十月，艾爾多安當選總統時，他提拔外交部長達夫托赫魯出任總理。達夫托赫魯決心掌握敘利亞進展，但艾爾多安有別的想法。

「達夫托赫魯成為總理時，特別是針對伊斯蘭國情勢的持續發展，他跟艾爾多安之間幾乎立刻產生緊張關係。」一名前西方外交官說，「外國人看到的是，達夫托赫魯愈來愈少參與外交事務。有一次他從工廠訪視回來，似乎很高興立刻跟（美國國務卿）約翰．凱瑞（John Kerry）談話，（但）明顯地並不是為政府講話……這跟艾爾多安主導一切的大環境有關係。艾爾多安跟身邊的人不想再讓達夫托赫魯扮演那個角色……（同時）艾爾多安缺乏彈性或興趣，一起解決這些問題。他並沒有增加問題，但也不是很合作。艾爾多安說的是『土耳其需要的、美國應該做的』。這都出於他的自信或傲慢。這跟我以前經歷過的艾爾多安不一樣，那個艾爾多安確實願意討論該做什麼。以前是真正的有商量。」

隨著政治人物持續爭論，戰爭擴散，敘利亞人開始湧入土耳其，不僅因為某些最慘烈的衝突靠近邊境，或安卡拉維持邊境關口開放，而是因為土耳其是目前為止最佳的難民接收國。不像黎巴嫩、約旦與伊拉克強迫難民住在破爛不堪的難民營中，土耳其允許他們租公寓、生活自由。對最貧困的難民，它也提供高品質的營地，許多營地是以貨櫃屋而非帆布營帳組成。此外，由於日內瓦公約的技術性問題，土耳其雖未正式承認敘利亞人的難民地位，但從二〇一三年四月之後，它提供敘利亞人「暫時保護」的地位，讓他們享有免費醫療照護，讓他們的孩子可以上學，也可以應聘土耳其人不做的工作。

安卡拉的慷慨，代表著敘利亞人很快就從第三國湧入土耳其。一開始逃往埃及的三十萬名敘利亞人當中，許多人在二〇一三年政變後轉往土耳其，因為過去的歡迎態度開始轉成敵對。衝突爆發前在波灣國家生活工作的人，也發現自己的居住許可被取消，因此他們也前往土耳其。逃避敘利亞南部衝突而前往黎巴嫩與約旦的人，若經濟許可，也逐漸移往土耳其。這些數字大幅上升。二〇一三年，土耳其有二十二萬五千名敘利亞人；一年後卻是這個數字的六倍以上。此後這個數字每年都上升，此時則有三百到四百萬敘利亞人住在土耳其。許多人視艾爾多安為他們的英雄——當全世界都背棄諾言或失去興趣之時，艾爾多安是唯一對他們不離不棄的領袖。然而西方雖然背棄了敘利亞人，卻無法忽視他們太久。

# 第六章　大出走

## 二〇一五年二月

### 梅爾辛

阿布·萊特（Abu Laith）以華麗誇張的方式大張雙手，在我兩頰各親上一吻。

「每次看到妳，都愈來愈漂亮了！」他宣稱，「來來，我帶妳出去。」

最糟糕的傢伙，通常最迷人。這是我第四次見到阿布·萊特；二〇一五年初在土耳其度假村底下，一群商人靠著猖獗的偷渡生意大發利市，他也是其中之一。矮小藍眼，穿著卡其褲與顯眼的夏日襯衫，他看起來就像這個土耳其地中海岸花俏城市路上的遊客。我們沿著海岸開向魚餐廳時，他的眼睛一直觀察適合夜間兜售生意的點。

他選的地方在城市北郊，華美的水岸公寓逐漸讓位給老舊、不甚宜居的郊區。大路與海水之間有個樹蔭籠罩的公園，傍晚時分他會帶著客戶來此，喬裝成舉行日落生日派對的家庭。幾英哩外是個隨著季節變動的海濱小鎮，幾間旅館圍著一片沙灘，冬季時多半荒廢無人。

「夏天的時候，這地方可火熱了。」阿布·萊特說。「人跟派對都很多。沿著海岸線全都是娛樂。但一到冬天，整個區域的動靜都跟偷渡有關。」

無月的天空是最適合的，他說比較不會被發現。黑暗中，他的客戶拋棄慶生裝扮，爬進八公尺長的動力艇。動力艇將他們送出土耳其領海，進入國際公海後與其他人會合，轉移到可以一次載運數百人的更大船隻。接著他們就會朝西向義大利航去，行程約需一週。船長通常是來自港都拉塔基亞（Latakia）與塔爾圖斯（Tartus）的敘利亞人，在歐洲上岸後，自己也會尋求難民庇護。大型船隻是從埃及貿易商轉手來的老舊八十呎漁船，一旦完成最終航程，通常會被義大利官方銷毀。

阿布·萊特自傲地告訴我，他在較熱的幾個月份搞出一個好主意：他僱了一艘梅爾辛的派對遊艇，假裝成一場婚禮派對，讓船漂進公海，乘客就能移上較大船隻。這是為了有上萬歐元可以花用的人所提供的豪華服務。在這個市場的最頂端，尋求庇護的人可以買到假造或偷來的歐洲證件，從伊斯坦堡飛往倫敦、巴黎或柏林。

但是梅爾辛的阿布·萊特照顧的是大眾市場，而非大金主。距離敘利亞邊界僅有三百英哩，梅爾辛不但收納了大批難民，還大到足以吸納這些不法產業。乘客出海前，可以在城內無數的航海相關商店買到救生衣。旅館老闆對於淡季大批入住的敘利亞人睜一隻眼閉一隻眼。城裡所有偷渡中間人都說，錢肯定要經過土耳其官員之手，這部機器才能運作順暢。

但偷渡業者的膽子愈來愈大。二〇一四年十二月，一艘沒有船長的船，載滿九百名絕望、飢渴的乘客，幾乎撞上義大利海岸。倖存者揭露航程細節後，土耳其官方開始在梅爾辛發動掃蕩。

但阿布．萊特說，這同時也開啟了新機會。梅爾辛以西六百英哩處的土耳其愛琴海沿岸，希臘島嶼星羅棋布，距離如此之近，彷彿可以向外國海岸上的人揮手致意。這裡不需要偷渡者從梅爾辛到義大利的長途旅程與複雜運作。阿布．萊特可以在幾小時內以橡皮動力艇將他的客戶送到歐洲。他會快速訓練艇上的一人使用馬達，堅持每名乘客只能帶一個小袋子，以創造最大空間。然後為他們指出正確方向。不再需要跟埃及人買船，也不需要敘利亞船長。他的偷渡生意一切所需，都可以在附近的戶外用品店購足。

阿布．萊特是敘利亞戰爭中傑出的機會主義者之一。他對自己為同胞帶來的各種新痛苦或不可告人的勾當，都能提出十分方便的開脫之說。戰爭之前，他在靠近土耳其邊境的敘利亞小鎮阿扎茲（Azaz）經營換錢生意，此地長久以香菸及毒品走私的熱點而聞名。戰爭爆發，反阿薩德的反抗軍攻下阿扎茲及附近的邊界關口，他轉換身分成為軍火走私客，載運武器跨越邊界。

他說：「我希望反阿薩德革命成功！」

接下來，當外國聖戰士開始成群進入敘利亞，他則讓自己轉變成搬遷服務代理人，確保他們的跨境旅程順暢，以獲得住處與武器。他說：「我以為他們是來幫忙革命的！」

而現在，當殘破故鄉流出大量的難民，而鄰國則在大批難民壓境中動盪，他又再次將自己重塑為偷渡業的代理人，到處攬客，處理付款與行程安排。他是整個食物鏈最底層的小環節，為上層的大佬工作。這些黑幫老大瓜分了土耳其海岸，奪取利益，卻不曾讓這些工作弄髒自己的手或名聲。他說庫德人控制了梅爾辛，俄羅斯人則是博德魯姆與安塔利亞。每個月，這些人從偷渡中賺進數百萬。同時間，從每位付出六千五百歐元前往義大利的乘客身上，阿布・萊特可以分到一千五百歐元。每個月平均有七到八名顧客來看，這是筆不錯的收入。但他堅持，這麼做不是為了錢。

「我想幫敘利亞人在歐洲找到更好的生活。這是人道工作。」他說。「別怪偷渡業者，怪你的政府。他們怎麼不在大使館接受庇護申請呢？歐洲就是這群黑幫的一夥。」

接下來一年中，我追蹤上百萬大批出走的人潮，從土耳其海岸進入歐洲。他們將自己交託在阿布・萊特這類人的手裡，搭上危險船隻，接著在夜間安靜地長途跋涉，穿越巴爾幹的高山谷地。這成了我職業生涯中的決定性報導之一：某個層面上是巨大的人道危機，另一個層面卻是迷人的大型犯罪調查。然而進一步激發的事件，卻將動搖歐盟與土耳其關係的核心。二〇一四年冬天，我首度遇到阿布・萊特時，逐漸成長的人口偷渡產業只是順口一提；我們見面的真正目的是討論伊斯蘭國與敘利亞北部的戰爭。

當他提到自己如何賺錢時，就激起了我的興趣。我也從敘利亞朋友那邊聽到一些蛛絲馬跡，從土耳其出走的人潮逐漸上升，就像滴水的水龍頭終於積滿水槽，開始滿溢。我在安塔基亞頭幾個月遇到的敘利亞人，多半是受過教育、都會化的年輕大馬士革人，試圖逃離兵役或被家人送出來。二〇一三年，他們很快在土耳其邊境找到不錯的公寓與非營利組織工作，然而現在卻開始討論如何搭船前往歐洲。他們分享最適合前往的國家訊息，在這些國家裡，他們能以最快的速度取得護照，且最容易融入當地社會。當時最受歡迎的是瑞典，緊接著是德國。這些中產階級、守法的敘利亞人可以輕易接觸到經營這個產業的犯罪組織。像阿布・萊特這樣的人成立阿拉伯文的WhatsApp群組與臉書粉絲頁，列出價格、資訊及聯繫方式。他們取了一些無害的名稱，一個叫做「敘利亞人在梅爾辛」，另一個則是「歐洲庇護資訊」。

雖然敘利亞人在土耳其一般來說相當安全，但二〇一四年伊斯蘭國大敗敘利亞北部的反抗軍時，粉碎了他們短期內返家的希望。同時間，土耳其的慷慨也是有限度的。中產階級到的最早，最快安頓下來，也搶下了最好的工作。後來的人發現多數非營利組織工作都已經有人佔著，便宜公寓也都被入住了。而對另一極端的人來說，每次敘利亞爆發新一輪暴力衝突，赤貧的他們就會大批湧入土耳其；安卡拉興建了一連串高品質營地，容納約三十萬人——這是難民總數的十分之一。但位處這兩者之間的人，生活卻非常辛苦。有些人住在農場上的附屬建築，或邊界城鎮荒廢角落的違章建築裡。清晨，大批年輕的敘利亞男人會排在通往鄉間的主要道路兩側，等待農人挑揀，打一些現金零工。其他人則租下最便宜的公寓，盡可能塞進更多家庭。我當時的男朋友聽說他的安塔基亞公寓樓上單位將出租時，我們決定要看一下這個空間。打開前門兩秒鐘，我們就發現好幾名婦女跟小孩住在這裡：櫥櫃上貼著孩子的畫作，每個房間的牆上都架著床墊；因為他們買不起窗簾，因此用白紙糊著窗戶。他們住在這裡的幾個月中實在太安靜了，我們從來都沒聽到一點聲響。

## 運動者

伊斯蘭國在敘利亞北部的崛起，也表示阿勒坡的運動者將遭到驅逐——那些受過教育的年輕男女，在尚無革命可言時，就為了所謂的「革命」而奮鬥。這些反對阿薩德的學生與青年專業人士，因為太都會性格，難以融入反抗軍派系。相反地，他們設立媒體中心，提供城內情況的初期影像，也擔任外國記者的翻譯與接應人。其中比較世俗派的人，在城內開始從伊斯蘭主義轉向暗黑之時，很快嗅到了危險。雖然他們試圖跟接管阿勒坡的蒙面人士維持良好的工作關係，卻很清楚這群人翻臉只是時間早晚的問題。同時間，反抗軍隊雖然容忍蓋達組織的存在，卻小心留意伊斯蘭國，然而他們一開始並沒有公開表明。

有些人天真相信這批湧入城內的陌生人。「他們是伊斯蘭好男孩！」二〇一三年八月某個晚上，我的接應人之一索赫伯這麼說。當時我們坐在被他跟朋友轉成記者基地的阿勒坡公寓裡。下面一層是敘利亞自由軍某個派系的辦公室；再下一層則是臨時診所。外面的街道通常都杳無人煙，公寓街區距離跟阿薩德軍交鋒的前線僅有數百公尺，多數住民都已撤離。逼近前線帶來某種奇異的保護，因為過度靠近對方範圍，反而讓政府飛機無法轟炸。

然而沒有一個地方躲得過伊斯蘭國與其眼線。在那個悶熱夏天，卡車上的大鬍子男人開始在媒體中心外的街道徘徊。有一天，我穿著無袖上衣，跟敘利亞朋友一起抽菸，前門突然響起很大的敲擊聲。起義時還在霍姆斯就讀英文系，現在則掌管媒體中心的馬赫穆德（Mahmoud）

立刻發現伊斯蘭國的危險性。幾天前他就在門上加裝大型的鋼板安全門。現在透過窺視孔，他看見一名伊斯蘭國戰士。他在戰前就認識這個當地人，對方一開始加入敘利亞自由軍，後來被誘入極端主義團體。他過來聊聊天，也巡視一下馬赫穆德團隊的動作。我朋友把我塞進一處後室，命令我不可抽菸。接下來一個小時裡，我靜靜坐著，試著從穿透門廳的對話中撿出幾個字。

此後幾年，我經常懷疑我是怎麼活下來的，特別是那個夏天，這麼多外國記者遭到綁架後交給伊斯蘭國。我跟馬赫穆德與艾曼（Aymann）的友誼，必定使了很大的力；艾曼是一名核子物理系學生，也是媒體中心的運動者。他們是我在阿勒坡遇見最誠實忠誠的人，那一天藏匿我，兩人也是冒著生命危險。當我吵著要做某些現在看起來是自殺性的報導時，他們也很堅決阻擋。二〇一三年春天，我曾想前往阿勒坡與土耳其邊界之間，位於鄉下的外國戰士營地。當時有報導一批歐洲人加入了伊斯蘭國，這類謠言雖為數不少但大多未經證實。他們阻止了我。這些外國戰士後來證實在綁架記者上扮演重要角色。

身為女性也有幫助，我可以輕易用頭巾與長袍遮掩自己。變裝之下，加上遮住眼睛的墨鏡，我成功穿過蓋達組織發動的週五抗爭，溜進城內的伊斯蘭教法法庭。極端主義者在此依照自己對古蘭經的詮釋下達懲戒。隨著蓋達組織與伊斯蘭國緊縮掌握，阿勒坡的女性變成像鬼魂一樣的無臉生物，遮著臉、低著頭，飄過街頭，被一路上碰到的男性故意無視。對女性記者來說，這卻像是禮物——即便我的身高與歐洲人大步快走的習慣，在矮小緩慢的敘利亞人之間一定看起來很怪。但我的內在卻相當翻騰，也對那些緊閉門後遇見的敘利亞婦女及女孩感到非常抱歉。她們會扯下頭巾長袍，對強迫她們承受這一切的男人憤怒不已。有一天，我跟一群年輕的敘利亞運動者走在阿勒坡空無一人的傾圮小巷中，在轉角碰上一名婦女跟兩個孩子。她的黑色面紗翻在頭上，將臉朝向太陽，眼睛半閉。她一看到我們，很快將面紗放下，沉默地快速經過我們。

我的接應人索赫伯對於伊斯蘭國的樂觀態度，來自他明顯無視任何形式的死亡。他的勇氣已經到了瘋狂的程度，與他上膠旁分的髮型，加上細鬚的中年會計師外表大相逕庭。也因此，跟他一起出去報導，我並不是全然放心。他會指著蓋達戰士駐守的哨點，十分認真地建議我應該訪問他們。當我們前往前線，這些橫亙市區中心的死亡禁區中，反抗軍戰士佔領著一處建築，政府軍則在另一棟，彼此距離之近讓我們可以聽到他們點菸的聲音。索赫伯會踩著破損樓梯上到屋頂，站在那裡大聲要我上來加入。有一天，我們前往布斯坦卡瑟區（Bustan al-Qasr），此處是整個裂開的城市裡，唯一可以在反抗軍與政府軍控制區之間穿越的地方。反抗軍這一側，在臨時路障組成的關口前約一百公尺處，路就被封閉了；路障是兩間焚毀的房舍相互傾軋堆疊而成。這是躲避政府軍狙擊手的粗糙屏障，但是一整年在隨機暴力下已經疲憊不堪的阿勒坡人，仍舊湧進巴士車廂與關卡之間的市集。人行道上的棕黑血漬標誌出加拿大籍敘利亞醫學生山姆治療被狙擊者的地方。山姆說，他們每天都會開槍，週五更加嚴重。有時候他們好像玩遊戲一樣——某些日子只對孩子開槍，另一天則針對孕婦。當他回答得煩了，就開始問起我來。

「妳來這做什麼?」山姆問。「妳想要什麼?」

索赫伯跟我繼續往前，直到標誌出反抗軍領域最後幾公尺的沙包。我的心臟開始翻湧，不只因為知道狙擊手步槍正瞄準我們，也出自接近阿薩德士兵帶來的恐懼，他們就在關卡的另一側。我想他們會很高興抓到一名英國記者，在敘利亞電視中展示所謂的間諜，最後將我扔進監獄。因為心不在焉，我幾乎沒注意到我們這一側的反抗軍所造成的危險。其中一人抓住索赫伯的手臂，要求看他的證件。另一人則看到我的相機。我們出發前，索赫伯向我保證這個關卡駐防的是個友善的旅隊，不會有任何問題。但這幾個月中，阿勒坡的戰爭如此瞬息萬變，充滿罡固酮的臭味，這些勢力範圍可以在幾個鐘頭內換手。我很確定窺視我們的人不是伊斯蘭主義者，但他們很粗魯，可以感覺到他們缺乏紀律。

我們的救命恩人來自意料之外：就在那一刻，一名阿薩德狙擊手開火。嘣——嘣——嘣連續槍聲響徹整條街，群眾在驚慌中四散。索赫伯跟我利用這個機會，混進人群之中，連滾帶爬逃向山姆診所對面的市場，此處已經失去所有窗戶，牆上也有好幾輪迫擊砲孔。我跑向市場翻過窗戶的半分鐘，彷彿一小時之久：我沒穿防彈背心，街上子彈擦過時，我可以感覺到肉體與脊椎的柔軟。一進入市場鬆一口氣後，臉上的汗水開始大量湧出，我倒在地上，靠著牆面發抖。索赫伯卻有不同主意。狙擊手繼續開槍時，他從殘破窗戶跳回街上。

「妳在幹嘛?快點過來!」他大叫。「過來拍照!」

「你瘋了嗎?」我叫回去，他站在遺棄的街頭揮舞著手臂。

我開始相信索赫伯受到法力保護，就像九條命的貓，不管阿勒坡出什麼招，他都能毫髮無傷。當然我錯了。但是他的終結並不是來自在火線中無動於衷的過度狂熱，而是他對伊斯蘭國終極美好的傻氣盲目信念。索赫伯持續記錄一切，包含新的反抗軍團體，有多少戰士、他們的錢從哪來，以及控制的區域。他將這些文件與數千張照片存在自己的筆電中，隨身帶著，並與合作的記者慷慨分享。當伊斯蘭國通知，他的兄弟在阿扎茲被捕，他便帶著筆電與資料前往伊斯蘭國總部。

我們再也沒看過他。幾週後，我跟另一名與他合作的英國記者在同一天都收到他從Skype發來的訊息；這是我們知道他失蹤之前的事。我立刻感覺事情不對勁：我收到的訊息只有一個字：「Hello」。索赫伯從來不曾如此開頭，他總是稱我為「漢娜小姐」（Misss Hannah），禮貌且有些老式的開場。

幾週後，馬赫穆德逃到土耳其，才告訴我發生的事；鋼門與他藏在駕駛座下的機關槍已經不足以自保。艾曼也被捕，卻在一名加入伊斯蘭國的舊識手下獲得憐憫，幸運逃出。極端派開始對運動者下手，同時也開始對付過去接納伊斯蘭國的阿勒坡反抗軍；我們都知道這是遲早的事。二〇一四年一月，幾乎所有阿勒坡反抗軍佔領區都被納入伊斯蘭國控制，仍留在當地的運動者、接應人或翻譯都被捕，被指控為西方政府間諜。

兩年後，我遇到另一名阿勒坡運動者舊識，二〇一三年我曾看過這名塗鴉藝術家在廢墟上噴畫革命標語與笑臉標誌。他跟索赫伯關在同一間伊斯蘭國監獄中。最後，我終於得知他故事的結尾：伊斯蘭國法庭判決索赫伯煽動罪，隨後槍斃。

## 二〇一三年夏
## 難民的洪流與偷渡產業鏈

在阿勒坡，有時候我可以欺騙自己，我真的了解我所寫的這些人所受的折磨與痛苦。阿薩德的飛機盤旋時，我待在他們家中，跟他們坐在一起，對話隨著飛機來來去去。有時候，它們靠近時，有人會將燈關掉，每個人都停止說話，彷彿躲在靜默黑暗中。隨著喧囂退去，我們放鬆緊繃的肌肉，對彼此露出微笑，在等待下一輪攻擊時試著掩蓋自己的恐懼。一開始炸彈攻擊的目標有一定模式：醫院、學校與擁擠的市場是最危險的地方。然而不論出於殘虐還是軍備的理由，政府開始改用桶裝炸彈，死亡成了可怕的隨機數。二〇一四年四月，我跟馬赫穆德返回阿勒坡，反抗軍將伊斯蘭國推到城市的東界之外，我們在靜默中駛過變成水泥骨架的荒蕪街區，剩下來的公寓殘骸就像破嘴裡的爛牙。桶裝彈攻擊就像邪惡的慢動作，比起一飛而過的飛機炸彈攻擊，來得更加痛苦折磨。這些炸彈桶緩慢從直升機滾下，像俯衝的鳥禽朝向地面，接著化成巨大的煙塵蕈狀雲，讓人覺得彷彿只要自己跑得夠快，就躲得過。

每次離開阿勒坡，向那些必須留下來的人道別時，我都感到巨大的解脫，以及強烈襲來的罪惡感。我永遠也不可能了解他們的感受，甚至靠近那些感受。只要進城幾天就能讓我菸不離手，強烈感受到死亡的威脅，亟欲洗掉頭髮裡的發電機柴油味跟皮膚上的沙塵。然而對這些經年累月待在此地的人，對那些生於四周建築物可能隨機爆炸的孩子們，這些又算什麼呢？

然而二〇一五年，當我站在一艘小型遊艇甲板上，看著眼前消氣的橡皮動力艇開始進水，一群人只能祈禱的景象，阿勒坡的不協調已經無關緊要了。阿布・萊特打算轉換路線到北方的愛琴海岸，不過才一個月前的事；所有中間人顯然都打著相同主意。梅爾辛當地的偷渡經濟隨著前往義大利的漫長昂貴旅程一起蕭條，因此偷渡業者開始以兒童遊戲用的橡皮艇組織起跨越愛琴海跳到希臘的短程航行。一夜之間，歐洲之行的零售價從每人超過六千歐元，降到一千歐元左右，因此過去的涓涓人流，現在開始成了洪水。

看見緩慢沉默的橡皮艇時，我正跟著一群英國電視台人員一起工作。我們先前決定要見證這種愛琴海全新偷渡行動的最佳方式，就是說服一名土耳其船長載我們到偷渡熱點的海灣外圍，下錨等待。太陽西下時，我們假裝在船上舉辦派對，大聲放送熱門音樂，在甲板上跳舞。隨著最後一抹日光消逝，我們看到五百公尺外，直入海面的樹林山坡上閃爍著點點燈光——對沙灘蜜月度假村來說是如畫的背景。那些燈光其實是偷渡業者放在山路上的人，正摸索通往海岸的路徑；業者告訴他們方向，要他們保持安靜。半夜兩點，在漆黑闃寂裡等待橡皮小艇船隊抵達的過程中，我們多數人都睡著了。

我在三點鐘醒來，被電視團隊記者的緊急耳語聲喚醒。他發現第一艘船，離我們幾公尺外漂流。我們打開相機燈光，開始喊叫提問，並親眼目睹這趟旅程的真實情況——雖然偷渡業者宣稱這是跳向希臘科斯島（Kos）的短暫輕鬆行程。

橡皮小艇有四公尺長，每一寸船身都塞滿了人。婦女小孩坐在中間，男人則坐在突起的橡皮艇邊緣。這種小艇可以載八個人，但船上至少有二十人，船身已經開始沉到水面下。一個男人試著用毛巾抹起船內的水，每隔幾秒伸出船外擰水。他們離土耳其海岸不過幾百公尺，卻已經開始下沉。

十公尺外他們在經過時，記著問我們是否該打電話給海防。

「請看著我們，」其中一位口操流利英語的敘利亞男性說。「請別打給海防，只要跟著我們。」

「你們想逃離什麼？」我朝著他喊。

「戰爭，」他回答，「只是戰爭。」

「那麼你們追求什麼？」船身朝著希臘水域離去時我大喊。

「自由。」是他的回應。

## 海岸

距離偷渡地點最近的城鎮圖爾古特魯伊斯（Turgutreis）是博德魯姆半島上的觀光度假勝地，住有一群英國外派人士，夏天則充滿了季節性打工者。到了二〇一五年五月，此地勃發的夜間運動跡象已經到處可見；帶著小背包的年輕阿拉伯男子白天在主廣場上蹓躂；比較無人造訪的海灣，丟棄著消氣的橡皮艇；海防人員在清晨帶回被救援或被拘捕的人群。

「我每天早上都坐在同一張日光浴躺椅上，」頂著一頭粉紅髮絲，斷斷續續在圖爾古特魯伊斯安住了二十年的退休英國護士安・大衛森（Ann Davidson）說。「幾星期前我開始看到海防人員愈來愈常出海。」

安首次注意到大批濕透的人，包含孩子在內，被帶進碼頭尾端的拘留所時，立刻激起她的護理直覺。她將水跟餅乾塞到自行車籃，送去給被拘留的人。海防與憲兵跟她熟悉之後，就開始讓她進入拘留區域——沒有任何座位的牢籠，但至少不用遭到日曬。她一邊發送物資，一邊跟關在裡面的人聊天，她開始了解到她第二家鄉發生的事態有多嚴重。

「他們全都跟我說自己從敘利亞跟伊拉克逃出來，試著前往歐洲。」安說，「多數人已經嘗試過好幾次，卻都被抓到。他們說自己會繼續試，直到成功進入希臘。」

一天早上，我跟她一起前往圖爾古特魯伊斯碼頭，跟最新一批抵達者聊天、分送點心。三十多個人分散在鐵欄杆後的水泥地上，看起來筋疲力竭。他們看到這位糖果色頭髮的中年婦女衝進來，分發袋裝蛋糕時，表情從疲憊轉成無言的驚訝。一位名叫穆罕默德的敘利亞年輕人，過去曾在杜拜擔任口譯，因此英語十分流利，開始訴說他們的故事。

「這是我們第二次被抓，昨天也試過。」他說。「我們並不擔心被抓。昨天我們在此關了三個鐘頭後，被帶去博德魯姆警察局按手印、照相，後來就被釋放了。但這一次我們被抓時，離科斯島不到十或十五分鐘的距離。」

穆罕默德說，這群人今晚會再試，試到他們抵達希臘。他們已經認識彼此，也變成朋友——至少敘利亞人之間是如此。拘留所中半數的男人膚色較黝黑、臉孔比旁人圓潤，安靜凝視著一切。當我試著跟他們講話，他們只會說「緬甸、緬甸」。一名憲兵告訴我當局猜測他們應該是巴基斯坦人，但他們沒有任何證明文件。這場與海防及警方的「夜之舞」不會也無法阻擋他們；他們會持續這場儀式，直到最終跨越不可見的海上邊界，進入希臘。每一次，偷渡業者會快速送出四艘船，海防也許可能會抓到其中一艘。他們不會永遠那麼倒楣。穆罕默德也無處可去。

「當敘利亞的情勢複雜起來，阿拉伯聯合大公國就停止更新我的居住許可。」他說，「所以我帶著太太跟三個小孩回到大馬士革。但接著我用杜拜存款買的公寓卻被炸了。一年前我來到土耳其，開了一間蛋糕店，卻被合夥人騙走了一切。我們非常感謝土耳其，但要住在這裡卻不容易。我盡力了，但要融入社區並不容易。文化雖然類似，但土耳其人開始對我們的存在感到憤怒。我告訴太太要用我們最後一點錢去歐洲，接著就可以接他們過來。」

穆罕默德的孩子之一跟他雙親留在大馬士革；另外兩個則與妻子住在梅爾辛。他笑著揣想有朝一日在未來的歐洲生活中，將會告訴孫子女的故事。

「我現在四十一歲。我度過戰爭，現在則在海上冒險。」他說，「我曾經認為偷渡業者是罪犯。但少了他們，我們將面臨另一種死亡。」

## 偷渡業

穆罕默德與其他人各自為這趟行程付了九百五十歐元，這個價格可以買到無限次數嘗試與某種安全保障。此時人口偷渡已經成為穩定、有組織且競爭化的產業。仰賴口耳相傳與引介的代理商，已經了解到他們必須讓這一行專業化。我帶著從阿布·萊特、穆罕默德與其他類似者身上蒐集來的片段資訊，返回梅爾辛，開始分析這個產業的運作方式。在每個層級中，躲在陰影下的偷渡業經濟都跟土耳其的合法經濟相互交纏。偷渡業的顧客愈來愈多是持合法簽證入境土耳其的人，住在觀光旅館，在每個土耳其城市破敗商業區中四處可見的匯兌辦事處，付錢給這些犯罪組織。

梅爾辛的匯兌辦事處骯髒的白色塑膠貼皮櫃檯後方，一個名叫馬赫穆德的年輕敘利亞人抽著菸，跟我聊起他的生意。他先從一間辦公室起家，二〇一二年逃來土耳其時成立的。隨著難民潮湧現，他的生意也水漲船高：新到的人想將手頭上整疊的敘利亞紙鈔（他們的終身積蓄）換成美金或土耳其里拉時，就會找上門來。他的收入還不錯，以小企業主來說也不算特別出奇，剛好夠養家跟存點錢。

接著二〇一四年，梅爾辛的偷渡業中間人找上他。他們需要一個中介人，做為他們跟顧客之間的擔保人。想要前往歐洲的人將費用交給他，他會收取一筆信託手續費，直到他們抵達跟偷渡業者代理商議定的地點。付款時，顧客會獲得兩組特定號碼，只有馬赫穆德跟顧客本人知道。他們上船時，會將第一組號碼交給偷渡業者，作為付款證明；抵達歐洲時再將第二組號碼傳給馬赫穆德。顧客將第二組號碼簡訊給馬赫穆德時，他就會付款給偷渡業者，交易就完成了。

馬赫穆德已經開始享受成果。他在梅爾辛的辦公室擴增為散布土耳其各地的十二間連鎖企業，並打算在義大利、賽普勒斯共和國與保加利亞設點——這些都是偷渡者進入歐洲的端點。每個月，他替將近四千人保存款項。從每位顧客身上，他會獲得美金一百八十元的服務費，其中三十元來自顧客，一百五十元來自偷渡業者。光這樣，每個月就為他帶來七十二萬美金的收入。除此之外，他也運用存款涉足外幣與黃金投機。然而馬赫穆德只是中間人的中間人。「人們賣掉房屋、黃金、土地等一切，前往歐洲。」他說，「主要是中產階級。我是一年前開始做這一行，一開始只是非正式地幫幫朋友。然後一個傳過一個，生意就開始做起來了。」

在他梅爾辛辦事處工作的六個人中，兩人專門處理偷渡費用。他說土耳其當局並不管。「土耳其政府根本不知道。」他說，「我們不會把錢存入銀行，情報單位會察覺。不論如何，我的生意並非偷渡，只是服務偷渡者。我幫他們保存這些錢，這是人道行為。」

這個說法讓我難以接受；對土耳其政府一無所知的宣稱也有所質疑。接下來幾個月中，我對這些煙霧瀰漫、燈光昏暗的可疑匯兌辦事處產生興趣，因此造訪了幾十家位於伊斯坦堡、沿著土耳其西岸跟敘利亞邊界的類似單位。整個二〇一五年裡，當我走進去說明自己是記者，想要了解他們的生意時，從沒有人拒絕我。所有人都請我坐下，送上茶跟香菸；有時在後方辦公室，有時就在店裡。他們說了許多我想知道的細節。

在靠近敘利亞的尚勒烏爾法（Şanlıurfa）主街的一頭，每兩或三間店，就有一間是馬赫穆德梅爾辛辦事處的粗糙翻版：空無一物的辦公室裡有張書桌，後面坐著一個男人，除了一台筆電與好幾台手機外，什麼都沒有。窗戶上張貼著阿拉伯文店招，並不需要土耳其文，因為幾乎所有客戶都是來自拉卡（Raqqa）或代爾祖爾（Deir Ezzor）的敘利亞難民，這兩個地方剛被伊斯蘭國攻下。這個恐怖組織的哈里發國（Caliphate）就在三十五英哩外；二〇一四年一月，伊斯蘭國攻下敘利亞邊境城鎮台拉比亞德（Tell Abyad），以及通往土耳其的關卡。邊境仍舊可以通行：阿克恰卡萊（Akçakale）關卡前，我穿著長袍、頭巾，看著滿臉鬍鬚的男人與身穿罩袍的婦女，向土耳其警衛出示護照後，魚貫進入飄揚著黑色旗幟的城鎮。關卡的土耳其側甚至還有新設的服飾店，專門販賣混入伊斯蘭國用的伊斯蘭服飾。當時台拉比亞德已經被蓄鬍傾向的人攻佔，逃離此地的理髮師在距離關卡幾個街區外做起生意，他們的客人多是受夠了伊斯蘭法西斯主義的敘利亞人，因此只想反其道而行。一旦進入土耳其，他們立刻投入過去被禁絕的一切，包含香菸、酒精飲料跟修容。

在這些骯髒的尚勒烏爾法辦公室裡，我也看到資本是如何在邊界之間流動的。這些匯兌辦事處的主要業務是「哈瓦拉」（*hawala*）——非正式的跨界匯兌。以此地來說，主要是跨越邊界匯入伊斯蘭國領域。倘若在土耳其的敘利亞人想要寄錢給拉卡或代爾祖爾的親戚，他就會找上尚勒烏爾法主街上的代理人。他們在這裡付款，同時將自己與收款人的有照證件照片寄給代理人。接著哈瓦拉代理人就會通知他們在敘利亞境內的同行，只要指定對象能提出那張有照證件，他們就會交款。證件照片與確認都是透過WhatsApp，這是一種當局無法監控的加密通訊服務。邊界兩側的哈瓦拉代理人都擁有大量金錢及交易紀錄，一年中會見幾次面來打平帳目。通常這些代理人都是親戚，他們的血緣臍帶取代了正式匯兌體系中的法律保障。

哈瓦拉代理人從來不問錢往哪裡去。一次，名叫阿赫麥德的壯漢，手臂上刺滿潦草的土法刺青，承認他在拉卡的堂兄弟被伊斯蘭國要求針對每筆交易繳付稅金。他說，其實這是讓親戚生意能夠持續，也幫助城裡居民生存的保護費。隨著敘利亞金融體系凍結，沒有任何其他方法能將錢送進戰區給每天掙扎生存的人民。援助組織也經常默默使用哈瓦拉體系將錢送進反抗軍區域的工作人員；不意外地，因為這個體系對恐怖分子與洗錢者同樣有用，因此西方政府極力壓制這種做法。

隨著衝突愈演愈烈，敘利亞鎊的價值開始一落千丈，土耳其的正式匯兌業者開始拒絕接受敘利亞貨幣。帶著終身積蓄離開敘利亞的難民別無選擇，只能透過非正式的哈瓦拉代理人將錢換成美金，他們得到的匯率也是微不足道。手上擁有大把土耳其境內無用鈔票的代理人，很快又安排了新的體系，將錢轉回敘利亞；敘利亞鎊仍舊是敘利亞境內街頭通用的貨幣。他們將錢送到基利斯城裡的另一個中間人，後者安排由「螞蟻」將錢偷渡過邊界。「螞蟻」指的是每天揹著現金袋，多次穿越非法路徑的兒童或年輕人。進入敘利亞後，他們會跟匯兌業者交易美金，這些美金是為了支持武裝團體或援助計畫而流入敘利亞的。

到了二〇一五年，哈瓦拉代理人也開始插手替偷渡業者保管付款的業務，這是整串悲劇鏈的最後一環。敘利亞人賣掉一切，只求抵達歐洲；他們所運用的網絡最後卻將這些錢餵養到一開始迫使他們逃亡的武裝團體身上。一如以往，最窮的人只能留在土耳其難民營裡；此外還有等待著丈夫兄弟完成危險歐洲之旅的婦女兒童，期待著未來能夠靠著依親簽證安全前往歐洲。富裕歐洲國家政府在自家邊界歡迎難民，卻沒有提供任何安全或合法的路徑，實際上是給這些偷渡業者帶來源源不絕的客戶。

在砂石遍布的尚勒烏爾法購物街二樓，跟其他哈瓦拉辦事處差不多醒目的是納比爾．阿爾杜許（Nabil Aldush）經營的另一種偷渡產業的分支——證件偽造辦公室。敘利亞護照是世界上最容易偽造的證件之一；二〇一五年九月，當德國總理梅克爾（Angela Merkel）宣布德國將接納任何抵達國境的敘利亞人後，更成為炙手可熱的商品。柏林願意脫離一九九〇年簽訂的歐盟政治庇護規定《都柏林公約》（Dublin Regulation）——其中明定難民必須向抵達的第一個會員國提出請求。對土耳其出發的偷渡路徑來說，這代表著義大利、希臘或保加利亞，這些都是無法應付人道緊急事件的窮國，也絕非這些人選擇居住的國家。現在，只要敘利亞人能跨越希臘島嶼以北的一千五百英哩，抵達德國邊境，就能向德國申請庇護，不論中間經過哪些歐盟國家。

德國立刻取代瑞典，成了這些人前往歐洲的首選目的地。對於大批經由土耳其、同樣出走歐洲的非敘利亞人（主要是阿富汗、巴基斯坦與伊拉克人），敘利亞護照就成了必備品。偷渡業者告訴他們，只要被視為敘利亞人，他們就能在德國自動取得難民身分；雖然歐洲當局也很快就學乖了。納比爾在二〇一四年底開業，一開始為戰爭中失去一切的敘利亞人提供其他偽造文件，最暢銷者包括婚姻契約、駕照及大學畢業證書。一年後，護照成了他收入最豐厚的業務。他在敘利亞政府單位服務過，因此透過大馬士革政權的關係人，可以買到真的空白護照本，再印上顧客的身分細節與照片。每本護照收費兩千美金。

「六個月前，第一位伊拉克人上門。」納比爾說。「他們很坦白，說自己想以敘利亞人身分前往歐洲。很多人問我怎麼前往希臘，但我說自己只處理文件，不管偷渡。」

納比爾對自己的工作頗為自豪，辦公室裡甚至有一台紫外線機器，證明他提供的護照上全像攝影技術是真的，接著才交給開心的顧客。他對所謂的「伊斯坦堡護照」嗤之以鼻；明顯就是偽造的。他說有上萬本這類護照流入市場，但他從來不用。所以他宣稱自己的業務是合法的，獲得土耳其政府授權，至少服務了他的敘利亞客戶。

「他們信任我們，也知道我們只是想幫助敘利亞人。」他說。「當難民跑到市政府，說自己沒有任何證明文件時，他們會叫難民來找我們。」

當人口偷渡業進入專業化，這股經線開始跟土耳其合法經濟的緯線交織時，另一群更卑鄙的罪犯也開始在陰影中運作。夢想到歐洲的敘利亞人，成了伊斯坦堡惡巷騙子眼中的肥羊。他們的非正式辦公室設在茶館裡。

「偷渡業者告訴我在地面電車站會面，」一位名叫拉米的敘利亞人說，就在他被騙走終身積蓄，並對親友積欠大筆債務的幾天後。「我到了以後，等了三十分鐘，三次打電話給他。我猜他正在觀察我。他到的時候，操著阿勒坡腔調，要我別相信任何人。我問他透過匯兌辦事處付款的事，他說不要，他們都是小偷。」

偷渡業者帶著拉米到一間又髒又臭的旅館，他的同夥在此讓拉米看他們將提供的歐洲護照。拉米決定不冒險走海路，採取文件與飛機飛向歐盟的高端選項。男人們告訴拉米他們將提供與他外形相似的歐洲人護照，他們在伊斯坦堡機場的人將確保沒人過問。他會飛往阿聯，接著轉到英國。為了減輕他的疑慮，他們還帶來另一位顧客，他的堂兄弟幾天前才使用他們的服務，現在已經到了英格蘭。這說服了拉米成交。

「我跟我認識的每個人籌錢，」他說，「他們要四千五百美元作為訂金，整個過程將花費一萬五千美元。我到了歐洲後會付給他們尾款。付了訂金後，他們說我的航班訂在隔天。但我回去旅館找他們時，卻不見人影。一切都消失了。」

## 交易

切斷偷渡業者的關鍵不在海上，而在陸地。這正是暖熱的九月夜晚，土耳其海防將我偷偷塞進巡邏艇時，想讓我看的事。四個月前，敘利亞人要我們跟著那艘即將沉沒的橡皮艇到希臘，結果我們在圖爾古特魯伊斯灣外海碰到這名海防船長。當時經過幾分鐘痛苦的道德掙扎，我們認為自己應該舉報剛剛看到的景象，因此返回港口。海防先發現我們，在黎明微光中響起警鳴快速朝我們前來。法律規定，船主要出海一整晚必須配備證照與雷達系統，我們的船主兩者皆無。身為船上唯一擁有土耳其記者證的記者，也懂些土耳其語，當他靠近我們時，就由我來發言。

「你覺得土耳其海防對這場危機處理得如何？」我解釋我們的情況後，海防官問我。

「我覺得你們在非常困難的情況中已經做得很好了。」我回答。

他的態度立刻改變，開始卸下堅硬的官員外表，一抹微笑回到他的臉上。

「謝謝你。」他說。「我送你們回港口。」

船艇停泊之後，他舉發我們整晚出海，並留下我的資料與電話號碼。幾個月後，他發了一封簡訊，問我想不想知道在他的眼中，人口偷渡業是什麼情況。

離岸幾百公尺後，他關掉船艇的燈光，打開一包巧克力餅乾，給我幾付夜視鏡。「看那邊。」他指向岸邊。一開始是一片黑暗，但不到幾分鐘，在夜視鏡明顯的綠線顯示下，我看到頭幾艘船。很快我可以看到整個灣岸上有五艘船。

「現在這是我的兩難。」海防官說，「倘若我攔下一艘，另一艘卻在此時沉沒呢？倘若我攔截一艘尚未下沉的船，我將花費至少兩個鐘頭，將所有人帶回岸上，交給警察。倘若同時間另一艘船沉了，這裡就沒人能救那些人。」

所以，他說一旦船下了水，一切就太遲了。唯一能阻擋這些偷渡業者的方式，是讓憲兵沿著海岸道路設立檢查哨，在他們抵達下水點之前抓到這些偷渡業者跟他們的客戶。對於他跟同僚放任這種犯罪及重大人道危機在眼皮子底下發生的指控，令他非常痛苦。幾天前，附近海灘的照片傳遍世界各報頭版：一名土耳其憲兵抱起被沖到沙灘上的三歲男孩失去生命的身體。對於在歐洲邊陲已經上演好幾個月的現象，這張照片終於激起第一波真正的全球性憤怒。各行各業的志工，從專業律師、急救人員到理想主義的左派人士，全都擠到希臘島嶼出一份力。同時間在土耳其，阿布．萊特還在規劃將十二歲的兒子送上往希臘的船，以獨行兒童的身分快速取得難民庇護，之後再以家長簽證讓他也進入瑞典。這類家長的憤世嫉俗心態確實存在。但我在這條路上，也碰到許多更大一點的青少年，十六、十七歲的人，在貝爾格勒的公園或希臘島嶼港邊，他們單純相信這是自己身為家中長子的責任，為拯救仍在敘利亞的家人，試圖在做些什麼。殘酷的現實在於，即便是大出逃的高峰，除了年輕力壯者以外，其他人想要通過幾近沉沒的橡皮艇、擁擠火車與軍事控制線，從土耳其海岸跋涉到德國邊境，確實很難。年長的家庭成員幾乎完全不可能完成。路途上許多都是年輕人，他們清楚看見自己家鄉的現實情況，選擇脫離。阿赫麥德是一位十七歲的巴格達什葉派，四年前一場汽車爆炸幾乎奪走家中所有人。此後由一位阿姨撫養，他一心想要的，是到另一個地方，人們不會藉著不相信的神祇之名互相殘殺。「倘若他們知道我是個無神論者，歐洲會不接受我嗎？」我們回頭看向海另一邊的土耳其時，他帶著驚恐的眼神問我。

雖然偷渡業者的船上充斥著許多年輕男性，也有不少女孩與年輕女性想前往歐洲。我在難民移動的路徑上，遇到很多敘利亞年輕女性都是庫德族，在馬其頓邊界上搭帳篷紮營，或在希臘咖啡廳中圍著一支充電中的手機。我在科斯島遇見一群大馬士革年輕人，各方面都讓我想起安塔基亞的敘利亞朋友圈——同樣的都會氣息、同樣有趣的腔調、同樣會突然唱起歌來或彼此唇槍舌戰個不休。十個人裡只有一名女性，她是戴著白色緊包頭巾的二十一歲學生萊拉。他們全都維持著我的安塔基亞朋友已經拋在腦後的大馬士革生活方式——阿薩德統治下的敘利亞，相對安全卻受到恐怖壓抑。他們要聽我說說反抗軍佔領下的敘利亞，那些他們經常聽到卻從未親見、不為人知的恐怖故事。其中一名性格開朗的青年，在這個悶熱夜晚喝著希臘神話牌啤酒，說他支持與蓋達組織有關的敘利亞反抗軍「支持陣線」。即便我告訴他支持陣線在阿勒坡幹下的所有蠢事，也不改其想法。

萊拉對朋友咋舌，拍了一下他的腿。

「你應該聽她的話，你這蠢蛋。」她說，指指我。「她看過他們。」

愛琴海上升的死亡潮終於迫使土耳其與歐洲對人口偷渡業者採取行動，同時他們採取的行動，終於讓合法的難民庇護途徑變得容易與安全一些。這樣的想法，聽起來令人欣慰。到了二〇一五年，已知有超過百人在海上溺斃，數千人被海防或希臘島嶼上的志工救起。布魯塞爾的領袖們最終跟土耳其達成數十億歐元的交易，期待遏止偷渡產業，並改善安卡拉收容的敘利亞人生活。就阻撓跨越愛琴海的船流上，某種程度上是成功的。但此舉也給了艾爾多安一張好牌。

這筆交易在二〇一六年三月簽署，承諾將分兩部分交付土耳其六百萬歐元，提供土國境內三百萬敘利亞人更好的服務。交易中「吊著」土耳其公民在申根區域免簽旅行的希望，交換的是，任何從土耳其沿岸搭乘偷渡船進入希臘者，都會被遣返土耳其。每遣返一名敘利亞人，就可以在歐洲安置一名已經住在土耳其的敘利亞人。這項交易發生效力的晴朗早晨，我跟一群記者在土國海岸城鎮迪基利（Dikili），等待第一批被迫遣返載回的第一艘船。這是持續二十載的歐洲難民庇護政策最終的崩潰。那艘船預計在午餐時間靠岸。但是當我們約一百名記者，包含電視台攝影、平面攝影記者與文字記者，在港口鐵網旁的岩石上等待時，工人卻張起大型白色塑膠布，遮住電視攝影機捕捉重要時刻的機會。最後，我們瞥見一群落魄的男人被送下船，進入一輛警方巴士。送出報導後，我們就到沙灘上喝起啤酒。

歐盟交給土耳其的錢，被分到難民營、土耳其衛生部、學校及其他難民援助計畫。這筆錢也用來資助非敘利亞人的拘留中心；這些人多是阿富汗人跟巴基斯坦人，從希臘被遣返後拘留在此，等待遣返原國。前往希臘島嶼的人潮銳減；但安卡拉用來箝制人口偷渡的措施，並未大幅改善仍在土耳其境內生活的敘利亞人。現在，多數人要離開登記入案的土耳其省分前，必須得到當地政府開立的許可證。他們的居留許可每年必須經過一串冗長的延展程序；為了取得居留許可，他們必須擁有合法的敘利亞護照。這對身無分文離開國家、或逃離兵役、或護照過期的人來說，是一大困擾。一度，他們也為了居留延展找上證件偽造者，但大馬士革政權此刻也開始向叛逃者簽發證件，索取大筆費用以換取現金入庫。即便土耳其已在二〇一一年跟阿薩德切斷外交關係，但伊斯坦堡的敘利亞領事館在戰爭期間仍舊維持開放，一直充斥著急於展延證件的敘利亞人，甚至清晨四點就在領事特區的閃亮人行道上排起長龍。這個過程通常需時六個月，等到敘利亞人取得新護照時，證照又將要再次過期了，因為還沒服兵役的男性護照每次只能展延兩年。卡在安卡拉官僚與大馬士革冷漠蔑視的無窮迴路之中，這些敘利亞難民在土耳其幾乎不曾擁有合法身分，永遠害怕被不友善的警察攔檢。

在土耳其，若被抓到缺乏正確證件，有時候會被迫遣返敘利亞——這是違反聯合國難民公約的做法。同時間，從二〇一五年中開始，土耳其維安部隊關閉邊界，延邊建立高牆，並對周遭區域進行軍事化。已有無數報告，部分甚至附有可怕的手機照片，顯示敘利亞人試圖越過邊界時，遭到土國士兵射殺。數百人已遭殺害。安卡拉直接否認；但一名曾在最繁忙邊界區域服役的前土耳其小隊長告訴我，二〇一五至一六年間，指揮官的指示不斷改變。一開始，他們收到的指令是睜一隻眼閉一隻眼；接著他們被要求阻擋難民，必要時對空鳴槍示警。之後，倘若難民持續前進，他們受命射擊對方的腿。最終，他們接獲指示，受到威脅時格殺勿論。在土耳其的邊界政策改變上，並沒有歐洲同謀的證據，但此事與歐盟交付安卡拉幾十億元以阻止移民進入歐洲，是同步發生的。歐盟從未譴責，甚至是評論這些射擊事件的報告。

回到安卡拉，艾爾多安不斷運用這筆交易，來抨擊布魯塞爾。他宣稱歐盟並未交付承諾的款項，即使這筆錢正依照規劃流入土耳其。他也指控歐洲給予土耳其人免簽待遇的承諾並不誠懇；這是因為安卡拉自簽署交易後，人權紀錄不斷惡化，因此這部分的交易從未落實。倘若歐洲不從其所願，不論是更多金錢或更多不受非難的統治空間，艾爾多安都威脅要取消交易，重新開放土耳其邊界。

對許多仍在土耳其的敘利亞人來說，最大的問題是不安全感：不清楚自己還能在這裡待多久，以及自己是否最終能獲得公民身分。目前為止，只有少數精選出來的敘利亞人能獲得安卡拉發出的護照，三十萬人中多數是受過教育的專業人士。然而隨著民調顯示，土耳其人愈來愈無法忍受在國內收容著數百萬的敘利亞人，艾爾多安的風向也開始轉變。現在他說敘利亞人最終必須返回自己的祖國，不能永遠留在土耳其。

## 敘利亞人的救星

深入剖析敘利亞革命的故事，就像試著解開一坨亂髮。二〇一一年初，沒人願意告訴外媒記者自己也涉入起義之中。到了二〇一三年初，每個人都開口了。兩年後，每個人對於講述同一個老掉牙的故事感到無趣，而這個世界也早就聽到厭煩了。

所以，若不是我們的聊天內容隨機轉向大馬士革以及革命最早的抗議事件，我才發現阿赫麥德——來自阿勒坡的微笑暖心接應人，當時正要帶我去見偷渡業者阿布．萊特——正是二〇一一年我持觀光簽證進入阿薩德治下的敘利亞時，令我極度膽戰心驚的維安部隊成員。

「現在每個人都說他們曾參與早期的抗議，每個人都搶著標榜自己對革命的貢獻。」我們開上嶄新順暢的高速公路前往梅爾辛時，他這麼說。接著他圓潤的臉龐露出一抹難以抗拒的微笑。「憤怒之日我也在場，」他笑道，「只是我在另一邊。」

先前他曾告訴我，在他決定善用技能，成為大舉湧入阿勒坡的外媒記者接應人之前，他曾經跟反抗軍並肩作戰了幾個禮拜。但我並不清楚他驚險幸運脫離政府軍的過往。二〇〇九年七月，阿赫麥德奉召入伍。當時他有點不開心，他說：「當時阿勒坡的生活很不錯。」但他認為難以避免，仍舊入伍了。每個年滿十八歲的敘利亞男性都必須入伍服役一年九個月，除非有錢或有關係疏通免役。大學生有些轉圜空間，可以等到畢業之後再入伍。許多人盡可能延長大學就學時間，或改變科系，或課程結束時立刻註冊下一個課程。然而阿赫麥德是出身工人階級的理髮師，沒有逃役的手段，因此他決定要好好利用這個無可規避的處境。六個月軍事訓練中，他成績出眾，因此結束後他入選成為總理護衛。這是個菁英職位，於是他立刻攀緣而上。「我不想成為整段兵役期間都卡在軍營裡的那種人，」他說，「如果不能天天出外走動，我會瘋掉。」

他從手機裡找出一張照片，是他在服役時期的照片。幾十個敘利亞人也給我看過類似的照片，照片中的他們通常看起來比實際上顯老，即便那是在好幾年前拍的。兵役是惡名昭彰的粗暴，會將青少年的稚嫩臉龐，變成眼神憂鬱的憔悴平頭青年。他們被迫每天從事折磨的體能訓練，卻只分發到少得可憐的糧食配給，即便寒冬也睡在沒有供暖的軍營裡，穿著尺寸經常太小的靴子跑上好幾英哩。遜尼派士兵最受折磨，除了肢體苦痛外，他們也常被阿拉維派軍官羞辱。祈禱遭到嚴格禁止，任何被抓到的人都會遭到毆打。

但在阿赫麥德的照片裡，他看起來像個男模特兒。髮型時髦，身著設計師西裝與墨鏡，倚著閃亮賓士車。這是那些身處菁英軍職者的命運——擁有特權、自由與展現自我的揮灑空間。「若我想做個渾蛋，也沒什麼不行。」阿赫麥德說。「你可以偷竊、性侵或勒索，沒人能管你。」

到了二〇一一年初，他已經被拔擢進入大馬士革警察情報局長的個人安全護衛隊。在三月十五日的憤怒之日前夕，維安單位開始進行密集準備。一個月前大馬士革已經有過一次小規模的抗議；現在政府知道即將面對更大的場面。「敘利亞有十二支特情部隊，每一支都很清楚計畫內容，」阿赫麥德說，「我並不是很自在，我不認為這些抗爭會帶來什麼好結果。」

憤怒之日抗爭始於舊城區知名的哈米迪亞覆頂市集（Souk al-Hamidiyah）。阿赫麥德是派駐此地的數十名軍官之一，人數遠超過屈指可數的抗爭者。所有軍官都穿著便服，毫無痕跡地混雜在抗爭者之間，直到發動突襲殺戮。當抗爭群眾沿著奧米亞清真寺附近的古老街道進入舊城區，維安部隊從四面八方包圍。阿赫麥德與同僚逮捕每一個人，不論他們是否參與抗爭。

幾天後，他對緩慢成長的抗爭運動，從態度模糊轉成恐懼。巴沙爾．阿薩德總統在演講中保證維安部隊不會開槍。但警察情報局長卻給手下完全不同的說法。

「他告訴我們在下一輪抗爭中，我們將對抗爭者開槍，」他說，「有些人開口：『總統說這不會發生。』但局長回答：『閉嘴。這是我的命令，你就這樣做。』接著我就知道巴沙爾說一套，但維安部隊做的是另一套。」

四月二日，阿赫麥德最後一次參與大馬士革的抗爭。隊上每個人都配發了可發出三百三十瓦電力的趕牛棒，這足以奪走人命。那場靠近警察情報局總部的抗爭，是截至目前為止在首都規模最大的一場。德拉暴力情勢上升的新聞傳開來，多年來恐懼政權而伏低做小的人民也受到憤怒驅動。參與抗爭的不單是學生跟年輕人，這一次還有老一輩的人。「我看到身邊的老人，我跟他說：『跑，快跑！』」阿赫麥德說，「我知道接下來會發生的事。」

不到半小時，維安部隊開始對抗爭者動手。阿赫麥德故意在趕牛棒上潑水搞破壞，但其他人卻對授命的任務全力以赴。由巴沙爾精神瘋狂的弟弟馬希爾（Maher）領導，令人聞風喪膽的菁英第四師，也衝進抗爭隊伍中。阿赫麥德看著他們對抗爭者揮動狼牙棒，棒上鑲著銳利的金屬。「他們就像野獸一樣，」他說，「我要他快跑的老人沒聽我的話，我看到他被狼牙棒擊中。」

二〇一一年四月四日，抗爭兩天後，他退伍返回阿勒坡，充滿對政權的新生恨意及對未來的恐懼：他所目睹的一切，未來將會如何轉變？兩週後，政府開始停止讓軍人退伍。對那些違反個人意願繼續服役，更被迫對所同情的人民開槍的軍人，退路已經關閉了。

二〇一四年我遇到他時，阿赫麥德已經跟其他運動者逃離阿勒坡，住在土耳其邊境的基利斯。擁有流利英語及快速提升的土語能力，他很快賺到足夠的錢，租下新蓋好的公寓，讓妻子與初生兒子過著舒服的生活。他還對艾爾多安愈發崇敬。

二〇一六年政變企圖的那一晚，他開車在新故鄉四處繞，車窗外飄揚著土耳其國旗。之後不久，他開始經常在社群媒體上發送總統照片，附上正義與發展黨的標語及阿諛讚美，類似阿薩德支持者會發的那種訊息。一開始，我看不出阿赫麥德與軍隊叛逃者、革命者、難民及艾爾多安支持者的路線有何不同。但很快我知道他並沒有不同，他是常態。許多憎恨獨裁者阿薩德的敘利亞人，視艾爾多安為保護者，以及這個冷漠世界中唯一的領袖。申請土耳其公民身分的敘利亞人WhatsApp群組中，充滿對總統的讚美，許多挺艾爾多安的土耳其新聞媒體也發行阿拉伯文版，將其版本的「真實」傳送給難民。而那些發現艾爾多安與阿薩德愈來愈像的敘利亞人，則聰明地保持靜默。

「敘利亞人如驚弓之鳥，他們唯一得到的正面訊息是來自土耳其，」某個人告訴我，「當艾爾多安說有陰謀論時，對他們而言只能深信不疑。」

# 第七章　庫德族

## 二〇一六年三月
## 土耳其東南部・吉茲雷（Cizre）

我的筆記本頁面沾滿汙泥。我所在的房間，是個燒光的空殼，過去住在此地的家庭則聚在門口，一臉震驚。

「一顆炸彈穿牆而入。」一名年輕人說，彷彿進行每週採購一樣面無表情。「接著他們打穿我們的水箱，所以我們待在屋頂上的房間。最後我們搬去另外一區。」

這個由白頭巾大嬸、眼珠濕濡的靜默老公與穿著運動服飾兒子所組成的家族，首度鼓起勇氣返回被摧毀的家。幾十年來收集的家具全都毀之一旦。陽光從牆上的裂縫穿入。滿地都是石材與玻璃碎片，還有骯髒的碎布與教科書殘頁。

我們收到吉茲雷的消息時，我正好跟兩位攝影師朋友進行一趟跨越土耳其東南部的旅程。這塊底格里斯河（Tigris）與幼發拉底河（Euphrates）之間的區域，多數住的是庫德族，以記憶中小學聖經裡會出現的那種地景出名：大片塵土露頭與驅趕羊群穿越山區的牧羊人。我們剛造訪過古代洞穴城市哈桑凱伊夫（Hasankeyf），及高高建在岩石上的堡壘城市馬爾丁（Mardin）。夕陽落下通往敘利亞的平原時，我們正吸啜著當地亞述僧侶釀造的酒。接著我們其中一人，我不記得是誰，看了新聞，發現此地以東約一小時車程的吉茲雷鎮，在土耳其軍事管制近三個月後再度開放。我們以最快速度開往吉茲雷，打給所有能想到的政府聯絡人，拿著記者證討價還價一路穿越軍警檢查哨。

吉茲雷郊外遭到破壞的商業住宅區中，每扇窗戶都破裂。我們仍舊維持著某種歡樂的度假心情，但我們發現亞齊克一家眼神空洞地瞪著家園殘骸時，那種心情很快就消失了。

年輕男人帶我們到先前躲避的屋頂，上樓的階梯滿是瓦礫破片。在樓上我們發現戰鬥殘片、子彈與砲彈殼在清晨陽光中閃爍。這個家庭從未自願成為前線。效忠庫德工人黨的武裝青少年建立路障，並沿路設置炸藥，試圖將警方阻擋在這個街區之外。一開始國家的反應並不大，因此吉茲雷地方政府的膽子也大了起來。跟武裝分子有隱約連結的掌權政黨宣布自治，開啟了這股潮流。此一模式很快傳遍土耳其東南部。

然而國家的反應一旦到來，就很粗暴。二〇一五年十二月，土耳其坦克與特別部隊包圍吉茲雷與其他城鎮，並下令居民離開，他們以砲擊、空襲重重打擊武裝分子及任何仍留在城鎮中的人。亞齊克家一個兒子指向不到一英哩外山坡上的軍事基地，土耳其坦克駐紮在那，那裡可以清楚看見亞齊克家，他們今年本來預計在家中為三個孩子舉行婚禮。

街道這一側也遭受相同命運。炸彈打穿水泥牆，讓建築物看起來就像瑞士乳酪。庫德工人黨武裝分子在牆下寫下標語：「*Biij Apo!*」（意為「阿伯萬歲！」阿伯是民兵領袖與創始人阿布杜拉．鄂嘉蘭的暱稱）。土耳其士兵後來粗魯畫上土耳其星月符號後，胡亂寫下他們的回應：「雜種」（*Piç*）。

更糟的還在後面。

「這是城裡的好區。」我們瞪著一棟漫溢到殘破街道上的辦公建築殘骸時，兩個小朋友以一種糟糕的歡愉語氣說。他們指向路的另一頭，稱為楚迪（Cudi）的街區，他們說那裡受創最深。當我們轉進小巷，穿越雜亂的人行道，經過我曾住過的旅館其破損的正面，一名受驚的老婦人朝我們跌跌撞撞走來，胡言亂語，向天空祈求。深藍色的防彈警車來回巡邏街道，人行道上的行人嚇得縮進扭曲的商店鐵門之後。我猜想為什麼沒人出聲。接著令人發膩的腐敗氣味衝擊我的喉頭。

一群人圍繞著波斯坦齊街（Bostancı）上一堆破瓦殘磚，男人瘋狂鏟著地上一個洞。大批蒼蠅群集在塵土小丘上。這處灰色殘礫土丘過去是間屋子。

「記者？來這邊！」一名男人大叫，群眾分開讓我們進入地下室。裡面黑漆漆的，封閉可怕，我可以嗅到死亡的炙熱氣息。男人們正在查看燒焦的屍塊與骨骸，一邊挖掘一邊傳閱新發現，毫無聲響。但圍在入口的群眾卻嚇壞了。

「我們拉出一名男孩，跟我兒子差不多大！」一個人大叫，指著大約七歲的大眼孩子。

「歐洲在哪？美國在哪？世界在哪？」另一個人吶喊；這名狂亂的老人氣得口沫橫飛。

「我們知道他們怎麼不吭聲，他們怕艾爾多安會把更多移民送進歐洲。」

其他人開始丟來吉茲雷流傳的各種謠言：瞥見宛若軍事組織的黑幫對房子潑汽油縱火、死在這類地下室的人數等等。一名女性告訴我們這裡有六十具屍體。另一人說有二十七，此外光是這條街，還有兩處充滿屍體的地下室。

我突然想到一個月前，我試著聯繫一群躲在吉茲雷地窖的人。訊號不清的手機線路上，跟我通話的女性聲音中帶著害怕。她告訴我此地不斷落下的炸彈，以及跟他們關在一起的四具腐敗屍體，他們是因傷去世的人。

「附近的建築全都倒塌了，屠殺正在發生。我們的醫療用品已經用完，因此幫不了傷者。」她說。他們已經躲在地窖四天。此後我再也無法聯繫上她。

「這是戰爭罪行，他媽的戰爭罪行。」同行記者尤素夫說，他拍下恐怖照片時感到震驚。面對自己國家的殘暴，對他來說更難承受。我們在日落宵禁前離開吉茲雷，並開回馬爾丁。這一晚的亞述紅酒留下苦澀的滋味。

## 庫德族與熊

「在於克塞克瓦（Yüksekova），我們被警告要小心庫德族跟熊。」一九六五年十一月《泰晤士報》〈庫德斯坦旅人〉一文的作者羅賓・費德爾（Robin Fedder）寫道。費德爾當時正在土耳其最東南的角落，夾在伊朗與伊拉克邊界間的山區省分哈卡利（Hakkari）遊歷。他的行程必須獲得省長許可，還有兩名當地嚮導與六匹小馬，帶著費德爾跟他龐大的行李穿越艱苦地景。一九二五年，這塊區域首度對外國旅行者開放。一條新建道路穿越哈卡利省，感覺上像是這塊長期被折磨的區域終於展開新頁，正完美適合無畏的特派記者。

然而，面對令人聞風喪膽、有戰士名聲的部落居民，土耳其人自古以來對庫德人的警戒並未減低。省長堅持嚮導之一必須配槍。他本人若曾離開於克塞克瓦的舒適辦公室，進入哈卡利省荒野，可能會跟費德爾一樣發現庫德人帶槍「只是地位象徵」。熊也不像傳說中那樣可怕；費德爾雖然看到幾頭，卻都盡快遠離人跡。

土耳其共和國成立後不過兩年，一九二五年庫德人就起而反抗新秩序。今日仍舊持續，雖然暴力情況會視大眾情緒與世界大事上下起伏。最早的庫德族反抗者是謝赫・薩伊德（Shiekh Said），對這名部落領袖而言，與其他庫德氏族競爭領導地位，跟反抗土耳其國家統治同等重要。今日，阿布杜拉・鄂嘉蘭則是庫德族的密碼；這位安卡拉大學政治系畢業菁英，卻投入武裝左派的風暴之中。他在一九七八年成立庫德工人黨，融合了馬克思—列寧主義與庫德民族主義，很快吸引許多追隨者。同時間，鄂嘉蘭也積極剷除叛變者與對手，讓庫德工人黨成為庫德族鬥爭中唯一的善妒守護神。一九九九年在肯亞被捕時，鄂嘉蘭已經成為庫德工人黨毫無爭議的領袖，也是土耳其頭號全民公敵。快速從知識分子運動變形成暴力運動的庫德工人黨，被鎖在土耳其東南部與土耳其國家的鬥爭裡，至今已經造成超過三萬人死亡。

土耳其八千萬人口中有五分之一是庫德族，擁有自己的母語及文化。他們的政治通常是部落式且對外封閉的；任何庫德族內部的對立爭吵，外人的批評只會招來劇烈反抗。對此，我有好幾次親身經歷。有一次我被認定是土耳其特務及未「出櫃」的伊斯蘭原教旨主義者，因為我的文章記錄了敘利亞庫德工人黨的相關團體被指控犯下戰爭罪行。另一次，當我提起當時伊拉克庫德族區域總統馬蘇德．巴爾扎尼（Masoud Barzani）的裙帶關係傾向時，土耳其最大的庫德族城市迪亞巴克爾一名博學友善的律師立刻暴怒。

「你需要好好讀過歷史再回來！」那名律師咆哮，「過去的庫德族體系就是氏族聯盟。因此大家都不了解庫德族區域的情況！」

五分鐘後他冷靜下來，不停道歉。

「我們庫德人常有情緒化的反應。」他微笑說。

## 建立阿塔圖克的國家

一九二三年土耳其共和國宣布成立時，許多民族與宗教上的少數族群都被涵蓋進入廣大的新邊界中；超過一千六百英哩的邊界跨越中東、高加索山區與歐洲。除了庫德人外，還有撐過一九一五年血腥大清洗的亞美尼亞人及其他基督教少數族群。此外還有被死忠遜尼派視為異端的伊斯蘭什葉派分支阿拉維派，跟一些以阿拉伯語、拉茲語（Laz）及庫德族方言的扎扎語（Zaza）為母語的族群。這個國家混合了希臘、巴爾幹、羅馬與亞洲血緣，因此本地人誇耀自己有金髮藍眼，又有黑髮與橄欖膚色。土耳其過去是、現在也仍舊是基因與文化的大雜燴。

阿塔圖克與新共和國的創建者們試圖以混合事實、大量神話與假科學的土耳其性格論述，來糙糊這些裂縫。新國度的地景受到多年戰爭損害，急需重建；這個國家的民心也是如此。為了團結人民，讓他們效忠新國家體系，阿塔圖克需要可以弱化鄂圖曼帝國重要性的土耳其歷史論述（這一點並不容易，考慮到過去六個世紀中，鄂圖曼都是安納托利亞的典範），並將土耳其人穩固扎根在此刻站立的土地上。因此，隨著城市鄉鎮在高度現代化的風格中重建，考古、歷史及語言學者也開始尋找土耳其的新過往。

一九三〇年，阿塔圖克下令成立了一個委員會，創造土耳其人的完整歷史。多數委員都是官僚，而非歷史學者。他們是因為受到阿塔圖克的喜愛而進入委員會，也證明了自己對國族主義的貢獻。幾個月內，委員會出版了自己的《土耳其歷史綱要》（*Outline of Turkish History*），這本巨作部分轉錄了阿塔圖克的個人思想，其他則是翻譯自其他語言土耳其歷史著作的混雜內容——不過都是專挑對自己有利的部分。整體而言，這本書小心建構的故事中，土耳其人是一群擁有雅利安血統的游牧民族，源自中亞地區，向西遷徙以尋求更適合耕植作物的氣候。他們帶來基因、文化及語言。伊斯蘭是後來才出現的事，鄂圖曼帝國則是光榮土耳其進程中的不幸差錯。根據《綱要》一書，土耳其文化不只是世界上最傑出的文化，也是所有其他文化的源頭。《綱要》成了所有十五到十八歲學生的主要歷史教科書。

阿塔圖克決心要改造語言，透過剔除（許多）外來借詞，打造純正的土耳其語。土耳其語過去一直被視為農民的粗糙街頭方言，不如菁英階級使用的鄂圖曼土耳其語（High Ottoman），後者雖然詩意卻經常難以理解。[1]但阿塔圖克卻執著於「展現土耳其語言的真實之美，並將其提升到世界語言之列的高級位階」。他首先在一九二八年，將土耳其語的字母從阿拉伯文轉成拉丁文字。接著他藉著舉辦飲酒聚會，生產新詞彙，填補土耳其語去除借詞後產生的許多空隙。據說他在餐廳裡設了一面黑板，讓他可以立即寫下宴席間賓客隨時出現的「我找到了！」（Eureka）。最終在一九三二年，他發起了土耳其語言協會（Turkish Language Society），任務是淘選出語言中不純正的成分，將剩餘的塑造成理想的語言。

在一連串世界頂尖語言學者雲集的雙年峰會中，協會以赫曼・克維爾吉克博士（Dr. Hermann Kvergic）一篇無名學術論文為基礎，打造出土耳其語理論。阿塔圖克在無意間看到這篇論文，並決定採用。奧地利人克維爾吉克主張，所有語言的源頭都是史前人類順應自然模式（例如日出）而發出的原始聲音。阿塔圖克抓到的部分則是克維爾吉克特別寫下的這些「聲音」，為形成土耳其語言的基礎；因此至少在阿塔圖克腦中，這給了土耳其語自稱源頭的立場。他將此結合《綱要》中所提出的論點，宣稱土耳其人正是前往西方，追隨太陽到達安納托利亞最終家園的族群；這被稱為「太陽語言理論」。同樣便利的邏輯運作下，土耳其語源自史前人類原始語言的中心論點，就表示新土耳其語的打造者，可以視需要吸納外來字，反正所有外國語言最終都是太陽語言的後代。

考古學則跟著歷史及語言學的發展。鄂圖曼人在一八四六年公開第一批考古收藏，當時是受到西方影響的改革時期，這批收藏以古希臘人的希臘化時代文物為主，展現出帝國與歐洲的連結。共和國時期的早期考古計畫，則尋找土耳其的遙遠過往，足以證明土耳其人根源深植在新國界內的這片土地上。因此焦點從希臘人轉向西臺人（Hittites），這群青銅器時代族群在西元前一千六百年左右，散布在今日的土耳其、敘利亞及伊拉克境內。雖然遠早於十一世紀塞爾杜土耳其人從東方進入安納托利亞，但研究者很快就發現土耳其影響的證據。緩慢獲得解譯的西臺文字，被宣稱為現代土耳其語的前身。一處墓葬地點發現了許多日型飾品，更支持了西臺人是土耳其人拜日祖先的說法。其他說法還提出圖樣中包含了卍形，這被視為西臺人為土耳其根源的更明確證據，因為這個符號也出現在中亞的馬賽克鑲嵌畫中。一九三〇年代，在安卡拉跟整個安納托利亞中部地區，進行了許多西臺人聚落的挖掘計畫，許多在這些挖掘場址工作的西方考古學者，也積極地想為自己的發掘與當今土耳其文化之間建立連結。知名的美國考古學者芝加哥大學東方研究學系的艾瑞克・費德列克・史密特（Erich Friedrich Schmidt）曾在一九三一年寫下：

自從這些早已遭到遺忘的初期人類在阿利沙爾遺址（位於安納托利亞中部）建立家屋以來，安納托利亞家屋的根本特點並沒有太多改變。當今的安納托利亞家屋擁有建立在石造地基上的磚牆，以椽木及多層枝條泥土構成的平坦屋頂，仍舊能展現出五千多年前古人建築的樣貌。

1　譯註：鄂圖曼土耳其語，是鄂圖曼帝國的官方語言。鄂圖曼帝國統治菁英採用阿拉伯字母為基礎，增加了阿拉伯文沒有的字母，同時因應伊斯蘭教的需求，納入大量阿拉伯文及波斯文借詞。相較社會地位較低的一般土耳其人使用的土耳其語，鄂圖曼土耳其語主要流通在帝國統治菁英之間。

在這類傳說影響下，從一九七四到九五年，西臺太陽成為安卡拉的國徽；後來才重新設計成清真寺輪廓，下半部則是星月符號。今日，你仍然可以在土耳其國會與總統印信上看到舊國徽。

阿塔圖克執著於尋找土耳其血緣與安納托利亞土地的連結，並非空穴來風。兩次世界大戰之間的戰間期，帝國崩潰，受到激勵的民族開始形塑自己的命運。美國總統伍德羅・威爾遜（Woodrow Wilson）在一九一八年大戰殘局之際，起草了《十四點世界和平宣言》。他認為民族有權決定自己的道路，但他在宣言中明確點名的民族，全都是居住在其土地的原生族群。相反地，直到一戰結束、鄂圖曼帝國內爆，導致土耳其人退回安納托利亞之前，土耳其人四散在世界的大片區域。同時間，幾世紀以來住在安納托利亞的數百萬非土耳其人卻遭到屠殺驅離。難怪阿塔圖克認為有必要提出論證。

鄂圖曼帝國的終結，讓基督教歐洲鬆了口氣，繼續鼓勵阿塔圖克推動土耳其化計畫，這也符合歐洲的利益。倫敦東方研究學院（London's School of Oriental Studies，後來的倫敦大學亞非學院〔SOAS〕）的傑出語言學家丹尼森・羅斯爵士（Sir Denison Ross），在一九三六年的語言學大會中，花了兩個小時跟阿塔圖克談他的理論。離去時他說，面對他從學術上發動的所有質疑，土耳其總統堅定不移。

然而在背後，思想家們很快對太陽語言理論失去信心；根據某些版本的歷史，阿塔圖克也是如此。在一九三六年大會中提出的理論，雖然有羅斯的慷慨陳訴，仍舊遭到許多與會學者質疑。克維爾吉克本人則在訪問安卡拉時，驚訝發現自己的理論遭到如此詮釋。阿塔圖克於三八年去世時，太陽語言理論幾乎已完全失去可信度，隨著他一同靜靜離世。但仍留下後續影響。「驚人的是，大部分這些新字（阿塔圖克與其語言學隊友所創的）並未被視為抽象學術演練，反而被吸納進入語言本身。」一九六一年《泰晤士報》記者如此寫下，此時距離阿塔圖克離世已經二十三年。「這種語言改變之大，一九二〇年代阿塔圖克本人所作的演講，到了當今這一代幾乎已經完全無法理解。」

今日，遺傳科學對土耳其人的真正身分提出驚人見解：他們並不是《綱要》中所描述的那群人。兩位美國遺傳學家在二〇一一年所做的研究發現，當代土耳其人最接近的親屬是約旦人；比起中亞人，他們的DNA跟英國人更接近。另一項土耳其學者在二〇〇六年所作的研究也發現，二十一世紀土耳其人的DNA中，中亞基因只占百分之二十二。

然而從中亞傳入這個國家的土耳其血緣概念，仍未消失：今日最死忠的土耳其民族主義者仍舊相信自己是源自東方大草原純種族群的一部分。我曾跟來自黑海城市特拉布宗（Trabzon）的兩名土耳其人同桌，此地是知名的民族主義熱點。一人高挑、金髮藍眼，以古突厥文[2]將「TÜRK」（土耳其人）一字刺青在頸後。另一人才剛從敘利亞回國，他在迫擊砲爆炸中失去左

2　譯註：在採用阿拉伯文字之前，土耳其語最早的文字紀錄可追溯到一千三百年前的古突厥文，是西元八到十世紀期間「古突厥」（Göktürk）或其他突厥汗國用來記錄的文字，首先在十九世紀出土的鄂爾渾碑（Orkhon-Yenisey）上發現（今日蒙古國），因此又稱古突厥文字或鄂爾渾文字。外型略似楔形文字。

手所有手指。他對於土耳其血緣的團結優越信念之強，讓他自願加入由土庫曼人（Turkmen）組成的敘利亞反抗民兵，這支敘利亞境內少數族群通常以土耳其語為第一語言。他的外型矮而黝黑，給我看了一堆他本人在戰區內的照片，擺出藍波姿態。其中一張照片，他穿著迷彩裝、墨鏡跟頭巾，一隻手比出土耳其民族主義者的狼手勢，另一隻手持巨刃。當他滑過這些男子氣概照時，我瞄到他摸貓的照片。

在博斯普魯斯海峽旁煙霧瀰漫的咖啡廳裡待了兩個小時，喝下多杯濃茶後，兩人認為從中國西部到阿勒坡的所有土耳其人都擁有相同基因，而所有土耳其人都該團結起來，形成單一國家。我很好奇他們是否曾一起站在鏡子前面……。

兩人都不怎麼在意整體的敘利亞衝突；但兩者都以典型的民族主義偏執，對當時逃離戰爭進入土耳其的三百多萬難民感到厭惡。

「他們怎麼全跑來這裡，不去打仗？」高個子說。

「為誰而戰？」我問。

他沒有答案。

矮個子參加戰爭，是為了土耳其的榮譽，而非敘利亞革命——雖然敘利亞土庫曼人並不這麼看。他離開敘利亞時，不只失去手指，信念也遭到嚴重打擊。他說土庫曼人太虔誠了，對他來說不夠土耳其。他們像敘利亞人一樣，習慣用薄餅從公盤中舀起食物；彼此之間交談時也常轉成阿拉伯語。但他將此視為他們無法忠於真正的土耳其根源，而非在阿拉伯人之中生活了十世紀後自然融合混雜的結果。

雖然中亞入侵者的DNA在安納托利亞留存不多，但對文化、特別是語言的影響卻相當巨大深遠。現代土耳其人與西方鄰居的基因相近，語言卻接近東方的鄰居。這是個不尋常的現象，因為基因和語言的組合通常會一致。在西伯利亞、中國西部、中亞國家與高加索地區都可以發現不同形式的土耳其語言，土耳其人也可以理解亞塞拜然語（Azerbaijani，雖然土耳其人聽起來會覺得有些好笑）。在安納托利亞，為何土耳其語高度廣布，而帶來這種語言的人卻未能傳播他們的基因，仍舊是未能完全解開之謎。也許正是這股徘徊不去的不安感，導致語言成為現代土耳其最暴烈的戰場之一。

## 被禁止的語言

穆拉特·阿金奇拉爾（Murat Akıncılar）將一疊書丟到桌上。它們看起來不太像革命書籍。色彩明豔的封面，描繪著驢子、獅子與熊。內文粗黑，雖然我不懂庫德文，但這明顯是以詩句書寫。

「我們收集了所有童話、謎語、詩歌與猜謎。」阿金奇拉爾說。這名語言研究者在土耳其庫德族「實質首都」迪亞巴克爾跟我一起翻閱閃亮的內頁。「部分是庫爾曼吉語（Kurmanji，另一種土耳其東部使用的庫德族方言）；部分是扎扎語。我們在十四省三十二區兩市七十六村中，採訪了八百五十四名祖父母。」

在這種經常得掙扎求生的語言中，這是第一部民間故事採集紀錄。庫德語以許多不同形式，存在中東不同區域裡，包括土耳其、伊拉克、伊朗及敘利亞，還有亞美尼亞與亞塞拜然的部分地區。它跟波斯語出自同源，卻又吸納了所有與其共存的語言帶來的影響。土耳其有一千五百到兩千萬人以庫德語為母語。

然而多年來，庫德人被阻攔或禁止說自己的語言。獨立且受到國際承認的土耳其於一九二五年通過第一部憲法，高舉在法律之前所有土耳其人皆平等的原則。憲法保障任何宗教信仰、教派、儀式或哲學信念的自由，但也同時強烈定義土耳其人的樣貌，憲法明定：「土耳其國家的宗教是伊斯蘭教；正式語言是土耳其語。」很快地我們發現，雖然所有超過三十歲的公民都可以經由選舉進入國會，但無法閱讀或書寫土耳其文者將失去資格。總統就職宣誓則要求他誓言「以我全力對抗威脅土耳其國家的任何危險，並珍惜捍衛土耳其的榮光」。

共和國誕生時的超高文盲率（根據聯合國教科文組織估計，一九二七年應該將近百分之九十），給了開國者一個好機會。未來幾十年中，土耳其政府設立各式各樣識字班，不只是為了教導共和國民如何讀寫，也教育他們如何做個好土耳其人。此外，還有大學生組織的反對非土語使用者運動（主要對象是非穆斯林的少數族群），以及阿塔圖克本人的倡導與告誡。

「任何說自己屬於土耳其的人，絕對要以土耳其語為主要語言。」他在一次演講中說，「不說土耳其語的人，卻宣稱自己忠於土耳其文化及社群，絕不能相信他。」

身為新共和國中最大的少數語言族群，庫德族發現自己被推上火線。他們多數都是遜尼派穆斯林，因此讓他們無法像其他非穆斯林少數族群一樣，閃避土耳其化政策。同時間，太陽語言理論給庫德族找了一個理由，宣稱庫德族是一個土耳其部落，因為地處偏遠山區跟靠近波斯的關係，因此遺忘了自己的原生語言。當太陽語言理論被放棄，這個庫德族面向卻被其他更荒謬的想法取代。一九四八年，一位名為穆罕默德・謝利夫・費拉特（Mehmet Şerif Fırat）的教師出版了《東方省分與瓦爾托歷史》（*The Eastern Provinces and the History of Varto*），這部胡扯搞笑的歷史也重複宣稱庫德族源自土耳其人。十三年後，這本書卻通過教育部審核，還在出版時加上一段「假新聞」前言，宣稱本書「獲得無可反駁的科學證據支持」。

同樣在一九四〇年代，法赫瑞汀・克爾奇歐赫魯（Fahrettin Kirzioglu）出版了《歷史上庫德人的土耳其性格》（*The Historical Turkish-ness of Kurds*），宣稱東方的部落不過是「山區的土耳其人」。直到一九八〇年軍隊發起現代共和國的第三次政變前，只有極端民族主義陣營流傳著這樣的理論。八二年在將軍令下，通過國家政策，連帶法律規定，禁止使用土耳其語以外的語言。接下來九年中，庫德人僅因說自己的母語，或給孩子命名時含有X、W、Q等字母（庫德語有這些字母，但土耳其語沒有），就會被逮捕。

數十年間，庫德族語使用者人數愈來愈少，特別是城市以及教育程度比較高的圈子裡。部分原因是因為在商業交易上比較不實用，加上人口遷徙及混雜，造成少數族群語言逐漸退縮到背景的自然過程。然而隨著時間推展，鎮壓也愈來愈全面。共和國初年很少有人想要鎮壓庫德族。但在政變後的一九八〇年代，民族主義政治人物與記者對於土耳其人口普查將庫德語列為「母語」十分惱怒，最終完全將其移除。

就在這股氛圍中，庫德語能力不過馬馬虎虎的左派煽動者阿布杜拉・鄂嘉蘭，在土耳其東南部利澤（Lice）附近的村會堂中，召集了一群同志。當時是一九七八年，鄂嘉蘭才二十九歲，他的生命卻已經歷某些激進扭轉。生在土耳其庫德族區域的最邊緣，他一開始原本想成為職業軍人。申請軍校遭拒後，他成為一名小官僚，並藉此申請大學。他進入安卡拉大學就讀政治系，也開始涉入左派武裝政治的世界。在伊斯坦堡擔任公務員時，他就加入了革命東方文化之家（Revolutionary Eastern Cultural Hearths），這是更大型的馬克斯主義組織庫德族分支。一九七二年，他因為替被禁團體分發傳單而入獄七個月，出獄後卻更深入參與這些業外活動。短暫入獄的經歷，為他的天然魅力增添一股法外之徒的神祕，他開始建立自己的追隨者。在安卡拉辦過數次小型會議後，他跟一群門徒決定要將革命帶往東南區域。

鄂嘉蘭很快證明自己是個無情的領袖，殺戮自己的同志跟敵手一樣毫不眨眼。受邀出席庫德工人黨利澤創黨會議的二十二人中，七人死於鄂嘉蘭的命令；其他被控變節的五人則逃出團體，其中包含鄂嘉蘭的妻子。這個團體迅速在東南部各地發動勒索謀殺行動，以至於不到一年，鄂嘉蘭已經成為安卡拉國會討論的對象。一九七九年，他逃進敘利亞哈菲茲．阿薩德的懷抱；這位仰賴蘇聯關照的統治者，很快就看見挑釁北約盟國土耳其的機會。從敘利亞首都大馬士革的舒適新基地，鄂嘉蘭唆使土耳其境內數萬名庫德族青年舉起武器，為他而死。

接下來三十年，估計有四萬名庫德人與土耳其人，死在庫德工人黨與國家的戰爭中。土耳其的東南部一向是最貧窮的區域，由於一直鎖在貧困之中，導致數萬名庫德人遷徙到西部城市。諷刺的是，許多人因而疏遠了自己的文化。特別是鄂嘉蘭宣稱自己的目標是要復興發揚庫德族傳統時，許多村莊卻在軍事行動中遭到毀滅，促使鄉村人口更湧向都市。隨著庫德工人黨施壓，土耳其政府回以更大的壓力。土耳其東南部彷彿沉入了永無止盡的暴力循環。

## 艾爾多安的新世紀

二〇一三年，我首度前往土耳其東南部。那是臨時決定的：我想要暫時脫離敘利亞，也對土耳其的庫德族區域感到好奇。在安排旅行計畫時，我發現庫德人會以營火晚會大火堆（但少了很多安全警示）慶祝春分的諾魯茲節（Newroz），時間就剛好就落在我到迪亞巴克爾的週末。更棒的是，這些歡慶將以庫德工人黨宣布新一輪的停火協議為背景，這是艾爾多安多年艱苦談判的成果。

迪亞巴克爾市區邊緣的校閱場，周遭圍繞著可怕的高樓大廈，市郊多數地區也是這類建築。它們不像倫敦的大廈街區那樣衰老頹圮；相反地，它們是嶄新而頹圮。多數都是在過去三十年中落成。七〇年代的迪亞巴克爾照片相當令人震驚，當時舊城區仍存在，佇立三千年的黑色玄武岩城牆圍繞著複雜的巷弄。現在一圈圈新的郊區建築圍繞著舊城，便宜漆從水泥牆上剝落。住戶仍舊在高樓陽台上，曬著成串的紅椒，就像在村落庭院一般。

然而那個週日下午湧入校閱場的群眾，是我看過最多采多姿的一群人。幾乎每個人都穿著紅、綠、黃，這些是庫德族旗幟的顏色，就像在水泥叢林中放飛的熱帶鳥類。女性的洋裝與頭巾飾以數百亮片，在陽光下閃閃發亮。通常會在婚禮聽到的彈舌高頻嚎叫，劃破了溫暖的空氣。年輕男性手搭著手，跳起庫德族抖肩側步的傳統舞蹈。印著庫德族太陽的旗海飄揚，到處都可以看到鄂嘉蘭。

今日，在他殺進土耳其政治的四十年後，距離最後一次露面也將近二十年了，鄂嘉蘭的神化程度可與阿塔圖克相比。在土耳其、敘利亞、伊拉克及伊朗的庫德族區域中，你都可以看到他滿是鬍鬚的大臉從旗幟上俯瞰。雖然不像阿塔圖克，他只有兩種動作──笑或不笑。不論哪一種，眼神都是深刻難解的。每次看到鄂嘉蘭，都會讓我想起實境節目「老大哥」，鏡頭看不見卻無所不在。鄂嘉蘭的不在場反而更增添了他的影響力。

一九九九年，鄂嘉蘭與哈菲茲．阿薩德的長期關係破裂後，他就被捕了。多年來，透過阿薩德的運輸協助，鄂嘉蘭的戰士在巴勒斯坦營地受訓。他同時也運用鄰近土耳其邊界的敘利亞庫德族區域，作為自己戰士集結的區域。土耳其對阿薩德窩藏鄂嘉蘭與庫德工人黨，不耐只是遲早的事。一九九八年十月，土耳其將坦克車開到邊界，威脅敘利亞倘若不交出鄂嘉蘭，就會爆發戰爭。

阿薩德立刻將鄂嘉蘭踢出去。三個月時間內，這位庫德工人黨領袖遊走各國，希望能獲得庇護，但從白俄羅斯到義大利，全都表示他不受歡迎。最後他跑到希臘──另一個與土耳其不合的鄰居，並且獲得一名官員的同情。希臘情報局醞釀計畫想將鄂嘉蘭轉到南非，他可以向南非申請庇護，並遠離土耳其的掌握。

一開始，他們將他帶到肯亞首都奈洛比（Nairobi）的希臘大使館，在此預備下一階段的逃亡。然而計畫在此失敗。肯亞當局發現此事，開始質疑伴隨鄂嘉蘭的希臘情報人員。嚇了一跳的希臘人要求鄂嘉蘭離開大使館。他卻拒絕了。經過簡短的外交爭執，肯亞提供鄂嘉蘭一架飛機，目的地可以任選。他搭乘肯亞外交專車前往機場，一被送上一架私人飛機後，就被肯亞通風報信的土耳其特務戴上手銬眼罩抓走。奈洛比的美國大使館六個月前才被蓋達組織炸過，肯亞對逃亡的外國恐怖分子一點也不手軟。

鄂嘉蘭被帶回土耳其，並在伊斯坦堡海岸五十英哩外的伊姆拉勒島（İmralı）上以叛國罪起訴。在法庭上，防彈玻璃的背後，他看起來就像個高中數學老師，灰白倒退的髮線，書呆型眼鏡及不合身的西裝。親屬死於庫德工人黨之手的土耳其人，披著土耳其國旗湧進法庭，怒罵鄂嘉蘭。鄂嘉蘭看起來既羞愧又憔悴，跟二十年來對安卡拉耀武揚威的軍頭簡直判若兩人。

在法庭上，整個土耳其等待獨裁者的長篇大論。相反地，卻盼到一場自由賓果的閒聊遊戲。鄂嘉蘭在四十頁的抗辯書中提到「和平」七十八次，「民主」一百四十四次，「民主的」兩百六十九次。他盛讚英國，認為其擁有「世界上施行得最出色的憲法」，雖然英國實際上並沒有憲法。他也解釋了他自己版本的安納托利亞與美索不達米亞歷史，認為來自中亞的土耳其人遷入了已有大批庫德人居住的區域裡。比起游牧的土耳其人，定居已久的庫德人吸收了後者，因此雖然上層政治仍由土耳其人掌控，廣大的社會卻徹頭徹尾是庫德式的。從十到十九世紀，土耳其人與庫德族和睦共處，直到鄂圖曼帝國開始衰弱時，兩者才開始發生衝突。

鄂嘉蘭很聰明地，並未指責以阿塔圖克之名犯下的錯誤行徑。鄂嘉蘭說，首位總統強推國家團結，是為了對抗土耳其敵人分而治之的必要之舉。一九二五年起事的謝赫・薩伊德與其他領袖都是「目光狹窄的分離主義者」。鄂嘉蘭將共和國對庫德族的原罪，追溯到伊斯邁特・伊諾努（İsmet İnönü）身上——阿塔圖克的同志、繼承人與替死鬼。他宣稱伊諾努的智識不足與弱點，讓整個共和國走上獨裁的道路。

鄂嘉蘭最令人震驚之處，發生在第一天：他道歉，並希望談和。倘若被判有罪，他將面臨絞刑；但說若能免於一死，他願意要求部下放下武器。他最終承認從希臘獲得訓練與武器的罪名。審判進行時，庫德工人黨持續發動攻擊，部分支持者視鄂嘉蘭為背叛者。「我們覺得被背叛，碎成一片又一片。鄂嘉蘭不再為庫德人民說話。在解決庫德族議題上，他已經沒有立場了。」一位受訪者告訴《經濟學人》（The Economist）。

儘管他提出條件，一九九九年六月，鄂嘉蘭仍被判犯下叛國、分離國家及謀殺罪行，並被判死刑。然而進入新的千禧年後十二天，土耳其政府——當時是由世俗派的布蘭特·艾杰維特（Bülent Ecevit）組成的聯合政府——決定暫緩行刑。找回自信的鄂嘉蘭大膽回應道：「他們如果處決我，歐盟入會資格、經濟與和平都會化為烏有。」他說，「我是價值的合流，不只是個人。我代表了民主。」

艾杰維特很快端出但書：「我們都同意，倘若恐怖組織與支持者試圖利用此一決定，傷害土耳其的最高利益，緩刑將會終止，死刑程序將會立刻展開。」

庫德工人黨認知到這是對鄂嘉蘭生命的真實威脅，下令要戰士撤離土耳其領土。書面聲明表示，其中央委員會願意與安卡拉談判。各個政治與武裝側翼組織，名稱裡也去掉「庫德斯坦」（Kurdistan）一字，說自己將不再透過武裝鬥爭尋求庫德族獨立，將改透過民主論壇倡議庫德族權利。然而，並非每個人都相信；土耳其媒體嗤之以鼻；民族主義者仍舊高聲要求處決鄂嘉蘭；同時，庫德工人黨內部也有分裂。在土耳其東南部，衝突仍舊持續。

二〇〇二年，艾爾多安的正義與發展黨登上權力寶座時，首要目標之一就是帶領土耳其進入歐盟；為了達成這個目標，東南部的情況必須改變。但艾爾多安為庫德族帶來和平與新自由的熱情，並不只是讓土耳其一腳跨進歐盟的口頭承諾而已；他跟他的政黨確實真的不同。

二〇〇五年八月，擔任總理二十七個月後，艾爾多安首度前往迪亞巴克爾。他向一小群疲軟群眾發表演說，卻獲得媒體大幅報導，並激起數百萬人的謹慎希望。他向庫德人承諾開放更多民主，更多使用母語及保存文化的自由，並承認過往的土耳其政府犯下重大錯誤。「否認過去犯下的錯誤，並非強大的政府所應為。」艾爾多安說，「庫德族問題並不只限於這個社會的一部分，而是整個社會的問題，也是我的問題。」

舊民族主義者與世俗主義者驚駭無比。反對黨砲火全開，最強烈的抗議來自阿塔圖克的共和人民黨當時的黨主席丹尼茲．貝卡爾（Deniz Baykal）。

「至今為止所有領袖中，艾爾多安是最勇敢的。」二〇一七年九月奈奇代．伊貝奇烏茲（Necdet İpekyüz）對我說，他是迪亞巴克爾一間政治智庫的庫德族律師。「他在這裡所說的話，跟在里澤（Rize）說的是一樣的。所有其他人，包含貝卡爾、希勒（Tansu Çiller，出身民族主義派系的前總理）跟埃爾巴坎（前總理及艾爾多安原屬的福利黨黨魁），他們都是在這裡說一套，到了土耳其西部又是另一套。」

艾爾多安不管在哪裡說的都一樣，並採取行動。他前往迪亞巴克爾的七個月前，土耳其政府首度就自己對庫德人的處置打破靜默。律師控告土耳其維安部隊於二〇〇四年十一月，在東南部的凱茲爾泰佩（Kızıltepe）殺害一名卡車司機阿赫麥德．凱馬茲（Ahmet Kaymaz）及其十二歲的兒子烏忽爾（Uğur）。烏忽爾的母親最後一次看到他時，他正被土耳其警察壓制在地。後來他被發現頸部有九處傷痕，來自近距離槍擊。軍隊說他死於槍戰，凱馬茲家的法律團隊不同意。「我們有嚴肅證據顯示，阿赫麥德與烏忽爾・凱馬茲的謀殺是法外行刑。」其中一名律師塔希爾・埃爾齊（Tahir Elçi）說。

這類事件頻傳且惡名昭彰。土耳其東南區的所有人都很熟悉白色貨車肆虐村莊的景象。任何被拉上白貨車的人，就會消失在黑洞裡。凱馬茲跟兒子去世的同一個月中，迪亞巴克爾附近發現一處多人塚。一九九三年，十一名被軍人壓著走出村莊後從未再見到的人，被發現丟在這個洞裡。他們的家人可以指認骨骸，因為他們仍舊穿著消失那天所穿的衣服。

長期以來，在土耳其報導這類事件幾乎是不可能的事。東南區域多數是記者的禁入之地；進了這塊區域的記者也不一定找得到編輯願意用他們的報導。刊載這類報導的報紙幾乎都會被迫關門。

然而此刻，左派報紙《一日報》（BirGün）卻打破祕密，刊載了凱馬茲命案與二〇〇五年在多人塚發現屍體的報導。艾爾多安政府的回應並非關閉報紙，而是開除父子命案該省的副警政廳長，並展開調查。同年，土耳其國家電視台設立第一個庫德語頻道，標語是：「同一片天空下」。

接下來的十三年間，土耳其政府、情報組織、鄂嘉蘭與庫德工人黨的指揮官展開談判。暴力衝突仍舊在東南區斷續上演，談判經常停滯，雙方陣營都有疑慮。二〇〇八至一一年，土耳其政府與庫德工人黨在挪威首都奧斯陸祕密商討的細節流出，多數人懷疑是在體系內工作、極力想要破壞和平進程的葛蘭派人士所為。這條新聞導致民族主義者不滿，安卡拉只能暫停談判。

同時間，監獄反倒成了鄂嘉蘭最好的形象推進器。凍結在判刑的那一刻，鄂嘉蘭走進伊姆拉勒的牢房後，就再也沒露過面。在伊姆拉勒的單人監中，他從試圖蠕動求生的軍頭，轉型成某種哲學神祇。除了脫離庫德工人黨主流的反抗者以外，絕大多數追隨者仍舊跟在他身後。接下來十年來自獄中的一系列聲明，透過別人朗誦，所產生的重量與影響力，是冗長散漫的抗辯書所不能及的。他已經不再是個真實世界的人，不會受到賄賂、錯誤與敵對的影響。自此以後，他將自己從自己的恐怖組織所執行的一切破壞中抽離。他還宣稱自己是與曼德拉、甘地相仿的政治良心犯。

這是鄂嘉蘭「二點零版」，他的精神，而非實體，就在二〇一三年三月那場迪亞巴克爾遊行中。講者上台宣讀鄂嘉蘭訊息時，群眾掀起一陣騷動，每句話都迎來歡呼：

今日我們迎來新的土耳其、中東與未來……我們已經來到一個點，我們說讓武器安靜下來，讓意見與政治發言……我本人在數百萬人民見證下，宣布新紀元已經展開，讓武器安靜，政治發聲。這是我們的武裝團體退出土耳其邊界的時刻。

最後，巨大的諾魯茲篝火點燃，人群再度開始高喊舞蹈。百萬支宛如吐菸的氣味飄散空中，伴隨著柴燒煙味。我靠花言巧語擠進記者區，從舞台往下看，群眾彷彿晴藍天空下色彩搖盪的田野。退出來之後，我感到過去從未放在一起的兩種情感交織：歡快與全然恐怖。人們臉上明顯洋溢著狂喜，但群眾卻無法控制激動。年輕男性推擠著舞台四周的金屬屏障，幾乎要推倒在地。狂喜的群眾之間有些小小孩，一度我發現腳邊有個甜美小女孩對著我笑，雖然我的鼻子距離前方男子不到一吋。我認為隨時都可能觸發一場踐踏慘劇。主辦單位說有上百萬人前來聆聽宣布。現場每個人——至少有數十萬人——似乎都想往前擠。

我努力擠出去到人潮比較稀鬆的區域，發現一群在跳舞的年輕男性。由於我們周遭的放鬆氣氛，以及他們臉上的微笑，我想他們對於剛剛的宣布應該感到興奮。但在高聲呼喊及手提音響狂送的尖銳樂聲中，他們的反應卻不慍不火。

「他沒講太多，只是試著安撫。」其中一人說，停下舞步點上一根菸。

他的朋友抹去髮際的汗水，加入對話。「他只是說戰士應該離開，就這樣。我們有希望，但不相信土耳其政府。」接著他露出更大的笑容，轉成清楚流利的英語：「歡迎來到庫德斯坦！」

這次停火將持續兩年多的時間。

# 第八章 中斷的和平

## 二〇一四年十月
## 敘利亞北部・科巴尼

敘利亞小城科巴尼（Kobanî）的一切開始亂了套，以至於二〇一四年秋天，這座小城佔據全球電視螢幕將近一個月的時間。

九月份，伊斯蘭國發動強烈攻擊。當時伊斯蘭死亡派正在權力頂峰，三個月內，他們衝入伊拉克，宣稱自己是哈里發國，並屠殺亞茲迪人（Yazidis）。亞茲迪人是住在摩蘇爾（Mosul）附近山區的庫德族分支，崇尚古老的多神信仰。現在他們的眼光看向敘利亞北部的庫德族飛地——科巴尼。此城除了接壤土耳其的北面以外，東、南、西邊都被伊斯蘭國包圍，就在幾天時間裡，將近二十萬驚恐平民湧過邊界。盛夏豔陽的最後餘暉枯乾了田野，形成一幅末日景象。臉上留著部族刺青的老婦人抓著一罐罐自家醃漬的橄欖，跌跌撞撞穿過樹叢；她們拒絕將橄欖留給深惡痛絕的敵人。農人也試著帶上牲口，卻在得知不能帶著動物穿過邊界時，也流下了硬漢的眼淚。

一小隊只有火箭炮與衝鋒槍的庫德族戰士，留在城裡抵禦攻擊。他們屬於人民防衛軍（Yekîneyên Parastina Gel），在此之前，這支民兵主要在敘利亞戰爭的外圍作戰。這場愈來愈黑暗的衝突裡，美好的希望快速消逝，好人所在不多，人民防衛軍看似可能是此刻亟需的英雄。他們的理念融合世俗派、左派與環保主義，女性與男性並肩作戰。一個月前在辛賈爾（Sinjar），他們打穿一條穿越伊斯蘭國領域的逃生之路，拯救了數萬名亞茲迪人的生命，因此贏得世界的景仰。

人民防衛軍是庫德工人黨的最新分身，後者與敘利亞及阿薩德家族之間擁有長期關係。二〇一三年三月諾魯茲節的停火宣布後，多數庫德工人黨的老兵都離開土耳其。部分前往伊拉克北部，庫德工人黨在偏遠的甘迪爾山區（Qandil Mountains）有個長期據點。其他人則跳到敘利亞，兩國邊界早已不合時宜又充滿縫隙，有些地方還從城鎮中間劃過，有些偷渡業者甚至開出一百美金來回的價格。在敘利亞，庫德工人黨的戰士加入了薩利赫·穆斯林（Salih Muslim）剛起步的計畫。這位出身卡米什利（Qamishli）的庫德族政治人物先前流亡伊拉克北部，後來在敘利亞革命開始時受巴沙爾·阿薩德邀請，返回敘利亞。

二〇一一年四月，穆斯林與阿薩德在大馬士革會面後不久，敘利亞政府軍開始從國內的庫德族地區撤出。這一大塊戰略區域，富含石油，更位於阿勒坡與摩蘇爾之間。對阿薩德友善的民兵會讓國內兩百萬庫德人安分守己，此舉不但令阿薩德安心，更讓他的軍力得以專注對付其他區域的反抗者。阿薩德與庫德工人黨的關係重新升溫，還有第二個原因——屢試不爽——庫德工人黨正是刺激土耳其的最好工具，而後者已經快速提供支援給敘利亞的武裝反抗軍。

我最早在二〇一三年十一月遇到人民防衛軍，這是土耳其諾魯茲節停火協議的八個月後，當時我正前往大批庫德人定居的敘利亞東北部，庫德人正在對抗伊斯蘭國，但主要的對象還是主流的敘利亞反抗軍。他們的領袖雖然激烈否認與阿薩德有密室交易，事實卻清晰可見。在敘利亞的主要庫德族城鎮卡米什利中，政府軍駐守中央圓環警衛哨及附近的土耳其關口，他們跟半英哩外警衛哨的人民防衛軍共處愉快。人民防衛軍的政治側翼雖然控制了庫德族區域的國家機關，不過所有工人薪水仍舊是由敘利亞政府支出。

在敘利亞的達爾文式物競天擇無政府局面中，人民防衛軍很快將自己打造成庫德族的保護者，就跟三十年前庫德工人黨在土耳其的作為一樣。在許多方面，這也是對的。然而就像庫德工人黨，人民防衛軍對對手也相當無情。一名逃到伊斯坦堡的敘利亞庫德族醫生仔仔細細告訴我，二〇一二年那一天，人民防衛軍戰士將反對該團體的一對父子屍體，扔在她的醫院入口。

我在靠近土耳其邊境的艾因角（Ras al-Ain）前線碰到的人民防衛軍，幾乎全都是老兵，曾在土耳其山區戰鬥過。他們口操一種左派庫德族語，甚至我的卡米什利當地翻譯也難以解譯。他們之間有時講土耳其語，其中一人曾在歐洲待過一段時間，法語也很流利。所有人都能嫻熟引用鄂嘉蘭的理念。

「在意識形態上，先前與此刻的鬥爭毫無差別。」二十九歲的貝爾瓦拉特說，皮膚因為日曬而粗糙堅韌，長辮子編上一條白色蕾絲。這是她身上唯一的女性標示；除此之外，她穿的衣服跟男人沒什麼不同。紅色套頭毛衣的衣領拉高到顴骨，黑色皮外套與卡其褲都寬鬆得不顯身型。她告訴我自己十二歲時就加入庫德工人黨，並且終身致力追求黨的目標。她也推薦女性年輕時就該入伍，跟她一樣，提槍好過變成家務奴隸。她說二〇〇五年以後就沒見過母親。我問她是否想結婚生子，她笑到皺紋都跑出來了：庫德工人黨禁止成員之間有性關係。男女甚至不能互相贈禮，更何況產生浪漫火花。

現在，在這場新戰爭與庫德工人黨的新階段中，貝爾瓦拉特也有了新敵人——敘利亞反抗軍——她以「蓋達組織」一詞涵蓋所有派系。但舊敵人也未離去。「蓋達組織的意識形態比較強，但土耳其有比較好的科技。」她以溫柔、甚至唱歌一般的聲音說著，跟放在眼前地毯上的斑駁K2衝鋒槍形成強烈對比。「但最終我們將擊敗兩者。」

不到一年後，科巴尼事件爆發時，這仍舊聽來不可思議。人民防衛軍的低階士兵是身經百戰的游擊隊，但他們缺乏重裝武器。我很難嚴肅看待他們；這些人重複著多數人未出世前就已經不合潮流的左派政治理論，許多人在懵懂無知的童年時期就加入軍隊。不過這群有些異乎尋常的理想主義者將要創下強大的公關成就，更為他們帶來美國的軍事支持，一度成為這場戰爭裡的最大贏家。

科巴尼戰役如火如荼時，我正在伊拉克邊界前的最後一個土耳其城鎮斯洛比（Silopi）。這裡是庫德族走私與庫德工人黨狂熱派的「大西部」荒野前線，兩者影響相互加乘；這個偏遠荒涼的小城位於長期以來被土耳其政府忽視的區域深處。斯洛比坑坑疤疤的主街兩側是烤肉鋪跟便宜的汽車旅館，專門招待前往六英哩外哈布爾（Habur）關口的卡車司機。當地茶店裡遊蕩的男人看起來百無聊賴。

我先前曾看過庫德工人黨的公關機器在此運作。二〇一四年八月伊斯蘭國攻擊伊拉克的亞茲迪人時，部分首批成功逃亡的人穿過土耳其邊界，跑到斯洛比旁邊的小村奈爾溫（Nerwon）。我從伊斯坦堡衝來報導這則新聞，在第一批難民湧入時抵達營地。營地位於一片被曝曬的土地上，周圍環繞著伊拉克北方的山景，混亂且缺乏設備：就只有剛抵達者擅自佔用的半完工建築與農場小屋，沒水沒電。當時是八月，在攝氏四十五度的高溫下，就算坐在陰影裡也令人難以忍受。

所有斯洛比人都知道亞茲迪人待在那，所以蜂擁而出幫助庫德族弟兄姊妹。卡車載來成批毛毯與大桶食物，還有直接從冷凍庫拉出來成箱的瓶裝水。一天之內，奈爾溫入口就掛起鮮豔旗幟：印著鄂嘉蘭的庫德工人黨旗幟。

在這塊土耳其官員與國際援助組織無法立刻前往的極遠之地，由和平民主黨（Barış ve Demokrasi Partisi，當時的庫德工人黨政治側翼與斯洛比當地的當權政黨）發號施令。官員從哈布爾接過亞茲迪人，送到營地，安排病人看醫生，並動員當地人捐贈一車又一車的食物與衣服。

我前往難民營的第二天，一位和平民主黨志工在大門等我。「請真實報導這裡發生的情況，」讓我進門訪問亞茲迪人前，他對我說。「是我們，不是土耳其政府，在幫助這些人。」

在難民營中，我遇到達烏德與西凡，他們是從摩蘇爾大學畢業的朋友，才二十多歲。他們被一件事情分開：達烏德有護照，因此可以合法進入土耳其，西凡卻沒有。他跟家人付了好幾千美元給偷渡客，帶著他們穿越充滿地雷的非法越境路線。

「我們再也不能待在伊拉克。」我們走向西凡家人所待的建築時，他說：「這一切之後，我們已經無法跟穆斯林住在一起。」

他的嬸嬸法蒂瑪是個溫暖、眼神和善的女性，無法停止思念她的寵物鳥。由於她的村落遭到伊斯蘭國戰士攻佔，因此只好將鳥留在那裡。「昨晚我夢見牠們。」她綻開大大的笑容說道。「我可以聽到牠們的叫聲。」接著她卻哭了起來，西凡的兄弟之一趕忙找面紙給她。

接下來幾天中，奈爾溫人口膨脹。隨著愈來愈多逃亡的亞茲迪人跨過邊界，營地裡開始流傳謠言：「我們聽說土耳其政府將把我們移走。」一天上午達烏德說，「他們要將我們移到其中一個官方營地裡，但我們不想走。」

土耳其政府準備的新營地在米迪亞特（Midyat），位於斯洛比西方北車程好幾小時的基督教城鎮。達烏德聽說他們必須二十四小時待在營地裡，他們的手機（跟仍舊困在伊拉克的親友唯一的連結）也會被拿走。每次土耳其政府為庫德族難民開設難民營時，這些謠言就會滿天飛，而且總是毫無根據。

達烏德與西凡開始規畫，思考他們擁有的選項。「也許我們應該離開，前往安卡拉。」達烏德說。「我們能說英語，我們受過教育，可以找到工作。」但當他們想起真實處境時，這個計畫就被潑了冷水：他們沒有工作許可，也沒有居留土耳其的正式許可，而且在西凡的案例裡，他也沒有護照。

不難理解亞茲迪人為何不想離開奈爾溫：這個臨時營地已經快速變成社區。超過一週的時間，他們睡在彼此左右，一起吃喝、哭泣、大笑。孩子們也交到新朋友。在一處轉變成遊戲區的帳篷裡，我看著志工帶他們唱庫德族民謠，在乾枯的土地上祈雨。遊戲時間的最後，孩子們跑到門邊找到自己的鞋子，一邊高唱：「叔叔！叔叔！叔叔！」

西凡微笑，搖搖頭。「在此之前，亞茲迪人跟庫德工人黨一點關係都沒有。」他說，「現在，許多人都熱愛他們。」

此刻斯洛比的街道全都燒了起來：科巴尼的庫德人再度遭到攻擊，這一次他們認為要怪罪艾爾多安。暴動相當驚人；彷彿整座城，包含婦女跟小孩，每晚都跑出來建造與燃燒壁壘，對著農作投擲汽油彈。這一晚我終於了解為何所有東南部的武裝警車都滿布傷痕：來自這些岩塊跟燃燒的汽油瓶。

這種暴力是令人興奮的報導內容，直到那股激動散去。無論如何，一切終將來到某個臨界點：當暴動者全心只想造成最大的破壞，而警察則對被丟擲燃燒物感到不耐，打算不計手段盡快結束這一切。接著就會變成一場零和遊戲；若沒有武裝，你不會想要困在其中，因為那些武裝者肯定拿你當目標。每晚，我試著感受那個臨界點何時到來，然後撤回旅館。

不幸的是，雖然我那名聲稱頭的格蘭德旅館位於城的另一頭，斯洛比實在是個小城，催淚瓦斯最終仍飄過城區，滲入我的房間。我當時等著跨越邊界進入伊拉克，追蹤一篇報導。但態勢愈來愈明顯，科巴尼即將變成一則大新聞，所以我的編輯派我前往當地進行報導。

次晨，我跳上一台穿越土耳其的長途巴士，搖搖晃晃的車廂滲出汗味、司機的陳腐香菸味，以及每幾個小時送茶小弟端上的便宜即溶咖啡味。從一開始沒什麼錢、捉襟見肘的自由工作者，到如今是財務改善的特派記者，我在土耳其邊境地區搭過好多次這類巴士。我對它們有一股不捨的情感。它們坐起來不舒服，而且車掌有個很壞的習慣，在每一站都會把你像個鬥片遊戲裡的鬥片一樣，從一個座位移到另一個座位。因為你是單身女性乘客，他們無法想像讓你坐在男乘客旁邊。同時，警察攔檢時，它們可能會被擋下一個多小時，因為所有乘客的證件與包包都需要搜查。這次行程之前，這些邊境巴士從未讓我覺得不安全。現在隨著科巴尼事態爆炸，我穿越土耳其東南部時感到有些事情不大一樣了；空氣中有股令人發癢的凝滯。

我在迪亞巴克爾停下來過夜，跟翻譯碰頭後一起前往科巴尼。這個城市不再是我跟朋友可以享用一頓長長晚餐、聆聽鄂嘉蘭和平主張的那個友善慵懶城市。夜間葬禮哀悼的是溜過邊界進入科巴尼，加入人民防衛軍、對抗伊斯蘭國的人。每天，愈來愈多人上街抗議敘利亞庫德族兄弟的遭遇，卻難以避免土耳其警方的水砲催淚彈回應。

「那些伊斯蘭國砍頭的景象，他看了之後就覺得自己應該要去幫忙人民防衛軍。」穆罕默德·切立克談起兒子賽爾提普，後者包裹在白布中，正要葬入迪亞巴克爾的墓園底下。穆罕默德對二十七歲兒子早亡的哀傷，淹沒在對一切不義的憤怒中。「賽爾提普的最後一通電話，說他在科巴尼市中心，附近所有村莊都被伊斯蘭國佔領。他們手上最大的一把槍是蘇聯製防空機槍（Dushka，一種架在車輛上的機關槍），他們卻被坦克車攻擊。」

科巴尼位於迪亞巴克爾南方八十英哩處，情勢明顯急迫。全世界的媒體都集中在邊界的土耳其側，等待該城無可避免地落入伊斯蘭國手中。即使當時，這麼多注意力集中在一場戰鬥上，都令人感到不安；特別是敘利亞已經深陷血海長達三年。部分敘利亞人相信科巴尼獲得這麼多報導，是因為此為一個庫德族城鎮，對西方讀者來說，庫德族比起阿拉伯人更值得同情。確實如此，但除此之外，科巴尼就是一場為電視而生的戰役。位處邊界藩籬另一側的山丘上，從土耳其的安全視角，這座城就像立體透視模型一樣。我們可以看到每一發迫擊彈擊中之處。我們也可以看到城外的伊斯蘭國據點，看著他們穩定逼近郊區外側。我們的眼睛見證他們在科巴尼東郊的醫院屋頂上豎起黑旗。後來，當美國人派出F-16戰機轟炸伊斯蘭國據點，戰爭情勢轉向對庫德族有利時，炸彈滾過我們當時所坐的地面，巨大撲通聲嚇走了樹叢間的小鳥。

很難不加入當地庫德人的歡呼聲中。數千人跟我們聚在一起，有些人的淚水流下臉龐，其他人則決心加入戰鬥。一次世界大戰後，分割中東的歐洲製圖者，將科巴尼與土耳其側的雙子城蘇魯齊（Suruç）切割開來。土耳其與敘利亞的邊界延著巴格達到柏林的舊鐵路線，完全不顧人類歷史發展，由東往西切開庫德族土地的核心。對於身跨兩側的家族與社群來說，邊界根本不值一顧，多數人肆意穿越平坦田地上的非法偷渡路線跨越邊界。現在，隨著科巴尼燃燒，住在土耳其側的庫德人決心跨過邊界幫助自己的族人。年輕男性與少年——有些人如此幼嫩可能會被誤認為女孩——在土耳其軍隊與鎮暴警察的眾目睽睽之下，衝向邊界。這些軍警聚集是為了阻止他們跨界。每幾分鐘，就有一波高達百人的人潮，同時往前。多數人並不成功，遭到警察推回，但每次總有幾人在身後人群的歡呼鼓掌下成功跨越。看著這些年輕人衝向幾乎肯定死亡的道路，相當奇異。

「他們好勇敢。」我的阿勒坡朋友艾曼說。他跟我一起前往邊界，因為他很清楚被包圍的感受，想要展現他的支持。

持續不斷的謠言說艾爾多安供應武器給伊斯蘭國，試圖掃光敘利亞的庫德人。暴力抗爭在土耳其各地蔓延，甚至採取更強烈的反艾爾多安論調。我交談過的每個庫德人，最終都會繞到這個主題上，談到土耳其總統才是他們悲劇背後的主使者。

「這是土耳其主使的！」迪亞巴克爾的切立克說，指的是奪走他兒子的戰役。不管土耳其當局是如何將他兒子的屍體由邊界另一側帶回來，交給他埋葬，或者他們派出救護車到科巴尼，將受傷的人民防衛軍戰士送進土耳其醫院救治，都無法改變他的想法。事實上，安卡拉也為突然湧過邊界的二十萬科巴尼難民提供全新高品質的難民營，以上甚至完全不在切立克的腦袋中。

「三十年來，這場土耳其與庫德族的戰爭，」切立克繼續說，「我自己被囚十年，我的兄弟在監獄中死去。」

二〇一四年十月七日晚上，科巴尼戰役開始的三週後，土耳其自己的火藥庫也爆炸了。這一次，全國各地的庫德人出面抗議時，卻遭到土耳其民族主義者與伊斯蘭主義者攻擊。在激烈的手槍刀劍街頭戰役中，三個夜裡死了三十一人。鄂嘉蘭已經警告，伊斯蘭在科巴尼的勝利，標誌著庫德工人黨與土耳其和平進程的尾聲，更激發許多支持者走上街頭。現在，煽起一把火後，他又將其澆熄。他從獄中發出聲明，請求大家冷靜，請土耳其的庫德族撤退。他先將這個國家推向邊緣，隨後又拉回來。

但土耳其的形象已經受到傷害。艾爾多安被迫在國內兩大對抗陣營中間走著鋼索，針對土耳其幫助科巴尼人民的所有行動，他並未發表任何公開聲明。相反地，他反而迎合國內的民族主義者，一度像是對科巴尼即將陷落感到幸災樂禍。官員則堅稱，任何艾爾多安關於科巴尼的發言，都被斷章取義，遭到支持庫德工人黨的可疑意識形態機器所抹黑，讓他看起來似乎透過支持伊斯蘭國，發動對庫德族的戰爭。

關於土耳其跟伊斯蘭國的真相相當複雜。二〇一三年春夏我住在安塔基亞的敘利亞邊境期間，曾親見大批聖戰士公開穿越土耳其進入敘利亞。超過一年的時間，邊界就像一道旋轉門。難民、記者與援助工作者也自由進出，土耳其政府因為對逃離戰禍的敘利亞人敞開大門而受到讚譽，但也因為允許聖戰士跨境而被指責。後來，當土耳其以高大水泥牆關閉邊界，並下令邊界警衛射殺任何試圖跨越者時，它又被指責將難民困在敘利亞內部，卻也因為阻擋聖戰士流動而獲得讚譽。對安卡拉的政策制訂者來說，兩者是一體兩面，沒有中間路線，也沒有雙贏。

整個二〇一三年，邊境城鎮的便宜旅館裡充滿安靜憤怒的男人，蓄著大鬍子，經常身著阿富汗風格服飾。我們開起玩笑，說這些從伊斯坦堡前往敘利亞邊界的旅客可以分成兩群：記者跟聖戰士。一名標榜自己是「聖戰士司機」的敘利亞人會到伊斯坦堡的阿塔圖克機場接這些外國聖戰士，陪他們搭上二十四個鐘頭的巴士，前往敘利亞邊界，接著將他們交給偷渡業者。他們開價美金五十元，陪伴客戶走上幾十年來槍枝、香菸與毒品走私的路線；這些路線由來已久，也十分公開，因此他們幾乎不覺得違法——走私客大搖大擺地在邊城巴士站招攬生意。情報組織長期以來則對極端分子穿越邊界一事睜一隻眼閉一隻眼，以致伊斯蘭國得以在敘利亞北部成長。那位敘利亞司機也很肯定自己不會被土耳其逮捕，因此願意讓我刊出他的名字與照片。

土耳其公開支持整體的反對勢力，其中包含不足為外人道的部分。安塔基亞的一間河畔咖啡廳，擁有大片空氣流通的落地窗，經常塞滿反抗軍領袖，對記者坦承他們跟安卡拉的土耳其官員會面的經過。同時間，反抗軍的流亡政府敘利亞全國聯盟（Syrian National Coalition），從阿塔圖克機場附近，由高速公路跟玻璃帷幕大廈組成的時髦荒涼區域發號施令。由卡達資助的敘利亞全國聯盟，從不怎麼有心運作的政治反抗勢力起家，但很快就變成敘利亞穆斯林兄弟會的喉舌。三不五時，敘利亞全國聯盟會召開記者會提醒記者，敘利亞的革命是一場光榮激烈的戰鬥，爭取民主與全敘利亞人民的權利。但這個組織卻逐漸脫離國家內部實際發生的狀況。二〇一三年八月的某一天，它發出一份新聞稿，是關於我才採訪過的一場戰役。梅納戈（Menagh）空軍基地是阿薩德在阿勒坡以北鄉村地區的最後據點，當時敘利亞自由軍已經圍攻此地十個月，基地內部的政府軍透過空中補給持續抵抗。反抗軍看似毫無打破僵局之法，直到車臣反抗軍老兵奧馬爾．舒斯哈尼（Omar al-Shishani）領軍的外國極端主義旅隊——聖戰組織移民和支持者武裝（Jaish al-Muhajireen）——結束了這場圍戰。

當時我躲在機場範圍外一間棄置農家裡；二〇一三年八月的最終戰役裡，敘利亞自由軍裡少數孤軍的一支也以此為基地。即便他們跟聖戰組織移民和支持者武裝站在同一邊，他們的人數武器卻遠遠不足，各方面都遠落於死忠派之後。被我採訪的戰士對我的出現深感驚恐；舒斯哈尼的人如果剛好探進頭來，他應該會對英國女性記者無動於衷。一小時後，我迅速低調離去。幾天之後，當最終戰鬥在某天清晨爆發時，我的接應人馬赫穆德穿著阿富汗式沙爾瓦—卡密茲連身長衫長褲返回前線。他在裡面混得夠久，足以帶回影像，確認這場勝利是屬於聖戰士的，而非敘利亞自由軍。無論如何，伊斯坦堡的敘利亞全國聯盟卻在發送給所有特派記者的新聞稿中，宣稱這是反抗軍主流的閃亮勝利。

科巴尼的善惡對抗童話中，沒有迂迴的空間。人民防衛軍最終贏得勝利，並與美國形塑出堅實友誼，演變成今日仍在敘利亞持續的正式聯合行動。西方已經對敘利亞革命失去興趣，當反抗軍愈發基進化，從一開始就不停歇的內鬥更上一層樓，庫德族似乎成為最有希望對抗伊斯蘭國的地面盟友。

人民防衛軍除了與庫德工人黨有關係之外，安卡拉一開始是願意跟這個團體打交道的。但根據處理此案的土耳其外交部官員說法，阻礙在於庫德人不願打破與阿薩德相互有利的關係。「在敘利亞內戰初年，正義與發展黨政府跟敘利亞庫德人及其領袖薩利赫．穆斯林曾有緊密聯繫，並進行談判。」哈魯克．歐茲達爾加說。「主要目標是說服他們加入推翻阿薩德政權的反對勢力。政府飛機還多次運送穆斯林進出土耳其。然而，敘利亞庫德人拒絕了安卡拉的提議。他們若接受，我們就會看到跟敘利亞庫德人合作的正義與發展黨。」

處理土耳其跟敘利亞事務的西方外交官則說，無論科巴尼戰役之前華府跟安卡拉的關係有多緊張，實際上是戰役之後，五角大廈與人民防衛軍逐漸緊密的關係，造成了最嚴重的傷害。「我們不斷告訴他（艾爾多安），（針對人民防衛軍）支持是暫時的、戰略性且交易性的。」一名負責相關事務的美國外交官說。「土耳其大聲抱怨，特別在二〇一五年庫德工人黨停火協議破裂之後。我們打電話安撫民主聯合黨（Partiya Yekîtiya Demokrat，是人民防衛軍的政治側翼），他們能理解。但對土耳其人，這是生存威脅。」

艾爾多安也才剛被家門前的近日發展給重擊了。二〇一四年夏天伊斯蘭國在伊拉克發動閃電攻擊時，聯邦軍隊放棄的那些城市現在被庫德族戰士佔領。庫德族的新佔領地包含基爾庫克（Kirkuk），這座族群分立的城市位於全世界最大的油田上方。基爾庫克的少數族群中，包含大量與安卡拉關係緊密的土庫曼人。

伊拉克的庫德族區域總統馬蘇德．巴爾扎尼是艾爾多安在區域內最強大的盟友，也是個人密友。一九九一年，土耳其支持巴爾扎尼在伊拉克北部成立庫德族半自治區。庫德斯坦地區政府（Kurdistan Regional Government）與土耳其共享一段邊界，兩者間的貿易協定讓土耳其時尚品牌進入伊拉克北部的購物中心，庫德族的石油則透過二〇一四年開通的油管，流向靠近土耳其地中海岸的傑伊漢（Ceyhan）。然而巴爾扎尼的庫德族軍隊自由鬥士（Peshmerga）卻在二〇一四年六月攻下基爾庫克，巴爾扎尼則宣布將舉辦獨立公投，艾爾多安覺得自己背後被捅了一刀。基爾庫克的土庫曼人激烈反對庫德族搶奪他們的城市。艾爾多安也不怎麼喜歡門前有個完全獨立的庫德斯坦。

「在艾爾多安擁有真正影響力的地方，在世界上最好的麻吉，還是稱兄道弟的傢伙。」一名外交官說，「我很難告訴你這件事對艾爾多安影響有多大。二〇一五年九月我看到他時，談及美國提供武器給人民防衛軍，他只是敷衍了事；但談到巴爾扎尼的作為，他氣得發抖。他們之間的關係曾對雙方都有利可圖。巴爾扎尼所做的，正是唯一能搞砸這段關係的事。把基爾庫克跟油田納入新獨立的庫德斯坦，他同時羞辱了土耳其人跟阿拉伯人。艾爾多安覺得遭到背叛，並且開始覺得倘若連最親善的、『挺你』的庫德人都能搞獨立，你當然得非常小心。」

## 艾爾多安聲勢下滑

國際間，科巴尼是土耳其（特別是艾爾多安）的聲譽開始急轉直下的時刻。同時間還激發一連串國內事件，顛覆了謹慎平衡的和平進程。首先，二〇一五年六月，一枚炸彈在迪亞巴克爾的庫德族遊行中引爆。其次，邊界對側，面對科巴尼的土耳其城鎮蘇魯齊發生自殺炸彈攻擊，就在戰役中我曾坐了好幾個小時訪問難民與當地庫德族政治人物的文化中心。三十二名從伊斯坦堡來此參加科巴尼重建計畫的左派運動人士遭到殺害，爆炸瞬間他們遭到撕裂的影像在社群媒體上流傳。我記得那個花園跟大門。爆炸之後，他們渾身焦黑，滿是鮮血，到處都是斷肢。兩天後，兩名土耳其警察在附近城市尚勒烏爾法的家中遭到槍殺。這場攻擊一開始似乎是由庫德工人黨出面承認的，是對蘇魯齊爆炸的「報復」（對犯案者的指控後來卻在法庭中默默不予起訴，也沒找到其他疑犯）。二〇一三年的和平進程就此打破，土耳其東南地區的戰爭幾乎立刻捲土重來。首批受害者之一，是二〇〇五年為凱馬茲案件對抗土耳其政府的塔希爾．埃爾齊律師。此時擔任迪亞巴克爾律師公會會長的埃爾齊律師，二〇一五年十一月向媒體發布消息、懇求大家冷靜時，在光天化日之下遭到槍殺。

「他如果還活著，現在應該會感到非常憤怒。」埃爾齊死後不到兩個月，他的遺孀圖爾康（Türkan）對我說。美麗、自重的圖爾康，談到埃爾齊仍舊潸然淚下，對於他深愛的城市此刻爆發的新暴力，她感到十分害怕。「他為了和平而奮鬥。現在我看不到任何人像他一樣，無私地追求和平。」

艾爾多安的形象從和平締造者下滑到好戰者的速度如此之快，似乎連他自己都感到震驚。無疑地，許多庫德人總是對他不懷好意，特別是那些支持庫德工人黨卻又不必生活在無盡動亂中的海外庫德人。他們對任何土耳其領袖的看法應該都一樣，雖然伊斯蘭主義者更是絕佳的啞劇惡人。但在兩個時間點上，艾爾多安也加速了自己的下墜趨勢。

首先是蓋齊公園抗爭及艾爾多安強硬的處理方式。此事發生於諾魯茲節鄂嘉蘭宣布停火的兩個月後。庫德人在蓋齊公園抗爭中扮演了重要角色，甚至利用新獲得的自由，在伊斯坦堡的塔克辛廣場上，揮舞有鄂嘉蘭頭像及庫德工人黨紅星標誌的旗幟。這是幾個月前想像不到的事。蓋齊公園抗爭是許多難以想像的聯盟混合體。足球流氓跟環保主義者一道，強硬的凱末爾主義者與庫德人並肩。這正是艾爾多安早年成功創造出來的那種寬廣共識，也難怪他被撼動了。

「蓋齊的重要性在於清楚展現即便在民主法治架構下，這類自發抗爭與艾爾多安的想法全然不合，因此他的反應相當強硬。」哈魯克．歐茲達爾加說。「我們可以發現他有種急迫感，他有時會說要加快腳步，已經沒有時間了。執政十年的領袖有這種感覺，可能令人不解，但對他來說，在經過這麼多年等待後，執行他真正想法的時間其實才剛開始。」

其他正義與發展黨資深人物也公開反對艾爾多安對蓋齊公園抗爭的強硬打壓，包括提出相對柔軟手段、當時的總統阿布杜拉．居爾，及伊斯坦堡市長卡迪爾．托巴許（Kadir Topbaş）。艾爾多安卻忽視所有人。有些人將他一度開放的態度為何轉變了，歸責於健康問題；大約同一段時間，艾爾多安正低調進行早期的大腸癌治療。

抗爭當時的文化部長艾爾圖魯．古奈，也反對激起爭議的再開發計畫，但他說得更直白：「艾爾多安認為蓋齊公園抗爭是對他發動叛變的預演。」

二〇一五年國會大選中，正義與發展黨首度失去多數黨地位，這是第二個關鍵時刻。擁有庫德族根源的人民民主黨（Halkların Democratik Partisi）的成功，部分來自從正義與發展黨抽掉的支持，這明顯激怒了艾爾多安。由於缺乏明顯贏家，因此在六月及當年十一月再度選舉之間，和平進程整個崩潰。艾爾多安開始跟極右派（堅定反對和平進程）的民族主義運動黨（Nationalist Movement Party）結盟；他跟庫德族之間的不信任種子，已經長成難以穿越的仇恨森林。曾在迪亞巴克爾談論和平的艾爾多安，開始在面對庫德工人黨的言辭中，採取明顯的民族主義論調，以維持盟友民族主義運動黨的支持。

「我們也想再次討論和平，但要怎麼繼續下去呢？政府說自己正在對抗恐怖主義，並解釋新規則。」二〇一六年二月，庫德族領袖賽拉哈汀．戴米爾塔許在東南部城市馬爾丁對我說，當時戰鬥正在九十英哩外的吉茲雷展開。這一天軍事戒嚴將要到期，但暴力仍在城中持續。戴米爾塔許談到被困在地下室的人，宣稱每次救護車試著前往救人時，都會被維安部隊攻擊。

九個月後，戴米爾塔許被控宣傳庫德工人黨而被捕。他是第一位公開反對艾爾多安將內閣制改為總統制的主要政黨領袖，他相信這是自己與人民民主黨被攻擊的主要原因，至今仍被關在牢裡。

「我們對土耳其的民主仍舊抱有希望，因此正義與發展黨攻擊我們。」他在馬爾丁告訴我。「他們感到害怕。」

## 死者

二〇一六年九月，戰爭重新爆發的一年後。我清點迪亞巴克爾墓地的墳墓數。

一整區以紅黃綠飾品裝點，花束仍舊新鮮，覆土最近才翻過。三十、四十、五十……一群吉普賽女孩靠近時，我停了下來。年紀最大的，不過十六歲。兩個小妹妹則年紀小多了，她們全都穿戴飄逸長裙及鬆散頭巾，是看不出年齡的服飾。她們賣水給哀悼者，只消幾毛錢就能僱她們照看墳墓。

「我長大後想當游擊隊！」年紀最小者說。

大姊姊突然反擊。

「閉嘴！」她罵道，「這些人全都死得毫無意義。實在愚蠢。」

我在灰色大理石間穿梭，寫下墓石上的日期與裝飾細節。有些包裹著亡者死時所戴的頭巾。其中之一沒有墓石或其他標誌，只有墳上幾朵枯萎的花。一名死者名叫拉蒂菲（Latife），跟阿塔圖克的妻子同名。少數在千禧年之前出生，多數死時才十五、十六歲。

「科巴尼之後，墓碑的數量開始增加。」法爾金·阿赫麥德說，他來此看兒子的墓。他告訴我，就在一個月前，小兒子也「進山裡去了」——庫德人用來指稱加入庫德工人黨的牧歌式美稱，即便現在他們的戰爭多半是在最窮困都市區域的骯髒角落發生。他的女兒也試著加入，但庫德工人黨把她送回來；她才十四歲。她可能會在一年內再試一次、最後成功加入，這樣的想法並不令他困擾。

「至少我兒子光榮戰死，而非死於羞恥！」他說。

四十六歲的法爾金看來老得多——陽光、壓力與傷痛的惡性組合，已經帶走他臉上任何青春氣息。他兒子穆罕默德死於二〇一二年六月，是在西部城市布爾薩（Bursa）自焚抗議和平協議毫無進展的六名庫德族青年之一。法爾金深信是他們的自焚，最終在九個月後的二〇一三年三月，讓兩黨同意停火。但二〇一六年九月的此刻，和平進程已經停滯超過一年，他兒子的犧牲似乎枉然。

「我每週來三次，」法爾金說，「先給新烈士的墳墓澆水，接著到我兒子墓前。最近幾個月，只有三、四天沒有葬禮，特別是吉茲雷宵禁的時候。」

兩架低飛的土耳其戰鬥機從我們頭上呼嘯而過。一輛警車在周圍街道上巡邏。墓地的另一側正進行下葬儀式，自然死亡的人在那邊安息。兩名年輕人裹著和平民主黨的旗幟靜靜坐在附近的墳前，這個政黨兩年前曾為斯洛比的亞茲迪人動員。

「沒有葬在那邊。」穆拉德說，他是死去的十八歲少年蘇雷曼．居澤爾的哥哥。少年今年稍早死於迪亞巴克爾的衝突中。即便他的家人也不知道他在幹什麼。少年每晚以頭巾裹臉，背後口袋插把槍，跑出門堆建焚燒路障。

「我不知道，這男孩從來不分享。他就像個關上的盒子。」穆拉德說。

哥哥說在科巴尼之前，蘇雷曼是個普通高中生。有些朋友加入科巴尼的戰鬥，沒去的人則加入迪亞巴克爾的抗爭。暴力雖然慢慢縮小，但憤怒卻不曾離去。在庫德工人黨取消停火後，他們開始堵起街區道路，每個晚上與警察發生衝突。即便在坦克車開進市區，這些庫德族青少年也以火箭炮與衝鋒槍回擊，穆拉德也不願稱之為內戰。他說真正的戰士已經去了科巴尼。死在迪亞巴克爾的，只是孩子。

但戰鬥高峰時，我在城裡碰到的一名警察，卻說出不同的故事。二〇一五、一六年的冬天，戰爭最凶險時的迪亞巴克爾，看起來就像末日到來。市中心的古老蘇爾區，完全在軍隊宵禁的管制中，大雪降臨這座城市。戰鬥區域周圍，舊城牆內部與周邊圍繞著金屬製的警方壁壘群。沙包堆疊出狙擊手的位置，擁有柴爐煙囪的帳篷結構是警察喝茶抽菸之處。香菸與爐煙在凍寒夜氣中裊裊升起交纏。

我在迪亞巴克爾習慣住的旅館，現在位於前線；要抵達旅館，我得拿著旅館人員手寫蓋印的文件，才能穿過重重警察哨。每晚，隨著夜幕降臨，背景音樂響起；槍聲與爆炸轟響組成過去八十天來，迪亞巴克爾每晚的跳動節奏。那一年的新年前夕我在這個城裡，跟不少記者一起被戰鬥跟大雪關在旅館裡。我們是唯一的住客，爛醉如泥，開始玩起槍聲還是煙火聲的猜測遊戲。清晨三點，我們在門邊搖擺抽菸，一列土耳其坦克車經過我們，在安靜的街道上前進。

庫德工人黨的武裝少年被逼到蘇爾區中央的一小圈，卻到處留下地雷與自製炸彈。救護車嗚笛進出宵禁區。高大壯碩的蓄鬍警察恩尼斯，左眉上有一道傷疤。整張臉幾乎都包在蒙面頭套下，但我們開始聊天後，他就把頭套摘下，露出一頭男孩子氣的亂髮。

恩尼斯駐守死亡巷前的最後崗哨，他覺得很無聊。穿著迷彩制服，配備德國武器的警察特別部隊，在蘇爾區內部戰鬥。他則是在和平進程崩潰時，不幸派駐迪亞巴克爾的普通警察。對於視所有警察都是打擊對象的庫德工人黨年輕基進派來說，他就是個不動的目標。他腦袋裡唯一想的，是五個月後調回土耳其西部，做自己想做的事。

我問恩尼斯，他喜不喜歡這份工作。他笑著說，他從大學英文系輟學後加入警隊，卻不知道自己會跑到內戰前線。他跟一位女警的婚姻也不順遂。他在這裡跟另一位庫德族女孩陷入愛河，但雙方家庭都不可能接受這段關係。

「土耳其沒人想當警察！但這裡的情況更糟。在任何其他地區，我值勤結束後就是個普通人。但在這裡，我得一直盯著背後。」

他對武裝分子的看法跟穆拉德十分不同，後者堅持弟弟只是個抗議的孩子。恩尼斯說，蘇爾區內部約仍有四十名庫德工人黨戰士，警察正等待他們投降。但留著的，是硬頸中的硬頸——神射狙擊手跟炸彈製作專家。丟擲汽油彈的年輕人很久以前就被拔光了。留下來的都是專家，身負火榴炮、狙擊槍跟地雷。

最終且必然的，土耳其在迪亞巴克爾取得了勝利：但花了好幾個月時間，武裝分子幾乎沒有人生還。整個區域成為廢墟。一次又一次，我看到同樣的情況重覆。每一次宵禁宣布解除時，我衝進城裡搶在清理現場之前進行報導。情況變得可預期，因此我得努力為報紙找出新的報導角度。但每一次我進入剛被摧毀的城鎮——孩子們睜大雙眼，年長者在一大片剷平石料間遊蕩的景象——都令我震撼。這場戰爭橫掃了區域，所到之處盡是破壞，不僅導致數十萬人流離失所，同時間歐洲正給予土耳其數十億歐元的甜頭，阻擋難民從國家另一邊的海岸流出。

一張祕密斗篷遮蔽了和平進程失敗後土耳其東南部發生的真相：誰是這些武裝分子，誰提供他們武器，多少平民被困在交火之中。我一再試圖找到可以給我一些洞見的人，例如負責對吉茲雷運出的屍體進行解剖的醫生。他告訴我這些屍體都燒到無法辨識，但似乎願意接受完整訪問，結果突然改變心意，不再接我電話。

試圖隱藏蒙混的，不只是土耳其政府。堅稱年輕武裝分子不受他們命令的庫德工人黨領袖也是如此。停火破裂當時的主要庫德族政黨是人民民主黨，其訴求對象是土耳其自由派與庫德人，並在二〇一五年六月的大選中，贏得了選票勝利。但這個政黨也被衝突撕裂。戴米爾塔許拒絕譴責暴力，其他成員則公開讚揚庫德工人黨武裝派。有些人甚至出席參加在安卡拉奪走數十位平民生命的庫德工人黨自殺炸彈客喪禮，結果遭控恐怖主義罪名。即便如此，他們並不後悔。

「身為本市國會議員，我有責任參與多數喪禮。」庫德族巴特曼市（Batman）出身的國會議員穆罕默德．阿里．阿斯藍（Mehmet Ali Aslan）說，他也是被控恐怖主義罪刑的其中一人。「不論孩子們怎麼死的，我們都對母親有責任。」

我問他，若炸彈客是為了蓋達組織或伊斯蘭國執行恐怖行動，而非庫德工人黨，他還會有同樣反應嗎？躲避這個問題十分鐘後，他終於承認他不會。

人民民主黨每天發布東南部城鎮的死亡名單，堅持所有人都是平民，但並非如此。回到斯洛比——這波新的暴力旋風之下最早宣布宵禁的城鎮之一——我試著解開一名青年內卡提的案件之謎。這位十八歲青年的血腥屍體照片出現在推特上，背景還有一隻軍靴。「我們是這樣得知他的死訊。」二〇一六年一月當我見到內卡提的姊妹艾賽爾時，軍事行動已經結束好幾天。街區裡仍舊四散腫脹的牛隻屍骸；路邊炸彈導致地下水管爆炸。返鄉的家庭發現武裝分子曾拿他們的房子當庇護地，因而在驅逐的爭鬥中，警察當場了射殺武裝分子。

內卡提的照片出現在網路上九天後，他的家人才獲准從政府停屍間領取他的屍體，在故鄉匆忙舉行小型葬禮下葬。土耳其政府說他跟庫德工人黨戰鬥時死亡。同時間，他的家人卻堅稱他不是武裝分子，而是維安部隊對斯洛比青年男性集體懲罰，並遭到處決。「他們從頭到腳蓋住他全身，不讓我們掀布看他的情況。」艾賽爾說，「它們不只殺害武裝分子，他們也殺害像我兄弟一樣的青年男性。」

內卡提的照片被認為是由一名警察拍攝上傳的，隨後他刪除了自己的帳號；但之後，照片被轉發數千次。照片變成雙方的號召：有些人對危險恐怖分子的死亡感到歡欣，同時有些人宣稱他是被土耳其政府殺害的無辜庫德族平民。

斯洛比的三十六天鎮壓行動，是這場戰爭的第一場主要行動，卻在這座城裡留下恐懼疑雲。庫德工人黨的塗鴉仍舊蓋滿戰鬥中心街區的牆面，然而我談話的人中只有一位（拒絕透露姓名的商人）承認知道關於武裝分子的事。

「斯洛比的每個人都認識某個庫德工人黨的人或那些年輕人。」他說，「在此戰鬥的人都是這座城市之子。」

這似乎正是內卡提的生活。白天他在小型巴士上工作，載運乘客跨越伊拉克邊境哈布爾關口——就位於斯洛比六英哩之外。他的家人談到他時，拿出一位微笑青年的照片，就像任何青少年一樣，穿著流行服飾與頂著時髦髮型。

我進出伊拉克時，搭過這種小巴無數次。在土耳其停戰的年代裡，當庫德工人黨將注意力轉向區域內的其他地方，司機鐵定會在車上大聲放出挺庫德工人黨的音樂。那段時間內，特別受歡迎的是砰砰曲調中合聲無止盡重覆唱著的「*biji biji YPG*」（人民防衛軍萬歲）；影片中則是前線的民兵槍手，參與大型的北韓式軍事遊行。同時間，內卡提的臉書頁面儼然是崇敬庫德族軍事行動的神龕。他的首頁照片是一張庫德族戰士與敘利亞人民防衛軍旗幟的合照，他形容自己是敘利亞人民防衛軍的狙擊手。這是否表示他是庫德工人黨的成員，或有任何關係？不一定，這有可能只是青少年好勇鬥狠的表現。但斯洛比是個走私、貧困與庫德工人黨軍事主義形成惡意金三角的地方。同樣的小巴，也被用來載運走私香菸與茶葉；也許還有些別的，從伊拉克送進土耳其。司機載運乘客的同時，將他們劫掠所得塞進車內的特製空間。其他走私路線則穿越環抱哈布爾關口的群山，用來運送武器與毒品。這兩個案例中，庫德工人黨都獲取大量利益。對生長在這類地方的年輕人來說，生命的各個層面都與庫德工人黨脫不了關係，並非有或沒有參與民兵那樣的黑白分明。

經過五個月持續升溫的暴力衝突，二〇一五年十二月十四日，警察宣布在斯洛比實施完全宵禁。內卡提家的街區，布滿庫德工人黨當地武裝少年布置的簡單爆炸裝置與充滿炸藥的壕溝，就位於戰役的死亡核心。「甚至貓也難逃一死！」艾賽爾說。

當內卡提的家人都逃往比較安全的區域時，他自己仍留在當地，至於理由則語焉不詳，只堅稱他留在房子裡是為了保護房子。十七天後他死了。他的家人說他蹲在房子裡，試著找出離開的方法。土耳其政府則對自己的反應十分明確。

「他是庫德工人黨的成員。」我聯繫此案的官員時，他這麼說。通常他是個很健談的傢伙，樂意討論任何情況的眉角。但這一次：「沒有進一步評論。」

迪亞巴克爾、斯洛比、吉茲雷與東南地區其他城鎮的勝利並未讓土耳其人安歇。庫德工人黨仍舊在鄉村地區發動戰鬥，幾乎每天都在殺害土耳其軍警。它也透過一連串汽車炸彈攻擊，殺害許多伊斯坦堡及安卡拉人，將恐怖行動帶到土耳其西部。同時間，人民防衛軍茁壯為敘利亞的強權團體，不再是外圍民兵，而是世界對抗伊斯蘭國的希望。比起新聞，現在更像一則童話的科巴尼，現在已經被扭曲成偉大神話。依我們這些曾置身現場的人所見，在改變局勢的美軍空襲入場之前，人民防衛軍對上伊斯蘭國時已面臨悲慘潰敗的邊緣。現在，若聽到修正主義者與宣傳者談起來，你會以為庫德人光憑一股熱情跟K2衝鋒槍，就搶下敘利亞大片領土，而不是依靠世上最強的軍隊支持。

土耳其的庫德族沒有這類勝利可以吹噓，只能在一長串哀傷與復仇的禱詞中再添最新一筆。它將留下另一道化膿的傷口，等待未來的庫德工人黨領袖拿來激化新一代。沒人認為短期內還有任何和平進程的可能。

二〇一七年九月，一個晴朗的週日下午，我跟朋友雪札爾在迪亞巴克爾漫遊。她是個笑容可掬，擁有藝術家溫和靈魂的庫德族女性。城市正在復原，大批購物者擠滿人行道，烤肉攤在移動式烤爐上烹飪美食。珠寶店櫥窗中，庫德族新娘在婚禮裝扮用的金手鐲也閃閃發亮。

雪札爾跟我已經花了三天時間，拜訪城內的藝術家、運動者及政治人物，了解艾爾多安如何贏得又失去土耳其庫德人的心。迪亞巴克爾市中心曾遭到大屠殺，和平進程下開始要成長綻放的公民社會也遭鎮壓。然而每個人——從站在蘇爾區自家廢墟裡不識字的祖母，到皮革裝點辦公室的律師——都告訴我們，他們曾經希望那位來自里澤的虔誠穆斯林是不一樣的。

「二〇〇二年，正義與發展黨上台時，多數人對其路線是不放心的。但他們說自己是不一樣的，也發出改變的訊號。」迪亞巴克爾演員古雷．烏魯索伊（Gule Ulusoy）說。「他們有庫德族、世俗主義者跟民族主義者。我們以為可以形成同盟。但現在我們知道這只是艾爾多安的計畫。他只想掌握權力。一開始他跟庫德族很近。現在則變成民族主義者。全都是為了他的利益。」

迪亞巴克爾市政府是戴米爾塔許領導的人民民主黨堡壘，自從和平進程破裂之後，就遭遇好幾波關閉與人員開除。政變企圖失敗之後，鎮壓行動更加速進行。人民民主黨市長遭到逮捕，取而代之的是政府指派的市長。二〇一五年前放上去的庫德語及亞美尼亞語招牌也被移除。雪札爾的先生是一名教師，已經失去工作。她在市府文化局工作，也害怕她可能是下一個。我們花了一個下午時間，訪問古雷・烏魯索伊及一群曾在迪亞巴克爾市立劇院工作的演員；這個劇院曾是該市蓬勃藝術界的中心。其中三十三人在二〇一六年新年前夕，被政府指派經營的劇院董事所裁撤。

董事宣稱演員沒有公職要求的文憑。演員說他們因為每週上演三次庫德語戲劇且場場爆滿而受到懲罰。只有艾爾多安時期曾取消對庫德語的禁令。現在，仍然在艾爾多安治下，鎮壓似乎再度降臨，即便政府並未正式重新施行禁令。

這些被裁撤的演員決心持續演下去，在鄰近市政廳搖搖欲墜的購物中心地下室租了一個空間。連鎖店與高端市場的精品店早已放棄這個地方；留下來的是販售便宜塑膠商品的特賣店。這裡看起來不像個精緻文化之地。但這些演員還是有點運氣，地下室空間曾經是個劇院，舞台跟座位區仍舊保持完整。門票收入剛好夠付租金。

「在法律上，庫德語並未被禁。但仍有人宣稱這是一種『不知名的語言』。」演員魯克內汀・居恩（Ruknettin Gün）說。「這就是伊斯蘭主義者政府上台會發生的事。他們做的第一件事，就是關閉所有文化。」

迪亞巴克爾的美術館與文化中心也被關閉，還有附近巴特曼的市立劇院。專門放送庫德語配音兒童卡通的電視頻道，也短暫斷線。迪亞巴克爾電影節遭取消，美索不達米亞文化中心文獻庫遭到摧毀。巴特曼一家獨立電影院在政府命令下關門，接著在一場無名大火中焚毀。好幾個庫德語機構也遭關閉。

同時間，從二〇〇九年就豎立在凱茲爾泰佩鎮上，紀念十二歲烏忽爾與父親阿赫麥德・凱馬茲的雕像卻被移走。即便一度支持艾爾多安所有施政作為的庫德族極端伊斯蘭主義政黨——自由目標黨（HUDA-PAR）——現在也開始指責他回到土耳其民族主義者的舊思維。

「正義與發展黨在庫德族議題的立場上，變得像凱末爾主義者。」自由目標黨主席雪穆斯・坦勒庫魯（Şeyhmus Tanrıkulu）說。「要說他們全是凱末爾主義者也不盡然，但他們支持凱末爾主義者的體系。這個體系有兩大支柱：首先是土耳其民族主義，其次則是世俗主義。歷史中許多少數族群都被這個體系拒絕。現在，我們看到正義與發展黨的政策路線也沒帶來改變。他們說庫德語將被正式納入憲法，但從未實現。近來，他們開始遠離這些議題。他們開始用民族主義者的語言。」

雪札爾跟我穿過迪亞巴克爾的公共廣場，一九二五年謝赫・薩伊德的反抗軍在此被吊死，八十九年後第一場科巴尼抗爭在此展開。我們朝向標誌本市最大悲劇的舊城牆走去。其中一座城牆哨塔頂端上的阿塔圖克黑白照，窺視著傍晚的購物人潮。我問雪札爾，今日的庫德人對共和國國父有何感想。

她爆出笑聲。「我想現在我們比較喜歡他。」她說，「比起艾爾多安，他是完美的。」

# 第九章 政變

## 二〇一六年七月十四日
## 政變前一日

人們一直警告事情要來了，雖然很少公開談論，也不會講太多。

「這就是狗屎政變。」朋友們告訴我，當時我們正在談二〇一五年到一六年上半年像癌症一樣擴散整個土耳其的動盪——難民危機、庫德工人黨和平談判破裂，以及恐怖攻擊。一開始是二〇一五年六月的迪亞巴克爾垃圾桶炸彈，一個月後則是蘇魯齊的自殺炸彈客。十月，則是土耳其共和國歷史上最致命的恐怖攻擊：在安卡拉市中心的和平遊行中，兩名自殺炸彈客讓一百零九人斷命。接著屠殺進入伊斯坦堡。二〇一六年一月，在藍色清真寺外，一名炸彈客在一群德國遊客身旁自爆；兩個月後，另一名炸彈客在貫穿市中心的獨立大道一群以色列遊客旁自爆。六月，有兩人拿著衝鋒槍衝進阿塔圖克機場，點燃炸藥包。這些恐怖攻擊總共在十三個月中導致兩百人以上死亡。對生活在不透明威權統治下的人們來說，這些事情從來都是相關的。

土耳其先前的政變，每一起都從類似的混亂展開。

兩個人大膽說出每個人腦中所想：知名記者兄弟檔穆罕默德・阿赫麥德・阿爾坦（Mehmet and Ahmet Altan）。他們在二〇一六年七月十四日晚間政論節目中擔任來賓，談及軍隊再度干預土耳其政治的可能性，就像之前多次發生的情況。

「無論導致土耳其軍事政變的發展是什麼，透過作出同樣決定，艾爾多安正鋪出同樣的道路。」阿赫麥德・阿爾坦說。「我們還不清楚他們何時會出手，以及怎麼出手。」穆罕默德接著說。

一天後，他們被證明是對的；但這一次的政變卻不一樣。將軍們成了輸家；在土耳其最黑暗夜晚結束時，艾爾多安的權力更上層樓。而阿爾坦兄弟並沒有因為遠見與坦白言論而得到讚賞，反遭指控散發召集政變者的隱性訊息。兩人都被判終身監禁。雖然判決已經遭到推翻，但阿赫麥德・阿爾坦仍在獄中。

## 二〇一六年七月十五日
## 精神分裂的政變

二〇一六年七月十五日的政變企圖持續了十二個多小時，同時在社群媒體與電視直播中開演。沒有哪裡比博斯普魯斯大橋更能襯托坦克車與子彈，也沒有誰比衝上前對抗士兵、捍衛艾爾多安的土耳其人更適合當主角。週五晚間送印的報紙中政變看似成功：將軍們佔領國家電視台，艾爾多安去向成謎。但次晨報紙第一版抵達報攤時，士兵們已經被趕回軍營，艾爾多安在伊斯坦堡的阿塔圖克機場外對歡欣鼓舞的支持群眾演說。

政變的數小時裡，土耳其社會的兩邊陣營在謠言、槍火與恐懼的吃力糾纏中對撞，就像來自另一個時代的倉促起義者對上二〇一六年的抵抗。伊斯坦堡商店的瓶裝水跟香菸全都賣光，F-16戰鬥機突破上空的音障，震碎公寓窗戶，導致街頭犬隻嚎叫不停。士兵破門而入闖進電視新聞攝影棚；將主播拉下台時，清真寺卻在午夜時分響起奇異的喪禮祈禱聲。虔誠信徒衝上街，揮舞木棒，喃喃祈禱，而伊斯坦堡嬉皮酒吧裡暢飲的波希米亞人卻撤回家中。這是一場在WhatsApp中策劃，卻透過國家電視台宣布的政變：

> 土耳其共和國的重要公民們……總統與其政權正以肆意妄為、異端與背叛，破壞基於分權的基本權利與自由。民族與國家間不可分裂的統一，將消除我們共和國面對的危險，確保國家生存。

當已嚇傻的金髮主播讀出這份聲明，而鏡頭外有把槍指著她的頭時，每個人已經轉到社群媒體，尋找實際發生的情況。

真正的新聞是，慢慢地，天秤已經偏離了政變策劃者。第一軍指揮官烏密特・居勒將軍（Ümit Güler）現身艾爾多安派的「A Haber」頻道直播中，宣布政變只是一小群軍官的反叛。更多將軍加入居勒行列，宣布效忠艾爾多安，並發誓政變將遭到鎮壓。艾爾多安本人也現身，打破他搭乘私人飛機逃往德國的流言。沒打燈，也沒上妝，背景看起來很像是拍照亭背景的淡藍色簾幕，從一處不公開的地點直播，總統透過Facetime軟體對他的國民講話。他看起來老邁而害怕。

棚內攝影機拉近手機螢幕上的艾爾多安影像，手機是握在CNN土耳其新聞主播擦著指甲油的手中，所有仍舊獨立運作的頻道都轉向直播影像。總統任期內大部分時間都在痛罵社群媒體，甚至控告那些運用社群媒體調侃他的人，現在艾爾多安卻用社群媒體自保。一位媒體人後來告訴我，他的幕僚花了狂亂的一個小時試圖設立傳統電視連線，最後卻轉向二十一世紀的選擇。

「我希望土耳其人到公共廣場與機場集合。沒有任何權力比人民權力更高。」艾爾多安說，「在公共廣場跟機場上，讓他們為所欲為。指揮權已經被破壞，這是下層軍官對抗長官的一步。」

這一刻，土耳其的城市變成戰場，當槍砲聲開始在街頭迴盪，憤怒群眾衝進戰鬥中。他們湧入塔克辛廣場，衝上博斯普魯斯大橋，並擠爆機場與政府大樓。政變策劃者心生恐懼，下令手下對人民開槍。在安卡拉，他們用直升機攻擊情報總部，F-16戰機轟炸國會大廈。但在街頭，六個小時前在此停駐坦克的士兵，其長官雖保證他們將掌控這個國家，現在卻開始失去信心。黎明降臨時，他們開始投降，紛紛離開坦克，將槍枝留在履帶上，雙手高舉空中投降。勝利的憤怒群眾，揮舞著皮帶與拳頭，人民開始包圍這些穿制服的人。士兵們看起來不比青少年大多少，這些害怕的少年不知道到底哪裡出了差錯。

## 政變之後

整個早上隨著街頭開始清理屍體，死亡人數攀升。政治人物在被炸的國會大廈中召開緊急會議。在伊斯坦堡，艾爾多安在阿塔圖克機場外對群眾發表演說。「他們讓人民以肉身抵槍。」他說，「百分之五十二人民支持的總統正掌握大局。人民支持的政府正掌握大局。只要我們不顧一切對抗他們，他們就不會成功。我給『賓州』的訊息就是：你已經涉入太多反對這個國家的叛國行為。如果你敢，就回到你的國家來。」

政變結束，論述戰才要展開。記者質疑逮捕的規模及指責葛蘭的速度。其他重要資訊也一一浮現。土耳其情報局早在七月十五日下午兩點四十五分，就接到即將發生反叛的線報。那是第一輛坦克車駛上博斯普魯斯大橋的整整七小時前。他們為何沒有採取行動阻止政變，這幾個小時中發生什麼事？倘若政府非常確定反叛背後的軍官是葛蘭派，那到目前為止，他們是怎麼保持職位的？

政變企圖展開後不到二十四小時，土耳其就向美國要求引渡伊瑪目，當時最後的反叛士兵還在安卡拉的格內爾庫爾梅（Genelkurmay）軍事基地中做垂死掙扎。

歐盟與美國發表聲明，要求艾爾多安克制報復。政變後三天，七千五百人遭到逮捕，超過九千人從公部門職位上消失。四天後，被開除或蹲在監獄牢房中的總人數高達五萬。

街頭群眾要求死刑。在塔克辛廣場，他們高舉吊繩與標語：「我們要求死刑！」（*Idam*

*istiyoruz!*）。艾爾多安在市區內各舞台上演說，也對他們的要求發出回應。「我不管漢斯或喬治講什麼。我要看阿赫麥德、穆罕默德、哈桑、胡賽因、艾雪、法特瑪跟哈提斯說什麼！」他這麼告訴狂喜的群眾。

「我認為死刑這件事只是講講。」狂熱漸起時，一名伊斯坦堡的西方外交官告訴我。「但我們正密切觀察艾爾多安，他有失控的危險。」

## 贏家

太陽西下，一個悶熱的夜晚，我混進塔克辛廣場上的群眾裡。艾爾多安要人民待在街頭，防止未知狀況及逃亡的政變策劃者回頭進行第二擊。我看到利比亞、巴勒斯坦與沙烏地阿拉伯的國旗，還有敘利亞反抗軍的三星旗，全都混在四處飄揚的土耳其星月旗間。還有其他標語牌，例如「美國『叉』、國家『圈』」。對葛蘭（所有人都認為他主導了這次政變）的憤怒，現在已經快速轉變成對美國的憤怒（所有人都認為美國庇護葛蘭）。

這裡有些人擺出極端民族主義者的手勢——拇指跟食指相連往前突出、其他三指朝天的狼頭手勢。有些人則炸出色彩斑斕的大型火焰，我擔心火花可能點燃廉價人造合成布旗幟，讓所有人都著火。現場可以聽到伊斯蘭主義者的戰吼：「真主至大。」（*Allahu Akbar, Tebkir, Bismillah.*）我在中東各地的抗爭中聽過這些戰吼，但在土耳其從沒聽過。伊斯坦堡公共運輸系統的所有閘門大開，來自郊區的大眾可以進入城內，跟內城區的菁英混在一起；穿著罩袍的女性跟露出肩頭的青少女肩並肩。三年前，這座廣場是蓋齊公園靜坐抗議的場景，當時左派、庫德族與足球流氓在第一場反對艾爾多安的大眾抗爭中齊聚一堂。現在，這裡是忠誠者的聚集地。

當地市政府也在此設立舞台，兩側設有螢幕跟喇叭，大聲放送固定的鄂圖曼軍隊進行曲跟正義與發展黨黨歌，接著螢幕上開始放起影片，一部經過動畫特效後製過的虛華短片。塔克辛廣場的群眾觀看影片時，喊叫聲靜了下來。影片中，一名臉部不清的灰衣攻擊者切斷旗桿上的鎖鏈，讓土耳其國旗直墜到地。全國各地的土耳其人在驚恐中看著陰影籠罩建築物、田地與海洋。接著人們開始奔跑——學生、家庭主婦、庫德族農人與漁民——隨著艾爾多安的配音朗誦國歌歌詞。他們跳進博斯普魯斯海峽，開始泳渡；此時攝影機由上方採取鳥瞰廣角，他們就像蟻群般聚集。最後的畫面則是旗桿以及圍繞旗桿的人體金字塔——成堆的人體，每個人都試圖站在別人身上，爬得更高。最頂端的年輕人抓住鎖鏈的斷頭，停了一秒後，跳下人塔，為了國家犧牲自己。接著螢幕淡出，出現艾爾多安的影像，微笑並舉手撫心。

這部影片《國家不會摧折，土耳其無敵》（Millet Eğilmez, Türkiye Yenilmez）是艾洛爾・歐裘克的阿爾特廣告公司在二〇一四年三月為了正義與發展黨的地方選舉所作。當時這支廣告遭禁，理由是土耳其國旗不得用於任何政黨廣告中。

廣場北側的現代主義巨大建築是阿塔圖克文化中心的灰色門面，顯露在塔克辛廣場狂喜群眾的背後。這座中心建於一九七〇年代，作為歌劇院與藝術空間之用，但就在二十年間，它的狂野線條已經顯出疲態。二〇〇八年除役後，蓋齊公園抗爭期間，它被鎮暴警察當作基地。直到此刻之前，建築正面掛的是阿塔圖克的照片，兩側是土耳其國旗；但現在旗幟被移除，取而代之的是艾爾多安的肖像。然而照片轉換的消息傳遍社群媒體後，掀起一波怒吼，因此幾天後阿塔圖克又被掛回去。不過艾爾多安並沒有離開。

政變四天後，艾爾多安的發言人，也是他最信任的幕僚之一，易卜拉欣・卡林邀請一群外國記者，在鄂圖曼時代的耶爾德茲宮（Yıldız Palace）舉行記者會。我感覺彷彿有好幾週沒見到這些朋友了。美聯社的特派員多明妮克已經懷孕八個半月，在政變企圖開始前三小時才剛開始休產假。她帶著我們在伊拉克一起工作，用幽默感度過伊斯蘭國佔領與四十五度高溫，現在她又回到工作崗位上，以同樣幽默感祈禱自己不會立刻生產。所有人看起來都很累。

卡林把我們帶來此地，一步接一步說明艾爾多安如何逃離政變籌劃者，以及迅速復原推翻反叛者的過程。這個動人的故事明天將佔領報紙好幾頁版面：

> 三架直升機被派往馬爾馬里斯……一群菁英部隊前往該處殺害總統及其家人。他們的命令是將他帶往安卡拉，不論死活。他在這群人降落前三十分鐘離開。七人為了安全理由留在旅館中；一人遭到殺害，另一人則在槍戰中受傷。他們逐房搜查，試圖找到艾爾多安。當我們發現企圖後，就動員軍隊及各單位。總統以電話下令必要動作。當他看到安卡拉的坦克與飛機時，他開始意識到事態，立刻決定前往伊斯坦堡。一旦平安降落阿塔圖克機場，就從當地開始統籌一切。

卡林以他冷靜自持的美國東岸腔英文繼續進行簡報時，我們一一寫下筆記。這位艾爾多安小圈子裡最忠誠的成員，在喬治城大學完成博士論文。不像他的老闆，他帶著土耳其西部知識分子的世故優雅。但他仍舊是艾爾多安的人馬。

「記下發生的一切，完整理解是重要的。」他告訴我們，「你們必須傳達正確的論述。我們已經聽到某些說法，似乎對政變並未成功感到失望。我們獲得強大的國際支持，同聲譴責政變。這就是事情該有的樣子。但當人們開始談到法律應當如何伸張時，聽起來彷彿這場政變並未發生！」

此刻，西方領袖帶著憂慮密切注意。歐盟的外交政策部長費德莉卡．莫格里尼（Federica Mogherini）提醒艾爾多安，土耳其是歐洲人權公約的簽署國，而公約中禁止死刑。一群歐洲外交部長與美國國務卿約翰．凱瑞也對處刑討論發出公開警告。

此外還有即將發布緊急狀態的謠言。當我們其中一人問卡林是否為真，平常相當平靜的知識分子卻爆炸了。

「這就像在九一一隔天，跟美國談他們外交政策的失敗！」卡林暴怒道，「我們以民主之名驅逐政變。我們上街流血。你們都該報導正確事實！」

三天後，國會通過緊急狀態，將持續三個月，並允許政府以行政命令統治國家。包括關閉企業與其他組織，並開除公務員。護照可以被取消。被拘捕的人可以在無罪名指控下關押長達三十天，某些案例中，被關押者無權私下與該案律師交談，因此「密碼訊息」經常在此情況下交換。被關押者每十五天可以有十分鐘電話時間；家屬若想探視，必須事先申請。政府有權實施宵禁、禁止集會，並審查任何被視為威脅國家安全的出版品或節目。

## 政變一週後

西利弗利（Silivri）的地面已經乾到發白。監獄大門外廉價咖啡廳一排零零散散的塑膠桌椅上，男女臉色發白，安靜坐著。多數人以手支頭，全都穿著鄉村貧民的單調普通衣服。

我在攤位後面徘徊，好讓大門口梭巡的憲兵不會發現我的蹤跡。他們一開始很緊張，這些土耳其人發現自己在恐怖的一夜過後，成了自己社會的棄民。但他們還是開了口。

「他星期四入伍服役，星期五就是政變。」一名來自迪亞巴克爾的女性開口。當她發現自己兒子被捕，就開著父親的老車，開了八百五十英哩前來伊斯坦堡邊緣的西利弗利堡壘。

「隔天他打電話給我，」她繼續說，「他說一名軍官派他的單位去土耳其廣電總台（TRT）總部，接著又去塔克辛廣場。隔晚他又打電話，從那之後我們還接過他兩通電話。最後一通是從他律師的電話打來──他正在法庭──他要求一萬里拉（律師費）。我讓兒子去保衛國家，他如果不去，他們會說他是叛國者。但他去了，仍舊是叛國者。我的行蹤跟發生的事情，都得瞞著其他家人。」

咖啡廳後面的停車場裡，舒克里耶跟舒克魯．艾索赫魯躺在從後車箱拉出的睡墊上。他們也從土耳其邊陲地帶開到這裡；他們來自靠近敘利亞邊界、收容許多敘利亞難民的的基利斯。舒克魯．艾索赫魯是每天只賺三十里拉的農工。他們沒錢住旅館，也不知道二十歲兒子卡迪爾的情況。

「他入伍一個月。」舒克里耶說，她的手上仍舊留有卡迪爾入伍派對留下的指甲花染痕跡。有錢人可以花錢逃役，艾爾多安的幾個兒子從未服役。但像卡迪爾這樣的窮人家兒子，是逃不掉的。家裡為他的入伍派對花了七百里拉僱用當地樂團，所有親朋好友一起募款補助他的薪水。但仍然不夠；在伊斯坦堡待了二十天左右，他就打電話回家要錢。他的父母親只能擠出五十里拉（約十二英鎊），仍舊把錢寄給他。

「入伍前，他參加了下士再上一級的資格測驗，卻沒有過。」舒克里耶說。「但他想從軍，他想在東邊服役，保衛土耳其對抗恐怖分子。我希望他在西邊服役，西邊比較安全。我是那個認為伊斯坦堡比較安全的人。他並不知道會進入一群恐怖分子之間。不不不！報效國家讓他很開心，他不可能涉入這些事情。」

艾索赫魯夫妻在電視上看到政變開場，以為是維安警報。上床睡覺後，卻被清真寺大放的禮拜祈禱聲給吵醒。他們以為是幾英哩外敘利亞邊界的伊斯蘭國攻擊。接著他們聽到政變字眼，就跑上街加入鄰居。他們一直待在外頭，恐懼轉為憤怒及挑釁，最後發現叛亂失敗後則轉為歡欣。直到三天後他們接到兒子單位的電話，說卡迪爾遭到收押。接著義務律師打電話來說卡迪爾可能會關很久。

這是他們第一次到伊斯坦堡。「律師說我們孩子被騙了，他被告知那是軍事演習。」舒克里耶說，「我就崩潰了。我現在有吃鎮定劑。我以為只要兩三天，他就可以出來了。但現在我愈來愈害怕。」

賈赫拉揚正義宮（Çağlayan Jusie Palace）的光亮廊道上，娜茲莉・坦布拉齊・阿爾塔許（Nazlı Tanburacı Altaç）翻動文件，低聲呢喃，注意任何可能對她跟媒體講話感到不快的人。金髮、精心打扮的二十多歲女性，倘若不是七月十五日，她的世界永遠都不會跟艾索赫魯夫妻發生交集。這間伊斯坦堡法院在二〇一一年揭幕，是歐洲最大的法院，身為此地的義務律師，她的工作就是接下那些收入較好的資深律師不願意接的案件。但對這些委託人，她有一股額外的責任感。

「我已經在這裡四十八小時了，每個人都很忙。」娜茲莉說。「我們要求見檢察官，跟他談談審判，但他因為極大的工作量而無法回應。」

法院試圖處理一萬零五百名此刻遭到逮捕且正式起訴的人。但同時，司法體系也遭到清算。政府說司法體系是葛蘭派的重鎮之一；因此，政變企圖一週後，從官僚系統被開除的數萬人之中，包含了兩千名檢察官與法官。

仍然留在司法體系中的人則超時工作。被告給出的混亂證言卻浮現了某種敘述。

「我的委託人裡有四名軍校學生，」娜茲莉說。「他們是通過困難的體能與心智測驗，謹慎揀選出來接受高等教育的學生。政變當晚，他們在伊斯坦堡附近的亞洛瓦（Yalova）軍營。晚上十一點左右，被指揮官帶到橋上。」

「檢察官問他們：『你們沒問要去哪嗎？』他們說被上面告知這是演習、軍事演練。他們根本就不知道政變。他們沒有電子設備，所以對發生的情況一無所知。他們穿戴全副裝備跟槍枝，但那是演練的常態。他們看到新橋（第三座博斯普魯斯大橋，政變當晚已完工但尚未通車），覺得驚訝。接著他們看到阿塔謝希許（Ataşehır，靠近伊斯坦堡亞洲側中心的高樓區域），其中一人問起他們要到哪裡。指揮官要他們冷靜。」

「他們被大巴士載到橋上。突然間在橋上，司機遭到射殺，巴士緊急停了下來。之後就發現自己身在駁火之中。其中一人死在巴士上，眼睛中彈而死。我的委託人告訴我：『這是我第一次看到死屍。他的血噴到我的舌頭底下。』」

「人們朝他們丟石頭，並搖晃巴士。他們發現事情很不對勁。一會兒之後，人群開出通道，把他們帶到路邊。他們衝到緊急車道。他們說自己並未遭到攻擊或毆打，群眾救了他們的命。經過請求之後，他們被釋放。但檢察官反對，所以他們又被逮捕了。」

「他們的家人都很痛苦。有些人好幾天都沒有兒子的消息。有些家庭一週都沒聽到兒子的聲音。有些人打電話問我：『他是不是死了？』」

政變之後的混亂日子裡，娜茲莉的部分委託人獲得釋放，卻又立刻被捕。其他人則消失在監獄中，沒人能接觸到他們。

在外面，嗜血狂熱則滲進了墓地。一百零五位死於叛亂的政變士兵屍體，將被埋在一處「背叛者」墓地，這是伊斯坦堡近郊原先保留給新流浪狗收容所的一塊地。穆罕默德・卡拉貝基爾（Mehmet Karabekir）少校是首位下葬者。入葬時沒有給亡者的祈禱；新翻過的泥土也沒有立下墓碑。

「高階政變策劃者的家人甚至想要讓他們改名。」坐在西利弗利門外的另一名律師說。「他們問死去的親人看起來如何，我只能謊稱還可以。當政府讓大眾有這種恐懼感，他們之中有些人甚至不想去認領親屬的屍體。人們刪除他們的WhatsApp對話及臉書發文。那是恐懼。就在政變那晚宣禮呼聲響起之後就開始了，我看見人們的心態正在改變。」

## 鎮壓

如何辨認葛蘭派人士？政府說有不同方式。多年來都無法在軍隊或司法高層中找到他們，政府現在卻很確定要如何辨認他們。政變企圖數週後，陰謀論開始滲入新聞報導，經過政治人物反覆談論，然後成為事實。

首先，他們宣稱賓州的伊瑪目發放一美元紙鈔給追隨者，所有鈔票的序號都從字母F開始。證據呢？政變後八天，政府喉舌安納多盧通訊社的特派員報導，警方在許多被逮捕的葛蘭派疑犯家中發現這種紙鈔。接著政治人物就打蛇隨棍上。司法部長貝基爾．波茲達告訴「A Haber」新聞：「無疑地，這種一美元紙鈔在葛蘭恐怖組織中有某種重要功能。檢察官調查時也將進行了解。這代表什麼呢？為什麼攜帶這些紙鈔？這代表了某種階級嗎？還是某種他們彼此之間的身分證明呢？」

其他政府派的報紙與消息來源也開始揣測。據說還發現其他不同序號字母的紙鈔——所以不同字母一定指向某個階級。一名專欄作家宣稱，發給追隨者之前，葛蘭本人祝福過這些紙鈔。很快地，一美元紙鈔本身就足以構成逮捕的充足理由，而不只是一點證據上的巧合。最早被捕的一批人中，包含美國太空總署（NASA）科學家賽爾康・果爾蓋（Serkan Gölge），警方依據政變企圖後一週收到的線報對他問訊。警官在他兄弟臥房的盒子裡發現一張一美元紙鈔。二〇一八年二月，被收押了十九個月，果爾蓋等到的審判結果是被判恐怖主義罪，入獄七年半。

但是多少人家中有一美元鈔票呢？我有。我準備了一疊一美元紙鈔，供旅行時使用。這是全世界最受認可之貨幣的小額零錢。政變兩週後，房東來收租時，這疊鈔票就擺在我的書桌上。我一直都認為他是我在伊斯坦堡的盟友，一個浮誇的傢伙，每次見面時雙頰都要來個吻。但他看到紙鈔時，轉身看著我的眼睛。

「啊啊啊！葛蘭派！」他一邊說，一邊開心笑兩聲緩頰過去。

我不覺得他是認真的，但卻嚇到了。當晚——外人眼中可能覺得我瘋了——我把這些紙鈔撕成碎片，沖下馬桶。

接著還有一家土耳其連鎖服飾店賣的大量生產、胸前印著「HERO」（英雄）的廉價T恤。因為一名政變嫌疑犯在首次庭訊時穿著這件T恤，《晨報》便決定這也是葛蘭的訊號：「Hero」指的是「*Hoca Efendi Razi Olsun*」（願導師祝福你）。艾爾多安宣布從此刻起，所有被告都必須穿著棕色長袍出庭。街頭上，警察也開始關押穿著這件T恤的普通土耳其人。幾天內，超過三十人被押進警局。

但除了這些愚蠢的「訊號」外，政府官員告訴我們，葛蘭派人士都很神祕。他們很聰明、狡猾。他們隱藏自己，也喝酒；倘若是女性，則不戴頭巾，就能喬裝成世俗主義者。他們如此善於隱藏自己真正的身分，任何人都可能是這個組織的一分子。

土耳其人對葛蘭派的恨意是真實的：葛蘭派再度試圖奪取國家，接著又讓國家的武器轉向人民。這些人必須被揭露；倘若他們如此善於隱藏自己，每個人都有嫌疑。朋友彼此懷疑；先生舉報太太。報紙上報導了好幾樁離婚案，都提及葛蘭派同情者。伊斯坦堡有一名懷孕婦女遭到團體攻擊；對方大叫，她穿著暴露服裝一定是葛蘭派。她說：「他們想對我私刑。」

對那些置身於國家顯微鏡下的人、遭到開除的人，或另一半被捕的人，指責就像瘋病一樣蔓延。走在伊斯坦堡時髦區域的街上，你可能不會發現大規模清算，正在腐蝕這個國家的心臟。但我發現了。政變後一年每個夜晚與週末，我發出隔天報紙要用的稿子後，就會搭上市公車，前往伊斯坦堡平凡無奇的區域。

在那邊我會碰到遭社會驅逐的人。我不知道他們是否為葛蘭派，但我知道他們在未經審判的情況下，遭到判刑或處罰。大清算第一年，幾乎每一天，在公部門工作的土耳其人，都會注意國內的法律通告《官方公報》（Official Gazette），看看自己的名字是否被加入最新的開除名單中。

「沒有預警，沒有調查。」一位名叫阿赫麥德的低階公務員告訴我，他的整個公務生涯都在某個省的市政廳工作。「我發誓我是我們辦公室裡工作能力最好的人。我的經理問了好幾次，希望能讓我回去。我在《官方公報》上發現我的名字，我被交待收拾個人物品。沒有信件，沒有簽名，什麼都沒有。他們把我踢到路邊。他們說原因是我跟恐怖主義團體合作，卻甚至沒說是哪一家，是庫德工人黨？還是葛蘭派？我很多朋友都反對正義與發展黨，當然我也是。」

阿赫麥德的親朋好友都棄他而去，只有那些也遭到清算的人才接電話。為了打發空閒時間，他一而再、再而三地思考自己可能被針對的理由。他很確定不可能只是因為他反對政府。最可能的解釋，是他曾在阿西亞銀行（Bank Asya）開設戶頭，這是一間現在已經關閉的葛蘭派企業。

「二〇一四年一月，我在一所國立大學就讀碩士學位，他們希望我開設阿西亞銀行戶頭。我希望我沒去讀書。我失去了工作、護照、朋友、親戚。我失去了未來。我很絕望。我只想要拿回護照，好離開這個國家。」

另一名公務員穆罕默德，在政變企圖後兩個禮拜走進辦公室時，發現警察在那裡等他。經理給他一個信封，信上只有一句話：「基於調查進行中，你將暫停職務。」

「我得簽收，但我不想。」穆罕默德說。「我一直知道不理性的事情在發生，但我以為這些人不可能解決這個問題，所以我簽了。接著我發現我的名字出現在拘押令上。我們跟警察到我辦公室。他們搜查書架跟書桌，拿走電腦進一步搜查。之後還去我家。他們拿走我的通訊設備，我跟其他近百人被帶到一間體育館。」

二十六天後，他被帶進混亂的法庭。他仍未得知自己被指控的罪名。檢察官開始讀出一些社群媒體發文，卻沒說明指控罪名。

「我特別問，是否對我有任何正式申訴，以及我被指控的罪名。檢察官簡短回答：『我們正在調查。』我沒法大聲質問我為什麼被拘押二十五天。我知道答案：緊急狀態，當然還有法庭過重的工作量。」

法庭釋放了穆罕默德，但下令他每週兩次得向伊斯坦堡警察局報到。數天後，《官方公報》上刊出的行政命令，宣布他正式被開除。現在他發現自己被指控為恐怖組織成員，等待審判。截至二〇一八年四月，七萬七千五百二十四人被正式指控與政變企圖有關，被拘押的人數則是兩倍。他很可能得等上好幾年，甚至是幾十年。他向憲法法院提出申訴，卻未獲回音。行政法院因為緊急狀態而拒絕受理。上訴法院也沒有消息。所以，就跟其他兩萬五千名身陷清算的人一樣，他也決定將自己的案件提交歐洲人權法院（European Court of Human Rights），相信他至少可以在土耳其之外伸張正義。歐洲人權法院只能受理已經走遍所有國內司法途徑的案件。因此穆罕默德跟其他人，全都卡在卡夫卡式的循環裡——崩解中的司法體系、國際法庭與一心報復的總統。

部分遭到清算的人，找到預期之外的應對方式。法特瑪是一位英語無懈可擊的女性，我與她及她精力充沛的十歲女兒見面時，她說自己跟丈夫雙雙被開除後她才戴起頭巾。她並沒有忽略背後的政治意涵。

「最近我開始戴起頭巾，這不是個容易的決定。被開除後，我開始重新研讀古蘭經。我來自世俗家庭，因此很難解釋這個決定。我家沒有宗教根源，但來自安納托利亞，因此文化上是保守的。他們喜歡阿塔圖克；我媽也沒戴頭巾，但她支持艾爾多安。但這個國家中我們都有偏見，現在人們更加分裂。有些人支持戴頭巾，其他則認為這是政治迫害。一開始戴頭巾時，我試過各種風格。我覺得自己看起來太像正義與發展黨的支持者。我想大喊我不是正義與發展黨信徒，我只是信神。我們擁有伊斯蘭政府，但你若不屬於這個政府，就難以實踐自己的信仰。我叔叔還不知道，但我想他們的反應會跟政府有關：『你變成艾爾多安主義者了。』」

政變企圖後的週二，當我坐在耶爾德茲宮聽卡林要我們別質疑鎮壓行動的那一天，她在工作單位的停職名單上發現自己的名字。六週後，她被完全開除了。

「我被開除時，只有幾個人打電話給我。他們想著兩件事：我一定跟葛蘭派有關，或他們不在意葛蘭派，但不想失去工作。我並不驚訝，因為人們非常害怕。有些朋友沒打電話。我仍有聯絡的人，都有相同情況。這很正常，因為人們會說：『看！他們有聯絡！』他們將我們變成這樣。『我們』對『他們』；大部分人很容易接受這種邏輯。」

二〇一七年初，歐盟準備了一份關於政變與後續清算的情資報告。報告指出葛蘭派是政變企圖的核心，但同時也指出土耳其政府似乎在政變發生前，就已經準備好了一份預備開除的人員名單。其中包含參與蓋齊公園抗爭的社會運動者。七月十五日的事件給了艾爾多安執行的機會。報告最後終結：

> 正義與發展黨試圖從政變企圖中得利，甚至也可能進而壯大。在國內政治上，正義與發展黨將一勞永逸解決唯一真正的對手，同樣在國際連結上，它也試圖展現自己仍舊強大，足以創造完整的總統制體系。

回到土耳其，數百萬人可能也有相同想法，但透漏出這類想法無異於叛國。「數萬人在獄中，數萬人遭開除，數萬人不敢討論這些事。」二〇一七年七月，丈夫在政變後不久被捕入獄，自己也失去工作的女性對我說。「我無法相信我的同胞，我的土耳其同胞。我理解艾爾多安，因為他是個獨裁者。但我不懂土耳其人為何不敢談。我讀過伊朗、伊拉克、敘利亞的歷史，從沒想過有一天土耳其會跟它們一樣。」

# 第十章 凱末爾之子

穆斯塔法·凱末爾有兩個。一個是此刻站在你眼前，血肉之軀的穆斯塔法·凱末爾，他會死亡。另一個就是你，此地你們所有人會前往我們國家的偏遠角落傳揚理想，必要時以生命捍衛。

——穆斯塔法·凱末爾·阿塔圖克

## 二〇一七年三月
## 哈塔伊省（Hatay）

所有的日子裡，今天我一定得來此地。

「你沒有阿塔圖克的照片？」當比爾森·阿爾德爾瑪（Birsen Aldırma）在午餐桌上堆滿一盤盤鷹嘴豆泥、肉丸子、各式蔬菜與優格時，我問起她。

她的家人全跟我們聚在一起，瞪大眼睛看了彼此一眼，替她回答。

「我們有一幅很大的照片！但是是固定的。」大家長費祖拉（Feyzullah）說。「上週有場風暴，結果它從牆上掉下來，摔碎了。我們把它送去玻璃店修理，明天就會回來了。」

這些也許是土耳其唯一不需要透過阿塔圖克照片來感受阿塔圖克就在身邊的人。因為擠進費祖拉前廳的阿爾德爾瑪家與庫祖魯家（Kuzulu）三代成員擁有阿塔圖克血統。

七十五歲的比爾森仍舊眼神明亮，頭髮黝黑，感覺上不大像費祖拉之母。反觀五十五歲、灰髮疲憊的費祖拉，大半早上就攤在角落的椅子上，他看起來已老得不像二十四歲丹尼茲（Deniz）與十九歲德莉亞（Derya）的父親。至於孩子們，他們的頭髮黑亮，穿著運動鞋，在身體上打洞穿環。

少女的四名堂兄姊則是年紀較長、三十多歲的體面家族成員。丹尼茲與德莉亞的姑姑莎拉普（Şarap）——費祖拉的妹妹——則是一名豐滿但身材保持良好的母親型人物，剪著時髦短髮；每次跟我說話時，都會親暱地捏一下我的手臂微笑。這九個人，是阿塔圖克堂兄弟阿布杜拉赫曼・艾芬迪（Abdurrahman Efendi）的孫子女、曾孫子女與玄孫子女。他們是阿塔圖克最後僅存的血肉回響，雖然他去世不過八十年，卻已經幾近永垂不朽。

只有嫁入這個家族的比爾森，還記得阿布杜拉赫曼。「他是個帥哥，充滿魅力！」她說。

他們沒有人老到記得阿塔圖克本人。他們跟這位素未謀面者之間的驕傲連結，建立在幾件散落的小物與故事中。

「我讀小學時，總是被點到朗誦阿塔圖克的詩。」莎拉普說，臉上綻出笑容。「即便現在想起來，都會讓我激動。最後一次去他陵寢時，我哭了！」

莎拉普太激動而講不下去時，費祖拉便接著說。「想到阿塔圖克……就像百年難得一見的人物。」他說。「他完成巨大成就。我們陷在戰爭中，整個世界都沸騰了。他拯救了我們的國家，給我們自由。」

這個溫暖樸實的家族繼續聊下去。當我從伊斯坦堡搭機返回哈塔伊省時，一點也沒想到會碰到這樣的人。哈塔伊是緊鄰敘利亞邊界西端的南方省分，也是我剛搬到土耳其時，居住了八個月的區域。我一點也不知道，到處都會看到的那個人的親族就近在咫尺。阿爾德爾瑪家與庫祖魯家住在隔海面對賽普勒斯島的落魄港市伊斯肯德倫（İskenderum），及幾英哩外的內陸城鎮德爾特約爾（Dörtyol）。他們的公寓小而整潔，以土耳其中低階級的慣常風格歡欣裝點：蕾絲桌巾覆蓋著小側桌，精緻圖樣的咖啡杯只用來招待客人。牆上掛滿伊斯坦堡風景相框，以及阿拉伯文刺繡的伊斯蘭箴言。

「這是我們喜歡的生活，我們喜歡樸素的生活。我們從未隱藏自己是他的親戚，但也沒有利用這一點。」當我指出他們跟最後一任鄂圖曼蘇丹穆罕默德六世的後代之間的差異時，費祖拉這麼說。一九二三年遭到驅逐之後，蘇丹後代就將自己打造成有私人飛機的歐洲富豪，在摩納哥度假，並於二〇一〇年控告土耳其政府，要求取回部分失落的財富。現在，他們也試圖重回土耳其政壇。二〇一七年初，政變後的歡欣開始減退時，艾爾多安對土耳其憲法進行公投，憲法改制將給予他幾乎無可挑戰的權力。進入二十一世紀第二個十年時，開始流傳艾爾多安想將土耳其由內閣民主制度轉為總統行政權總攬的計畫。二〇一四年，他成為總統後，更添動力。倘若他成功為自己的贊成（*Evet*）陣營取得多數票，艾爾多安將可以透過行政命令統治國家，並一手決定內閣人選。司法體系的最高階層也將由他直接任命，國會也是。這些改革將推翻阿塔圖克留下來的制度。

投票日前的最後幾週，穆罕默德蘇丹的後代在國家媒體現身，表達對艾爾多安計畫的支持。相反地，阿塔圖克的家族卻很少對媒體發言；我是第一位跟他們見面的外國記者。他們為這個場合穿上最好的衣服，這舉動讓我很感動；比爾森花了好幾個小時，準備大量哈塔伊美食——這是我對此地生活最懷念的事物。這個區域的美食全國知名，卻很難在哈塔伊省以外找到道地的味道。溫熱香料扁豆湯、胡椒豆、乾小麥粉包肉，餐桌上滿滿的精緻美食。堂兄之一的阿赫恰（Ağca）幫我手畫出族譜，還特地請假加入我們的行列。我們聊了一下古老的安塔基亞城，這是我之前的老家，現在則有數萬名敘利亞人在此避難。費祖拉說隔壁住的也是難民。他們都很善解人意；畢竟，阿爾德爾瑪家與庫祖魯家自己也曾是難民。

「我們祖先的旅程始於塞薩洛尼基……我們從那裡到伊斯坦堡、布爾薩，然後到了這裡。」費祖拉說，「所有移民都前往德爾特約爾，那是指定區域。這就是這邊所有人看起來都像外國人的原因，他們原先來自巴爾幹。」

阿塔圖克的直系家人，包含他的母親、妹妹與堂兄弟阿布杜拉赫曼，都是鄂圖曼帝國崩潰時，首批被連根拔起的鄂圖曼人之一。一九一二、一三年時，他們離開家鄉薩洛尼卡（塞薩洛尼基的鄂圖曼舊名）。新生的基督教國家保加利亞、希臘、塞爾維亞與蒙特內哥羅聯合起來，將鄂圖曼人踢出歐洲最後的堡壘。當時的西歐首都歡慶這場勝利，但代價卻由巴爾幹半島上的穆斯林支付，他們遭到屠殺，並被遣返安納托利亞。

接下來的數十年中，數百萬人將步上這場非自願出走的後塵，土耳其人對安納托利亞上的少數民族施以報復，也讓帝國的數百萬基督徒逃向另一端。這是鄂圖曼日暮之際的最大悲劇：一度相容共存的人民卻變成血海深仇。今日鬼魂仍舊盤據伊斯坦堡，這個城市一度充滿了三種亞伯拉罕宗教[1]的信徒，此刻多數都自認為是穆斯林。即便如此，某個週日早晨躺在床上，我仍能聽到孤寂的教堂鐘響——提醒我這區域過往曾經住滿希臘裔的中產階級。在一條若不是憑著對豬肉的熱愛，我絕不會踩進去的骯髒後巷裡，存在著這城裡最後僅存的希臘肉鋪。冷調白瓷牆面透露著一種祕密社團的氛圍：對香腸培根罪惡熱愛的陰謀論。

來自帝國歐洲領土的穆斯林逃往或被驅回土耳其核心地，他們在此尋求安全與共同宗教的接納。但他們的外表、淡色肌膚與藍眼，比起深色肌膚的安納托利亞穆斯林，明顯就是外來者。後來他們成了阿塔圖克土耳其獨立戰爭中的武器。

「來自巴爾幹的人被送往哈塔伊，因為當時此地在法國與亞美尼亞人的掌控下，」阿赫恰解釋，「土耳其政府希望運用巴爾幹難民增加此地人口。」

午餐過後的下午時分，我們繼續聊著。莎拉普讓我看他們祖先的照片，並告訴我人們發現他家知名親屬時的反應。今天，他們拿出僅有的幾樣遺物，包含阿塔圖克的典禮用刀，是一把美麗的雕刻銀刀；家族裡的年輕人承認曾在小時候打仗遊戲裡用過這把刀。除了最後少數幾樣

1 譯註：指世界上主要三個有共同源頭的一神教——基督宗教（包括天主教、基督新教與東正教）、伊斯蘭教與猶太教。這三大宗教均給予聖經舊約中亞伯拉罕崇高的地位，來源於閃米特人的原始宗教。

珍藏的遺物外，他們將其他一切都捐給博物館，包含一九三〇年代阿塔圖克來此造訪堂兄弟時所開的凱迪拉克轎車。因為引擎無法發動，因此他將車留在此地。直到一九六〇年代，這輛車都還停在家族房屋外；當時國營的土耳其商業銀行（IşBank）前來要求取得這輛車，以及大批老照片。這些文物現在都在安卡拉的阿塔圖克陵寢博物館中展出。

「那就是阿塔圖克的精神，」費祖拉說，「將他的一切與國家共享。他曾說：『甚至我現在穿的衣服也屬於人民！』」

阿塔圖克的家族希望至少在凱迪拉克車旁的說明牌上提到家族捐贈。「他們卻寫著土耳其商業銀行捐贈！」費祖拉說，哀傷而不可思議地搖搖頭。「我們本來也要把刀捐出去的，但那件事之後就改變了心意。」

一整天，我聽著他們的故事，撫觸他們的藏品，我一直偷偷注意他們的神情，尋找跟土耳其最知名人物有無任何相似之處。他們都沒有那種洩漏情緒的閃亮藍眼，或令人驚豔的金髮。但在聰明有趣的大學生丹尼茲身上，我感覺到某種個性的力量。

「所有一切都在去阿塔圖克化，學校教科書、錢幣。」丹尼茲突然說，我發現她眼眶中開始出現淚光。「最近在大學裡，每個人都可以公開討論任何事。那些讚美他的人讚美他，但其他人也隨意侮辱他。我不懂教授們為什麼不發一語。這是建立共和國的人。我不能忍受。」

## 第五八一六條：侮辱阿塔圖克罪

數百名因為違反五八一六條而入獄的土耳其人可能會有不同想法。在法條規定之下，任何被認定侮辱阿塔圖克、其影像或記憶者，都會面臨最高三年徒刑。任何鼓勵他人侮辱阿塔圖克者，亦視同自身犯罪一般，將會遭到起訴。倘若是公開侮辱，或在媒體上侮辱，最高刑罰可以加重一半。犯罪行為若在阿塔圖克陵寢中發生，則可以被監禁長達五年。

這條法律並非古老而不合時宜。數百人因為這條法律而入獄服刑數千日，包含教授、詩人、市長與宗教人士都曾犯法；有些人無心，其他人則是有意識的抗議之舉。國際人權組織與言論自由觀察者都曾抗議此法。但此法並非阿塔圖克本人制定。《官方公報》上刊載的新法發布通知，是在一九五一年七月三十一日。此時阿塔圖克已經去世十三年，國家卻陷入第一波反對阿塔圖克改革的聲浪中。

一九五〇年五月，在土耳其第一次自由選舉中，民主黨（Demokrat Partisi）由阿塔圖克的共和人民黨手中奪取政權。黨主席與當時的總理阿德南．曼德列斯（Adnan Menderes）宣稱人民的意志獲得實現，官僚菁英的統治結束。當代的土耳其人應該認得出這些修辭——這幾乎跟正義與發展黨在二〇〇二年掌權後，艾爾多安一再重複的宣稱如出一轍。兩位領袖之間還有其他類似之處：兩人都同情土耳其的宗教保守派群眾（雖然比起艾爾多安，曼德列斯個人明顯沒那麼虔誠），兩者也都試圖鬆脫部分阿塔圖克的堅定世俗主義，來取悅這群人。

曼德列斯的政黨執政後，執行的第一條新法，是重新允許阿拉伯語宣禮。一九三二年阿塔圖克通過一條法律，宣布宣禮只能以土耳其語進行，令虔誠信徒大驚失色。在土耳其世俗主義與更廣的宗教爭議脈絡中，這場拔河如此具有象徵性，甚至出現在二〇一七年初上檔的電影《領袖》（Reis）的預告片中，尷尬地試圖美化艾爾多安。

這部影片訴說的是艾爾多安早期的生命故事，當時他仍是出身伊斯坦堡黑街的普通塔伊普。影片將他刻畫成遵循道德羅盤指引的虔誠男孩，不願意接受同儕壓力，也因此受到仰慕者與敵人的尊敬──大致上正確。但預告片中卻出現年輕的塔伊普故意挑戰法律，以阿拉伯語宣禮？艾爾多安生於一九五三年，當時曼德列斯的阿拉伯語宣禮新法已經施行三年。因此沒什麼好挑戰的。

很快地，聞到宗教自由的新風向，保守的伊斯蘭教團提加尼（The Ticanis）也開始攻擊阿塔圖克的雕像。這個教團於十八世紀源於鄂圖曼帝國的北非區域，卻隨著阿塔圖克的現代共和國誕生而愈趨基進且惡名昭彰。他們擁有數千名成員，集中在安卡拉。由於對阿塔圖克雕像的攻擊很快在國內到處發生，因此不可能全都是提加尼教團所為。歷史學者雅克布・蘭多（Jacob Landau）認為學生與青年抗爭運動很快也加入了這項活動。無論如何，指責完全落在宗教人士頭上。

曼德列斯面對兩難。他想給虔誠的土耳其人一些喘息空間，但並不想讓他們走極端。阿塔圖克給了曼德列斯在政壇的第一份工作，因此他對阿塔圖克還有一絲忠誠。此外他個人也不像黨內其他成員那麼忠於伊斯蘭──他的妻子是歌劇家，是正統歐洲藝術形式的提供者。因此他起草了一條法律，將攻擊阿塔圖克回憶者入罪。

這是非常爭議之舉。多數反對者來自共和人民黨——以阿塔圖克為「永恆領袖」的政黨，他們認為此法既不民主也違憲。但曼德列斯也面對來自同僚的反抗，黨內比較虔誠的成員不願接受凡人的「神化」。一名獨立派國會議員則指出此法會導致大學教授因為授課內容而獲罪；果然一語成讖，這正是後面幾十年發生的情況。

法案第一次表決時，以一百四十六對一百四十一票的少數差距未能過關，因此退回司法委員會重議。當時流傳的謠言是政府將撤回法案，結果雕像攻擊案卻突然升溫。一天之中，安卡拉的兩座阿塔圖克雕像在光天化日之下遭到毀容，就在軍營之前。提加尼教團領袖遭到逮捕，連同十二名成員，但破壞事件仍舊頻傳。一個月中，超過百名教團成員遭到拘捕，調查還擴大到另一個保守團體奈克什班迪教團（Nakşibendik）。一九五一年七月十二日，內政部長召開記者會誓言「掃蕩那些需要被爆頭的蛇」。十二天後略微修正的法案重回國會，以兩百三十二票對五十票通過。六名國會議員遭到拘押。阿塔圖克的榮譽獲得法律保護。

法案通過時，《共和報》記錄下國會內動盪的場景。該報的國會記者寫下：「贊成與反對法案的議員吵鬧不休，大拍桌面，有些人甚至相互言語攻擊。」

代表加納卡萊（Çanakkale，阿塔圖克帶領士兵贏得加里波利戰役之地）的國會議員貝迪．烏努斯頓（Bedii Unustun）以詩意演說反對此法：「以獨裁政權管理國家有如池中行舟。」他說，「民主有如在開闊大海中航行。此項提案是政府意欲將開放水域關入池中。政府假借對阿塔圖克的愛戴，將重擔放在人民肩上……這艘船將失去方向，撞上礁岩。」

烏努斯頓所說的話，多數在嘶吼拍桌中飛散。表決通過時掌聲如雷。但有些人認為這條法走不久。法案通過數日後，《共和報》編輯納迪爾・納迪（Nadir Nadi）在評論中指出：

想像當我們抓到所有提加尼成員，將摧毀雕像者與汙辱阿塔圖克者的刑期提升到十年，我們就能保護革命，以及關於阿塔圖克的鮮活記憶嗎（不只是石頭跟黃銅）？倘若法案照章通過，就能阻止人們濫用宗教嗎？那些害怕攻擊雕像的原教旨主義者就會停止攻擊改革本身嗎？那些檯面上下的宣傳，例如家中的婦女也要（以頭巾）遮蓋、重新引入阿拉伯字母及以伊斯蘭教法取代民法，會就此停歇嗎？

納迪支持這項法案，但也宣揚應該對拒絕遵守阿塔圖克服裝改革及不願改行拉丁字母的人，施以同樣處罰。

曼德列斯最後死在自己的刀下。隨著任期推進，他的脾氣愈來愈壞，難以忍受批評，同時還貪汙腐化，透過拘押記者及操弄選舉結果，試圖抓緊權力。一九六〇年，土耳其軍隊（阿塔圖克遺產的最後守護者）首度介入政治，推翻曼德列斯，並以一系列精采罪名起訴，包含「奢華」、孕育私生子及盜用公款。法院判他及他黨內數名高階人物違憲，並處以吊死之刑。曼德列斯於一九六一年九月被處死。三十年後，在熱愛威士忌但虔誠的圖爾古特・厄扎爾總統任內，才又重新發掘關於曼德列斯的記憶。

艾爾多安又更進一步。現在你可以看到大道、機場與公園以曼德列斯命名。包括阿塔圖克在內，土耳其有三名領袖的墳墓被轉成陵墓，曼德列斯也是其中之一（另一位是圖爾古特．厄扎爾）。二〇一三年，他受審並遭到吊刑的馬爾馬拉海小島被重新命名為「民主自由島」。

然而，二〇〇七年五月，艾爾多安的政府施行了另外一件法案，意圖保護阿塔圖克的名譽。這一次是為了回應一個非常現代的問題。在網路世代中，一九五〇年代的雕像破壞者現在透過自製影片、部落格文章與討論串來表達想法。第五六五一條允許政府可以在廣泛的基礎上關閉網站，包含虐待兒童、不雅照及著作權侵權等。然而，這條法律的原始目的，是要針對無法可管的網路，裡頭日益增加的對阿塔圖克的批評。接下來兩年中，超過三千七百個網站違法，包含MySpace、Google與好幾個庫德族新聞網站。但最主要的對象是YouTube，他們多次拒絕土耳其請求撤下批評阿塔圖克的影片。二〇〇九年，歐洲安全經濟合作組織統計，在土耳其共有兩千九百七十二個網站，因各式各樣反阿塔圖克的罪名而遭禁——比涉及性交易而遭禁的網站還多。

在這些法律鐵網的限制下，幾乎不留任何空間，禁止對阿塔圖克的生活與事業進行學術或隨意辯論。多數土耳其人對國父的知識，鮮少超脫「長演說」稿的範圍：一九二七年阿塔圖克在六天中對國會發表了三十六又二分之一鐘頭的長篇巨作。在演說中，他羅列出獨立戰爭歷史，以及新共和國的原則。談到鄂圖曼帝國本身的惡行與其最終結局所犯的錯誤，他譴責批評了每個人，從諸位蘇丹與朝臣，到外國佔領勢力。

阿塔圖克站在敘事中種種狡詐與不幸之上，呈現部分是拯救者、部分是先知的角色，他預見並帶領了土耳其國家的重生。這是在學校、大學、電影中教導的民間故事敘事，甚至是土耳其疆界以外的正式歷史敘述。一篇二〇〇八年刊登在《土耳其研究》（Turkish Studies）學術期刊中的文章，芬蘭歷史學家發現任何國家、任何語言出版品中，只有六篇論文以批判眼光分析「長演說」。因此任何想打破慣性、挑戰既有成規、提出質疑的土耳其人，通常會被其他社會成員攻擊，也就不足為奇了。

近期內曾挑戰過的人包括歷史學者伊貝克．賈利許拉爾（İpek Çalışlar），她對於阿塔圖克短命婚姻的研究，讓她被告上法院。指控罪名——重訴阿塔圖克之妻拉蒂菲的親戚告訴她的故事——這對夫妻曾經互換衣服，好讓他能逃過一群叛變士兵的追殺。賈利許拉爾告訴我：「土耳其作家一直面對各種法律障礙。就像學習游泳，你會學著如何在寫作同時不要觸法。」

強．敦達爾（Can Dündar）是阿塔圖克派《共和報》的知名記者，也因為他二〇〇六年的紀錄片《穆斯塔法》（Mustafa）中，重現阿塔圖克重度吸菸喝酒的場景而多次出庭。敦達爾最強力的支持者之一是共和人民黨老將艾爾圖魯．古奈；古奈在二〇〇七年加入正義與發展黨，當時該黨看似擁抱自由派理想。

「土耳其沒有自由多元思想的習慣，不論是左派或右派。」他告訴我。「每派都有自己的禁忌，以及不許討論的主題。政治認同就跟宗教認同一樣僵化。阿塔圖克當然對土耳其很重要也很珍貴。但有些視阿塔圖克為禁忌話題的『左派』甚至要求我禁止這部片上映。這實際上是土耳其最嚴重的問題。我們政治光譜中的每一派，骨子裡都是保守派。我們的左派實際上是右翼，而右翼則是極右派！」

敦達爾的電影甚至並未批評土耳其國父。「我希望以更貼近、親密的眼光，來看穆斯塔法・凱末爾。」當時他如此說。「那些雕像、胸像跟旗幟，創造的是缺乏人味的統領。」

## 阿塔圖克的模仿者

土耳其對話與文化中，明顯缺乏關於阿塔圖克的笑話。少數幾個我聽過或讀過的，都驚人的無聊，需要對土耳其歷史的深入知識才聽得懂。例如這一個在曼德列斯處決後流傳的笑話：阿塔圖克跟曼德列斯在天堂相會，前者問後者土耳其現在怎麼樣。曼德列斯告訴他發生的一切，包含自己的不幸結局。「阿德南啊，那就是命運（*kismet*）。」阿塔圖克說。曼德列斯則回答：「不是命運，是伊斯邁特（*İsmet*）！」

伊斯邁特・伊諾努是阿塔圖克的副手與首相，在他死後接掌共和人民黨。他經常被批評將整個黨鎖在過去，導致曼德列斯的民主黨興起。你看！這種笑話怎麼滾得動。

我還找到一個網路世代的阿塔圖克笑話，幾個會講英文的土耳其人應該聽得懂：

「阿塔圖克幹得不錯的時候，他父親怎麼說？」

「Adda-Turk!」

除此之外，你可以找到關於阿塔圖克的笑話，都是設計來汙辱土耳其人，通常是在希臘人或亞美尼亞人聊天室中寫出來的。為什麼呢？倘若哥克索・卡亞（Göksel Kaya）的職業生涯可以當作指標的話，可以發現土耳其人偏好阿塔圖克出現在高度媚俗的幽默中。

過去三十年來，演員哥克索・卡亞只扮演一個角色。每天起床後，將頭髮往後梳，加粗眉毛，穿上做工精緻的西裝跟閃亮皮鞋。他將頭髮漂白成一頭閃亮的黃金色，戴上驚人閃亮的藍色隱形眼鏡；雖然他仍堅持一切外表都是天然無偽。他對自己繆思的習慣與舉止研究透徹，到了可以不經思考就上場的地步——好吧，卡亞仍然抽便宜的百樂門香菸，而不是那些手工捲製、字母刻花的雪茄——但抽菸時手腕抖動與自覺的神情，就跟阿塔圖克一模一樣。

有時卡亞在舞台或電影中扮演阿塔圖克。更常見的是，走在故鄉伊茲密爾的街道上，整天泡在這個角色裡。伊茲密爾是阿塔圖克「狂粉」在愛琴海岸的灘頭堡，距離最近的希臘島嶼僅有一步之遙。就在這裡，年輕軍官穆斯塔法．凱末爾遇到他未來的妻子拉蒂菲。伊茲密爾也是獨立戰爭中受創最深之地。在阿塔圖克軍隊手下戰敗的希臘均退出小亞細亞時，大片怒火撕裂了這個美麗的古城，幾乎摧毀了一切。

這些日子，伊茲密爾成了某些土耳其人的安全天堂，他們可以在此公開親吻愛人，穿著暴露的迷你裙或喝了茴香酒後胡鬧。這主要來自兩股影響力——空氣中仍舊漂浮的希臘文化，以及這個城市與阿塔圖克的牽絆。伊茲密爾是阿塔圖克的黨——共和人民黨的圖騰。「我們需要的，」艾爾多安公投前幾天，我住的伊斯坦堡街區共和人民黨議員巴利許．亞爾卡達許（Bariş Yarkadaş）跟我說，「是讓整個國家變得像伊茲密爾一樣。」

聽起來也許不錯，卻是幻想。伊茲密爾是不一樣的，它彷彿建造在萊伊線[2]之上。除了少數幾個區域如伊斯坦堡與安卡拉的特定街區，以及其他面向歐洲的海岸城市外，土耳其仍是個保守國家。在安納托利亞的核心地與北部黑海沿岸，生活圍繞著生意、清真寺跟家庭打轉。即便是東方的庫德族區域，庫德工人黨的左派思想與女性主義已留下深刻的足跡，卻仍舊是家父長制與部落政治的天下。

也許是國內其他區域終將滲透伊茲密爾，而非反其道而行。二〇一七年夏天，兩名打扮入時的年輕女性，打算前往伊茲密爾市中心充滿夜店與學生的阿爾山恰克區（Alsancak）享受夜間活動，卻遭到騎摩托車的男性騷擾。她們去找最近的警察，但這些警察非但沒有幫助女性，反而說是她們的錯。

「看看妳們，」一名警察說，「穿成這樣，搞不好遇到更糟的情況。」接著他們發出自己認為合宜的懲罰——摑打兩名女性的臉頰。這起事件被監視器拍到，女性對警官提出正式申訴。其中一名遭到逮捕並控以襲擊罪名，兩天後卻具保獲釋。

某天下午我陪著卡亞穿越繁忙的市中心，我看到的伊茲密爾仍舊是阿塔圖克統治的那個城市。穿著海軍藍西裝，筆挺白襯衫，胸前口袋露出紅手巾，卡亞在群眾驚豔的視線下行過街道。有些人張目結舌；其他人則上前要求拍照。一旦有人要求拍照，其他人就蜂擁而上，因此他很快被群眾包圍。卡亞很習慣這樣的場景，也很清楚當群眾失控時，如何迅速脫身。「快來！」（*Hadi!*）迅速穿越群眾時他對我大喊。

他與阿塔圖克的相似度十分驚人，但也只是因為染髮、藍色隱形眼鏡與不合時宜的服飾。當我們終於抵達咖啡廳，侍者也拍完自拍合照後，我問他怎麼發現自己跟土耳其最出名的臉長

2 譯註：Ley line，也被稱為能量線、地脈，一九二一年由英國考古學家阿爾弗雷德・沃特金斯（Alfred Watkins）提出，他將古老宗教、文化、建築等擁有地理和歷史意義的地方連成一線，認為在這條線上，含有某種特殊的磁場與靈性。

得很像。

「在軍隊服役的時候，」卡亞告訴我，「我首度穿上制服時，連我的指揮官都目瞪口呆。」

他拿出手機，開始滑過存在手機裡的大量照片檔案。這是真的，在卡其制服的映襯下，他看起來更像阿塔圖克。

卡亞的奇妙事業讓他有機會坐上一些土耳其大型活動的貴賓席。他經常坐在土耳其國慶正式慶典的第一排貴賓席上。他在不同場合見過軍隊首長，甚至艾爾多安。學校老師總說阿塔圖克會發現說謊的學生，因此有些小孩子看見他會哭。土耳其人似乎想欺騙自己阿塔圖克仍舊與他們同在——雖然高了幾英吋，胖了幾磅，只要拿走外表妝容，卡亞實際上也沒那麼像阿塔圖克。

但也不是每個人都是卡亞的粉絲。在哈塔伊，阿塔圖克的後代一點也不買單。我向某位朋友討要卡亞的電話，他來自伊斯坦堡深具影響力的共和人民黨家族，但當我說想見卡亞時，他還是頓了一下：「那傢伙只是在利用阿塔圖克！」

我曾聽過同樣的指控，指向許多不同人——從旗幟小販、共和人民黨到公投當中用阿塔圖克頭像製作文宣支持「反對」選項的人。無論何時，只要提起阿塔圖克，不論事出何因，總會有人以懷疑論指責喚起阿塔圖克精神的人。每個土耳其人都覺得自己擁有阿塔圖克，卻沒人想分享阿塔圖克。

然而卡亞似乎只想傳播歡樂。我們首度見面的八個月後，他來電問我是否願意在勝利日（Victory Day）加入他的行列。這個國家節日歡慶土耳其在獨立戰爭的最終戰役中擊敗了希臘。卡亞將引領伊斯坦堡的骨董車俱樂部隊伍，從馬爾泰佩校閱場出發。六週前，反對派領袖凱末爾．克利其達洛赫魯在此舉行他的正義遊行。隊伍將前往誇張浮華的多爾瑪巴赫切宮（Dolmabahçe），此地見證了鄂圖曼末年的奢靡，也是阿塔圖克去世之處。這段路線將帶他們穿越艾爾多安狂熱支持者與政變謀劃軍人對峙的大橋。這將是一段充滿象徵意涵的旅程，但也點綴了不少幽默。

八月早晨，我提早出現在集合點，看到一群人在閃亮的骨董車之間穿梭。多數人的引擎蓋上覆蓋了土耳其國旗，那些還沒蓋上國旗的人正試圖從後車廂找出旗幟。一輛一九五〇年代的紅色賓士汽車是永久愛國的象徵。車頂上噴著土耳其國旗的星月符號，引擎蓋上則畫著阿塔圖克的剪影。擋風玻璃上的貼紙寫著：「幸好有您」（*İyi ki varsın*）。

「我討厭那句話，」我的土耳其朋友呢喃道，他一道來搭骨董車。「我們在學校時代每天早上都得重複這句屎話：『我的存在是為了土耳其而存在。』去死吧。」

卡亞搭乘的車是所有焦點的中心——部分是因為沒人能發動它。那是一部三〇年代的綠色福特幻影賽車，閃亮的銀色邊線，突出車頭燈與寫著「ATA」的紅色車牌。這輛車由一名博物館主人出借給俱樂部，過去十年內只開過兩次。大型音響綁在皮卡貨車車斗，對著整個停車場大聲放送軍樂。某一首歌不斷反覆唱誦「金髮，藍眼」（*Sarı saçlıö, mavı gözlü*）；每隔三、四首歌後又再重來一遍。我的朋友身處愛國地獄。

多數汽車都是耗油量大的大型美式汽車，就像五〇年代電影道具。俱樂部祕書長伊爾克．塔亞勒（İlker Tayalı）說這種車在土耳其很受歡迎，因為作為美國二戰後的援助內容之一，大量美國車被進口到土耳其來。阿塔圖克在這裡也很受歡迎。

「因為仰慕阿塔圖克，所以我們在國家節慶舉辦這類遊行。」塔亞勒說，我們坐進塔亞勒六一年的雪佛蘭敞篷車（Chevrolet Bel Air），等待卡亞抵達與遊行出發。閃亮白色與霧面藍色的內裝中，四十三歲的塔亞勒像個驕傲的男孩談論他的興趣。「我們也開到獨立戰爭的其他重要城市，展示我們的車，學習歷史，吃吃喝喝。」

這裡的群眾看起來跟正義遊行的群眾相似：受過教育、有錢且西化。場內有不少小型犬。幾名女性穿著緊身古董洋裝與好看的高跟鞋。其他多數人則穿著印有阿塔圖克的T恤。我問塔亞勒，共和國國父跟土耳其的骨董車愛好者之間有什麼關係。

「我們覺得跟阿塔圖克之間有種友誼關係。」他說：「我們喜歡他的舉止、他的教育、他的人格。他是現代土耳其男性的象徵，包括他的服裝跟所有習慣在內。」

城的另一邊，另一場派對正盛大展開。艾爾多安政黨掌控下的伊斯坦堡市政府，正在祖國大道（Vatan Caddesi）上舉辦遊行，這條大道穿越城內最保守的區域之一。市長跟許多士兵在此。同時間，艾爾多安則在安卡拉的阿塔圖克陵寢。他利用這個場合重申鎮壓政變籌劃者與恐怖主義者的決心。塔亞勒一點也不驚訝。

「現在艾爾多安試著把政變週年變成國家節慶，這實在太蠢了！」他大喊，「他一點也不想要眼前這些。他公開討厭阿塔圖克。他知道很多人是阿塔圖克的粉絲，這讓他緊張。」

由於緊急狀態的關係，塔亞勒無法獲得舉辦集會的官方同意。對官方來說，這是一場非法集會——在緊急法之下，所有公共集會與抗爭都必須經過政府同意。但他仍然照常舉行，深知艾爾多安不敢動阿塔圖克。即便在此的只是阿塔圖克的相似者、擋泥板貼紙跟T恤。這已經足夠。

穿著精緻燕尾服，大量髮油保證每根頭髮都紋風不動，卡亞抵達停車場時掀起一陣騷動。車主擠在他身旁，打扮時髦的電視台主播也抓著身後的攝影師衝上前，要拍到卡亞／阿塔圖克上車的主要畫面。技師終於讓車發動了。接著在音箱大聲放送伊茲密爾進行曲的開場旋律裡，我們搖擺上了高速公路。

在伊斯坦堡有錢人炫耀財富的巴赫達特大道（Bağdat Caddesi）上，群眾擠到路上拍照，並在卡亞經過時發出歡呼。他傲氣揮手以對，粉絲舉起相機搶拍。老婦人抽出絲巾揮舞，以另一隻手送出飛吻。駕駛猛按喇叭。當我們造成一波喧囂混亂時，警車穿越車隊，開到我們旁邊。

「你們領頭！」塔亞勒從窗戶對駕駛座上的黑髮警察大喊。

年輕的警察看似不大確定。他不想超車到群眾歡呼的對象前頭；他們歡呼得彷彿他真的是阿塔圖克。

「那不恰當！」他喊回去。

妥協之下，他往前開了一點，跟卡亞的車幾乎平行——實際上卻沒有。警察跟著我們經過費內巴切足球場（Fenerbahçe），沿著高速公路直上大橋，警鳴聲、喇叭及群眾歡呼喧囂合音。我們到達大橋入口時，在政變烈士紀念碑旁停下來整隊。當技師替卡亞座車引擎澆冷水，其他駕駛則下車以伊斯坦堡遠景為背景拍照時，一輛車快速經過，一名赤裸上身的年輕男子吊在後座窗外。

「雷傑普．塔伊普．艾爾多安～～！」他一邊大叫，一邊在頭上揮舞他的T恤。

一名車隊成員發出不滿。「滾開！」

塔亞勒則悲傷地搖搖頭。

「我們從來沒發生過這樣的事。」他說，「艾爾多安讓我們變成這樣，他是故意的。他讓我們的社會兩極化。」

## 遺產

由於阿塔圖克並沒有直系的子女或甚至姪子姪女，因此他的基因痕跡幾乎未曾流傳。這是蓄意為之嗎？他是否感覺到留下繼承人的危險呢？土耳其人只要瞧瞧邊界外頭，就知道缺乏挑戰的王朝政權會帶來什麼後果。敘利亞的阿薩德家族、亞塞拜然的阿利耶夫（Aliyev）家族、伊拉克北部庫德族地區的巴爾扎尼家族，全都致力於將頭銜連同DNA一起傳承下去，不管會對他們的人民帶來什麼樣的動盪。

但是阿塔圖克如何得知這種獨裁家族會在他死後幾十年，在舊鄂圖曼土地上萌發呢？我們所知的一切都暗示，他沒有後代只是因為他不感興趣。他跟伊茲密爾富商之女拉蒂菲的婚姻不到三年就結束，因為他花太多時間喝酒及跟老戰友長談——這些是跟他一起建造新國家的人。他從未再婚，但風流故事廣傳。比較多采多姿的一則是他奪走了莎莎．嘉寶（Zsa Zsa Gabor）[3]的初夜，當時他五十六歲，而莎莎二十歲，剛嫁給八任老公中的第一任。嘉寶後來在回憶錄中寫下：「他的性能力讓我驚豔，他的墮落引誘了我。阿塔圖克非常邪惡。他很清楚如何取悅年輕女孩。」

除了風流的名聲，阿塔圖克還自認是土耳其國家的父親，並領養了七個孩子。他自己的親戚，不論還剩多少，都不太能期待獲得好處或名聲。一九三八年，當阿塔圖克改造國家時，他的堂兄弟阿布杜拉赫曼接手經營德爾特約爾的地方火車站。阿塔圖克的妹妹馬克布蕾（Makbule）也搬到這裡，在堂兄弟家隔壁買了一間小屋。

「阿布杜拉赫曼跟阿塔圖克長得很像，他也是金髮藍眼，身材健碩。」他的孫女莎拉普說。「人們看到他都感到驚訝，因為他看起來相當現代，跟這裡的人完全不同！他的妻子是個端莊的伊斯坦堡女士。當時這邊沒有汽車，她卻開著車，穿著從都市買來的洋裝。這裡每個人都覺得『哇！』。」

哈塔伊是土耳其最新也是最具爭議的一塊地區。一小塊土地，塞在土耳其地中海岸最南端，一開始在《色佛爾條約》之下是交給法國敘利亞託管的。新的土耳其國家與哈塔伊的土耳其人無法接受，因此從一九二一年開始，就以不同程度與形式的自治區運作。一九三八年，它宣布自己是在土耳其與法國軍事監管下的獨立國家；一年後則完全納入土耳其共和國。當年短

3 譯註：本名嘉寶．莎麗（Gabor Sari），一九一七年出生於奧匈帝國布達佩斯的猶太家庭。一九三六年，年方十九的莎麗當選匈牙利小姐。一九四一年逃離布達佩斯，前往美國，定居洛杉磯，改名莎莎．嘉寶，進軍好萊塢，演出過二十九部電影，包括《紅磨坊》。生平結過八次婚，其中第二任老公為希爾頓飯店創辦人康拉德．希爾頓。

命國會所在的建築，今日則有一家冰淇淋店、一間電影院，以及二〇一三年我跟敘利亞反抗軍領袖開過許多次會議的咖啡廳。

阿塔圖克將哈塔伊視為他個人的計畫。此地人口曾是——現在仍是——混合了講阿拉伯語的基督徒與阿拉維派，加上現在幾乎已經不大運作的猶太社群。他們可能曾經都對自己成為新成立敘利亞的一分子感到開心（雖然二〇一一年內戰爆發時，他們的後代肯定鬆了一口氣）。但對哈塔伊講土語的穆斯林社群來說，跟祖國土耳其切斷關係是場悲劇。因此一九二三年，當阿塔圖克訪視鄰近的阿達那（Adana）時，一名來自安塔基亞的婦女穿著黑色喪服迎接他。她拉著一張旗幟，上面寫著「蓋齊戰士爸爸拯救我們」（Gazi Baba Saves Us）。「Gazi」是對戰場受傷者的尊稱；「Baba」則是土語中的父親。

法國統治者很快了解到阿塔圖克的力量，因此禁止在哈塔伊的學校提到他的名字。但哈塔伊的土耳其人找到反抗方式。他們追隨阿塔圖克的改革，將阿文字母改成拉丁字母；當他的禁帽令施行時，他們也開始放棄鄂圖曼軟呢帽。同時間，阿塔圖克在安卡拉與國際會議上進行遊說，讓哈塔伊成為土耳其的一部分。這是他的野心中，最後親眼見證並實現的部分；四個月後阿塔圖克去世，土耳其軍隊進入哈塔伊，當地國會投票採用土耳其法律。

一層又一層的歷史與鮮血形塑出這個區域的外表。逃避邊界另一邊的屠殺，湧入土耳其的敘利亞難民只是最新的一層。沿著費祖拉公寓前的道路，我看到舊法軍墓地，葬滿為了失敗的帝國冒險而死的人。許多年前，在某個慵懶的夏日午後，我的敘利亞男友跟我前往名為瓦基弗利（Vakıflı）的山中小村落。瓦基弗利位於伊斯肯德倫與敘利亞之間，是土耳其境內最後的亞美尼亞人村莊。住在這裡的人，是一九一五年鄂圖曼帝國各族裔彼此對抗時——土耳其與庫德族士兵對數百萬亞美尼人與基督教少數族群進行屠殺驅逐——仍拒絕逃離此地的人之後代。相反地，他們收集武器，躲進自己高山上的村落。他們對穆斯林的懷疑恐懼一代傳一代，當我跟男友詢問民宿當晚可否入住時，屋主以不信的眼光看著他的阿拉伯文護照。最終她同意讓我們入住，我們猜測她可能以為他是敘利亞基督徒。

那天傍晚，當夕陽斜照這片複雜的土耳其小角落，我的筆記本也充滿家族故事時，阿赫恰提議帶我去德爾特約爾的第一子彈博物館。當年阿塔圖克與其他哈塔伊土耳其人領袖在此，醞釀將這個省納入土耳其。

從伊斯肯德倫開過去的短短車程中，阿赫恰開始談起他也曾有過政治野心。「我在大學裡上公共外交，在舊制中，畢業後我可能成為某個大區的區長。」他說。「後來正義與發展黨卻改變了規定，現在你必須有政治學位。所以我只好去服完兵役，回來在電器店上班。」

然而我懷疑新土耳其的粗糙沙文主義政治，是否適合這個家族。我曾試著追問他們的公投傾向，也談起總統，說到他讓國家的意見兩極化。但他們都沒有回應。費祖拉說他認為不能侮辱任何土耳其國家元首，不論去世或在世。其他人則吵吵嚷嚷所有權力不該集中一人之手，卻也沒說是哪個人。他們唯一的強烈意見，都在地方政府與其他老掉牙議題的安全範圍內。我得到暗示：他們很害怕。所以我放棄艾爾多安與公投議題，回去討論過往——讓他們開心一點的地方。

阿赫恰帶我進入小博物館，位於一棟舊巴爾幹風格的木石房屋，上層突出在下層之外。博物館裡的哈塔伊歷史，跟瓦基弗利歡快酒店中聽來的版本，相當不同。這個故事中的主角，並非在山間堅定抗敵的亞美尼亞人，而是發動攻擊的土耳其人。博物館如此命名，是因為德爾特約爾人相信此地發出了阿塔圖克土耳其獨立戰爭的第一發子彈。

閣樓中，我們發現了必備的阿塔圖克蠟像，阿赫恰跟我也拍了必拍的自拍照。

# 第十一章　艾爾多安的新土耳其

## 二〇一七年四月
## 公投運動

就算不是以瑟琳·索宇盧希爾（Selin Söğütlügil）之名，她仍舊招惹眾人眼光。嬌小而充滿生氣，五呎高的豐滿身軀裹在黑衣中，頂著一頭美杜莎似的捲髮。她的眼睛是銳利的藍色；手臂上刺著蝴蝶。

「你知道誰推薦我刺青師的嗎？」她問。「大衛·貝克漢！我女兒學校的老師轉傳給我的！」瑟琳仰頭大笑，具有傳染力的笑聲漂浮在音樂跟硬木桌叮噹的玻璃杯聲響之上。我想著這奇異世界也太小了，在這個國際菁英泡泡中，足球傳奇跟革命者後代分享刺青師的電話號碼。

瑟琳是阿塔圖克的玄姪女，跟哈塔伊的阿爾德爾瑪家與庫祖魯家是遠親。當其他人都搬到布爾薩及後來的哈泰伊時，這支家族分支則留在伊斯坦堡。今日，瑟琳在土耳其與倫敦的家之間遊走：跑跑馬拉松、寫詩及主編雜誌、完成第一本小說，並考慮進入土耳其政界。二〇一六年末她公開自己跟阿塔圖克的血緣關係前，已經以作家身分聞名。此後，她在許多與國父相關的官方節日與典禮上扮演明星角色，穿著紅色時尚服飾，在阿塔圖克陵寢的靈柩前獻上花圈。但她對共和人民黨的狀態及土耳其政治整體感到灰心。我告訴她，我認為無論情況對艾爾多安多麼有利，他還是有可能輸掉公投，卻被瑟琳嘲笑。

「結果會是同意。」她說，「相信我，我很了解這個國家。」

今晚，瑟琳跟我在伊斯坦堡的蘇荷之家（Soho House）共進晚餐，蘇荷之家是以倫敦為基地的連鎖會員俱樂部，成員以藝術媒體圈為主。就像曼哈頓、邁阿密或馬里布（Malibu）的場地，此地也融合了舊時代的優雅與時尚感。蘇荷之家位於一棟十九世紀義大利豪宅中，藏在佩拉（Pera）區的蜿蜒卵石小巷內。從鄂圖曼時代末年開始，這塊狹小的三角地帶就是伊斯坦堡墮落夜生活的脈動核心。一側緊鄰著塔克辛廣場，另一側則是獨立大道，第三邊為殘破的庫德族區域——塔拉巴希大道，佩拉區是妓院跟地下室飲酒窟組成的迷宮。當蓋齊公園抗爭在二〇一三年春天展開時，抗爭者就利用佩拉的迷宮街道，逃過警察與催淚彈追擊。一位害怕的朋友在一群變性妓女的幫助下逃過拘捕劫難：她們在最後一刻開門將他拉到屋裡去。

蘇荷之家的前身是美國的伊斯坦堡領事館，當時豪宅牆面被白色商用石膏板擋住，遮掩了建築物本身的精緻古怪之處。蘇荷之家接手後，拆除了牆面，露出一面褪色的濕壁畫——葡萄藤花彼此交纏後爬上十公尺高的牆面與天花板。地板與樓梯是穩固的大理石。洗手間的古老黃銅鑲邊，打磨到閃亮逼人。

餐廳裡，瑟琳在我面前堆了一盤又一盤美味的前菜：香料馥郁帶有堅果味、肯定會讓血液凝固的紅肉醬、塔布勒沙拉（tabbouleh）與哈魯米乳酪（halloumi）。主餐則是侍者在我們眼前片開的現抓海鱸魚。瑟琳的女兒跟朋友，兩位活躍聰明的二十出頭歲女性，也加入我們的行列。在魚跟綠茶的陪伴下，我們聊了好幾個鐘頭，內容關於普魯東（Pierre-Joseph Proudhon）[1]的無政府主義、混亂無序的土耳其貨幣與神。

晚餐後，我們走上屋頂，此處是伊斯坦堡這一區山丘頂端的最高點。在此，你可以手持香檳，泡在戶外泳池裡，眺望伊斯坦堡無盡起伏的郊區，直到浮華的佩拉區盡頭，艾爾多安穩固忠誠的故鄉——卡森柏沙區——開始之際。

## 艾爾多安的伊斯坦堡

卡森柏沙區是個強迫塞進大都會中心的黑海移民城鎮。多數居民都是從土耳其北方邊際遷來的移民，到伊斯坦堡討生活。他們也一併帶來了宗教虔信跟有話直說的硬漢名聲。今天的卡森柏沙區到處都是提供黑海美食的小館，例如炸鯷魚與一種黏稠乳酪的特色早餐，然而伊斯坦

1　譯註：皮耶—約瑟夫．普魯東（1809-1865）。法國互惠共生論經濟學家，首位自稱無政府主義者的人，為無政府主義的奠基人。他因提出「財產就是竊盜」的觀念而聞名於世。他提出聯邦契約制取代國家以及任何集中制的共同體，負責執行契約的當局永遠不能高於成員之上，人們按照理性，共同遵守天然和社會的法則，既無政府又有秩序。

堡已經磨去了此地最粗糙的稜角。

艾爾多安的父親，阿赫麥德（Ahmet），也是移民之一。將家庭從黑海的里澤帶到伊斯坦堡後，他在博斯普魯斯海峽上擔任船長。在家裡他是個嚴格的家主，嚴懲重罰，並在子女身上灌輸虔誠的信仰。傳說中，阿赫麥德的嚴格甚至有些殘忍，艾爾多安從小就在卡森柏沙街頭賣西米特（*simit*，一種撒了芝麻的麵包圈）來幫助家計。他似乎是個道德感強烈到出名的堅強孩子——倘若傳記電影《領袖》有任何參考價值的話。電影中的一幕場景，年輕的塔伊普剛在卡森柏沙街頭做了一件好事，獲得大人讚賞，卻遭到同儕妒忌。其中一個人問：「為什麼大家都愛塔伊普？」明顯希望自己也能像未來總統一樣。

艾爾多安長成一名魁梧青年，六英呎高。政治之外的他，是個半專業的足球員，這是土耳其人男性氣概清單上的另一項必備。直到今日，他的暱稱仍舊是「高個子」（*Uzum Adam*）；他講話的遣詞用字也是打手風格，充滿奚落對方的笑話跟壓制敵人的嚴正誓言。

這就是他的粉絲群喜歡的風格，因為在這個榮譽為先的文化裡，面子是一切。不論支持艾爾多安與否，土耳其人都相信自己被歐洲人忽冷忽熱的遊戲給羞辱了。同時間，宗教虔誠人士也覺得自己被世俗派羞辱；世俗派認為只要不予理會，就能將虔誠的兄弟姊妹擋在政治大門之外。

光榮救星塔伊普卻翻轉了他們的命運，讓土耳其變成杜曼卡亞（Dumankaya）或卡森柏沙區出身的人——他們一分子——也可以坐上大位的地方。大學及公部門也為戴頭巾的女性敞開，她們心懷感激蜂擁而入。宗教高中（İmam Hatip）大肆擴張，各地也出現新清真寺。

但不只如此，杜曼卡亞、卡森柏沙與其他地方的人之所以喜歡艾爾多安，是因為他保住了他們的榮譽。

「當他發聲對抗世界時，我特別驕傲。」在耶尼卡皮校閱場的艾爾多安大型集會裡，一位笑容甜美的退休人士告訴我歐洲人的種族歧視有多嚴重，下一刻就邀我去他家共進晚餐。「過去一直看到我們總統對英美鞠躬哈腰，現在可不一樣了。」

## 郊區

灰色廣場上大雨傾盆。我將一點現金塞給小巴司機，跳下車，用手提袋遮頭衝過廣場。我跑過的這片寬闊水泥地，沒替這個街區帶來一絲空間感或光線；每一側的車流都在滾滾噪音裡不斷駛過空氣汙濁的街道。公寓及辦公大樓看起來都很無趣、大同小異，粉色調的剝落水泥上，被汽車煙塵汙染得髒兮兮的。人行道上幾乎沒有人，我一邊跑一邊避開大片髒水窪。

切格梅科伊（Çekmeköy）區可能是大家想像中最不像伊斯坦堡風景明信片的地方。感謝小巴司機，我只花了半小時就從我住的風景如畫水岸區來到此地，他穿梭擁擠車流的技術真是一流。就地理而言，我們仍在大都會區域內；要穿越整個伊斯坦堡郊區，還得開上好幾個小時的車。但觀光客從來不會來此；即便像我這樣熱情的伊斯坦堡漫遊者，也從沒來過切格梅科伊區。

廣場中心突然出現的鐵皮玻璃建築，散發出一道光。過去幾天裡，「贊成咖啡廳」（Evet Kafe）突然憑空出現，就像一艘太空船，停在這片水泥沙漠中央。走進門裡，我甩掉頭髮上的雨滴，脫下以這個季節來說有點太薄的外套。裴麗莎・烏斯魯（Perişah Uslu）看到我不合季節的衣服，嘖嘖笑了兩聲。我驚訝地發現她四十一歲，才比我大八歲。從她端莊的頭巾、戰袍與母親作風，我已經把我們定位在兩個不同的世代裡。

裴麗莎給我裝有熱濃茶的鬱金香型小玻璃杯，還分送幾杯給矮桌邊聚集的老年男性。不需要太多催促，她就開始談起自己為仰慕之人所做的無償工作。

「我做這個，是為了我們孩子的未來。」她如此開始。

裴麗莎是艾爾多安軍隊中的步兵——數萬名在土耳其憲法公投前湧上街頭的政黨志工。我們在二〇一七年三月相遇，那是投票日前三週，當時民調顯示膠著拉鋸。艾爾多安的基本盤與民族主義運動黨的部分追隨者都強烈「贊成」移除內閣制，將行政權交給總統。幾乎所有投下「反對」（*Hayır*）的人，都是因為他們害怕艾爾多安的獨裁行徑會更上一層樓。反對派正發動吵鬧的草根行動，但艾爾多安的人則擁有資源。「贊成」海報掛上伊斯坦堡的古老城牆，明顯無視法律規定政黨不得利用國家資產進行宣傳。親（或怕）政府的電視頻道（多數都是），只播放「贊成」行動的宣傳廣告。

公投前夕最奇怪的一則新聞報導，是土耳其廣電總台世界頻道（TRT-World）——土耳其國家的英語新聞頻道——上了一條街頭民意調查報導，受訪者是塔克辛廣場上明顯熱愛艾爾多安的變裝者。我認識的華麗變裝皇后看到這則新聞應該會感到驚駭；受訪者看起來更像是戴了假髮的攝影師。

「我是男同志，我愛艾爾多安！」他說。完全是沒有說服力的一場鬧劇。

但這只是例外；除此之外，艾爾多安的團隊非常聰明。擁有十六年經驗的他們很清楚如何與何時能引發群眾的興趣。「贊成咖啡廳」類似傳統土耳其式茶屋，老年男性喜歡在此聚集聊天議論。因此政治行銷者在這裡創造一個忠誠者聚集的完美空間，討論他們的總統為他們所做的一切。

「雷傑普．塔伊普．艾爾多安是拯救歐洲免於毀滅的唯一希望。中東的戰爭、難民，這些都是最常被報導的主題。我相信只有他能停止流血。」伊斯瑪儀．卡亞（İsmail Kaya）說。三十四歲的他已經是四個孩子的父親，因此看起來相當疲憊。「那些不喜歡艾爾多安的人，同樣不希望土耳其發展起來。他們的想法就跟不想要難民的人一樣。」

過去十年都擔任政黨志工的裴麗莎負責管理此地。一邊沖泡特製的「贊成」茶（在艾爾多安故鄉里澤種植的特殊茶葉），她告訴我自己每天都去金角灣旁的中央港區艾米諾努（Eminönü）釣魚。水邊是男人的世界，風霜的老人手持魚桿跟準備用來裝沙丁魚獲的水桶，成排釣魚。對女性來說，這是個特殊的打發時間去處。但裴麗莎不會吞忍廢話。

「有一次有人罵我，我就揍他。」她說。「接著他掰我的手指，其他人就介入把我們分開。他麻煩大了。土耳其女性可是能豁免的。」

並不是每位土耳其女性都能這麼自由。也許是裴麗莎「別惹我」的個性，加上她帶大兩個孩子的事實——其中一人此刻還在動盪的東方庫德族區域服役。毫無疑問她體現了穆斯林婦女的責任，因此能夠跟男人平起平坐。她也認為艾爾多安是終極的女性主義倡議者，並堅稱正義與發展黨是伸張女性權益的政黨。

「他將我們放在他的頭上，願真主與他同在！」她微笑道。「現在像我這樣戴頭巾的女性可以進學校，成為政黨與組織的一員。那些『反對』派像街頭小販一樣揹著背包散發文宣，他們才是壓迫女性的人！」

一點也不像女性主義海報主角的貨車司機伊斯瑪儀．卡亞也同意。「艾爾多安治下最重要的改變，就是在過去，女性是不被看見的，」他說，「現在她們成了我們的腦袋。」

裴麗莎跟男人們聚在一起合照，擺出埃及穆斯林兄弟會的四指敬禮手勢「拉比亞之手」。自從艾爾多安跟他書桌上驚人的拉比亞之手超現實主義雕塑合影後，他的支持者也開始擺出這種手勢。裴麗莎跟這群男性有種自由派學生的作風，全都對男女混合的集會相當自在，沒人質疑為什麼都是這個女人在發言。我覺得，這不是艾爾多安反對者所刻畫的支持者樣貌。

裴麗莎為我們添茶時，給了最後思考的線索。

「有好長一段時間，我們過得很苦；但現在有了醫療、藥物跟舒適的生活。」她說，「舊土耳其已經消失了；我們往前邁進。」

切格梅科伊這類區域是艾爾多安的伊斯坦堡——位於城市邊際的核心地。印著他照片的旗幟，在大廈之間無力擺盪，他的臉有十層樓高，鬍鬚則有十公尺寬。以旅客身分造訪伊斯坦堡，你可能會留下這是個自由世俗之地的印象；離開充滿清真寺的歷史街區，人們自由飲酒，佩拉區的變性者混雜著敘利亞街頭藝人。但這些波希米亞式街區，是保守郊區大海中的小島；切格梅科伊才是真正的伊斯坦堡。

原本的伊斯坦堡是個非常不同的地方。直到一九五〇年代，這個城市的人口還不足百萬。鄂圖曼帝國的崩潰篩走了一些少數民族，六〇與七〇年代希臘裔社群遭到清算，更讓這個城市進一步均質化。共和國建立的頭幾十年裡，這裡是個土耳其穆斯林的城市，而非多元文化的帝國城市；但留下來的居民仍舊是一群具備普世性格的都市人。他們居住的水岸區域格局，雖然曾經遭受地震、火災破壞而多次重建，數百年來卻幾乎不曾改變。當阿塔圖克建立共和國時，伊斯坦堡失去了首都地位，卻也未能奪走這個城市的尊嚴。

「伊斯坦堡是邪惡的；它的街道陰暗、狹窄，如迷宮一般；它的詭計仍舊撲朔迷離；它充滿悲觀主義，永遠沉浸在光榮過往的臭水中。」一九六二年，《泰晤士報》特派員大衛·荷坦（David Hotham）如此寫下。「不再是首都，（它）在政治上卻是犬儒主義、悲觀主義與反對派的巢穴。它也可以全心投入尋歡享樂之中。」

然而伊斯坦堡確實正在面對改變。荷坦寫下華麗的篇章之時，安納托利亞村落的移民開始湧入這座城市。古老狹窄的街道擠滿汽車。新的鋼骨玻璃豪華飯店在富裕市中心升起，髒亂貧民窟卻從郊區快速蔓延。從一九五〇到二〇一二年間，伊斯坦堡的人口成長超過十倍，區域則擴增超過二十倍。新都市的主體，是未經規劃、四處蔓延的新來者聚落。他們在文化上與美學上，將自己的村落拔起，重新栽在隨心所欲的都會邊際。荷坦寫到這個都市的新擴增區域：「土耳其政府似乎認定任何形式的社會住宅，都是共產主義的尖刺，因此順著真正私有企業的傳統，窮人得自己幫自己蓋房子。」

切格梅科伊一開始是那些「棚屋」街區之一。倉促開始的非法建築，故意留著一部分不完工，預期未來可以擴建容納增加的家庭成員。一九九〇年代的近期照片，都還可以看到切格梅科伊隨意興建的自宅，背倚著綠色山丘。道路還是泥土路。牛羊在房子周圍漫遊，這些房子是以未燒磚與水泥興建。缺乏自來水，切格梅科伊的居民必須等待每週到來的水車，充滿他們的塑膠水箱。

現在，不過二十年，一切幾乎都已改變。即便驚人轉變期間一直住在此地的居民，看到不久之前的照片，也覺得不可思議。「一九八七年我來到這裡時，所有的路都是土路，而且沒有汽車！」五十歲的雷傑普．基里齊（Recep Kılıç）說，豎直的鬍鬚跟髮型讓他看起來像是八〇年代的足球評論員。

一個週六下午，我們在一間亮白色清真寺外的人行道上碰面，他跟叔伯、堂兄弟聚在一起，打算進行長達數小時的喝茶聊天行程。今天的切格梅科伊看起來就像伊斯坦堡郊外的任何街區一樣，路上是重複出現的烘焙坊、便宜鞋店與烤肉攤。人行道上摩肩擦踵的購物者，就像四處可見的土耳其群眾。穿戴黑色披風的女性只露出眼睛鼻子，快速穿越沒戴頭巾、身著便宜時髦服飾的疲累年輕母親。引擎聲、喇叭聲融入持續不斷的背景噪音中。

基里齊家族從遙遠的東方省分埃爾祖魯姆擠上搖搖晃晃的巴士，向西展開八百英哩的旅程。自來到大都會展開新生活以來，切格梅科伊已經改變許多。到了一九八〇年代末，庫德工人黨已經在東方與土耳其維安部隊發動全面戰爭。埃爾祖魯姆位於庫德族主要聚居區的北方，但衝突影響了整個周邊；基里齊家的老人本身也是庫德族後裔，看著村裡的年輕人被浪漫起義吸引。因此，為了讓他們的孩子遠離武裝分子的誘惑，也是為了逃離區域內的赤貧，他們將孩子送往伊斯坦堡。

「十八名兄弟姊妹還有堂兄弟姊妹都帶著家人。」雷傑普說，「我們選這裡是因為土地便宜。幾乎免費！我們喜歡這個地方。埃爾祖魯姆的冬季長達八個月。我們得在雪下鑿隧道，才能從一戶通往另一戶。這邊，我們還發現森林！」

當時的切格梅科伊是松樹林中的一小村落，松樹林往北直達黑海岸。在鄂圖曼時代，此地是首要獵場。後來土耳其共和國誕生，在安納托利亞與歐洲交換大批人口時，從巴爾幹被趕出來的土耳其人落腳在此，開始以砍樹供應伊斯坦堡附近快速興起的工廠。基里齊家從南斯拉夫人（當時稱為巴爾幹土耳其人）手中買下七十間房子與土地，開始經營當地最早的商鋪。他們的照相館仍舊在我們坐著的清真寺對面營業，主要市場是中下階層的婚禮。貼滿櫥窗的柔焦照片裡，濃妝的年輕新娘穿著龐大的蛋糕裙禮服。

一九九四年發生了兩件事。首先，切格梅科伊被納入伊斯坦堡都會區的一部分。此地人口已由一九七〇年的三百人，成長到九〇年代中的兩萬人。村落也連在一起，雖然尚未連結都市的供水系統。每次前往最近的大區購物時，當地人得從巴士終點站（服務附近的軍營），再走三公里路回家。但正式成為伊斯坦堡一部分後，切格梅科伊開始整併入附近的烏姆拉尼耶大區（Ümraniye），這表示它的居民可以在伊斯坦堡中央議會有發聲的機會。一九八〇年代移民抵達時成立的村落辦事處，也變成切格梅科伊小區公所。

第二，一名聲名鵲起、精力充沛的年輕人成為了伊斯坦堡市長。雷傑普・塔伊普・艾爾多安贏得競選的支票中，包含承諾在塔克辛廣場蓋一座清真寺。整個國家裡，他是福利黨贏得的二十二個民選首長之一。一九八〇年政變後，凱南．埃夫倫（Kenan Evren）的軍事統治集團允許福利黨這類政黨對抗左派的力量——只要他們乖乖待在嚴格的界線裡。伊斯蘭主義政黨可以運作，只是若脫離了土耳其世俗主義路線太遠，就會被法院關閉。幾個月內，另一個新政黨就會出現，通常是由被關閉政黨的同一群人組成，只是名稱不同。現在，伊斯蘭主義「變形人」雖然進入了權力殿堂，但隸屬福利黨的伊斯坦堡市長艾爾多安也不過才獲得該年市長選舉百分之二十六的票數。可因為反對黨受困於內鬥及貪腐醜聞，因此讓出市長寶座。他的支持者視此為歷史性的勝利。

「凱末爾主義走到盡頭，」土耳其伊斯蘭主義報紙《時代報》專欄作家法赫米．科魯（Fehmi Koru）告訴《紐約時報》。「過去，人們害怕說自己反對凱末爾主義，但現在那股恐懼已經消失。」

但像在切格梅科伊這樣的區域，人們投給福利黨的理由很基本。「這裡有龐大的垃圾堆積與用水問題，」雷傑普．基里齊說，「倘若不是福利黨，這些事情不會解決。當政黨開始贏得地方市府選舉，埃爾巴坎會每週打電話給市長，問他們：『你最近在忙什麼？』」

艾爾多安成為市長後，每天有上千名安納托利亞移民湧入伊斯坦堡。隨著生活條件改善，他們對福利黨的忠誠度也增加了。切格梅科伊的第一條人行道是在一九九七年鋪下的；旁邊的公園以某陸軍少校命名，他是在庫德族武裝分子手下犧牲的。兩年後，這個區終於接上了市區供水與巴士系統；街道獲得鋪設，房屋也妥適興建。倘若居民有所不滿，可以直接上達市府——艾爾多安每週五都開放市民投訴。

雷傑普．基里齊的堂弟，四十三歲的艾爾登．基里齊（Erden Kılıç）在一九九〇年移民美國。七年後，他回來時，他的美國中西部腔調還聽得到尖銳的土耳其子音，但過去的村落他已經認不得了。

「我找不到我家，我太震驚了！」他說。當所有人放下茶杯，前往清真寺祈禱時，他是唯一留下的家族成員。他說，海外的這幾年已經改變他對土耳其與神的看法。「我站在路上——我走的時候這只是一條泥土道。我試著找出以前住的地方。我找不到！一切都改變了。」

接著又發生其他事情，讓切格梅科伊從郊區變成真正的大區。一九九九年八月十七日，芮氏規模七點六的大地震，襲擊伊斯坦堡東南方六十英哩處的伊茲密爾。伊斯坦堡都會區也遭撼動，數百棟建築倒塌。建築堅實的古老清真寺與宮殿都倖存，只有那些都市邊緣新建造的公寓大樓，多數都缺乏防震措施，遭到最嚴重的衝擊。切格梅科伊的地面雖然也有震動，建築物卻未遭波及。後來才發現，此處地質是堅硬的石塊，也就是優秀的地基。於是地產商與新住民以更快速度搶進，到了二〇〇九年，此地人口已經超越十五萬，正式取得完整的大區資格。

今日的切格梅科伊區人口約二十四萬，跟精密機械工業之城英國德比（Derby）人口相仿；不到五十年就從一無所有發展至此。切格梅科伊區擁有高級住宅，穿著設計師服飾的年輕夫妻住在附設游泳池的私人社區裡，只從四輪傳動車貼著隔熱紙的車窗瞥見區內的其他部分。然而這個大區的多數人則落在中間：不太有錢也不太窮。他們跟著艾爾多安二〇〇三年從伊斯坦堡市長變成國家總理，搭上他帶給全土耳其的經濟榮景。他在登上高位後帶來了一波建設與信用擴張，主要的受益者都是像切格梅科伊這樣的居民。與其跟親戚住在一起，直到存夠買房子的錢，現在他們可以貸款（二〇〇一年的降息，加上二〇〇六年住房法律的改革，開放了大眾貸款市場）。三十年前他們一無所有來到都市；現在他們有車、有家電跟野心。

「我的孫子女之一是工程師，另一個是老師，還有一個經濟學家！」雷傑普・基里齊的七十三歲叔叔撒德雷汀・基里齊（Sadretin Kılıç）說。這一切在埃爾祖魯姆是不可想像的。

雷傑普・基里齊跟他的堂兄弟並不認為這一切都是艾爾多安的功勞，他們說埃爾巴坎才是腦袋，而一九九九年的地震才真正激起切格梅科伊令人炫目的崛起。但是這一路上，艾爾多安反而成了這一代的象徵。他的政府仍舊對重大發展計畫投入金錢；土耳其正在興建第一條無人駕駛火車線，終點站將設在切格梅科伊。然而對於此刻成為總統的男人，他們的愛並非為了下水道系統或鐵軌，而是出自某種更飄渺的事物。

「現在，倘若你進到宗教高中的女生班裡，不會發現男老師。」雷傑普・基里齊眼神發亮。在他眼中，這就是進步。

## 艾爾多安的菁英

回到另一個方向的小巴上，只消十分鐘車程就會抵達艾爾多安伊斯坦堡的另一側。奇西克里（Kısıklı）已經太陽高照，這個由木造別墅組成的山頂街區，圍繞著一座風景如畫的石造清真寺。雖然位於城市大區中心，這一帶卻相當寧靜。道路狹窄彎曲，四處可見精品店與奢華咖啡廳。艾爾多安也在此擁有一棟別墅，這是他在伊斯坦堡的私人住宅。此地跟卡森柏沙區十分不同，比起切格梅科伊，更是另一個世界。艾爾多安的女兒舒梅耶（Sümeyye）的婦女組織，總部就設在區域內的另一棟豪宅裡。

奇西克里體現的是艾爾多安革命中比較安靜的那一面。你不太可能發現此地彬彬有禮的住戶會穿著艾爾多安的T恤上街，或在他的集會中大喊、揮動拳頭。然而這些富裕虔誠的菁英支持，絕對跟無權的大眾一樣，都是他成功的關鍵。在艾爾多安治下，這個全新的富裕保守土耳其階級，開始展現出世俗主義者一度不願放手的財富：汽車、設計師服飾、閃亮婚禮與豪宅。但這一切都帶著讓舊菁英一驚的宗教性。女士買下設計師品牌的絲質頭巾；家族前往隱密的清真度假村度假，現場絕對找不到一滴酒精，女性游泳區域男性止步。伊斯蘭社交活動中，珠寶滿身的眾人以果汁乾杯後，一起祈禱。

我看了一下奇西克里街上房仲的展示窗，試著猜測像艾爾多安家那樣的豪宅價格多少。它們並不便宜，一棟路上的木造豪宅售價三百萬里拉。[2]

「這一區改變很大，但建案並不多，因為市政府將此地列為綠區。」當我入內溫和地問起當地市場行情，以及艾爾多安可能付出的價格時，房仲業者內恰特・卡拉卡許（Necat Karakaş）說。「五十年前，人們甚至不會下水遊樂，他們會來此野餐。伊斯坦堡像這樣的地方

2 譯註：土耳其里拉（TRY）匯率會因國際情勢劇烈地起伏不定。以年為計的長期趨勢來看，一里拉大概可兌換三點五到四塊新臺幣。

已經不多了。這是最隱密的街區之一。」

卡拉卡許已經七十八歲，花了四十一年經營這間房仲事業。走進此地彷彿進入時光機器。他坐在一把綠色皮椅中，四周牆面都是深色木質鑲板。牆上有土耳其國旗及宗教事務局發行的日曆。透過閃亮的平滑玻璃門面，他可以清楚看見清真寺。艾爾多安經常在此進行週五禮拜。

「他們都會買。」卡拉卡許繼續說。「土耳其沒有經濟問題。我們的經濟很好。餐廳客滿，連門房都有車，甚至連清潔女工都有車！」

也許卡拉卡許不看奇西克里這個宜居舊世界泡泡以外的新聞。在政府控制的頻道中，光看成長數據，土耳其的經濟看似一片榮景。到處都是建案，特別在伊斯坦堡地區。穿越博斯普魯斯海峽底部的隧道與第三條跨海大橋都在去年開通。捷運系統已經蜿蜒駛出舊城中心，擴大到二十年前不存在的郊區。但仔細看，你會發現從大型國家開發案到為了崛起中低階級所開發的公寓建築，一切都是以借款興建的。二〇一七年春天，隨著投資者開始意識到土耳其的建案——信用經濟不過是個空心泡沫，經濟就開始動搖。里拉不斷貶值，失業率上升，特別是青年失業率。受過教育的人試圖離開國家，沒有教育背景的人，除了軍警之外，沒什麼收入好的就業選擇。軍警是唯一大規模招募人員的單位。店裡頭，每樣東西愈來愈貴，觀光產業受到恐怖攻擊及九個月前政變企圖帶來的政治紛擾所重挫。每兩週來幫我打掃一次公寓的女士，得搭一個小時小巴才能到我家。

切格梅科伊路上的人們也許對自己過去三十年來命運的改善而欣喜不已，但像奇西克里這樣的街區卻是遠遠超出他們能力所及，因為這段期間的貧富差距已經拉大。同時間，超大型計畫持續推出。伊斯坦堡北方的超大型新機場激怒了城裡已經遭受圍攻的少數環保主義者。大都會周邊明確受到保護的森林為了這些計畫而遭砍伐，讓他們憤怒不已。最具爭議的是艾爾多安口中所稱的「瘋狂計畫」：一條連接馬爾馬拉海與黑海的人造運河，運河將與博斯普魯斯海峽平行，並將伊斯坦堡的歐洲側變成一座島嶼。專家警告此舉將造成陸地與海洋生態浩劫。

公投的三週後，這些事情成了大議題。我試著引導卡拉卡許從房屋市場談到經濟，再到政治。他開始給出一些有趣的部分，例如他從一九七〇年代就認識艾爾多安。他明顯是個仰慕者，也是虔誠信徒。他將自己（令人印象深刻）的年輕外表歸功於從不喝酒，也不抽菸，同時受到阿拉祝福。此時他卻戛然而止，不談政治，也不希望我寫筆記。清真寺宣禮聲響起了，對他來說是剛剛好。

「現在，」他說，「我得走了。」

我朋友跟我都對卡拉卡許的突然轉變感到疑惑。他還滿客氣的，雖然稱不上友善。公投期間跟我聊過的艾爾多安支持者，在訴說自己傾向時從未遲疑；通常是反對艾爾多安的人才有理由憂慮對記者講太多。禮拜者魚貫進入清真寺時，我們試著在隔壁的茶館喝咖啡討論這件事。也許卡拉卡許跟許多艾爾多安粉絲一樣，都對西方記者滿懷不信任，只是在都會外表下隱藏得比較好。又或者他突然發現自己好像講太多了。無論如何，我們決定要進軍下一站：奇西克里的花店。

然而這一天卻急轉直下。我們才走出咖啡廳十秒鐘，就有六名便衣警察從後面上前。一人亮出證件，我們停了下來。我伸手拿我的證件——護照、記者證跟土耳其居留證——想說應該幾分鐘內就能解決。但講話的警官，一名眼神銳利、鼻樑上一道垂直傷疤的小個子，卻有不同想法。他將我們帶到另一間茶館，讓我坐在一張桌旁，派一名警官看著我，我朋友則在幾公尺外。下一秒突然風雲變色。我朋友有六呎高，每天都有人問他是不是籃球員；他站起身想從口袋裡掏出香菸，個頭明顯壓過了小個子警察。

「坐下！」（*Otur!*）警察突然大叫。我立刻了解到，在某種達爾文主義的層次上，他覺得自己的男性尊嚴遭到威脅，現在事情可能無法善了。

盤問一小時後，幾名警察帶我朋友上了停在附近的車。他們已經確認過我的證件，此刻應該知道我是有照記者。他們已經對我們做過初步搜查，問我們在此做什麼。我告訴他們今天早上所做的一切。切格梅科伊與裴麗莎的舒適咖啡廳感覺像好久以前的事。

「大家都跟你說什麼？」一位手臂上著石膏、眼神慵懶的警察說。

「他們在公投中都會投『贊成』。」我如實回答，雖然這是事實，我還是討厭自己這麼誠實。

「他們當然會投贊成！」警察開心地說，「我們都熱愛總統先生。」

我問他們把我朋友帶到哪裡去，以及原因。他們假裝聽不懂。

「來。」（*Gel*）疤痕矮個警察說，把我推進另一輛車。現在換我驚慌了。我拿出手機，發出一封簡訊給另一個朋友。我在車子的後座，左右兩邊各有一名警察，彷彿要預防我逃跑似的。我發出簡訊時，矮個警察回頭看我。我簡訊用了英國俚語，倘若他不會講英文，就不懂我在寫什麼。

我寫下：被「條子」載走，如果一小時內我沒「敲」，就打給「紙」。

我朋友回：狗屎！

我回覆了現在位置。

我害怕的是被帶到橋的另一邊——祖國大樓（Vatan）——伊斯坦堡的中央維安大樓。重大偵訊都在此進行，過去幾個月被逮補、踢出這個國家的外國記者之苦難，都是從此地開始的。數十位被扔進監獄的土耳其記者，命運也是從這裡展開。但每個人都知道他們究竟犯了何罪——寫出令艾爾多安不悅的文章。政變企圖後的緊急狀態尚未解除，警察有權可以在無明確指控下，羈押嫌疑犯達三十天之久。頭五天也見不到律師。

「你要帶我去哪裡？」我問。

「某個溫暖的地方。」矮個回答。若這是安慰之意，實則毫無效果。我在總統住家附近東問西，已經讓我上了黑名單，雖然我軟弱無力地抗議這是公共區域。我開始想是什麼觸動了他們的雷達？當我上前去看舒梅耶的基金會銅質門牌時，是否離建築物太近？房仲前往午間祈禱時，是否在警察耳邊說了幾句？還是陌生的金髮女瘦子在這個保守排外的街區遊蕩，就已經夠引起注意？

不論是什麼，顯然我的背景與解釋對他們來說都不夠。開不到十分鐘，車子就轉向當地警察局，讓我的胃平靜一點。雖然我不知道，但我的朋友也被帶來此地，看著我被警察護送穿過門廳。接下來幾個小時中，他將面對一連串關於我的愚蠢問題。

「她的政治傾向？」

「你去過她家嗎？」

「你怎麼不娶她？」

我被帶進一間一樓的小型辦公室，這裡塞滿檔案箱，號稱可以一覽無遺博斯普魯斯海峽。矮個警察負責看著我。多數時間他都探出窗外抽菸，撫玩插在胸前皮背帶中的手槍，詢問我在伊斯坦堡的社交與愛情生活。原本可能是我土耳其特派員生涯的結束，繼而展開監獄歲月的事件，突然急轉直下變成一齣鬧劇。到了三點，我已經抽著警察的菸，跟他一起緬懷未能娶到好女人的人生挫敗。無聊取代了恐懼。我看著海鷗劃過水面，想著牠們真幸運，不用坐在這間煙霧瀰漫的擁擠辦公室裡，試圖聊天。

經過五個小時，警察說我可以走了。總統衛隊（艾爾多安的菁英保護武力）打電話來，但他們抵達時卻說不想跟我講話。我離開時，跟其中一人對到眼，是一名穿著黑色風衣的灰髮高個。接著我轉回矮個警察，最後一次試圖找出到底是什麼引起這場冗長鬧劇。他雖然友善不少，卻仍舊沒有開口。

也許他自己也不清楚吧。「因為，」他怯怯地說，「總統先生吧。」

## 二〇一七年四月十六日
## 公投日

公投結果出爐：贊成派勝利。最後一分鐘改變的規則，動搖了非常細微的平衡局勢：投票所關閉前兩小時，選委會宣布沒有官印的選票也會納入計票，而非作廢。官印是官員用來註記已被圈選且有效的選票。這項決定並未說明原因，四天後土耳其律師公會主席告訴路透社，無從得知究竟有多少未蓋印選票被納入計算。沒有留下紀錄，雖然全國各地的律師公會在公投日收到數千通電話，觀察人告訴他們灌票事件持續發生。暫時計票結果是百分之五十一點四的人投下贊成票，贏了對方一百四十萬票，艾爾多安稱之為勝利。不意外地，反對方大喊舞弊；國際選舉觀察員也如此認為。艾爾多安指控兩者偏頗。

我的土耳其朋友悲傷無奈地看著事態發展。「我跟你說他們不會讓『反對』者贏的。」其中一位朋友說。

我在艾爾多安的老家卡森柏沙區一間茶館裡看著國家電視台實況轉播開票結果。我身邊玩著雙陸棋的壯漢多數對播報員連珠炮似的評論毫無興趣，但結果公布時，年輕人開始在街區裡飆車繞行，大按喇叭，從窗戶揮舞著艾爾多安旗幟。

侍者添茶時，我把筆電放在膝蓋上，當送出隔天早報第一篇報導後，我立刻前往正義與發展黨伊斯坦堡總部。大批群眾也湧上金角灣水岸邊的雙線車道，有些人步行，有些人則在摩托車上搖曳旗幟，不少勇士從車窗內揮舞著點燃的火把。預測到結果的紀念品小販已經上街。他們的路邊攤上全都是鄂圖曼旗幟與艾爾多安圍巾。

一陣小雨開始把總部前庭的泛光燈打成一束束晶瑩光線。正義與發展黨的當地民意代表已經到場，從巴士頂端對群眾講話。他們承諾，現在起經濟會愈來愈好，發展會更快，同時打擊內部與外部的敵人。群眾跳舞、歡呼、搖擺，深陷狂喜，而且終於願意跟外國記者講話了。

「艾爾多安是世界上最強大的領袖！現在沒人能把他趕下台。」一位戴著「贊成」棒球帽的中年男子胡賽因．阿波魯說。

十點十五分，歇斯底里的情緒達到高潮：人在安卡拉的艾爾多安現身大螢幕，對勝利的群眾發表演說。

「今天，土耳其對自己的統治體制做出歷史性的決定。過去兩百年中，這曾是無數爭論的主題。」他說，「不論投下贊成或反對，四月十六日是整個土耳其的勝利。」

當我終於穿越擁擠交通返回我住的街區——伊斯坦堡亞洲側自由派的卡迪科伊區（Kadıköy）時，發現了另一批群眾。好幾週以來，我一直看著門外的街頭轉變成某種反對派藝術創作的藝廊。人行道與牆上都噴上了阿塔圖克頭像線刻畫，海報也不斷堆疊。

其中一張寫著：「伊斯坦堡說不！」（*Istanbul hayır diyor!*）下方則是土耳其共產黨徽。另一張寫著：「一人政權！」（*Tek adam rejim!*）

就像四年前的蓋齊公園抗爭，老太太從窗戶探出頭，敲打著鍋碗瓢盆，展現出一種有尊嚴的本地抗爭方式。下方街道上，數百名世俗派青年群聚在一起，進行緩慢的葬禮遊行。已經過了午夜時分，天氣十分糟糕，但群眾卻每分鐘都在增加。

即便艾爾多安知道卡迪科伊的情況，他應該也不大在意吧。這個街區，凱末爾主義的堡壘，從一開始就恨透了他。這裡是共和人民黨的重鎮，酒吧裡每晚都充滿大乾茴香酒的土耳其人，週五的清真寺總是空空如也。此地有百分之八十一的人投下反對票——這是理所當然。這裡充滿刺青店、時髦咖啡廳與養狗的人，更別提那些尊貴的老太太跟她們的先生，他們對於土耳其的樣貌，有著某種「應該為何」的老派想法。但艾爾多安為何需要在意卡迪科伊怎麼想呢？

然而勝利背後損失更大的新聞也悄悄蔓延。反對派贏得了三大城市選票——伊斯坦堡、安卡拉與伊茲密爾。第一個城市特別揪心，這是艾爾多安的故鄉，他的權力基礎，也是他的政治生命發源地——伊斯坦堡首度背棄了艾爾多安。雖然最大的票倉可預期落在世俗派街區，但其他街區也讓他遭遇震驚敗績。鄂圖曼歷史中心極端伊斯蘭主義街區法蒂赫（Fatih）也投下反對票。艾爾多安別墅所在的奇西克里高檔住宅區，隸屬於斯屈達爾大區，也是反對。當天稍早的投票過程中，艾爾多安的支持者告訴我，他們預期贊成可以獲得百分之八十的支持率。正義與發展黨內部人士私下則說，少於百分之六十的勝利都令人失望。微笑與豪語的背後，他們現在應該相當刺痛。

「騙子、小偷艾爾多安！」群眾穿越窄巷時如此高喊。

「卡迪科伊會是你的墳墓，艾爾多安！」

# 第十二章　掌控輿論

## 操控輿論行動

從博斯普魯斯海峽遊船的甲板望去，「白宮」看來就像其他水岸邊的舊伊斯坦堡豪宅。精緻木框架圍繞著窗戶與山牆，露台也作為私人遊艇碼頭。望入窗戶，你可能會瞥見嚴肅的二十多歲年輕人在電腦前敲打，或西裝筆挺的男士與戴頭巾的女士在會議室激烈討論。訪客由建築另一側的小門進入，就在忙碌的主要道路旁。除了門鈴上俯瞰的監視器，從外表上根本看不出來裡面在做什麼。

艾爾多安的女兒經常造訪白宮。幾位親近的黨內盟友也是，雖然不會輕易就見到總統本人，但他的名字與精神仍舊長存在挑高的房間裡。這棟水岸豪宅，在市區過度發展淹沒此地之前，本來是鄂圖曼菁英家族的夏季度假屋。現在卻是龐大宣傳網絡的神經中樞。在牆裡，一位總理被推翻下台，還博取了英國政治人物的支持，一小群極具野心的年輕男女在這裡成為土耳其最重要的政治意見操盤者。

承租白屋的博斯普魯斯全球事務中心（Bosporus Centre for Global Affairs）以智庫自居，目的是「匯集社會不同團體，共同研討全國性與國際性的政治、社會、文化與經濟議題，並提出永續解決之道」。中心舉辦圓桌論壇，邀請外國記者與政治人物跟土耳其政府官員同台，經營許多「事實查核」網站及英土兩語的社群媒體帳號。中心說此舉是為了對抗國際媒體上關於土耳其及艾爾多安的假新聞與偏頗的新聞泥淖。二〇一五年末博斯普魯斯中心創立時，可以施展的空間確實相當多。

「蓋齊公園抗爭期間，我開始在社群媒體上抓出謊言，進行事實查核。」菲拉特・艾瑞茲（Firat Erez）說，他是被延聘進入博斯普魯斯中心的。艾瑞茲的背景也許暗示他在二〇一三年春天對艾爾多安政府的抗爭潮中，站在抗爭者這邊。他是個藝術家，自詡為無神論者，中年之後軟化成帶有自由主義思想的老左派。位於伊斯坦堡搖搖欲墜的古羅馬街區中，他家的客廳兼工作室塞滿跳蚤市場藝品，一張女性裸體素描貼在冰箱門上。然而在蓋齊公園抗爭中，艾瑞茲最後卻選擇站在保守的伊斯蘭主義者艾爾多安這邊。

「當時，我看到艾爾多安政府對西方開放、終止凌虐、擴大我們的自由，」他說，「他們提高了施政透明度，跟庫德工人黨展開和平進程，同時他們也遭到所有老舊腐朽意識形態的攻擊，包含凱末爾主義、社會主義等。當蓋齊還是個保護公園樹木的行動時，我支持蓋齊。但它後來變成某種對政府的攻擊，一種政變或造反。」

當艾爾多安派遣鎮暴警察進入塔克辛廣場時，蓋齊公園抗爭者轉向社群媒體，對全世界散播訊息。土耳其的電視頻道將抗爭者擋在外面，甚至連獨立的CNN土耳其網也在蓋齊公園遭受催淚瓦斯攻擊、抗爭爆發時，播放企鵝紀錄片。但是各種假消息很快在不受管控的網路空間中竄生。部分抗爭者宣稱政府在伊斯坦堡市中心散布橙劑（Agent Orange）[1]。其他消息則說警察蓄意槍傷抗爭者。艾瑞茲開始在推特上反駁。

「接著就被左派人士釘上了十字架。」他說，「土耳其的政治就是這麼部落性。我開始疏遠朋友，蓋齊公園抗爭後我開始覺得自己是艾爾多安派。」

抗爭過後，艾瑞茲聯繫正義與發展黨地方黨部，想要成立事實查核計畫。他獲得替伊斯蘭主義傾向報紙《決定報》（Karar）撰寫專欄的機會，也經常上國家電視台擔任分析師。當庫德族和平進程破裂時，艾瑞茲轉向解構庫德工人黨在社群媒體上散發的假資訊。他第一次的成就，是在游擊隊宣稱抓到一名看似特殊行動警察部隊成員，並在鏡頭前展示時，發現此人事實上是東方城市埃拉澤（Elazığ）的遊民，當地人稱他為瘋狂艾爾辛（Crazy Ersin）。庫德人在推特上對艾瑞茲發動攻擊，指控他為土耳其情報單位進行心理戰。接著在二〇一五年九月，他接到支持艾爾多安的《晨報》專欄作家希拉爾．卡普蘭的電話。

## 喉舌

《晨報》看起來像低階的八卦小報，據傳發行量超過三十萬份，是報攤上銷售量最大的報

1 譯註：美軍於越戰期間使用的一種落葉劑，內含戴奧辛一類有毒物質，有可能影響男性生殖健康。

紙。腥羶色式的頭條新聞總是憤怒攻擊報社所認定當今的土耳其敵人。同時間，它的英文版《每日晨報》（Daily Sabah）則參考枯燥無趣的美式大報，字體合宜卻充滿大量文章。這份報紙號稱僅有七千份發行量，但總統顧問及正義與發展黨政治人物卻爭相在版面上發表意見。此報的文章可能比土語版來得睿智，但討論的卻是同樣的主題——外國干涉、國內陰謀，以及讚美對抗這兩者的男人。

希拉爾．卡普蘭是《晨報》的明星作家，這位出身保守邊緣地區的戴頭巾女性，卻一路進入伊斯坦堡頂尖的比爾吉大學（Bilgi Üniversitesi）與海峽大學（Boğaziçi Üniversitesi）。二〇〇四年她開始念大學時，教室仍舊禁止戴頭巾，也禁留伊斯蘭鬍鬚。她的同學及後來的先生索海伯．歐胡特（Soheyb Öğüt）當時就留著這樣的鬍鬚。卡普蘭在法蒂赫區長大，在這個伊斯坦堡極端保守的內城區裡，女性穿著只露出眼鼻的黑色披風到處走動。但當她走在大學附近的時髦街道時，人們會盯著她色彩鮮豔的頭巾及略微合身的外套（在法蒂赫區卻是十分現代的裝扮），開始耳語。課堂上，她以帽子遮住頭巾。有一次在街上，一名醉漢試著拉掉她的頭巾。她一輩子都在跟這樣的態度為伍；五、六歲時，她聽到一名土耳其男子對她戴頭巾的母親說「滾回伊朗」。

讀大學的時候，卡普蘭加入「年輕公民團」（*Genç Siviller*）。這個小型運動團體目標團結社會自由派與保守穆斯林，將兩者結合為對抗凱末爾主義者的同盟。他們希望土耳其掙脫世俗主義教條與軍隊看守，走向民主化；頭巾正是優先議題。卡普蘭將此事轉成女性主義議題，在二〇一〇年告訴一家線上新聞媒體：

> 我認為將摘下頭巾與自由掛鉤是不對的。他們說摘掉頭巾是解放女性。然而，許多媒體宣傳反而針對那些沒戴頭巾的女性。許多都是難以填滿的框架，例如女性應有的體重身高。可悲的是，這些都是從男性的觀點出發，物化女性。這樣的情況提高了罹患厭食症與暴食症的女性人數。此外還有數百萬女性只是為了跳脫男性觀點與意見統治的社會而進行整型手術……無論戴頭巾與否，女性都試著獲得自由。

在這些議題上，卡普蘭的立場抓住了眾人眼光：個人虔信，但在社會上採取自由主義態度。她主張，學校中應有宗教課，但是列為選修。她說啟發自己最多的人，是二〇〇七年遭到謀殺的土耳其—亞美尼亞記者赫蘭特．丁克（Hrant Dink）。多數人認為他的死，是因為他的作品直言不諱，指出一九一五年土耳其與庫德族士兵如何屠殺及強迫遣返安納托利亞的基督徒。

二〇〇八年，執政六年並在提名居爾擔任總統一事上，擊敗凱末爾主義者的正義與發展黨開始採取行動，要取消大學中的頭巾禁令。當年的黨代表大會中，艾爾多安的演講跟卡普蘭採取同一調性：「他們說，只有不戴頭巾的公民才算世俗？他們犯了錯誤，掉進這種分化之中。這個社會屬於支持民主與世俗社會立法的人，不論有沒有戴頭巾。」

自由派與宗教派的支持者全都鼓掌。然而法律雖然經過修改，允許戴頭巾的女性進入大學之門，多數校長（大部分是共和人民黨的同情者）卻拒絕承認。共和人民黨在憲法法庭提起訴訟，尋求阻擋這條法律。憤怒中，卡普蘭與另一名「年輕公民團」成員起草了一份聲明，宣稱在土耳其面對庫德人與宗教少數族群的歧視問題之前，他們將「不情願地」繼續戴著頭巾進入大學。這是一記高招。現在，問題成了整個土耳其的民主瑕疵，而不只是對虔信者的態度。憲法法庭雖然判決頭巾禁令不用解除，但卡普蘭已經成了革命人物。當時已經是知名報紙專欄作家的卡普蘭，開始了她的崛起之路。

大學的頭巾禁令最終在二〇一一年被推翻；一三年是公務機關；警界與軍隊等平民部門則是一六年。同時間，卡普蘭不再是追求革命的劣勢者，而是艾爾多安建制中的堅定成分，位於一群新的新聞菁英頂端。她在伊斯坦堡歐洲側《晨報》大廈的私人辦公室裡，可以一覽博斯普魯斯海峽及雄偉的大橋。艾爾多安前往世界各地時，她經常隨侍在側，是一小群被允許搭乘總統專機的特別媒體成員。

就像她工作的媒體，卡普蘭也有兩面。在英文報紙上，她顯得有禮且合理，即便她的立場總是清晰可見。在土文報紙上，她可以尖酸刻薄、戰鬥力十足且經常充滿敵意。推特是她的領域；她是艾爾多安派記者部隊的一員，對任何膽敢批評總統的人開火。她每天都會對將近五十萬追蹤者產出幾十篇推文。

菲拉特．艾瑞茲說，二〇一五年卡普蘭邀他加入博斯普魯斯中心時，宣稱這是個獨立智庫，沒有政治連結或資金支持。她說錢來自美迪波爾（Medipol），這是一個與艾爾多安關係緊密的私人企業集團。但中心的角色是很清楚的：對國際媒體上批評土耳其的報導進行事實檢核，並突顯正義與發展黨在社會福利與敘利亞難民服務上的努力。提給艾瑞茲的職位是創意總監，同年十月，他成為事實查核部門的主管。他在這個職位上只待了五個月。二〇一六年一月，一千一百二十八位土耳其學術界人士連署，要求政府停止跟庫德工人黨戰爭；當時這場戰爭已經從街頭零星衝突膨脹成全面內戰。艾爾多安爆炸了，稱這些連署人是「國家公敵」，要求懲罰他們。艾爾多安幾乎立刻發動逮捕與開除。艾瑞茲認為艾爾多安對付這些學者的方式是錯誤的，也在辦公室中公開這麼說，因而讓卡普蘭惱恨不已——這是他本人的說法。兩個月後，三月，他就被開除了。很快地，博斯普魯斯中心成了國家的惡名昭彰之地。

## 二〇一六年五月　阿赫麥德．達夫托赫魯的政治暗殺

阿赫麥德．達夫托赫魯，是與艾爾多安一同擘畫出土耳其擴張主義中東政策的外交部長，也是二〇一四年八月艾爾多安下台成為總統時，親手挑選出來接任總理的人。在書面上，達夫托赫魯現在成為國家最有權勢之人——制度上來說，土耳其總統只是典禮性質且去政治化的（艾爾多安接任總統時，也必須辭去正義與發展黨黨魁職位）。但艾爾多安選擇這位不起眼的副手時，邏輯是很清楚的：態度溫和的阿赫麥德也許有想法，但他不會有膽蓋過真正的搖滾明星塔伊普。

二〇一五年六月的國會大選是達夫托赫魯的第一次測試：他當然必須為政黨贏得選舉，但不能展露太多個人魅力。選前一週，正義與發展黨在伊斯坦堡的耶尼卡皮校閱場上進行最後的選前造勢大會，兩大頭牌同場上陣。達夫托赫魯先講，但他只是主秀前的暖身。即便在新的「去政治化」角色裡，艾爾多安也一直為政黨造勢，借用無數公共建築與建設案的開幕作為淺

薄掩護，幾乎每天都在發表演說。這明顯無視法律規定。此外，政黨還運用兩架空軍特技小組戰鬥機「土耳其之星」，在群眾湧入耶尼卡皮時，從上空呼嘯而過，機後噴出紅煙。

當我跟著群眾一起擠進校閱場時，看了一輪商品攤販。上面有常見的艾爾多安T恤、頭巾與旗幟；但前後搜尋一番，卻沒看到任何達夫托赫魯的商品。輪他上台時，這位祖父級鬍鬚下通常帶著微笑的總理，試著仿效老闆的大砲式講話風格。聽來有些好笑，甚至悲劇。他的聲音太高也太溫和，還不斷眨眼，好像聲帶不大舒服。半小時後，達夫托赫魯結束時掌聲稀薄，接著換艾爾多安上台；艾爾多安讓他看看一場好秀該怎麼做。群眾立刻狂喜暴動。

這場選舉中，正義與發展黨擁有所有優勢，也獲得最多選票，卻不足以形成國會席次的絕對多數。這是二〇〇二年以來首度發生這種情況，也是塔伊普在一九八九年選舉失利後，第一次未能獲得完全勝利。賽拉哈汀．戴米爾塔許領導的庫德族政黨人民民主黨，成功突破族群認同政治，建立起左派與社會自由派的大聯盟。在蓋齊公園抗爭兩年後，這大概可以視為是部分運動的進化。戴米爾塔許反對艾爾多安在土耳其引入總統制，更將同性戀者的權益納入政黨宣言中——這是土耳其共和國史上頭一遭。人民民主黨贏得百分之十三的選票，超越百分之十的門檻；這項限制過去一直讓專注庫德族的政黨難以進入國會。他們的收穫，來自正義與發展黨的損失。土耳其東南區域，以及西邊都市的自由派街區，在選舉結果發布時，街上的派對徹夜狂歡。

現在史上第一次，正義與發展黨得組成執政聯盟。達夫托赫魯必須展開行動，跟共和人民黨、民族主義運動黨，甚至是人民民主黨進行無止盡的協商會議。所有會談全都失敗，因為不習慣分享權力的艾爾多安反對一切。因此政府宣布再度舉行選舉，同時間庫德工人黨也取消停火。隨著死亡人數攀升，國家西邊的選民等待人民民主黨反對庫德工人黨新一輪的暴力行動。但譴責卻從未發布。新一輪選舉在二〇一五年十一月到來時，人民民主黨在庫德族基本盤以外的支持已經萎縮，因此正義與發展黨又贏回了絕對多數。土耳其永遠不會真正改變的晦澀感，取代了六月份時沖昏頭的樂觀主義。

達夫托赫魯完成了任務，重新取得正義與發展黨的國會多數地位，但他自己的政治前途卻在此刻顯得嚴峻。他開始講出自己的心裡話，也想要攪動現狀，以重建土耳其的政治架構與文化，讓它更民主、而非依靠個人統治。每個人都能看見衝突即將到來。

「達夫托赫魯是個官僚。他很聰明，也很努力。但他不是政治人物，也永遠無法成為政治人物。」達夫托赫魯的前顧問艾提彥・馬赫袞皮安（Etyen Mahçupyan）說。馬赫袞皮安是亞美尼亞天主教徒後裔，從一九九〇年代中期的福利黨時代，就是伊斯蘭主義核心的自由派盟友；他也許是正義與發展黨內部最後敢言之人。他在達夫托赫魯身邊的任期只持續了六個月，從二〇一四年十月到一五年三月。那段期間，他持續大聲批評政黨運作與政策的諸多面向，因此惹火了艾爾多安身邊的小圈圈。

「艾爾多安的顧問群已經決定了那位選定者，」意指艾爾多安下台時被選來繼任總理的人選，「也將成為政黨領袖。其中一位顧問來找我，問我對達夫托赫魯的意見。我說他會是個好總理，卻是糟糕的領袖……他沒辦法應對政黨政治裡的半貪腐規則。此外還有……艾爾多安與達夫托赫魯的衝突：他倆性格全然不合。達夫托赫魯相當自我中心。他的腦袋裡無疑認為，他所說所想，都是最終真理。他有這個缺點。此外，他是受過高等教育、知識豐厚的人。在無人挑戰的情況下，他開始愈來愈相信自己。我跟達夫托赫魯聊過很多次，他說總理一職實際上並不像當初所承諾的。艾爾多安可以今天說些什麼，明天又改變意見。達夫托赫魯感到挫折，因此他不再給艾爾多安提供資訊。這讓艾爾多安不爽，情況持續惡化……但後來發生的情況卻極其羞辱。」

二〇一六年五月，正義與發展黨的執行委員會投票剝奪達夫托赫魯任命省級官員的權力。這項動議是在總理離開首都時提出，當達夫托赫魯返回安卡拉面對黨內時，很明顯的，這件事實際上就是跟艾爾多安的權力拔河。與總統進行了幾個小時的會議後，達夫托赫魯接著面對正義與發展黨的執委會。在後續記者會中，達夫托赫魯顯得挫敗震驚。他說在兩週後預定舉行的黨代表大會上，他將下台。

「為了黨的團結，我決定改選黨主席也許是更合適之舉。」達夫托赫魯抓著講台的指節都泛白了。他仍舊維持著外交官的風度，對永遠都是頂頭上司的人並未口出惡言。「我不接受任何我跟艾爾多安先生關係的揣測。我們永遠肩並肩。他的榮譽就是我的榮譽。」

## 部落格文章

〈鵜鶘摘要〉（Pelikan Dosyası）以一九九〇年代改編成電影的法律驚悚小說《鵜鶘檔案》

（*Pelican Brief*）為靈感，是一篇兩千七百字純粹憤怒與陰謀論的文章，在達夫托赫魯被逐下台前一週，以最基本的純文字檔案公布。華麗且經常模糊的語言中，這篇文章羅列了艾爾多安（文中稱為「老闆」〔*Reis*〕）與達夫托赫魯（「老師」〔*Hoca*〕）之間的二十七個衝突點。其中包含達夫托赫魯並不認同關押批評政府的記者與學者，還有永久終止跟庫德工人黨戰爭的多爾瑪巴切協議（Dolmabahçe agreement）——在達夫托赫魯宣布後卻遭艾爾多安撤回。轉為總統制的提議，達夫托赫魯也始終沒被說服。

「這是一場鬥爭，」部落格文章的最後直接對達夫托赫魯發聲，「你一定會輸的。」〈鵜鶘摘要〉一發出，立刻在土耳其推特上瘋傳。關於作者的猜疑，立刻就落到索海伯．歐胡特頭上；他是卡普蘭的先生，也是博斯普魯斯中心的總監。十一個月前，就在二〇一五年六月正義與發展黨羞辱慘敗的三個星期後，他才寫下一篇驚人類似的文章，刊在今已停刊的《實際》（Actuel）雜誌上。篇名題為〈太棒了，老師，太棒了！〉（Bravo, hocam, bravo!），這篇文章指責達夫托赫魯背叛艾爾多安，語調跟後來的〈鵜鶘摘要〉驚人神似。在推特網友一片猜疑中，我要求採訪希拉爾．卡普蘭。

達夫托赫魯下台後六天，我抵達她的《晨報》辦公室。卡普蘭膚色白皙，擁有一雙吸引人的綠眸；倘若不是包得緊緊的頭巾與全身的高領長袍，我相信她應該是會令人多看一眼的美人。儘管鬥犬聲名在外，她卻意外地令人喜歡而且有趣。當她告訴我達夫托赫魯為何自作自受時，手上的菸也是一根接一根。

「他們從二〇〇九年就一起工作，達夫托赫魯是艾爾多安的顧問，後來成了他的外交部長。他們合作無間，艾爾多安也很信任他。達夫托赫魯不是個傑出的講者，但他有老師的形象。他經常微笑，艾爾多安也希望他利用這些特質。但最終，他卻擺出我知道一切的態度。艾爾多安贏了二〇一五年十一月的選舉，達夫托赫魯卻表現得彷彿一切都是他的成就……艾爾多安在黨內擁有很高的信譽。反對派也許恨他，但他有很高的可信度。他之所以是國家的中心，是因為他從人民手中獲得權力。」

卡普蘭否定再辦一輪選舉的可能性，讓公眾選出接任總理的人選：「艾爾多安並不喜歡閃電選舉。蓋齊公園抗爭期間，黨內有些人認為可以辦閃電選舉。他說不行，我們必須按照選舉期程走。」

卡普蘭告訴我，取代達夫托赫魯的人選有三個：司法部長貝克．波茲達、交通部長畢那利．尤迪倫，以及艾爾多安的女婿能源部長貝拉特．阿爾貝伊拉克。這三人都是艾爾多安的死忠擁護者。

她認為尤迪倫會得到這個位子。他從一九九〇年代就跟艾爾多安共事；艾爾多安出任伊斯坦堡市長時，尤迪倫是他忠誠的渡輪局長，負責穿梭博斯普魯斯海峽的客運船務管理。「他在黨內的支持度也很高，」她說，「且深具經驗。」

無論她是否涉及達夫托赫魯的終局，在尤迪倫的崛起上，卡普蘭是對的。幾天後，正義與發展黨執委會任命他為總理與黨魁。他很快建立起比達夫托赫魯更熱烈微笑、更開心、也更灰色模糊的形象。至於前總理，他現在是否面對著政治的荒野？

「達夫托赫魯仍舊是黨員，」卡普蘭說。「他會重建他的信譽。他也會繼續政治道路。但我不認為他會成功。」

## 女婿

二〇〇四年娶了總統女兒艾斯（Esra）的貝拉特・阿爾貝伊拉克，是個神情開朗、半帶微笑的商人。達夫托赫魯下台時，他也許還太年輕，經驗不足以承擔總理職位。黨內上下也很難吞下太過裙帶關係的一步。但無疑地，他正踩在快速崛起的起點上。

阿爾貝伊拉克的人脈廣闊，他對艾爾多安家族的執迷，也讓總統的手能夠伸進政府以外的領域。阿爾貝伊拉克的弟弟賽爾哈特（Serhat）是土庫瓦茲媒體集團（Turkuvaz Media Group）的總經理，擁有卡普蘭工作的《晨報》與一大票其他瘋狂支持艾爾多安的新聞媒體，包含尖酸刻薄又吵鬧的「A Haber」電視頻道——永遠都是第一家取得政治獨家新聞的媒體。二〇〇七年當土庫瓦茲集團被清算債務，政府因此取得這些媒體之前，它旗下的媒體都曾是左傾的反對聲音。一年後，土庫瓦茲在拍賣中賣給賈立克（Çalık）控股公司，貝拉特・阿爾貝伊拉克當時是這家財團的執行長。十一億美金的標價中，四分之一由政府貸款支付（交易確認時，其他投標者都已退出）。賽爾哈特被聘為土庫瓦茲公司的副總經理，《晨報》與「A Haber」頻道雖然未能替擁有者帶來收益，卻立刻成為艾爾多安的主要旗手。接下來四年，它們的累積損失達到兩億美金。二〇一二年賈立克控股公司欲出售土庫瓦茲媒體集團，國際媒體大亨如梅鐸的新聞集團與時代華納公司都曾表達興趣，但看到財報後就退縮了。最後是在艾爾多安家裡談成了一筆閉門交易。買家是卡利翁（Kalyon）集團，這間土耳其大集團是艾爾多安許多超大型國家建設計畫的主要承包商之一，包含伊斯坦堡新機場。卡利翁成立一間名為季爾維控股（Zirve）的子公司來買下土庫瓦茲，土耳其的公平競爭委員會在二〇一三年通過這筆交易。十五天後，貝拉特・阿爾貝伊拉克辭任賈利克執行長，開始偶爾在《晨報》上寫寫專欄。

今日，土庫瓦茲還擁有銷路最好的運動週刊《照片對抗》（Fotomaç），週刊內經常刊載正義與發展黨的廣告，以及面向低端市場的《日曆報》（Takvim）。《日曆報》曾以半頁刊載我的照片，宣稱我是英國特務。這讓我加入了其他外國記者的行列：凡是得罪總統身邊的人就會「享受」這類待遇。

## 貝拉特・阿爾貝伊拉克與博斯普魯斯中心

辭職離開賈利克控股的十八個月後，貝拉特・阿爾貝伊拉克的政治生涯正式起飛：二〇一五年六月的選舉中，他獲得正義與發展黨的席次。兩個月後的八月，博斯普魯斯中心成立。再兩個月後，十月份，阿爾貝伊拉克被任命為能源部長。很快就開始傳言艾爾多安將培養他當繼承人。最後是二〇一六年五月，身為總理的達夫托赫魯玩完了。

二〇一六年十二月，當維基解密（WikiLeaks）丟出一部分阿爾貝伊拉克電子郵件——暱稱為「貝拉特信匣」的隱藏信箱時——貝拉特・阿爾貝伊拉克、索海伯・歐胡特、希拉爾・卡普蘭、土庫瓦茲與博斯普魯斯中心的關係網絡終於被揭露。

二〇一五年十月五日，一封土庫瓦茲經理人寄給阿爾貝伊拉克的電子郵件顯示，土庫瓦茲僱用了超過六百人的網絡，來提升自家媒體的發行量。「每天總共有二十萬份報紙分送到七十九個城市、兩百九十個區裡。」報告中寫道，「主要分送到餐廳、咖啡廳、烘焙坊、計程車停靠站、市民中心、理髮廳、私立醫院、旅館、巴士公司、各種工藝師與學生宿舍等。」附件的報表清單中列出明確地點，以及每個地點各分送了多少份報紙。這正是正義與發展黨非常擅長的細節管理。扣掉這些免費分送的報量，《晨報》的真正流量降到只剩約十萬份，因而是報攤上第四大、而非第一大銷量的報紙。

二〇一五年九月五日，就在博斯普魯斯中心成立前兩週，阿爾貝伊拉克被任命為能源部長的兩個月前，索海伯．歐胡特給阿爾貝伊拉克發了一封電子郵件。「一次性支出」的標題下展開歐胡特的電郵，接下來則是一篇令人莞爾的學究式詳盡清單。

清單上列出的所有細節，從工作人員、辦公室地點到家具，都符合我四次不同時間拜訪中心時所見。這裡面包含了以四千五百五十英鎊購置「盡可能高品質的家具，以舒適接待大使、國際媒體代表與政要」；每月經常性預算，支應「國外與國內交通」；訪客接待（飲食、交通、禮物）；印刷旗幟與小冊；價值七百七十七英鎊的「高級沙發組」。根據當時的匯率，從茶匙到總監薪水的整筆預算，籌備期與第一個月的營運費用為七萬英鎊，接下來每個月還需要兩萬七千兩百五十英鎊。這筆費用是由自稱獨立的智庫向已是國會議員且是艾爾多安女婿的阿爾貝伊拉克提出——這個人兩個月後將成為高階部長。

卡普蘭雖然經常出現在中心，工作人員也視她如老闆，卻明確否認有任何正式關聯。但另一封外洩的電子郵件卻掀出另一面——至少在草創階段——二〇一五年九月八日，來自歐胡特給阿爾貝伊拉克的電子郵件裡，列出中心營運董事會的建議名單，卡普蘭排名第四。

菲拉特．艾瑞茲在他離開博斯普魯斯中心後開始經營的部落格中，公開形容〈鵜鶘摘要〉與驅逐達夫托赫魯是「右翼發起的政變」：艾爾多安朝廷裡的死忠派——圍著女婿阿爾貝伊拉克的小圈圈——掌控了政黨、政府，以及最終整個國家。艾瑞茲說，達夫托赫魯遭到驅逐的契機，是二〇一六年三月瑞札．札拉伯（破壞伊朗制裁計畫的主角）在美國被捕。根據艾瑞茲，那個時刻，整個組織開始從半真半假的事實查核與一點點輕微輿論控制的功能，轉向「建立起一堵對抗西方的牆」，煽動土耳其大眾對歐美的輕蔑與不屑，好讓接下來札拉伯審判中可能浮現對艾爾多安不利的指控，可以被貶為反土耳其的圖謀。

「清算達夫托赫魯是很重要的一步，因為是他從西方口中獲得難民交易的承諾。」艾瑞茲說。「稍早他也拿到申根區免簽旅行的開放日期。即便土耳其的反對派也接受達夫托赫魯的成就與在西方享有的尊重。」

二〇一六年五月六日，〈鵜鶘摘要〉刊出五天後，達夫托赫魯下台的隔天，艾爾多安做出第一場損害土耳其與歐盟關係的演說，炸掉遭驅逐的總理先前搭起的所有橋樑。「我們要走自己的路，你們走你們的。」總統這樣告訴歐盟領袖。他並非在達夫托赫魯與歐洲領袖會面時慣用的隱密閉門會議中這麼說，而是在他喜歡的場域：伊斯坦堡大批粉絲狂熱喧囂下的電視攝影機前。

## 二〇一六年
## 英國的公投與鮑里斯・強森（Boris Johnson）的「恐土症」

歐洲的另一頭，另一個難搞夥伴也開始跟歐盟進入水深火熱的關係。英國一直是土耳其在歐盟內最好的盟友，持續支持土耳其入歐的野心。然而當英國進行脫歐公投時，英國的「疑歐派」卻抓著土耳其入歐的可能性，作為英國應該盡速脫歐的理由。他們還將這不高的可能性扭曲成立即的危險。

二〇一六年五月《週日快報》（Sunday Express）的頭版頭條尖叫著：「一千兩百萬土耳其人說他們將前來英國！」第二段揭露的證據，可想而知十分薄弱。兩千五百名受訪的土耳其人中，百分之十六說若土耳其加入歐盟，會考慮搬到別的國家。但隨著達夫托赫魯被踢出政壇，艾爾多安對布魯塞爾展開憎恨式轟炸，這個可能性其實正快速消逝。兩個月前，英國獨立黨（UK Independence Party）剛發表的政治影片完全基於恐慌，憂慮土耳其將在二〇二〇年帶著成長中的大量穆斯林人口加入歐盟。眉頭深鎖的金髮主持人站在伊斯坦堡的背景影像之前，解釋土耳其愈發嚴重的媒體鎮壓情況，讓她不敢直接造訪這個國家，因而以錄影表示她對這個國家的看法。

這類誇大與誤導也許在《週日快報》上並不少見，畢竟它是以沙文主義及報導黛安娜王妃緋聞為主的報紙；發生在獨立黨身上也不意外，這是以純本土主義為宗旨的政黨。但是鮑里斯．強森卻在二〇一六年六月跟脫歐行動者麥可．戈夫（Michael Gove）聯名致信給當時的英國首相大衛．卡麥隆（David Cameron），要求英國保證在歐盟內動用否決權，制止土耳其入歐談判，並阻擋免簽安排——達夫托赫魯不過三個月前才努力爭取到的一切。「倘若政府不能給予保證，大眾只好做出合理結論，唯一避免跟土耳其擁有共同邊界的方法，就是在六月二十三日投下脫歐，奪回控制權。」那封信如此總結。

為投下脫歐，戈夫與強森帶領的遊說團體還製作了一份海報，宣稱留歐的一票等同打開大門迎接七千六百萬土耳其人。脫歐派主辦的調查，最後產生了《週日快報》上的狡猾頭條。下議院文化、媒體與運動委員會在調查二〇一八年七月的假新聞時，由臉書送交的證據顯示，脫歐派僱用了「聚合智商」資料公司（Aggregate IQ，是一間與劍橋分析〔Cambridge Analytica〕有關的加拿大公司，以二〇一六年美國總統選舉期間挖掘選民數據知名的政治顧問公司），針對英國選民頁面投放廣告，標語是「毋庸置疑，阿爾巴尼亞、馬其頓、蒙特內哥羅、塞爾維亞與土耳其正在入歐」。另一則廣告則宣稱「土耳其的七千六百萬人正加入歐盟」，旁邊的圖則顯示英國人（兩萬五千六百九十二英鎊）與土耳其人（七千三百六十八英鎊）的平均薪資。《週日快報》邀請讀者針對這則新聞票選是否為「好消息」。其他廣告則宣稱「土耳其的七千六百萬人正要獲得歐盟的免簽旅遊許可」；或者土耳其加入歐盟就表示「英國的新邊界將是敘利亞與伊拉克」；還有更進一步的「我們付給土耳其十億英鎊，讓他加入歐盟」。一張圖顯示錢由英國往東流入土耳其。在委員會的持續追問下，英國臉書的公共政策部長雷貝嘉．史汀森

（Rebecca Stimson）最終揭露，由聚合智商公司生產的廣告，很可能已經觸及了臉書上「多數」的英國使用者。

在公投時代的英國，這類土耳其仇恨證實了是相當好的（也許還是致勝的）選戰材料。倫敦政經學院的學者詹姆士．克爾—林賽（James Kerr-Lindsay）在總結公投選戰時說，「我們可以這麼說，脫歐陣營關於土耳其入歐的毫無根據說法，最終讓英國失去了自己的歐盟成員資格。」

二〇一六年二月，鮑里斯．強森擔任起英國脫歐總指揮的新角色，他開始在脫歐陣營內發揮強大影響力。一開始講到土耳其，他還小心謹慎。「對於廣大自由旅行的區域……我當然相當存疑。」二〇一六年三月被問到達夫托赫魯在移民交易上剛取得的免簽承諾時，他這麼回答。

然而二〇一六年五月八日，卸下倫敦市長的職務後，他就開始轉趨鬥狠，並展開脫歐行動者的新品牌形象。十天後，他贏得《旁觀者》（Spectator）雜誌舉辦的「侮辱艾爾多安詩文比賽」。強森的五行打油詩刊登在雜誌上廣為流傳，將土耳其總統稱為「來自安卡拉的自慰者」，還暗示他跟山羊有親密關係。但在貝拉特信匣及不久之前被遺忘的新聞片段中，證據顯示強森並非「恐土症」。

從首度參選倫敦市長開始，強森就在土耳其留下不錯的印象，這種感覺是相互的。二〇〇七年，在英國廣播公司的大眾族譜節目《客從何處來》（Who Do You Think You Are?）中，他揭露了自己的曾祖父是一名鄂圖曼外交官，一九二二年因為持續支持蘇丹，被阿塔圖克綁架吊死。這項揭露將強森推上一小群有土耳其血緣的英國名人頂端（其他人包括藝術家崔西．艾敏

〔Tracey Emin〕及上議院議員胡賽因—艾斯女爵〔Baroness Hussein-Ece〕）。強森被聘為（也仍舊是）「盎格魯—土耳其協會」會長。二〇〇八年五月，幾乎一選上倫敦市長，他就帶著家人前往土耳其的地中海海岸進行遊艇度假。當地報紙報導他考慮要買間別墅，並收到度假勝地戈賽克（Göcek）市長贈送的地毯、桌巾、咖啡壺杯盤等。兩個月後，正義與發展黨的伊斯坦堡市長卡迪爾·托巴許訪問倫敦，根據市政府的紀錄，他送給強森「紙鎮與圓盤」。

除了卡達以外，強森擔任市長的八年任內，土耳其都一直強力遊說他。正義與發展黨國會議員、大使及公關公司進出市長辦公室。同時間，一群以倫敦為基地，與安卡拉高層交情良好的葛蘭派人士，也盡其所能逢迎讚美強森。二〇〇九年十月，為了協助支持者在英國成立經營企業，葛蘭派建立的商業網絡（Business Network）組織雜誌創刊號，以光彩奪目的強森為封面，標題大剌剌寫下：「倫敦的土耳其市長」。訪問內文中，鮑里斯說他相信土耳其入歐將「有助於建立一個更好的歐洲；事實上更有助於認可他們此刻已經做出的巨大貢獻」。

一年後，商業網絡在倫敦白廳（Whitehall）的國宴廳中舉辦年度最傑出土耳其人獎時，也頒給強森「最有貢獻英國人」獎。星光閃爍的典禮中，出席者還包括土耳其駐英大使於納爾·切維科茲（Ünal Çeviköz）以及土耳其家庭部長阿莉耶·卡瓦夫（Aliye Kavaf），她過去長期是正義與發展黨婦女部主任。當年強森雖未出席，但他在二〇一一年頒獎典禮上擔任主講人時，台下賓客有土耳其副總理阿里·巴巴強與當時的外交部長達夫托赫魯。

二〇一三年二月，艾爾多安的親密盟友，時任土耳其歐洲事務部長兼入歐首席談判人的艾格曼·巴希許（Egemen Bağış），前往倫敦與強森會面。當時強森沐浴在二〇一二年倫敦奧運的成功光環之下。兩人討論了九〇年代艾爾多安擔任伊斯坦堡市長期間的作為、他為土耳其都市擘畫的超大型發展計畫，以及伊斯坦堡尋求二〇二〇年奧運的主辦權。他們也談了強森的鄂圖曼傳承；巴希許呼籲倫敦市民進行一日禁食，以更了解穆斯林鄰居在神聖月份拉瑪丹（Ramadan）[2]中的努力。巴希許寫給貝拉特．阿爾貝伊拉克的電子郵件中，對這場會議充滿溢美的描述，近乎頌揚倫敦市長：

（強森）全心支持土耳其加入歐盟，即便得對抗那些想要阻撓的人。他毫不隱藏對伊斯坦堡的仰慕……他說自己密切追蹤伊斯坦堡的發展。我請他支持伊斯坦堡角逐奧運主辦權，他毫不遲疑表示支持。

對話細節立刻洩漏給小而活躍的倫敦土耳其文媒體；會後一天，這些媒體就報導強森支持伊斯坦堡主辦二〇二〇年奧運。七個月後，二〇一三年十二月巴希許被迫辭職——他是涉入伊朗黃金交易案醜聞的官員之一，他雖不在內閣之列，卻仍保有國會席次直到二〇一五年六月。甚至之後，他也依舊是正義與發展黨中艾爾多安最忠誠的執行者之一。根據艾瑞茲，在博斯普魯斯中心成立後的那幾個月裡，巴希許經常造訪中心。

2　譯註：意為「禁月」，是伊斯蘭曆的第九個月，也是伊斯蘭教穆斯林的齋戒月。根據《古蘭經》記載，這個月是真主阿拉將古蘭經下降給先知穆罕默德的月份。

二〇一五年二月，強森進入倫敦市長八年任期的最後一年時，仍舊充滿對土耳其的讚美之詞，表示自己下台前希望能再次造訪這個國家。接著，一年後他宣布自己支持脫歐行動，然後一切就變了。

雖然首相卡麥隆持續試著安撫大眾，說土耳其近期內絕無加入歐盟的可能性，強森與其他脫歐派卻在行動言詞中，不斷鼓吹大批土耳其移民帶來的威脅。隨著脫歐戰役達到血腥白熱化，他們的宣稱就益發可笑，且脫離事實。北愛爾蘭大臣泰瑞莎．維利爾斯（Theresa Villiers）宣稱有六百名伊斯蘭國戰士已經離開敘利亞前往土耳其，將很快享有歐盟區域免簽的行動自由。後來成為英國第一位女性國防大臣，但當時還是「後備球員」的潘妮．摩丹特（Penny Mordaunt）說土耳其的犯罪率遠比英國高上太多（暗示若英國未能脫歐，土耳其犯罪必然蔓延進入英國）。前保守黨黨魁伊恩．鄧肯．史密斯（Iain Duncan Smith）則宣稱安卡拉獲得快速入歐的承諾。

當英國脫歐公投如火如荼之時，舞台回到土耳其，刀子已經在達夫托赫魯身後聚集，他的難民交易也即將遭到瓦解。抵達希臘島嶼的難民人數又開始悄悄上升，艾爾多安公開威脅倘若布魯塞爾不給土耳其更多錢，他將開放土耳其邊界。這一切都符合脫歐陣營關於土耳其即將入歐的危險言論，即便安卡拉的事態發展與艾爾多安逐漸上升的恐歐心態，實際上讓土耳其更不可能在任何可預見的未來加入歐盟。就在《旁觀者》刊出強森詩文的那一天，土耳其外交部長梅夫呂特．恰武什奧盧（Mevlüt Çavuşoğlu）堅持土耳其不會為了符合歐盟的人權法律而修訂反恐法，結果有效粉碎了達夫托赫魯贏得的免簽承諾。

脫歐派勝利。卡麥隆辭職下台後，新的英國首相德蕾莎．梅伊（Theresa May）任命強森出任外交大臣。他首次出訪便前往土耳其，任務是與土耳其建立某種新貿易關係，這對於後歐盟時代的英國經濟發展至關重要。在安卡拉的眾多媒體面前，強森讚美他的土製洗衣機，認為五個月前在《旁觀者》發表的詩文「無關痛癢」，並重申政變企圖之後，英國對土耳其的支持。政變就在脫歐公投三週後發生。

「英國完全支持土耳其人民與土耳其政府，以對抗任何試圖推翻貴國民主的力量。」強森說，「看到土耳其人民回應挑戰的方式令人欣慰，當然我們也討論到，重要的是針對已發生情況採取謹慎合宜的回應。我認為支持土耳其民主是至關重要的。」

一年後，二〇一七年八月，強森又返回土耳其享受另一次航海度假。大批安納托利亞農民將擠進英國的擔憂，顯然已被湛藍海岸的誘惑給消除了。同時間，曾經邀他在重大奢華頒獎典禮擔任嘉賓的商業網絡，已經被迫潛入倫敦地下，轉而幫助受到艾爾多安鎮壓的葛蘭派企業家流亡英國。二〇一六年初，正是透過一位使用商業網絡電子郵件的中間人，我才能曲曲折折訪問到清真天使渡假村與《今日報》的前老闆阿金．伊貝克。當時他的產業已被查封，兄弟遭到逮捕。即便土耳其一直希望將他引渡回國受審，伊貝克今日仍在倫敦。

二〇一九年一月，強森對土耳其的態度又來個大變臉。他在公開演講中，宣稱他從未在脫歐行動中，撩起土耳其入歐的議題。此刻，他已經辭去外交大臣職務，再次將眼光放在保守黨黨魁與唐寧街十號上。因此他試著把最近的排外心理扔進記憶的深淵。不幸的是，英國媒體與大眾好歹還記得兩年內發生的事，因此他立刻被抓包揶揄。也許我們不用對鮑里斯反覆無常的態度，或他跟倫敦土耳其社群間的善變關係感到驚訝；艾爾多安對汙辱詩文史無前例的無視態度也不會令我們吃驚。畢竟這兩人的相似處比相異處來得更多——他們都在玩同一種遊戲。像他們這種民粹主義者，勝利是民主當中唯一重要的部分。不管撒了多少謊言、多常改換意識形態，只要最後能站上贏家寶座就行了。

## 英國與土耳其：底線

要完全了解英國與艾爾多安的土耳其聯繫，必須先跳過強森，直探底線。後脫歐時代，當英國摸索新的貿易關係以維持經濟榮景時，土耳其變成愈來愈重要的盟友。二〇一九年，兩國的年度雙邊貿易額達兩百億美金，是十年前的兩倍以上。二〇一七年一月，梅伊出任首相後出訪的第二個國家，就是土耳其；她從第一個目的地華府，直飛安卡拉與艾爾多安會面。在土耳其，梅伊簽下價值一億英鎊的武器交易，但對艾爾多安持續升溫的政變後清算，或對庫德工人黨的戰爭，她幾乎不發一語，令人權運動者感到憤怒——雖然外交官堅持梅伊有在背後提出關切。

四個月後，二〇一七年五月，英國武器公司與貿易官僚群聚到阿塔圖克機場附近世貿中心的巨大展廳，參加伊斯坦堡武器雙年展。勞斯萊斯與土耳其武器公司卡列（Kale）在此談成更多交易，勞斯萊斯將協助土耳其製造第一部國產飛機引擎。該年夏天，當安卡拉的英國大使館為歡慶伊莉莎白女王生日，舉辦年度花園派對時，修剪精美的草地與堂皇主建築的鎏金廳室裡，盡是知名英國品牌的廣告，從工程機械製造商JCB到奧斯頓．馬丁汽車（Aston Martin）。好幾位土耳其內閣閣員與大批艾爾多安顧問均出席這場派對。二〇一八年五月，即便艾爾多安痛罵其他歐洲國家領袖，他仍在倫敦受到歡迎，兩天參訪的過程差點稱得上是國家最高禮數了。他跟投資者會談，出席一連串正義與發展黨遊說團體倫敦支部安排的接風午宴與晚宴，之後便前往白金漢宮與女王共進午茶。

英國與土耳其之間特殊的商業關係根源，可以追溯到二〇一〇年七月，當時才剛選上首相兩個月的卡麥隆造訪安卡拉。他跟艾爾多安會面後發表的演說，奠定了未來關係的樣貌：「我前來安卡拉的目的，是為英國與土耳其建立新的夥伴關係。我認為這將是我國重要的策略關係。土耳其對我國經濟、安全、政治與外交至關重要……今日雙方貿易的價值每年已超過九十億美金。我希望在未來五年內這個數字將會翻倍。」

這場演說啟動了一連串經濟外交，英方的多數跑腿工作都是由倫敦市法團（City of London Corporation）[3]執行，這個不透明的行政組織管理一平方英哩古老轄區內的英國金融中心。這

3 譯註：倫敦市，又稱倫敦城或倫敦金融城。從西元一世紀羅馬人建城開始，今日則是大倫敦都會區的一部分。倫敦市的地方政府機構是倫敦市法團，但跟多數地方政府不同，其職責與財產都延伸到倫敦市地界之外。此外，倫敦市還擁有獨特的選舉制度，選民多數是位於城內的工商企業和其他機構，它們跟居民都有投票權。

是全英國唯一一塊國會無法管轄的地方。這個介於市政府、商業利益遊說團體與慈善組織之間的獨特組織，已經存在超過千年的時間。雖然脫離在英國政府之外，倫敦市的工作又經常與政府中樞重疊，特別是財政部與外交部發展海外關係時，它是軟實力的臂膀。華爾街到東京的金融中心，可能都比倫敦市掌握更多資本，但沒一個比得上倫敦市的哥德式宴會廳、中世紀公會與華麗服飾。英國若想讓對方國家留下深刻印象，派出的貿易代表團肯定是穿戴毛邊帽與金鍊的「倫敦市長大人」（Lord Mayor of London，與大倫敦市長不同）——迪克・惠廷頓（Dick Whittington）[4]的繼承人。

卡麥隆演講的六個月後，倫敦市長大人邁可・貝爾（Michael Bear）帶了三十多人的商業代表團訪問土耳其。這是他上任後第一趟主要的海外行程，並在伊斯坦堡與安卡拉舉辦了一系列活動。根據市長大人正式的參訪報告，其中包含「與公共工程及建築業人士會面」的首都酒會，並「安排場合」以便討論英國公司的發展機會。

這些機會圍繞著土耳其成長中的「促進民間參與公共建設」計畫（public-private partnership，簡稱ＰＰＰ），這種投資模式驅動了一批超大型計畫。這些計畫不僅在許多方面徹底改變這個國家的樣貌，也成為艾爾多安時代後期的標誌。正義與發展黨執政後，已經蓋了十一座新機場（包含重新整修的許多座），修了幾千英哩的新路與新鐵道，延伸過去規模較小的伊斯坦堡地鐵系統。艾爾多安跟他的部長視這些計畫為施政成就的最好證明；他們的忠誠信徒也深信不疑。

ＰＰＰ計畫是建立在一九九〇年代英國保守派政府想像出來的私人主動融資（private

finance initiative，簡稱ＦＰＩ）模式之上，這種模式在二十一世紀頭十年的東尼．布萊爾（Tony Blair）主政時代發揚光大。在ＦＰＩ模式的契約條件下，私人企業負責建設公共工程並提供服務，包含醫院、學校、廢棄物處理廠及道路。政府一開始不需要為土建付任何錢，卻導致國家被鎖進好幾十年的還款計畫裡。因為高利率及毫無競爭力的服務條件，納稅人最終會掏出比原始建設經費多上好幾倍的錢。ＦＰＩ模式是眼前及時行樂巨大化的經典案例：閃亮的新公共建設大爆發，讓今天的政府坐收功勞，債務卻不會顯現在帳目上；負責簽約的政客退休多年後，國家仍得持續付款。二〇一五年，英國國家審計部發現，比起政府直接借款、自行興建，ＦＰＩ模式最終會讓納稅人付出兩倍代價。

在英國，ＦＰＩ模式多已遭到質疑與放棄。二〇〇八年的金融重挫後，英國的建築榮景跟著信用額度一起枯竭；同時間，ＦＰＩ模式新計畫的數量也跌落谷底。然而，隨著富裕西方經濟體勒緊腰帶，全球放款人開始帶著「便宜」的資金，湧向土耳其在內的新興經濟體，讓它們展開建築榮景，也讓這些政府開始玩起ＦＰＩ模式。在英國，靠著ＦＰＩ模式致富的公司，現在也將目光轉向海外。他們標榜自己是該領域的先驅與專家。這類作為也得到英國政府支持，透過大使館、領事館倡導，英國作為ＦＰＩ模式的專業中心，英國私人企業可以提供建議並為外國政府執行專案。

4　譯註：為英國知名民間故事〈迪克．惠廷頓與他的貓〉的主角，曾三度出任倫敦市長大人。靈感來自真人理查．惠廷頓（Richard Whittington, 1354–1423）。為英國知名富商，象徵白手起家、富含智慧又救濟市民的商人形象。

二〇一一年倫敦市長大人訪問之前，土耳其只簽過六項ＰＰＰ計畫。到了二〇一八年一月，它已經擁有超過兩百項已完成或進行中的計畫，總價值高達一千三百五十億美元，是全世界ＰＰＰ計畫價值最高的國家之一。其中最大型、最昂貴也最新的一個計畫，就是拖延了幾個月、終於在二〇一九年四月開幕啟用的新伊斯坦堡機場。

英國公司在土耳其的ＰＰＰ計畫中獲利良多，這部分要感謝倫敦市長大人的到訪。「市長大人與交通部長畢那利．尤迪倫會面，」報告中如此記錄，「他熱切希望能跟英國企業合作執行核心計畫，主要是海上公共運輸（包含港口）、道路（包含高速公路與省際公路）、鐵路（包含市內與城際快速鐵路）、機場與伊斯坦堡的先進地鐵系統。」

二〇一一年訪問之後，土耳其以英國立法為基礎，通過了關乎ＰＰＰ計畫的法案。從此時起，先前主辦倫敦市長大人貝爾與尤迪倫會面酒會的大型英國工程顧問公司奧雅納（Arup），便贏得許多土耳其ＰＰＰ計畫工程，包含新伊斯坦堡機場。二〇一四年，土耳其衛生部官員與商界，在英國外交及大英國協辦公室出資安排下，參訪了英國ＦＰＩ模式醫院，隨後安卡拉也啟動了八十億英鎊類似的健康照護計畫。莫特麥克唐納（Mott McDonald）工程顧問公司被聘為土耳其頭六間計畫醫院的顧問。二〇一五年，財政部估計這項計畫為英國公司帶來價值二十五億英鎊的合約。

對土耳其納稅人來說，艾爾多安經常作為政績宣揚的超大型計畫，不過是浮誇領袖在逐漸缺乏動能的狀況下興建的昂貴紀念碑。隨著艾爾多安的浮動不安、國內鎮壓與外交失利，影響了土耳其在世界舞台上的形象與經濟，這些舉債興建的計畫已然成為他維持經濟成長與國內形象的唯一方式。過去在伊斯坦堡市長任內，支持者讚揚他順暢的收垃圾服務，現在則為了政府建造的最長隧道、最大醫院及最新道路而歡呼。因此，即便面臨即將到來的蕭條及大幅貶值的土耳其里拉，艾爾多安仍舊持續推動他的計畫。錢從哪裡來，沒人清楚；歐洲與世界銀行曾經熱衷將錢投入土耳其的PPP計畫，但從二〇一六年起，國際資金的大水只剩下涓涓細流。

但誰能從這些持續進行的計畫中受益，卻很肯定。二〇一八年，以合約價值論，全世界六家擁有最多政府合約的私人工程公司中，五家都是土耳其公司。最大的兩家——成吉思（Cengiz）與立馬克（Limak）控股公司——都屬於艾爾多安派商人，它們也是新伊斯坦堡機場標案的得標團隊。排行第五的卡利翁集團也是如此，這個集團還擁有媒體土庫瓦茲。如果將這些土耳其企業放在國際承包商中的表現來看，排名將更加驚人。若以該公司在母國之外贏得的合約價值來看，土耳其企業的排名立刻下滑。二〇一八年，只有八間土耳其工程公司進入前一百大，以羅內桑斯（Rönesans）工程排名最高，位於第三十六名。而贏得世上最大宗政府工程合約的成吉思公司，則落在兩百二十五名。

倫敦市法團擅長的光彩榮耀也為土英兩國之間茁壯的金融聯繫帶來甜頭。倫敦彎彎曲曲的巷弄與閃亮的玻璃帷幕大廈之間，艾爾多安圈子的成員在此領受無數榮耀，即便他幾乎燒光了土耳其所有的民主資產時，也不曾停歇。二〇一一年十一月，居爾總統前往英國訪問時，倫敦市法團為他舉辦歡迎宴會。二〇一六年四月，土耳其駐英大使阿布杜拉赫曼・畢爾吉克（Abdurrahman Bilgiç）獲頒倫敦市自由獎。這個獎項最早是在十三世紀頒贈給行業達人的，其授予的個人特權包括可驅趕羊群穿越倫敦橋，以及面臨吊刑時可用絲繩行刑。多年下來，內容與對象愈來愈廣泛。從十九世紀開始，現金捐款給倫敦市者，可以「贖罪方式」獲頒這份榮耀。從一九九六年起，外國人也適用。畢爾吉克利用了這兩項開放政策，由擔任倫敦市參議的土耳其—賽普勒斯裔英國律師艾瑪・愛德罕（Emma Edhem）為他提名。艾瑪・愛德罕在控告《每日電訊報》（Daily Telegraph）誹謗的案件中，代表著艾爾多安。（該報宣稱正義與發展黨從伊朗獲得兩千五百萬美金的選舉捐款；二〇一一年三月，艾爾多安以不公開的金額與該報達成和解。）

二〇一八年九月十一日晚間，在倫敦市長大人官邸（Mansion House）舉行的全球捐款人論壇上，賓客赫然見到艾爾多安的妻子埃米內獲得獎項，以「表彰她的人道服務」。主辦單位說，埃米內之所以獲獎，是因為她替逃離緬甸軍隊大屠殺的羅興亞難民發聲；這件事還被艾爾多安派的土耳其媒體大肆吹噓。第一夫人接過沉重的玻璃獎牌時，淘淘不絕地說：「這個別具意義獎項的真正擁有者，是我的國家、我的政府與我的民族，他們回應任何求救的呼聲，無論來自何種宗教、語言或種族。我很榮幸能夠終身珍惜這個獎項。」

同一天，埃米內的先生任命自己為國家主權基金的總裁。被指為葛蘭派的企業家資產遭到政府沒收後，都會流進這個基金。另一方面，他也派情報單位進入摩爾多瓦抓捕、遣返被控與葛蘭派有關聯的土耳其公民。在安卡拉，一名左派的土裔奧地利籍運動者遭到逮捕，罪名是涉入恐怖主義，導致奧地利政府要求艾爾多安政府必須提出完整說明。

同一個活動的第二個獎項，是頒給自詡為「土耳其政府輔佐機構」的土耳其紅新月會（Turkish Red Crescent）。百分之四十九股權掌握在土耳其政府手中的土耳其航空公司（Turkish Airlines）則因以貨機運送食物前往索馬利亞而獲頒「創意慈善獎」。

雖然這些獎項名義上是由全球捐款人論壇頒發，這個自稱為「穆斯林公益慈善家世界大會雙年會」的活動，實際上至少一部分來自倫敦市法團慈善基金「西堤橋信託」（City Bridge Trust）的發想。根據二〇一八年五月二日西堤橋信託會議紀錄，信託代表曾與全球捐款人論壇開會，建議在九月舉辦活動，「作為我等建立各種國際關係的一部分」。

倫敦與安卡拉的關係——將商業利益置於人權及民主價值之前——正是後歐盟時期英國重商外交政策的先聲。我們也由此瞥見未來，看到所有西方的舊秩序如何被迫面對新興體。艾爾多安已經不是歐洲唯一的民粹主義者，土耳其也不是近日唯一開始民主倒退的國家。匈牙利與波蘭都是歐盟成員國，兩國的領導者都是具有獨裁傾向、噤聲媒體並掌握司法的人。極右派也在義大利、德國與西班牙崛起；歐盟邊緣多數的巴爾幹國家都由民族主義者統治，他們很樂意再把整個區域拉入戰場。即便是自由民主的搖籃，英美也被各自版本的民粹主義動搖且重塑。歐洲已經到了無法忽視或必須圍堵反自由主義的階段。隨著舊全球中心的力量與影響力都在下降，英國這樣的國家也開始走回頭路——愈來愈窮、愈來愈弱、非常需要朋友——被迫繼續跟艾爾多安這樣的人「喝茶」。

## 名人加持與政治討好

達夫托赫魯下台後，博斯普魯斯中心專注製作以政變為主題的宣傳，對批評時政的記者、學者發動社群媒體攻擊。同時間，在政變企圖之後，他們立刻邀請了好萊塢「野孩子」琳賽・蘿涵（Lindsay Lohan）化身為艾爾多安的主要名人仰慕者。二〇一六年秋天，蘿涵在一連串奇異的土耳其媒體曝光中首度現身，前往敘利亞邊界附近的尼濟普（Nizip）難民營。這座後來被關閉的難民營令人震驚；此地的敘利亞人住在篷車型房舍裡，通常附有整理得漂漂亮亮的花園。德國總理梅克爾也在二〇一六年三月參訪，並跟特別挑選出來既歡喜又感恩的居民對話。每位看過尼濟普的外國政要名人，離開時都不停說土耳其政府對收納的難民多麼慷慨好客。在許多方面這是真的，但尼濟普並沒有代表性。土耳其的三百五十萬敘利亞難民中，不到百分之十住在政府經營的難民營裡；許多難民營骯髒、孤立且擁擠。

蘿涵在尼濟普難民營接受土耳其媒體訪問，她包上土耳其式頭巾，希拉爾・卡普蘭陪同在側。「當我說她的頭巾很美時，（一名援助工作者）看著我並眼睛亮了起來。她跟我揮揮手說，跟我來。我跟著她，她就把頭巾送給我。我覺得好感動，想以戴上頭巾感謝營地裡所有人的慷慨與愛護……我們可以為每個人付出更多，也應該付出更多。我們可以從支持土耳其開始，土耳其在敘利亞這個巨大的人類悲劇中付出自己的努力，接納了三百萬難民。」

後來，蘿涵會見艾爾多安。二〇一七年一月，她前往宮殿見了艾爾多安、妻子埃米內與來自阿勒坡的小女孩，這名小女孩因阿勒坡圍城時發的推文而聞名。蘿涵將照片（現已取下）放上她的Instagram頁面：「艾爾多安總統與第一夫人邀請我到他們家，好像夢一樣。他們幫助敘利亞難民的努力真激勵人心。」

她的經紀人史考特・卡爾森（Scott Carlson）也在會面現場，並將自己當天的照片放上臉書頁面上，標題寫著：「約莫一週前，有機會跟土耳其總統與第一夫人坐下來聊天。覺得感恩，感謝這個機會。」

卡普蘭宣稱，蘿涵是透過雙方共同認識的人意外接頭，尼濟普之行則是因為蘿涵認真想跟難民見面。這項安排很快變成對雙方都有利的舉措：一邊是拯救國際聲譽的總統，另一邊則是事業觸礁的名人。造訪尼濟普後沒多久，由蘿涵出任「品牌大使」的一家軟性飲料公司內部消息來源告訴媒體，他們將為每筆網路訂單撥出捐款給難民。接著，蘿涵為她在希臘雅典新開設的夜店「蘿涵」受訪時，眼神惺忪、言語雜亂，試圖要告訴訪問者她跟難民工作的情況。

然而，最驚人的是她在受訪時，兩度尷尬地插入艾爾多安的標語：「這世界比五國更遼闊」（The world is bigger than five.）。這句話透露土耳其總統認為聯合國安理會五個常任理事國——中國、法國、俄羅斯、英國與美國——對世界其他地方施展異常大的影響力。這句話源自二〇一五年一群支持艾爾多安的運動者，現在艾爾多安逮到機會就講這句話。它也成為某個電視系列節目的名稱，從二〇一七年九月開始在國家控制的土耳其廣電總台電視頻道中播出，「描繪單一世界的結束，新的敵對狀態與聯盟成形，繼而帶來的全球衝突與危機」。它還成為一首沒有曲調的歌曲名稱，搭配亮麗的影片，呈現小國人民對那五國將自己排除在世界決策之外的憤怒。它更是一本書名：《新土耳其的願景：這世界比五國更遼闊》（*The Vision of New Turkey: World is Bigger than Five*）。艾爾多安經常在他宮殿裡贈書給外國訪客。

蘿涵與土耳其六個月的熱戀期中，她的社群媒體上，做了許多挺艾爾多安跟正義與發展黨的發言，也出現在土耳其政府派媒體的訪問中。在那之後，這段友誼似乎沉默了下來。二〇一八年二月，當我聯繫她的經紀人、尋求評論時，他告訴我他們「現在不接受任何訪問」。

博斯普魯斯中心也將重心轉到英國。二〇一七年十二月，中心邀請英國工黨議員約翰・伍德考克（John Woodcock）訪問敘利亞難民營的「旗艦」營區，並與內政部長蘇雷曼・索伊盧（Sülayman Soylu）會面。行程最後，《每日晨報》對伍德考克進行採訪。伍德考克被問到土耳其對抗庫德族的軍事行動，為何在西方受到嚴重誤解。二〇一五年，伍德考克曾支持一場由民主聯合黨在西敏市主辦的活動。民主聯合黨是敘利亞庫德族民兵人民防衛軍的政治側翼。現在則是伍德考克懺悔的時刻。

「我必須痛苦地承認，當時我對民主聯合黨與庫德工人黨的連結程度並不清楚。這次前來土耳其訪問，已經加強了我對現實的了解。我很願意跟我們的土耳其盟友合作，在英國傳達這份理解，以免其他英國國會議員步上我的後塵。」伍德考克說。

伍德考克將此行列入他的登記收益之中。每位英國國會議員都必須登記所有收入、贈禮以及獲取的招待。他估計四天行程價值約三千九百四十一點零八英鎊，所有支出由博斯普魯斯中心支付，並記錄此行目的為「會見官員與運動者，針對伊斯蘭基進化、伊斯蘭國與土耳其—敘利亞的區域互動，代表團進一步尋求事實。參訪國內離散人口的營地」。

兩個月後，二〇一八年一月底，當土耳其跨越邊界，對敘利亞阿夫林（Afrin）地區的人民防衛軍發動戰爭時，博斯普魯斯中心帶了另一群英國政治人物代表團前往土耳其，進行三天訪問。停留期間，史都華．波拉克爵士（Stuart Polak）、大衛．特林布爾爵士（David Trimble）、詹姆士．阿布斯諾特爵士（James Arbuthnot）與寶琳．奈維爾―瓊斯女爵（Pauline Neville-Jones）與「政治人物、藝術家及商人」會面。他們參訪了二〇一六年政變企圖中遭到叛變戰機轟炸的國會建築。行程的最後，他們也在總統宮殿會見艾爾多安。

所有人都在登記收益中列入這次參訪，卻未列出招待的估價：「參訪土耳其的伊斯坦堡與安卡拉，二〇一八年一月二十九日至二月一日，與政府、政治及經濟領袖舉行會議，與土耳其公民社會及媒體建立關係，期待深化英土關係的認識；機票、當地交通、食宿由當地非政府組織博斯普魯斯全球事務中心提供。」

四位爵士前腳剛走，後腳就跟著另一個人——坎特伯里大主教賈斯汀．韋爾比（Justin Welby）。二〇一八年二月，韋爾比飛到土耳其與艾爾多安會面。《晨報》與其他政府派報紙都對此次會面大肆吹噓，但大主教在倫敦的辦公室裡卻對此三緘其口。土耳其的一小群英國國教派牧師則說他們並未被告知此次訪問，也對於發生在此時此刻感到「疑惑」。因為韋爾比會見艾爾多安時，從一九九〇年代就開始服務伊茲密爾地區小型新教徒聚會的美國牧師安德魯．布朗森（Andrew Brunson），正在土耳其監獄面對第十七個月的煎熬。他在二〇一六年十月被捕，被指控與葛蘭派有關，當時艾爾多安試著用他跟美國交換仍舊躲在賓州的葛蘭。韋爾比訪問後數週，土耳其檢察官宣布，他們的目標是讓布朗森牧師因為「試圖推翻憲政體制」判處終身監禁。（布朗森最終在二〇一八年十月獲得釋放，並取回護照，但這是在美國針對此案施行制裁，導致土耳其里拉匯率跌到十五年來最低點之後。）

「我們毫無疑問，韋爾比大主教的訪問立意良善，雖然看起來相當糟糕。」大主教訪問之行的消息流出時，伊斯坦堡基督教會牧師卡農．伊恩．雪伍德（Canon Ian Sherwood）告訴《教會時報》（Church Times）。「負責土耳其的教區主教及安卡拉的英國大使館也未能進一步釐清情況。我們期待更多消息，但目前我們什麼都沒聽到。」

當我致電蘭柏宮（Lambeth Palace）[5]詢問大主教為何來訪時，我被告知這是私人行程。韋爾比不只未揭露訪問艾爾多安的動機，也未將這次訪問列入登記收益之中。約翰．伍德考克拒絕評論。同時間，其他爵士也未回覆我關於參訪行程的提問；相反地，他們將我的信轉寄給希拉爾．卡普蘭。

5　譯註：蘭柏宮為英格蘭坎特伯里大主教在倫敦的正式寓所，位於倫敦西敏市，與國會大廈隔著泰晤士河相望。

# 第十三章　扞格不入者

歡迎來到土耳其，這個地方的選舉規則可以像黏土一樣隨意掰轉，新聞主播說謊有如呼吸一般自然。在這個新生國家裡，當我們的目光黏在地鐵公共螢幕上可愛的小貓影像時，在上頭卻有數萬人被捕。沒人敢談幾年前發生的事，其實不消多久，你也就全忘了。這是個當權者自認受到壓迫，而貪腐卻獲得神祝福之地。

新土耳其快速向前移動。大橋、機場與巨大住宅區在轉瞬間出現；今天的真實，明日即成謊言。謊言會悄悄接近那些疏忽的人，因為他們可能毫無興趣或仍心存希望。警官掃蕩大學教授跟報紙的次數，與打擊毒販及恐怖分子不相上下。躲不掉兵役的貧困天真鄉村男孩，被當成叛國者一般鞭打譴責；權力卻繞著他們翻滾鬥爭。新土耳其吞噬了所有被擋在大型商演之外的演員、作家與音樂家，直到他們在Instagram上對塔伊普展現幾許尊敬。

登上頂峰的道路快速又簡單：擋掉所有的反對者、揮舞著新土耳其國旗，盡可能經常大聲表達忠誠。倘若塔伊普說美國正掀起經濟戰爭，上街去燒掉大把美鈔。倘若鄰居在窗戶擺上塔伊普照片，你就在陽台擺上更大張的照片。群眾集會時記得早點到場，喊大聲點，一起唱出所有歌曲。回報將是豐碩的，當你準備好吞下謊言，繁榮就容易到來。但全國各地仍有許多跟新土耳其扞格不入的人，就像那些在黑暗的二月週三夜晚，擠進伊斯坦堡最後猶太學校禮堂的人，穿上最好的行頭，一起唱歌與八卦。安靜的、堅忍的，在艾爾多安的社會改革浪潮中，緊緊抓著舊土耳其，忍受新土耳其帶來的衝擊。

## 土耳其的猶太人

鄂圖曼帝國是猶太人的庇護地。十五、十六世紀當西班牙的天主教王國將他們逐出伊比利半島時，蘇丹們敞開了雙臂。以征服者蘇丹（Fatih Sultan Mehmet）聞名於世的穆罕默德二世（Mehmet II），在一四五三年由東方席捲伊斯坦堡時，將鄂圖曼帝國的領土擴張到原本已居住著大量猶太人的地區。這些猶太人講阿拉伯語或希臘語。然而從那些逃離西班牙宗教審判的猶太人身上，穆罕默德二世之子巴耶濟德二世（Bayezud II）看到了將新鄂圖曼首都變成世界性大都會的機會。一四九二年，他派遣鄂圖曼海軍到西班牙，將猶太人送往新家園。一五〇〇年代初期，鄂圖曼帝國擁有全世界最多的猶太人口。定居下來的十五萬餘人，吸收並超越了本地的猶太族群。他們獲得公民身分，擁有文化、宗教及語言自由，並很快協助鄂圖曼帝國成為世界上最強大、榮耀的國家。一四九三年，第一批西班牙猶太人抵達伊斯坦堡的同時，他們也建立了帝國第一座印刷廠。

脫離故鄉西班牙的猶太人（或稱塞法迪猶太人〔Sephardic〕）將自己的母語結合土耳其

語，形成一種稱為拉迪諾語（Ladino）的混合語。當伊比利半島上的其他西班牙方言融合成卡斯提爾語（Castilian，現代西班牙語的前身）時，拉迪諾語卻走出自己的路。一開始以希伯來字母書寫，後來則改由希伯來文變種的拉什文字（Rashi）書寫，最後在二十世紀初，轉成拉丁字母；文法上留存了十五世紀西班牙語言的特色。

「你覺得莎士比亞的語言聽起來如何？」週三下午，在她雜亂擁擠的閣樓辦公室中，世界頂尖的拉迪諾語專家凱倫・沙耳洪（Karen Şarhon）說。

「聽得懂，但怪怪的。」我回答。

「沒錯！」她大喊。「那就是拉迪諾語給現代西班牙人的感覺。」

凱倫是土耳其塞法迪猶太社群中最有聲量與能見度的成員之一。她帶著全力以赴、感染力強的能量，推動範圍廣泛的各項計畫。她同時是學者、拉迪諾及土耳其語雙語報紙《和平報》（Shalom）的主編，以及伊斯坦堡塞法迪中心的創辦人，這座文獻中心記錄了族群的歷史。她還擔綱全世界唯一的拉迪諾語音樂劇《Kula 930》中的女主角。

《Kula 930》訴說伊斯坦堡無名郊區中，一群粗魯八卦的猶太媽媽們之間的故事。凱倫的角色布麗莎還更勝一籌：背著老公跟漁夫出軌。當她穿著睡衣被抓到出軌時，被迫在羞辱中流放。凱倫扮演這個角色實在太成功了，以至於多年前演出結束時，伊斯坦堡猶太人在路上碰到她，還會要她結婚後檢點一點。現在雖已五十多歲，但她仍舊保養得很好，髮絲濃密，臉上歲月的痕跡來自笑容而非創傷，談吐之間帶著大量的俚俗幽默。

《Kula 930》最後一次演出，是在二〇一八年二月一個細雨的夜晚。從一九七〇年代末期以來，這齣音樂劇每幾年就會重新上演，但凱倫說未來不會再上舞台了。觀眾逐漸消亡；演出場地——烏魯斯私立猶太學校（Ulus Özel Musevı Okulları）是伊斯坦堡最後一間猶太學校。這裡的安全措施比機場更嚴格。首先，我們得經過灰色砲艇外牆般的厚重大門，牆頭上架著鐵絲網與安全監視器。接著我們排隊穿越第二道門，警衛一次只放行四個人，以確保沒人未經檢查就溜進去。他們問我們的名字，並要求出示證件。

「你們不在名單上。」一人堅持，我找出演員發出的簡訊邀請，證明我是合格的。

他滿意了之後，當背袋緩慢通過掃描器時，我們則走過金屬探測門；這座探測門規格對侷促的前廳來說顯然過大。一名女性長官對我進行搜身，她的壯碩同事則要求我朋友開啟相機，證明可以正常運作。接著終於進入校園，穿過乾淨無瑕的走廊，色調舒緩的牆面掛上學生的畫作，我們走向地下的豪華劇院。從外表來看，這個地方簡直就像個監獄，特別是日夜都停在門外的兩輛警車。但內部就像任何其他私立學校一樣，乾淨、設備精良且歷史悠久。一處寬廣的公共區域中，有面向阿塔圖克致敬的牆，學校網站說創校宗旨就是「培養、追隨阿塔圖克改革原則的道德青年」。學生可以在此一路完成從小學到大學預科國際文憑（Baccalauréate）的教育。

我帶了一位土耳其朋友，他的母親來自塞法迪猶太家族；「父親那邊都是凱末爾主義者！」當我們夾在一群閃亮披肩與精緻套裝的退休人士之間入座時，他告訴我。許多人以完美的拉迪諾語跟著唱。對其他不懂拉迪諾語的人，舞台上方的ＬＥＤ螢幕同時閃現土耳其語翻譯。那是個外加的現代服務：一九七八年《Kula 930》首演時，當時的拉迪諾語族群還多到不需要翻譯。

「拉迪諾語生在鄂圖曼帝國，卻在土耳其逐漸死亡。」凱倫說，「我是以拉迪諾語為母語的最後一代。這很驚人，因為全世界沒有任何地方能保持一種語言這麼長久的時間。通常，新住民會逐漸同化，而語言則在四代內消失。例如我父親，他讀軍事學校時只學土耳其語。」

拉迪諾語近日遭到數次死亡打擊，部分是自己造成的。一八六〇年代，法國—以色列機構在鄂圖曼帝國各地開設了十五間學校，很快成為了猶太菁英的首選。教學語言是法語，拉迪諾語使用者在此首度接觸到拉丁字母。法國學校持續吸引猶太族群，包括一個世紀後，凱倫自己也就讀伊斯坦堡的法國學校。今天，她會講五種語言；當同一句話在不同語言間轉換時，最能展現她音樂旋律般的流暢度。但這些學校也創造出兩個不同階層的猶太社群，上層階級以法語為主，下層階級仍說拉迪諾語。

「直到五歲之前，我只會說法語！」凱倫笑著說，「進學校的第一天，我什麼都聽不懂。老師跟我爸媽說，你知道，他們也許該在家中跟我講土語。」

下一步則是一九二五年，共和國成立兩年後，猶太社群宣布將集體放棄少數族群權利，成為完整的土耳其公民。宣言中寫到：

> 鑒於土耳其共和國之政治與一般秩序，皆完全奠基於宗教與世俗事務分離的基礎上。一向認定自己為祖國真正子民的猶太人，無法接受施加於猶太人的分隔措施，並違反此原則及愛國責任所造成的不相容情況。因此身為土耳其猶太人，吾等在此表達意見，將接受

世俗法律與管理，以及共和國政府未來將施行之關於個人身分與家庭法律的所有其他民法。在此向政府表達吾等堅定不移的感謝。

在鄂圖曼政府之下，宗教上的少數族群通常自行管理族群事務。然而此刻，若身為土耳其公民，就表示少數族群身分將落在土耳其民族主義的陰影之下。塞法迪社群再也不能開設以拉迪諾語教學的學校，因為所有政府學校都以土耳其語教學。此外，所有猶太醫院、孤兒院與禮拜堂現在都被列為獨立機構，必須向政府納稅。

這項行動是由猶太知識分子發起的，部分知識分子還組成協會，在塞法迪社群中鼓吹使用土耳其語。凱末爾主義的主要思想家中，也包含猶太人。其中之一是摩西．科罕（Moiz Cohen），他比阿塔圖克小兩歲，也生於阿塔圖克的故鄉塞薩洛尼基。在阿塔圖克語言改革的時代，他改名為土耳其化的名字穆尼斯．泰基納爾普（Munis Tekinalp），還加入共和人民黨及土耳其語言協會，並強力鼓吹少數族群融入新國家。

阿塔圖克對猶太人的想法，似乎隨著他的土耳其建國大業進展而改變。一九二三年，共和國建立八個月後，他聲明所有宗教少數族群都會受到保護。但是一年後，他告訴《紐約先鋒報》（New York Herald），哈里發制度廢除時，希臘與亞美尼亞正教牧首及猶太拉比的權威也必須跟著結束。接著在一九三一年，他發起了「公民們，講土耳其語！」行動，緊接著是一九三四年的字母改革。同時間，猶太人因放棄了少數族群權利，幾乎造成土耳其境內大拉比的財務破產，他們不再有管控、驗證符合猶太食品認證（Kosher）肉品的權威。

一九四二年，阿塔圖克欽點的繼承人伊斯邁特．伊諾努開徵懲罰性的財產稅，對少數族群造成不成比例的嚴重打擊。官方的理由是要充實國庫，以確保土耳其若被扯入二次世界大戰，不至於面對財政困局。實際上，這是為了打擊二十年前阿塔圖克憲法下獲得平等承諾的少數族群。新稅施行之前，在國家正為了可能被迫參戰而撙節用度之際，媒體上充斥著少數族群商人囤積致富的（假）新聞。當時的總理舒克魯．撒拉丘赫魯（Şükrü Saracoğlu）一開始宣稱新稅將消滅土耳其市場中的外國人，讓土耳其人控制自己的經濟命運。雖然外國領事館一大聲抗議，他就被迫收回部分成命，但土耳其少數族群並沒有替自己遊說的有力朋友。徵稅官員受命對非穆斯林施以較高的稅率；個人稅金以收入為基準，而收入金額卻是自由心證，因此造成許多歧視空間。當時的伊斯坦堡財政局長法伊克．歐克特（Faik Ökte）揭露非穆斯林所繳的稅，是穆斯林的四倍。稅金必須在通知送達的兩週內以現金繳清，付不出稅金的人則被送進勞動營。許多人只好出賣財產來避免這樣的命運。一項研究顯示，當時遭到出售以清繳財產稅的房地產中，百分之四十為猶太人所有，還有另外百分之三十來自亞美尼人，百分之十二點五則屬於希臘人。以上有百分之三十被國家買走，剩下的買家則是穆斯林公民。

財產稅不只對少數族群，甚至對整個國家都造成負面影響。這些被清算的事業經常是比較久遠、根基穩固的事業，取而代之的卻是沒什麼經驗的擁有者，經營著不賺錢的投資。許多企業很快就倒閉，這場動亂阻礙了土耳其經濟發展長達數十年。對少數族群來說，稅金帶來毀滅性的影響：財產稅施行之後，約有三萬名猶太人與兩萬名希臘正教基督徒離開土耳其。

## 艾爾多安的多元主義

表面上，艾爾多安為伊斯坦堡的猶太人帶來了一絲喘息空間。積極想要證明自己是全土耳其的總統，他在猶太與基督教節日時，都會傳達溫暖的恭賀訊息；此外也經常與國內的大拉比與神父會面。正義與發展黨掌政時期，一間鄂圖曼時期的猶太禮拜堂與十四間教堂獲得修復，更是艾爾多安派媒體最喜歡宣揚的政績。

但比起國內許多古老清真寺的昂貴整修工程，以及二〇〇二年開始在全國建造超過一萬七千座新清真寺，這些舉動不過是小意思。同時間，宗教合宴上所說的，並非大眾所聽聞的。艾爾多安的團結保證，一方面給拉比們摸頭順毛，另一手卻又翻攪穆斯林被害者意識的滾鍋，在土耳其虔信者之間滋養出一股強烈的排他意識。這樣的情緒以各種方式，從上到下，作用在虔信者身上。《晨報》專欄作家希拉爾．卡普蘭相信是土耳其大學的凱末爾主義經營者，讓她先生無法取得博士學位。艾爾多安的群眾相信是西方（各歐美國家輪番上陣）圖謀阻礙土耳其發展。艾爾多安的厲害之處，在於他讓自己成為這二者的解方，更是遜尼派穆斯林世界諸多問題的良藥。

「我感謝世界各地為我們勝利所祈禱的朋友兄弟，」二〇一四年八月總統大選勝利之夜，他從正義與發展黨總部陽台上，向支持者大喊。「我感謝巴勒斯坦的兄弟，視我們的勝利如同自己的勝利。我感謝埃及的兄弟，他們正為了民主而掙扎，也了解我們的掙扎。我感謝巴爾幹、波士尼亞、馬其頓、科索沃以及歐洲各城市的兄弟，跟此地的我們同樣歡欣慶祝勝利。我感謝在敘利亞受苦的兄弟，面對饑荒、炸彈、子彈威脅，在極大的苦痛中也祈求我們勝利。我向所有兄弟朋友，表達人民的感謝，就像以前的土耳其獨立戰爭一樣，支持土耳其自立的鬥爭。」

在巴勒斯坦身上，艾爾多安找到他的完美標的。直到正義與發展黨執政前，土耳其一直是少數跟以色列建立密切軍事情報關係的穆斯林國家，雖然有時仍免不了衝突。這一切都在二〇〇九年改變了。艾爾多安運用達沃斯（Davos）作為舞台——這個世界領袖在瑞士高山閃亮度假勝地集結的年度場合中——挑起跟以色列總統希蒙．裴瑞斯（Shimon Peres）的衝突。

當時兩人同在一場討論加薩（Gaza）與中東和平的論壇上。加薩是一小片巴勒斯坦土地，上演著跟以色列之間永無止境的衝突。裴瑞斯剛講完國家自我捍衛的權利——這是任何人質疑以色列為了加薩武裝分子的行動而懲罰所有平民時，永恆不變的答案。主持人正準備結束論壇之際，艾爾多安突然展開一串謾罵：

「講到殺戮，你很清楚怎麼殺戮。我想你可能覺得有點愧疚，這就是你把話說得這麼重的原因。我記得死在沙灘上的兒童。我也記得兩位貴國前總理說，把坦克車開進巴勒斯坦讓他們很開心。舊約聖經的第六戒說：『你不可殺戮』。眼前就是殺戮。」

接著情況變得十分混亂。艾爾多安拍走主持人試圖阻止發言而輕敲肩頭的手。他越過主持人繼續大喊。

「一分鐘，一分鐘。」總統以帶著腔調的英文大叫後，轉回土耳其語繼續砲聲隆隆。「謝謝你們。我想此後我不會再來達沃斯，因為你們不讓我講話！那位（裴瑞斯）總統講了二十五分鐘，我只有一半時間。」

艾爾多安收起文件，走下舞台，背後跟著一群媒體記者。走出去的路上，只停下來給當時的阿拉伯國家聯盟祕書長阿穆爾．穆薩（Amer Moussa）一個擁抱。

返回國內，各種反應夾雜。有些專欄作家與政治分析師警告艾爾多安，他的爆炸，可能會讓土耳其失去調停以色列與其他穆斯林國家的有力地位。這對安卡拉與這個區域來說，可能帶來嚴重後果。但對保守派土耳其人而言，艾爾多安的爆炸，正表示他也是他們的一分子，想的也跟他們一樣，拒絕對世界其他地方磕頭。當晚他在伊斯坦堡降落時，數千名支持者在機場等待。

「土耳其以你為傲！」舉牌上如此寫道，群眾們搖著土耳其與巴勒斯坦國旗。在跑道上，艾爾多安熟練地將達沃斯演出轉變成民族主義勝利，在喧騰的歡呼聲裡，宣稱他「捍衛了土耳其國家的榮譽」。「說老實的，」他說，「我來自政治，而非外交。因此，我沒辦法像個外交官一樣講話……我不只是某個團體或部落的領袖，我是土耳其共和國的總理。這就是我的個性跟身分。」

在穆斯林世界的其他地方，對艾爾多安在達沃斯行動的支持，翻騰成全面的崇拜。統治加薩的巴勒斯坦團體哈馬斯（Hamas）——其武裝側翼被許多西方國家及單位列為恐怖組織——讚揚他的「勇敢立場」。「艾爾多安，巴勒斯坦人民、反抗勢力及哈馬斯組織向您致敬。」達沃斯事件同一天，哈馬斯領袖哈利爾．哈亞（Khalil al-Hayya）對著群眾集會這麼說。波斯灣地區一家報紙頭版上寫著艾爾多安揭露了以色列的「大屠殺」。伊朗前總統拉夫桑雅尼（Ayatollah Akbar Hashemi-Rafsanjani）則在週五主麻日聚禮中感謝他。

同時間，以色列連忙試圖抹平這件事，極力希望跟區域內少數的穆斯林盟友維持關係。土耳其將領也是如此，他們不願讓一個蠱惑人心的總理破壞他們花了幾十年才建立起來、寶貴的以色列軍事同盟。但情況即將每況愈下。

二〇一〇年五月二十一日，以色列戰士入侵一艘航向加薩、掛著土耳其國旗的船隻。「天藍馬爾馬拉號」（Mavi Marmara）載著由「人民法律自由協助聯盟」（Insan Hak ve Hürriyetleri ve Insanı Yardım Vakfı）召集而來的巴勒斯坦支持者。這個聯盟是個總部位於伊斯坦堡的伊斯蘭主義慈善機構，與穆斯林兄弟會有關，獲得艾爾多安的策略性加持。他們的目標是進入以色列水域，破壞以色列對加薩的封鎖。當以色列派出鎮壓部隊阻止行動時，「天藍馬爾馬拉號」的甲板上爆發了激烈戰鬥，導致九名土耳其公民被殺害。安卡拉斷絕了與以色列的關係。

土耳其與以色列一共花了六年時間，才從這起事件走出來，這段期間，生鏽的船體仍舊掛著抗議布條，停泊在伊斯坦堡並公開展示。兩個國家正式在二〇一六年六月和解，卻由倖存者付出代價。土耳其總理畢那利．尤迪倫同意由以色列「捐贈」兩千萬美金給死者家屬，所有死者都是土耳其人。然而船上其他倖存者針對以色列政府提出的所有法律行動，全遭到壓制。決策當時，亞麗珊德拉．羅特．菲力普（Alexandra Lort Phillips）是已在土耳其法院對以色列提起訴訟的十三位英國公民之一。「我知道他們要搞外交，政治過程當然會繼續，但我覺得土耳其政府並沒有考量其他受害者。」思索自己這些年如何花時間在複雜詭譎的土耳其司法系統裡打滾，她這麼說，「在這個時間點撤銷案件，似乎不對。」

艾爾多安的死忠支持者卻很少注意到這件不誠懇的和解案。艾爾多安仍舊是巴勒斯坦不屈不撓的代言人、對抗裴瑞斯的男人。但這件事卻對凱倫・沙耳洪造成影響。「世界各地，不論以色列發生什麼負面事件，猶太社群都會被捲進去。他們以為大拉比有權可以打電話給以色列總理說：『拜託！你們在幹什麼？快停下來！』」她一邊說，一邊無奈地翻白眼，畢竟已經忍耐這類蠢事好幾十年了。

凱倫每天都會收到來自支持巴勒斯坦武裝人士的死亡威脅，他們相信伊斯坦堡的猶太人該為耶路撒冷的政策負責。土耳其剩餘的一萬五千名塞法迪猶太人中，大部分都住在城裡的高級住宅區，很可能會被誤認成當地的世俗派穆斯林。他們多數遠離政治，但政治仍舊找上門。因此，《和平報》辦公室雖然位於精品店與整型診所林立的奢華酒吧小街上，但為了前往此處，我仍舊得穿越重重安檢。這是過度恐慌嗎？恐怕未必。二〇〇三年十一月，較外圍的伊斯蘭主義武裝分子開著自殺炸彈卡車，衝進兩所伊斯坦堡最大的猶太禮拜堂，殺害了二十三人，只消一名毒舌作家去鼓吹忠誠的恐怖主義者。

「他們必須知道我們也是土耳其人，徹頭徹尾的土耳其公民！大家不知道我們不是以色列人。」凱倫說：「這不是土耳其獨有的問題，我相信在法國也發生。但很明顯，因為這裡跟阿拉伯國家的關係，他們可能會說……你知道的……。此外，現在還有基進主義……」

凱倫可以接受新公民身分，但她不會離開土耳其。畢竟她家族在此地的根源，遠比多數其他公民還久遠。「不可能！」她穩穩坐進椅子裡，強調這一點。

二〇一五年，西班牙與葡萄牙開始提供公民身分給塞法迪猶太人。許多人接受這個機會，導致整個移民體系壅塞，等待名單長達好幾年。但在不確定的時代裡，這是個好機會。凱倫的女兒也想藉著這個機會，前往歐洲念書。凱倫自己也申請，以便未來過去看女兒。但她卻從來沒想過申請以色列公民。

## LGBT社群

人們不斷離去；知識分子，年輕人，喜劇演員與怪人，以及所有跟土耳其愈來愈保守的框架扞格不入的人。沒多久之前，伊斯坦堡是整個中東的同性戀與變性者的天堂。他們因為偏執與戰爭的緣故，被迫離開故鄉。二〇一三年六月，最後一波蓋齊公園抗爭中，我加入了伊斯坦堡彩虹遊行，從塔克辛廣場走下獨立大道，在五十公尺長的濕熱彩虹旗下，揮汗舞動。那一年估計有十萬人與會，警察也束手不管。兩年後，艾爾多安拿下總統，伊斯坦堡市長在最後一分鐘禁止彩虹遊行，並說在伊斯蘭的神聖月份拉瑪丹舉辦遊行，不合時宜。此後每一年，彩虹遊行以不同藉口被禁，不論如何，嘗試突破的人數也持續下降。二〇一七年，只剩下幾百人在獨立大道的一條後巷聚集，決心在警察帶著催淚瓦斯與警棍衝進來之前，至少喊幾聲標語。

這件事情發生時，沒有人願意為土耳其的同性戀、雙性戀與變性者社群發聲；他們不屬於任何陣營。當庫德族出身的人民民主黨在二〇一五年六月選舉中，將所有性向一律平等納入政黨宣言時，那是土耳其共和國歷史上第一個採取這類行動的政黨。但對壕溝裡的人來說，這實在微不足道。迪亞巴克爾詩人及同志權益運動者於米特・馬奈（Ümit Manay）在二〇一六年初告訴我，他無數次要求會見地方黨部，他想討論同性戀與變性者在仍舊非常保守的社會裡，岌岌可危的地位，同時也想要求經費，建立緊急庇護所。他們無視他的請求，傾向關注跟庫德族認同有關的議題。在其他地方，隨著土耳其的言論氣候愈來愈明顯伊斯蘭化，過去出現在遊行跟伊斯坦堡同志夜店派對的人，現在都藏了起來，盡可能保持低調。二〇一六年七月，在艾爾多安擊敗政變企圖的狂熱之中，一名敘利亞男同志在前往醫院清潔工作的路上被謀殺砍頭。他的室友，也是一名同志，說他們收到「將有相同下場」的威脅訊息。一個月後，一名變性女性在保守郊區，遭到暴徒強暴、虐待、謀殺及砍頭。

我在土耳其遇見最勇敢的人，是三名敘利亞男同志，在二〇一八年二月的伊斯坦堡電影節中，站在數百名觀眾面前，談起剛剛放映的紀錄片。《敘利亞同志先生》（Mr. Gay Syria）記錄他們在馬爾他（Malta）準備參加二〇一六年世界男同志先生競賽的過程。三人都被逐出家庭，在街上受到攻擊。有人結婚生子以掩蓋性向，一旦出櫃就表示會失去孩子。身為難民與同性戀的雙重打擊，他們知道自己很難從土耳其政府或當局獲得任何協助。「我在這個房間裡看到好多悲傷。」影片一開始，其中一位主角在支持者會議中說。

多數土耳其的同性戀、雙性戀與變性者難民都跟聯合國登記，希望獲得安置；數百人也獲得歐洲與加拿大的政治庇護。但對於仍留在當地的人，未來看似慘淡。二〇一七年十一月，安卡拉市長禁止所有同性戀、雙性戀與變性者社群主辦的電影放映、節慶與活動。伊斯坦堡電影節的製作人將《敘利亞同志先生》改名為《阿勒坡的理髮師》（The Barber of Aleppo），以躲避政府審查。

有些日子，彷彿跟我聊過的每個人都在準備出走。受過高等教育、家世良好、能說流利英語的年輕傳播學畢業生準備去英國，目前在餐廳廚房打工。我的朋友想要發掘他家的塞法迪根源，好申請西班牙公民身分。二〇一八年，當土耳其政府啟動一項網路族譜追溯服務，讓土耳其人可以追溯自己的根源時，居然因為太受歡迎而經常當機。許多人都想知道自己的前共和國時代根源，也許可以讓他們取得第二本護照。一個讓學生搜尋海外就學機會的網站，在政變企圖後的那幾天，據說從土耳其來的流量暴增了三倍。

但當我去到國家的另一邊——有時只是幾百公尺外的另一頭——人們會告訴我，土耳其前所未有的強盛。切格梅科伊與其他棚屋街區裡，耶尼卡皮的群眾集會裡，里澤的村落中，他們都說艾爾多安已經粉碎了這個國家的舊鎖鍊，一切都不一樣了。快速穿梭這兩個世界，會讓人頭昏眼花；就像踏進土耳其的鏡像之中。即便某些土耳其人抓緊機會離開，急於在他們認識的國家消失前跳船，但還是有人迫切地想要住進這個新土耳其的夢想中。

## 新土耳其：阿希斯卡土耳其人

當我問起娜西貝・阿里瑞札（Nasibe Aliriza）的植物時，她卸下了防衛心，從一個害羞的家庭主婦，變成冰藍色雙眼裡滿是熱情的女性。一塵不染的兩層樓房裡到處綻放著花卉色彩；偎在法式窗扇旁吸收冬天的陽光，立在前廳各個小側桌上，或塞進原本空蕩冷清的角落裡。前院的玫瑰花叢來年春天將綻放豔麗的花朵。房子後方的寬闊地面已翻好土、施過肥，預備種植番茄與櫛瓜。「這些植物就像我的孩子。」她說，眼神閃亮，下排牙齒的金牙在微笑時閃爍。「我喜歡它們，我也說不上來。從小我就開始種植物，但搬來土耳其時卻得全部送走。」

娜西貝從烏克蘭只帶來一些鬱金香與玫瑰花苞。現在它們都好好種在土耳其新家的土壤中，萌發的綠芽即將破土而出。

娜西貝與家人，包含先生、兩名子女與四名孫子女，一直認定土耳其就是祖國。他們是少數族群阿希斯卡土耳其人（Ahiska Turks）[1]，源於喬治亞，卻在一九四四年被史達林發配到東方，因此七十年間在前蘇聯各處輾轉流離。阿里瑞札家族是一九八九年蘇聯解體後，最終定居在烏克蘭東部的一萬名阿希斯卡土耳其人之一。阿里瑞札家說，那邊的生活還不錯，直到二〇一四年那個區域被俄羅斯人兼併。一枚火箭射穿他們在頓涅茨克（Donetsk）的房子屋頂，在廚房裡爆炸，所以他們只能跟附近的親戚住在一起。當他們又得再次忍受流離的難民生活時，一位救星卻介入了。

「二〇一五年五月，我們聽說雷傑普．塔伊普．艾爾多安將訪問基輔。所以我們透過土耳其大使館傳達，希望能跟他見面。」娜西貝的先生瓦希德（Vahid）說。「他同意了，同時還承諾會照顧我們，給我們在土耳其的房子。我們太興奮了！他歡迎我們，跟我們說話時就像是我們的一分子，而不是總統。」

六個月後，烏克蘭的阿希斯卡土耳其人以為承諾已經被遺忘了。但二〇一五年十二月，他們卻接到基輔的土耳其大使館來電，要他們整理好行李。他們將被重新安置到土耳其。每個人只能帶三十公斤行李。他們將搭乘那年耶誕節的航班。

「我們沒有期待，所以完全無法置信。」瓦希德說，他的土耳其語帶著俄羅斯腔，因為終生住在較冷的氣候裡，皮膚相當白皙。「過去七十三年裡，我們一直在路上跑，沒有哪個國家為我們講話。但是有了艾爾多安，我們就像拉住媽媽手的孩子。」

多數新來的阿希斯卡土耳其人，都被安置在安納托利亞東方山岳省分埃爾津詹（Erzincan）小村落於祖姆魯（Üzümlü）。這個區域以瀑布、滑雪跟一無所有而聞名。當我告訴伊斯坦堡朋友我要去這個地方時，大家都很驚訝，即便土耳其人也很少造訪這個區域。幫我辦理登機手續的航空公司人員說，我是他見過第一個飛到這個地方的英國人。

從埃爾津詹到喬治亞邊界僅有兩百五十英哩，距離一九一四年冬天數萬名土耳其士兵在雪中與俄軍死戰的地點更近。兩大強權透過戰爭爭奪這塊高加索惡地，正是阿希斯卡土耳其人悲劇的先聲。阿塔圖克率領的獨立戰爭之後，重劃的土耳其邊界，卻將這塊征戰來的區域劃在邊

1 譯註：為族群自稱，外界也常稱之為麥斯赫特土耳其人（Meskhetian Turks）。源於一五七八年至九〇年間鄂圖曼帝國與波斯薩法維（Safavid）帝國的一系列戰爭。當時由拉拉．穆斯塔法帕夏（Lala Mustafa Pasha）領軍，將鄂圖曼帝國勢力擴張到本為薩法維帝國控制的南高加索地區，並在此駐軍，其後代即形成喬治亞地區與前蘇聯地區多數的土耳其人。

界之外。雖然他們持續自視為土耳其人，說土耳其語，信奉伊斯蘭教，阿希斯卡土耳其人卻住在蘇聯境內。

此後二十年，他們大都待在自己家裡。然而一九四四年十一月，史達林（本人是喬治亞出身）決定這群人對他的帝國造成威脅。整個阿希斯卡土耳其人族群，包含老弱婦孺共有十一萬五千人，都被送上運送牛隻的火車，運到中亞去。

於祖姆魯十一月清晨的強烈日光中，我跟瓦希德・阿里瑞札以及另外兩名阿希斯卡土耳其男性，圍坐在一張塑膠桌邊。村落兩側的山頂積雪閃爍著光芒，吸氣時感覺比我在土耳其任何地方吸到的空氣都來得乾淨。陽光下的暖意讓我們可以坐在戶外，也亮到得戴上墨鏡。一輪又一輪的濃茶間，我聽到阿希斯卡土耳其人歷史中層次豐滿的個人故事。五十二歲的瓦希德跟六十四歲的哈珊・巴赫提亞爾（Hasan Bahtiyar）分享第二手、他們父母歷經過的那段故事。伊爾罕・拉米諾夫（Ilhan Raminov）已經七十七歲，他說的是自己的故事。這一刻前，他一直都很開心活潑，但此時瞳孔四周一圈的黃綠色澤卻起了霧氣。

「流亡發生時，我才三、四歲，我上了火車。那是載牲口用的火車，所以沒有廁所。我們得在地板上挖洞，很多女人都羞於在眾人面前上廁所。有些人因為這樣死了。每次都有人死去，士兵就會把他們丟下車……

「流亡結束後，我媽媽活了四十天就過世了。我父親在一九八六年於亞塞拜然去世。他搬到那邊是因為他希望盡可能靠近自己的出生地。」

估計有一萬八千人死在火車上，他們的屍體被沿途丟棄。這些針對阿希斯卡土耳其人的罪行，當時並未說明任何理由，發配行動也遭到蘇聯領袖掩蓋。死者從未獲得適當安葬；他們的家人也不被允許回頭找尋屍體。但一九六八年，史達林死後十五年，阿希斯卡土耳其人的痛苦終於得到官方解釋。官方揭露了沉醉在二戰其他前線勝利的史達林，曾籌劃對土耳其發動戰爭。阿希斯卡土耳其人則是潛在的內部敵人。

三個男人的家庭最後都到了烏茲別克（Uzbekistan）。阿希斯卡土耳其人不被允許住在被流放國家的大城市裡，在史達林的嚴厲共產體系下，沒人可以奉行任何宗教。但他們的父母與祖父母仍舊祕密在家中進行伊斯蘭儀式，彼此之間仍說土耳其語。「流亡之後，我們甚至不准前往別的村莊，所以親戚之間幾十年不曾相見。」瓦希德說。「史達林死後，法律開始鬆綁，我們才又開始相聚。接著一九八九年，我們又開始第二次流亡。」

隨著共產主義垮台，許多蘇聯的民族團體開始攻擊彼此。幾十年來，他們得到的訊息是，所有人都是社會主義兄弟，實際上只是體系的重手壓著沸騰的鍋蓋。烏茲別克人與阿希斯卡土耳其人共處了四十五年，卻在一場隨機發生的街鬥中，死了一名烏茲別克人，掀起兩者之間的混亂族群鬥爭。雖然無從證實，但有些人認為這是蘇聯國家安全委員會（KGB）煽動的。大規模暴動爆發，導致高達一千五百人死亡，數千戶阿希斯卡土耳其人的房屋遭到焚毀。

蘇聯軍隊將所有阿希斯卡土耳其人移到一處軍事基地，在此關了十七天，接著將他們送往俄羅斯西部。許多人除了身上穿的衣服，一無所有。兩代人在烏茲別克累積的一切，他們的房子、車子與土地，全都化為烏有。接下來一年內，九萬名阿希斯卡土耳其人逃出這個國家。有些人移到亞塞拜然，有些人則前往烏克蘭東部。

將近三十年間，烏克蘭的生活還不錯。阿希斯卡土耳其人的長者首先派出代表，進入烏克蘭城市詢問他們是否受到歡迎，發現烏克蘭歡迎任何在蘇維埃俄羅斯治下受苦的人。烏克蘭人自己也遭到史達林恐怖對待，在統治初年遭到發配、挨餓，不准使用自己的母語。瓦希德．阿里瑞札跟著父母親抵達頓內茨克時二十三歲，他進入警察學校，最後加入烏克蘭警隊。倘若不是二〇一四年爆發衝突，他會很開心在那裡住上一輩子。

「我並不想搬。」他說。「即便烏克蘭不是我們的祖國，我們仍視它如同祖國。我們非常感謝烏克蘭人，他們從未欺負我們。」

但普丁的新戰爭卻是最後一把推力，將他們推回長期以來心中認定的故鄉。前往土耳其的數週前，安卡拉派出官員到頓涅茨克，完整記錄將要前往土耳其的家庭。當他們抵達於祖姆魯時，立刻被送到附有完整家具的房屋，連暖氣都開上了——名副其實的溫暖歡迎。走進屋裡，地方政府的工作人員交給他們新家的鑰匙。時至今日，超過三千名阿希斯卡土耳其人接受艾爾多安的安置，所有人都獲得保證，將快速取得土耳其公民身分。政府還規劃將權利延伸到世界各地二十五萬名阿希斯卡土耳其人身上。

瓦希德帶我前往他家，位於廣闊新社區內的娃娃屋風格別墅。這處社區內的其他房屋都一模一樣：通往小前廊的四階樓梯，土色牆面，圍繞著大窗戶的白色鑲邊，紅色緩斜的屋頂。村長告訴我這些房子都是二〇一五年初土耳其國家住宅公司（TOKİ）興建的，此後卻一直空著；即便十二萬五千里拉（約合四萬美金）的便宜售價，還可以分二十年固定貸款攤還，也沒人想買這些房子。也許主要是因為於祖姆魯的地理位置。此地風景雖美，卻缺乏發展。多數年輕人最終都會前往大城市。

現在，於祖姆魯卻充滿了新來者。社區入口處的指標，指向阿希斯卡市集的方向，這是村子裡狡猾的雜貨店老闆開設的分號。幾近無聲的大道旁，停著幾輛方方正正、烏克蘭車牌的拉達（Lada）汽車[2]。瓦希德與娜西貝入住的兩年中，已經對房子做了些許改變；除了植物之外，他們重漆了房子，買了一小台電視及其他物品。牆上相框裡的照片，是這個新生活的感恩對象：艾爾多安與他的前總理畢那利・尤迪倫。

他們說，這裡的生活不大需要適應，他們流亡時吃的甚至是土耳其飲食。但娜西貝午餐時所準備的奶油風味雞肉玉米家常麵，卻是我在土耳其從未嘗過的口味。瓦希德承認他還是比較喜歡烏克蘭伏特加，勝過土耳其茴香酒。

對真正的信仰者娜西貝來說，住在土耳其最興奮之處，莫過於抵達埃爾津詹當天，是她生命中頭一次聽到伊斯蘭教的宣禮聲。住在烏克蘭的時候，雖然可以自由進行伊斯蘭信仰儀式，但頓涅茨克沒有清真寺，所以他們都在自家祈禱。拉瑪丹期間，所有朋友鄰居則前往阿里瑞札家。現在，他們生命中頭一次擁有社區清真寺。「我們在週五抵達，全都一起前往清真寺祈禱。」娜西貝說。「甚至孩子們也很好奇。對我來說更是不可思議的經驗，那一刻我心裡想：

2 譯註：拉達汽車是俄羅斯生產商AvtoVAZ的汽車品牌，自一九七〇年代開始投產，在蘇聯、東歐國家及中國相當知名，也成為當時共產世界城市生活的象徵。

這是真的！」

她在烏克蘭時雖然也是一天祈禱五次，學習《古蘭經》更達滾瓜爛熟的地步，娜西貝卻從來不覺得自己可以在烏克蘭展現出信仰的所有層面。在烏克蘭，她不戴頭巾，穿著長度只到膝蓋的裙子。「雖然法律並不禁止頭巾，但大家會奇怪地盯著你看。」她解釋。

前往土耳其的飛機上，她首度戴上了頭巾。她補充說，抵達之後，自己離開房子必定要戴著頭巾——雖然我可以從她頭巾底下散出萊卡髮圈的幾縷髮絲，感覺到她還沒完全習慣戴頭巾這件事。我看到她的時候，她正戴著柔軟的紫色頭巾，搭配光滑合身的黑色洋裝，衣袖上飾有花朵刺繡。這件洋裝遮住全身，直達腳踝及手腕，比起一般土耳其虔信者的款式更加保守，也更加細緻。她告訴我，土耳其政府為阿希斯卡土耳其人開設《古蘭經》課程，但她的信仰不需要更多教育。

除了宗教之外，瓦希德說他們盡可能適應環境。畢竟，這是阿希斯卡土耳其人過去八十年來一直在做的事，也是他們在每一個嶄新、不確定之地的自我保存之道。然而這一次，他們終於覺得自己回家了。

瓦希德喝著茶，請我們享用眼前幾盤美味糕點，他可愛的孫子女在腳邊玩耍，講著流利的烏克蘭語，他們學土語的速度令我敬佩又羨慕。有一天，就像埃爾津詹其他土耳其年輕人一樣，他們也會前往伊斯坦堡，捲進充滿政治陰謀與金錢的大都會。倘若他們仍舊忠於帶給他們新生活的那個男人，未來他也能仰賴這些人的選票。此地與他處，艾爾多安在每個地方開發新選民。三十萬敘利亞難民將獲得土耳其公民權，學習土語的要求已經取消。從二〇一四年起，住在海外的土耳其人，大多都是正義與發展黨的選民，被允許在該國的土耳其大使館中投票。隨著他總是非常緊張的險勝，近年差距甚至逐步滑向五五波，這些數字將足以推動選舉的結果。

這個新的土耳其家庭樂於在山徑上閒走，在這個擁抱他們的國家中安居。「每件發生的事情背後都有其福報，這就是我們的福報。」瓦希德說，「我們試著在這邊展現好模範，這樣大門才會為其他人敞開。」

# 第十四章　戰爭領袖

## 阿塔圖克去世

每年十一月十日上午九點五分，土耳其全國都會發射大砲，啟動空襲的蜂鳴。公家機關大聲放送國歌，博斯普魯斯海峽上的船隻奏出霧笛的哀鳴。幾乎所有人都會停下手邊的事，肅立起敬。

那是個奇異的場景，在幅員廣闊的伊斯坦堡大都會中更顯詭異。這裡的駕駛通常寧願輾過自己祖母，只求再開快一點，但此刻也會停車響起喇叭。不過比起一九三八年十一月十日，偉大的共和國改革者穆斯塔法．凱末爾．阿塔圖克，在多爾瑪巴切宮附屬建築樓上臥室嚥下最後一口氣的場景，這不過是小巫見大巫。今天，你仍舊可以造訪這個房間，一切都還保存著他去世時的原樣，床上覆蓋著土耳其國旗。比起宮殿主建築巨大鑲金的廳室，阿塔圖克死前在這個令人驚訝的小房間裡住了好幾個禮拜。每晚出自宮殿的快訊，仔細說明他的各項生理數字：體溫、脈搏與呼吸。八人醫療小組負責照顧阿塔圖克，有幾天他似乎略微好轉。但多年飲酒過量造成的肝衰竭，最終仍結束了他的生命。

「一位偉大的軍人、政治家與領袖去世了。」《泰晤士報》對阿塔圖克去世時所發的社論中寫下：

> 新歐洲舉目所見，從戰爭與革命的混亂中崛起的領袖裡，沒有人曾達到如此成就，也沒有人面對更大的挑戰。他留下了哀悼的人民。這個國家（指英國）過去敵對時曾經仰慕這位傑出的敵手，在由敵轉友的今天，也深切哀悼土耳其與歐洲失去了一位偉大的人物。這一點至少能為人民帶來些許安慰。

阿塔圖克死後六天，多爾瑪巴切宮對大眾開放，讓土耳其人可以向他致敬。三天內，估計有四十萬人來瞻仰他的遺體。十一月十七日晚間，宮殿外等待的大批群眾爆發混亂，導致十二人死亡，三十人受傷。宮殿內部的氣氛卻迥然不同。他的黑色靈柩在火炬的圍繞下，覆上土耳其國旗，以及伊斯邁特·伊諾努獻上的花圈。伊諾努是他的總理，現在成為新總統，也是軍隊及國民議會的代表。

「燈光昏暗的房間非常簡樸，令人印象深刻。」加入群眾的《泰晤士報》特派員傑克·克爾尼克（Jack Kernick）寫下，「軍官、官員、學生與各種階級年紀的男女排成長龍，魚貫進入，靜靜鞠躬，深受感動，並為敬愛的領袖獻上祈禱。前阿富汗國王阿馬努拉·汗（Amanullah Khan）清晨抵達，混在群眾中不動聲色進入現場，在靈柩前祈禱。」

阿塔圖克死後十天，他的屍體被送往曾經的小村落、如今被他改造成首都的安卡拉。靈柩先送上土耳其戰艦「亞烏茲號」（Yavuz），並在英國戰艦「馬來亞號」（HMS Malaya）與其他法國、俄國、德國、希臘與羅馬尼亞艦隊的護送下，前往伊茲密特（İzmit），在此轉乘火車。在安卡拉火車站，一隊士兵將靈柩移上六匹黑馬拉動的自走砲戰車，兩側由六位將軍舉刀護送。對比淹沒伊斯坦堡的漩渦，安卡拉的街道空無一人；前往國民議會整條路上的居民都被清空。國民議會設置了五十英呎、漆成紅色的禮台。阿塔圖克的遺體將在此過夜，更多哀悼者前來致意。「秩序井然，相當肅靜。」克爾尼克寫道，「但明顯仍有許多壓抑的情緒。」

次晨在穩定的深秋細雨中，舉行了阿塔圖克的葬禮。送葬隊伍經過時，士兵們一邊敬禮，一邊哭泣。外國軍隊行伍排在土耳其軍隊之後，以英國陣容最為龐大，兩百六十六名士兵中包括六十名皇家海軍。十五位將軍扶著阿塔圖克的靈柩，還有一位走在靈柩後方，手捧的絨布枕上別著領袖獲頒的獨立戰爭獎章。

中午時分，送葬隊伍抵達民族學博物館，阿塔圖克靈柩將暫時停靈於此，等待最終安息之地完工。儀式的最後，伴隨的是蕭邦的「送葬進行曲」——別具象徵意義的歐式選擇。未來七十九年裡，所有土耳其軍人與政治人物的葬禮上，軍樂隊都將演奏這首樂曲。

## 艾爾多安：從平民到總司令

艾爾多安是天生的演說家，技巧高超的政客，也是天才民粹主義者，但從來不是個渾然天成的軍隊總司令。一九八〇年代初，從他服役的照片中，看得到他是個高高笨笨、面露驚嚇的年輕人，不自然地抱著步槍。從他成為總理開始，這張照片三不五時就會被印在土耳其媒體上，但他總是小心不畫蛇添足。畢竟，他可是軍隊眼中禍亂的根源——那個曾經承諾會壓制將軍權力、進而爬上土耳其政壇的人。他的權力來自平民的形象，而不是穿軍服的人。

但政變之後，艾爾多安開始認真扮演起總司令的角色。緊急狀態宣布後，政府可以透過行政命令統治國家，艾爾多安最先下手的就是國安單位。他將憲兵、海防及警政交給內政部管理，並宣布關閉軍事高中——從鄂圖曼時代以來專門養成軍官的場域。軍隊則置於國防部轄下。如今在土耳其有史以來頭一次，國防部長跟將軍們共同列席高級任命委員會。

動亂後兩天，將近三千名士兵遭到開除。政府堅持僅有百分之一的軍隊人士參與政變，但這個粗糙數字卻隱藏了真正的故事：開除與逮捕狀況最嚴重的是軍中高層。四天內，全國有一百一十名將軍與海軍上將遭到清算，許多區域甚至跟政變一點關係也沒有。隨著艾爾多安持續進行軍隊清算，即便七月十五日當晚不在國內的人，也被他盯上。

二〇一六年十一月，透過一名中間人，我跟一群政變當時正駐軍歐洲的北大西洋公約組織土耳其軍官接上線。動亂之後，他們都被召回國，表示他們將調轉其他職位。但那些從令者返國後沒幾天就被逮捕，其他人因此決定留在歐洲，請求政治庇護。整體來說，九百名土耳其駐北約的軍官中，已有六百五十名遭到清算，除了被剝奪職位，還受到叛國譴責。這些軍官聯繫我，決定要打破沉默。

「我跟同僚接到通知，說我們的任務突然結束，須立刻回國，沒有任何進一步解釋。」一位當時駐點英國的軍官對我說，並使用假名「凱末爾」。「我得知他們在我先前的土耳其住址進行刑事調查。他們取消我的外交護照。我多次以電話跟正式書面信件向土耳其軍方要求說明奇怪的命令及對我的指控。然而安卡拉對我的請願充耳不聞，毫無回應。我聯絡許多土耳其境內的律師，但沒有人願意在法庭上為我辯護。在這樣的情況下，我拒絕返回土耳其，因為我害怕自己可能無法得到公平審判而入獄。這已經發生在其他返國的土耳其軍隊成員身上。我至少認識其中三十二人。

「召回命令幾週後，我從網路上的土耳其《政府公報》得知，連同其他一萬五千六百五十三人，我們全都失去了事業、收入與其他福利。我遭到不名譽地開除。我被宣稱犯下恐怖主義罪行，並在缺乏任何證據、指控、法律程序或辯護的情況下遭到懲罰。他們以抹黑行徑，指責我是恐怖組織支持者，破壞我的榮譽與名聲。」

隨著艾爾多安持續清算駐在北約的軍官，前土耳其陸軍准將與北約盟軍空軍司令部前作戰計畫副部長穆罕默德．亞力納爾普（Mehmet Yalinalp）對北約盟軍作戰司令部的現任歐洲盟軍最高司令柯蒂斯．邁可．斯卡帕洛帝（Curtis Michael Scaparrotti）將軍發出一封電子郵件，羅列他的諸多憂心：

隨著數千名軍隊人員的歷史性清算加快腳步，我跟土耳其同僚都觀察到，在我國軍隊及政府部門內，都興起一股極端民族主義、反西方的重大情緒。見到土耳其派駐北約的部分新到者懷抱基進思想，除了部分挑戰北約的價值外，甚至厭恨西方組織，高舉支持俄羅斯／中國／伊朗的情緒，令人感到不安。例如，在一場對數十名土耳其北約軍官進行的演講中，一名來自南歐北約總部的土耳其資深國家代表說，此刻我國軍隊裡有兩種土耳其軍官。一種忠於北約，另一種則忠於國家。清算就是為了要取代前者。

艾爾多安在政變整肅後的新軍，混合了事業剛起步的忠誠支持者，及二十一世紀初在葛蘭派法官與檢察官帶頭審判中遭到清算的極端民族主義軍官，這些人又被重新起用。軍隊遭到重挫的同時，艾爾多安卻開始扶植另一支安全武力——特殊行動警察部隊（Polis Özel Harekat，簡稱PÖH）。這支警力成立於一九八二年，當時土耳其仍舊在一九八〇年政變領袖凱南・埃夫倫將軍的統治下，最主要的目的是為了打擊恐怖主義行動。這支警力從一般警察中抽取體能最好、最勇敢也最忠誠的成員，將他們送到安卡拉與愛琴海岸的巴勒克西爾省（Balıkesir）專門場地中受訓。一九九〇年代中期，特殊行動警察部隊的隊長陷入一段醜聞，因此爆出警方、政府與右翼黑手黨之間的連結。二〇一〇年，艾爾多安下令主管特殊行動警察部隊的內政部，重整這個單位，並注入資源。當時，特殊行動警察部隊人數約在一萬一千人之譜，配備機槍、衝鋒槍與手槍。

二〇一五年庫德族和平進程破裂時，正是特殊行動警察部隊領頭在城鎮內對抗庫德族反抗軍。土耳其政府在二〇一六年三月宣布擴增部隊員額，以因應恐怖威脅；當時新一輪的暴力已經爆發八個月了。當我抵達剛解除宵禁的庫德族城鎮時，會發現廢墟上畫滿他們的塗鴉——「PÖH KOMANDO」。

二〇一六年四月，政變前三個月，也是恐怖攻擊的高峰，我首度看到重裝備的特殊行動警察部隊成員，穿上迷彩制服，帶著黑色頭套，在伊斯坦堡街頭巡邏，戍衛城市中心塔克辛廣場上高級的馬爾馬拉飯店入口。同一時間，軍事顧問告訴我，艾爾多安「什麼都給特殊行動警察部隊，把他們變成艾爾多安的子弟」。顧問補充，軍隊對於暗自擴張的警察力量也很憂慮，他們認為東南部的庫德族衝突被用來當成特殊行動警察部隊的訓練場。七月十五日當晚，特殊部隊證實了自己的能耐；當特殊部隊警官帶頭反攻叛變者時，他們也在安卡拉的高爾巴瑟（Gölbası）總部面對叛變飛行員的轟炸。幾個月後，艾爾多安的顧問之一不小心對我說溜嘴，特殊行動警察部隊跟憲兵中的類似單位——憲兵特殊部隊（Jandarma Özel Harekat）是總統唯一信任的軍官。到了二〇一七年，兩者加總的數目已經從一萬一千人，上升到四萬人之譜，七年內成長了四倍。

苛刻的訓練之前，新兵必須通過嚴格的篩選過程，包含揹著十公斤背包在十五分鐘內跑完二點五公里。十六週的訓練中，特殊行動警察部隊的新兵會接受進階武器操作、狙擊、水中任務、偵查與情報蒐集，以及人質解救的訓練。現在這些訓練中至少有一部分，是透過與艾爾多安關係親近的可疑私人公司進行的。

沙達特（SADAT）防衛顧問公司是由一群前土耳其軍官所成立，主事的阿德南・坦勒維爾迪（Adnan Tanrıverdi）是一九九六年因為遭懷疑親近伊斯蘭主義者而被迫退休的一星上將。沙達特於二〇一二年成立時，坦勒維爾迪告訴記者，該公司的重心會放在非洲與中東國家，只服務政府機關，而非個人。沙達特公司網站上的廣告則提醒，該公司只跟「友好國家」

的軍警單位合作。

沙達特公司宣稱業務範圍涵蓋二十二個穆斯林國家，卻未點名哪幾個。沙達特企業辨識標誌的世界地圖上，土耳其以紅色標示，從西方的塞內加爾到東方的哈薩克一整片，包含阿拉伯半島與部分獨立區域如孟加拉、印尼與巴爾幹半島上的穆斯林區域，則是以伊斯蘭綠標示。獨立報告宣稱二〇一六年沙達特贏得沙烏地阿拉伯空軍的訓練合約，卻未能贏得同一年訓練利比亞民兵的標案。同時間，我在二〇一七年五月伊斯坦堡武器雙年展中，取得該公司攤位上的文宣品，上頭的創立宗旨，流露出深刻的反西方基調。禿頭、鬍鬚灰白的坦勒維爾迪在公司簡介中寫道：

> 今日，約有七十家「國際防衛顧問公司」在西方已發展國家的控制下，在國家軍隊與外交部門之下、甚至之外，提供服務。
>
> 所有這類公司都是在一次與二次世界大戰後成立，並在二十個左右的穆斯林國家中運作。他們為服務國家進行最機密的軍事行動。有些公司透過肆無忌憚的領袖激起內戰；其他公司則讓相鄰的穆斯林國家成為敵國；還有一些是在實質佔領後、軍隊撤離時，留在當地取代軍隊維持控制；還有一些運用他們的「打手軍隊」犯下危害人性的重大罪行。因此，這個領域成為西方的剝削工具。此類情況成為我們背負的責任。當其他國家需要曾在歷史悠久的土耳其軍隊服役，且願意為友好的穆斯林國家建立、訓練並裝備武力的軍事人員時，我們受到了鼓勵並創立沙達特，確保這些國家能獲得服務。我們將組織具有專業技

能與理想的軍士來服務這些國家的利益，以伊斯蘭世界的共同利益為首要任務。

二〇一六年八月，政變企圖後一個月，當土耳其軍隊還在清算傾西方將領之時，艾爾多安任命阿德南・坦勒維爾迪為資深顧問。七天後，等到軍隊控制權完全納入自己手中時，艾爾多安發動了一場渴望已久的戰爭。土耳其特別部隊與敘利亞反抗盟軍大舉穿越邊界，進入敘利亞，宣稱目標是要將伊斯蘭國趕出邊界區域。然而幾天前，庫德族的人民防衛軍才剛從伊斯蘭國手中奪下附近的曼比季。事實上，艾爾多安迫切希望阻止人民防衛軍繼續往土耳其邊界前進。

土耳其將軍們長期阻撓艾爾多安想派軍進入敘利亞的要求，擔心他們會被捲入進退兩難的泥沼之中。然而駐守土耳其東方城市馬拉蒂亞（Malatya）並負責保衛土耳其南方邊界的第二軍，在政變的清算後幾乎被淘洗殆盡。第二軍司令阿戴姆・胡杜提（Adem Huduti）先前曾向下階軍官簡報，他絕不允許入侵敘利亞。但在政變企圖後，胡杜提連同敘利亞、伊拉克邊界上全數一百五十位軍旅指揮官都遭到逮捕與解除職務。雖然此地幾乎沒有任何政變活動。

二〇一六年八月，艾爾多安的敘利亞行動代號是幼發拉底河之盾（Euphrates Shield），初期階段雖然進展迅速，卻逐漸陷入困境。距土敘邊界二十英哩處的巴布鎮（Al Bab）是個聖戰士死守的伊斯蘭國重鎮。冬天來臨時，土耳其軍隊卻未能建立從邊界至此的有效運作補給線。死亡人數開始上升，幾乎每天都有土耳其士兵死亡。最血腥的一天裡，十四人在巴布鎮郊外的炸彈攻擊中喪生。幾天後，伊斯蘭國釋出它最噁心的宣傳影片之一。二〇一五年，兩名在邊界遭俘的土耳其士兵，穿著橘色跳傘裝，剃光頭，脖子上了枷鎖，關在籠中。他們被同樣是土耳其人的伊斯蘭國戰士拉著牽繩踹出來，強迫對著鏡頭讀出聲明，之後被潑灑汽油點火。「你們如果不撤退，這就是所有士兵的下場。」自稱「阿布．哈珊．土耳其」（Abu Hassan al-Turki）的伊斯蘭國恐怖分子對著鏡頭說。

土耳其政府宣稱影片是造假的，並關閉了推特與YouTube四天，以阻止流傳。他們從未發表任何官方聲明，並認定此事很快就會被遺忘。他們是對的；今日當我提起這部影片時，沒幾個土耳其人聽過。

## 阿弗林（Afrin）：艾爾多安的第二次敘利亞戰爭

二〇一八年一月，艾爾多安發動第二次敘利亞戰爭：橄欖枝行動（Mission Olive Branch）。這一次他的目標是敘利亞北部山區由人民防衛軍控制的小塊庫德族領地，就位在安塔基亞對面。

幼發拉底河之盾行動後，艾爾多安與庫德族民兵及其美國靠山之間，關係岌岌可危，如今更進一步崩潰了。將伊斯蘭國從巴布鎮驅離後，土耳其人開始威脅要攻擊附近的庫德族據點。一些小規模衝突後，五角大廈終於清楚表明，美國不會從區域內撤出特戰部隊。艾爾多安本希望離經叛道的新美國總統川普會被說服撤銷對人民防衛軍的支持。然而川普仔細考慮後，反而選擇了完全相反的方向，增運美國武器給庫德人。

艾爾多安曾威脅要對巴布鎮附近的庫德人發動全面攻擊，但也清楚此舉將等於對美軍開戰，同時掀起北約內部的衝突，就像一九七四年賽普勒斯戰爭[1]的情況一樣。因此他將槍口轉向阿弗林，這是一處位於庫德族主要領土西方的孤立泡泡。二〇一八年初，此地的人民防衛軍是由俄羅斯顧問協助，而非美國特戰部隊。人民防衛軍偶爾從阿弗林向土耳其發射火箭炮，殺害山區邊境崗哨的士兵，對艾爾多安來說，這足以宣稱是對國家的威脅與挑釁。雖然每天都有土耳其士兵死亡，但阿弗林行動仍獲得廣大民眾的支持。在伊斯坦堡，商鋪老闆在室內商場牆面貼上告示，為土耳其軍隊加油打氣，數千人前往死亡軍士的葬禮上致哀，讓它們變成艾爾多安第二次戰爭的民族主義公關活動。一個月後，隨著攻勢進展比預期緩慢，政府宣布將派遣特殊行動警察部隊及憲兵特殊部隊一同加入阿弗林戰場，與軍隊並肩作戰。

二〇一八年三月十八日的恰納卡萊日（Çanakkale Day），是一九一五年加里波利戰役阿塔圖克擊敗英澳聯軍的第一百零三週年，也是艾爾多安宣布阿弗林戰役勝利的日子。他這一天的

1　譯註：一八七八年鄂圖曼帝國於俄土戰爭慘敗後，將賽普勒斯割讓給英國，但在二戰後的去殖民浪潮中，希臘裔的賽普勒斯武裝組織在一九六〇年推翻英國統治。一九五五年，賽普勒斯就開始爆發希臘裔與土耳其裔之間的流血衝突，推翻英國統治後，島上希裔族群開始要求賽普勒斯回歸希臘。一九七四年，希臘軍政府扶植希臘民族主義者擔任總統，因此引起七月二十日土耳其武裝部隊以保護土裔賽普勒斯人為藉口入侵，並佔據全島百分之三十六的領土。戰後，原居住在北部的希裔人口逃向南方，南部的土裔則遷往北方。賽普勒斯從此分裂成北賽普勒斯（僅土耳其承認）與南方的賽普勒斯共和國（獲得國際承認）。由於土耳其與希臘都是北約成員國，因此成為北約史上唯一一次內部衝突。

歡慶演講中，機靈地融合過去與未來，再度讚美土耳其人民在政變企圖中展現的力量，同時也批評庫德族的西方靠山：「他們以為我們的國家已經失去了奪回加里波利的勇氣與堅毅。他們以為這個國家不再擁有不動搖的信念。但是每一步，他們都看到自己的錯誤。」

當他們發現美國轟炸機不會出現時，人民防衛軍終於轉身離開阿弗林。雖有數萬平民逃離家園，數百人遭到殺害，本來可能拖延好幾個月的都市戰鬥，令人感激地快速終結了。這是敘利亞苦難的醜聞標記，整個小城的人民被迫逃離家園，但世人卻對此地幾乎聞所未聞。全世界的庫德族運動者發出尖叫吶喊，因為沒人對阿弗林慘劇發出抗議，沒人在乎庫德族的命運。然而這可怕的寂靜背後，不只如此。七年來，超過半數敘利亞人流離失所。沒人抗議阿弗林，是因為城鎮毀壞與居民逃亡的景象，已經無處不在，平凡無奇。

死者中包含四十五名土耳其士兵。新聞充斥極端的愛國主義、戰鬥模擬與軍隊光榮前進敘利亞西北部山區的故事。標題狂喊著：「更多城鎮蕩平恐怖分子」、「更多恐怖分子伏法！」

「土耳其文化裡的烈士概念很不一樣。」當我問起要有多少土耳其士兵死亡，民意才會開始反對艾爾多安的敘利亞冒險時，法魯克．羅赫魯（Faruk Loğoglu）說。「看看那些在戰役中失去生命者的父母親。他們說自己若有另一個兒子，他們也會送他上戰場。這就是我說的『小穆罕默德』（Mehöetçik）磁吸效應。」——就像英國軍隊裡的「湯米」（Tommy）——「每個人都為國效力，媒體也持續鼓吹。」

政府對土耳其記者發布一張清單，明確指示如何報導戰爭。他們不可相信庫德族敵人（不論是武裝者還是平民）發出的任何平民傷亡數字，這些都是「資訊汙染」。外國記者的報導也不可信。任何可能「鼓舞敵方士氣」的事情都被禁止，讀者觀眾必須一直被提醒，這場行動裡使用的都是土耳其自行研發製造的新武器。這是設計來激發民族主義愛國心的行動。從政變企圖之後，艾爾多安經常宣稱土耳其正在第二次獨立戰爭中掙扎。

國際媒體則較難控制，但政府的媒體人員也在努力。我們收到新聞部一連串電子郵件，照片標上大大的綠色打勾與紅色畫叉，告訴我們人民防衛軍正在流傳死亡兒童的造假影像。主要新聞發言人提醒我們，倘若我們試圖嵌入庫德族民兵的訊息，我們就是協助恐怖分子宣傳，將會得到對付恐怖分子時的相同對待。取而代之，一小群挑選出的外國記者受邀跨越邊界，在土耳其政府人員隨行之下，參訪安卡拉出資的大片難民營，會見那些堅稱歡迎土耳其軍隊的家庭。土耳其發動攻擊兩週後，我們一小群記者被叫去跟艾爾多安的發言人易卜拉欣．卡林會面，地點是伊斯坦堡的耶爾德茲宮。

我對卡林提問，在阿弗林行動的第一週，知名的土耳其醫學會因為在學會網站上發布反戰聲明，備受敬重的理事會全體成員都遭逮捕監禁一事。那份聲明既未提及阿弗林，也未提及庫德族，更沒有土耳其字眼，可說是抗議平民被傷害最溫和的聲明。但土耳其政府說這是恐怖分子宣傳。

「他們先前是否反對任何戰爭？」卡林問。「沒有。所以他們就是替恐怖分子宣傳。」

我試著爭論，但卡林的城牆降了下來。超過三百人因為批評阿弗林行動遭到逮捕，但是他們的同胞卻毫無感覺。這場戰爭太好推了。人民防衛軍的相關組織庫德工人黨在土耳其東部掀起動亂三十年；許多人民防衛軍在敘利亞的領袖與戰士，特別是初期階段，都是土耳其庫德族。這個團體從敘利亞軍事重鎮對土耳其散發仇恨，偶爾也發射跨界火箭炮。即便不是艾爾多安粉絲的世俗派土耳其人，Instagram頁面上也充滿愛國訊息，或土耳其士兵親吻國旗的照片。

花了一小時，卡林以宣傳者身經百戰的技巧，擋下記者各種問題後，流暢地轉換成另一個角色——無懈可擊的主人。當年鄂圖曼帝國萎靡，包含穆斯塔法．凱末爾在內的一小群軍官密謀政變時，蘇丹阿卜杜勒—哈米德二世（Abdülhamid II）就窩在這座耶爾德茲宮裡。共和國初年人們曾對這位蘇丹大加輕蔑嘲弄，認為他浪費了帝國權柄及個人榮耀。一八三〇年代推行的鄂圖曼改革在他治下倒退，他解散了帝國第一個國會與憲法。他試著讓批評他的記者與漫畫家閉嘴，後者喜歡拿他的大鼻子開玩笑。他覺得到處都是反叛陰謀——雖然某些是真的。好幾名革命者試圖暗殺他，但最終他是被軍官們趕下台。

然而艾爾多安卻平反了阿卜杜勒—哈米德二世。一部粗糙的歷史電視影集《首都》（Payitaht）講述漂白過的故事版本，絕對會讓歷史學者拍桌大罵。艾爾多安說土耳其人應該看影集學歷史。卡林把我們叫到耶爾德茲宮的同一週，新土耳其正在紀念阿卜杜勒—哈米德二世去世百週年。所有過去被共和國驅逐、但最近又回到鎂光燈下大讚艾爾多安的蘇丹後裔，都重獲土耳其公民身分。

為了慶祝此事，我們被招待了蘇丹最喜愛的芝麻糕酥糖（*halva*）。從湯匙舔了舔甜美酥糖時，我看著卡林知識分子的臉孔，想知道他到底相信什麼。

## 將戰爭轉成迷思

艾爾多安搖身一變成為戰爭領袖是全面性的。二〇一八年四月，土耳其贏得阿弗林戰役後的兩週，他巡視了敘利亞邊境上的軍隊。成群名人被巴士送到現場，包含備受輕蔑的阿拉伯風流行樂歌手易卜拉辛．塔特利瑟斯（Ibrahim Tatlıses）[2]，他似乎喜歡黏在有權者身邊。艾爾多安跟列隊握手的低階士兵穿著一樣的制服，普通迷彩服的右胸上掛著他的名字。

提早選舉的耳語四起。總統與國會大選原訂於二〇一九年十一月舉行，距離現在還有十七個月，但經濟正快速下滑，而且艾爾多安也很清楚。下次選舉之後，艾爾多安的改革憲法就會生效。獲得總統府鑰匙的人，幾乎就能主演整齣獨角戲。現在，在阿弗林勝利之後，艾爾多安正騎在民族主義熱潮的鋒頭上。

「他們現在玩的是戰爭遊戲，」法魯克．羅赫魯說，「將整齣戰爭戲碼轉內銷。」

然而國內恨艾爾多安的人卻冷笑；疲憊的總統看起來心情不佳。他想當戰爭英雄，這一點是很清楚的，但他永遠都擺不出那個樣子。關起門的私人晚宴中，笑話不斷；這些場合愈來愈喧鬧，而土耳其的公共空間卻變成只能八卦閒聊。在這些日子裡，我跟朋友在咖啡廳或巴士上

2 庫德族民歌手，但以阿拉伯風流行樂聞名，這是一種一九五〇、六〇年代在土耳其創造出來的阿拉伯風格音樂，融合了拜占庭、阿拉伯及巴爾幹音樂傳統。

聊土耳其政治時，都得改用代號。晚間在熟識朋友的同溫層裡，才能放出我們壓了一整天的所有話語、思想跟歡笑。缺乏國內情勢發展的可靠消息，所有電視頻道都產出政府發言的版本，彼此只有微小的差異，我們因而開始陷入陰謀論的思考裡。也許不是真的，但也可能……我們永遠也不會知道真相。

「聽聽，我有個新理論。」一名朋友說：「如果，事實上政變真的成功了，現在是軍隊當家，一直給艾爾多安下藥，在這些場合中把他推出來！」

我們全都笑到掉眼淚。

艾瑟．胡爾（Ayşe Hür）是一位激進的土耳其歷史學者，對艾爾多安最新的重塑形象不以為然。當我跟她在塔克辛廣場上一間忙碌的餐館碰面時，是艾爾多安穿著軍服現身的三週後，她才剛因為發布推文說自己不相信庫德工人黨是恐怖組織，而被判五年監禁緩刑。她一定知道此舉會招來麻煩。

「不然我要怎麼回？」她露出燦爛笑容說：「有人問我怎麼看庫德工人黨，我就回答啦。畢竟有人問我，我覺得自己有責任給出一個正確的答案。也許因為我是基督徒。就算問問題時我旁邊站了警察，我還是會這樣回答。有人問問題，而我是一個轉寫歷史議題的歷史記者。我應該要正確回答這些問題，這是我的工作。」

從凱末爾主義者對於誰是土耳其人的假科學解釋，到一九一五年種族大屠殺中究竟發生了什麼事，胡爾以質疑土耳其所有可疑的歷史敘述聞名。她稱之為弱者的歷史；當年艾爾多安還是個弱者時，他也曾是粉絲。這些日子，當她的注意力轉向解構他的虛構時，艾爾多安就沒那麼愛了。二〇一六年四月一篇題為〈艾爾多安在歷史與數字上的無知〉這則風趣的網路發文中，胡爾挖掘總統玩弄事實的種種事蹟。二〇〇三年，他宣稱一〇七一年的曼奇克特（Manzikert，現為馬拉茲吉爾特〔Malazgirt〕）戰役，鄂圖曼人在安納托利亞的第一場勝仗中，由入侵拜占庭的蘇丹阿爾普．阿爾斯蘭（Alp Arslan）大喊「阿拉，阿拉！」與「祖國！」胡爾指出「祖國」（*vatan*）一詞直到十八世紀之前，都不存在於土耳其語言中；即便在那之後，也沒有任何紀錄證明曾經在戰鬥中被喊出。

接著在二〇一一年，艾爾多安宣稱他的曾祖父是一九一五到一六年冬天在薩勒卡默什（Sarıkamış）的七萬名土耳其士兵之一，他們冒著凍死的危險，對戰俄軍。「我的曾祖父，里澤．居內蘇魯．凱末爾．穆特魯（Rize Güneysulu Kemal Mutlu）在薩勒卡默什成為烈士，進入阿拉仁慈的懷抱。長輩告訴我說：『他們抱著槍，我們看到他們在寒冷下犧牲了。』他們的眼淚就像掉落的冰珠。」艾爾多安在一場紀念悲劇的演講中說。

帶著這個名字，胡爾跑到國防部檔案庫中，在五卷薩勒卡默什烈士名錄中搜尋。每一位戰役中死亡的士兵名字都列在紀錄上。艾爾多安的曾祖父卻不在其中。

一直陰魂不散纏著艾爾多安、像蚊子一樣趕不走的問題，是他的大學學歷。他宣稱一九八一年從伊斯坦堡的馬爾馬拉大學商學院畢業。二〇一四年，他準備選總統時，反對派成員開始進行調查。根據法律，總統必須擁有大學學歷。馬爾馬拉大學校長出示一張學位證書，重點是這間大學是在一九八三年成立的，因此這個問題揮之不去。胡爾也是進行調查的人之一。

「我詢問馬爾馬拉大學（想閱覽紀錄），但內部規定下，他們不可透露訊息。我又問大學是否有這個名字的學生在此就讀。答案是這事關他人私生活，他們不便回答。」她說，「接著我請一名學校老師的助理幫忙查。他查了以後，發現沒有。艾爾多安並不存在於任何文件之中。我開始調查一位宣稱在大學中教過艾爾多安的人，也找不到資訊；進一步詢問時，又說那是個人資訊不便提供。那個人現在住在以色列。我跟他聯繫，想問問艾爾多安學生時代的情況。結果也是胡扯。沒有同學，沒有照片。研究助理找到一九八三年的畢業紀念冊。上面有一位雷傑普．塔伊普．艾爾多安，卻沒有照片。另一本畢業紀念冊上，卻沒有他的名字。」

那些古怪的舊兵役照也讓艾爾多安的學歷問題疑雲重重。照片中的他穿著下士制服——那是非大學畢業生役男的第一階。他如果確實畢業了，他應該會是軍官。

隨著艾爾多安收緊掌控，這些喧騰也沉靜下來；這些日子裡，學歷問題只是其中一項沒人談起的諸多問題。還有艾爾多安跟兒子的錄音帶，討論如何隱藏二〇一三年十二月伊朗黃金交易醜聞裡浮上檯面的錢；又或者艾爾多安的次子，不是在耶尼卡皮校閱場上主辦傳統土耳其運動賽事的好兒子比拉爾（Bilal），而是一九九八年在肇事逃逸車禍中，撞死古典音樂家賽文．塔努瑞克（Sevim Tanürek）的阿赫麥德（Ahmet）。阿赫麥德．艾爾多安沒有駕照，一審時，被控的八項罪名裡有三項被判有罪。上訴推翻判決後，他就飛到美國去。現在沒人談起他。年輕一點的土耳其人可能從沒聽過這個人。

因此，當艾爾多安也試圖重寫政變之夜及其後續歷史時，一點也不讓人驚訝。當晚受傷且屬於艾爾多安陣營的人，獲得「蓋齊戰士」（*Gazi*）的榮譽頭銜（意指受傷退役的戰士，同時也是阿塔圖克的榮銜），還可以免費搭乘大眾交通工具及享有其他福利的卡片。現在，他也試圖重塑他的戰爭歷史，擷取戰爭英雄的地位，而非那些早期認識他的人所記得的膽怯形象。「他正試著把自己塑造成阿塔圖克的形象，讓兩人平起平坐。」胡爾說，「人們不懂。在加里波利，是聯軍攻打我們。他說阿弗林也是一樣，但實際上我們才是攻擊者。那是錯誤的訊息，但沒人知道真相。」

阿塔圖克陵寢博物館的小玻璃箱中，你會發現第一幅已知的阿塔圖克肖像。這幅表現主義油畫，描繪他胸部中央以上的形象，臉微朝右，眼神專注在遠方的一個點上。這幅畫是一九一五年十月由奧地利畫家威廉·克勞茲（Wilhelm V. Krausz）所繪，這位畫家以描繪鄂圖曼與奧匈帝國統治者聞名。當時的穆斯塔法·凱末爾是在一次世界大戰中作戰的鄂圖曼軍官；六個月前他剛在加里波利光榮戰勝英澳聯軍，在土耳其人與土耳其媒體心目中奠定英雄地位。媒體稱他為「達達尼爾海峽與首都的救星」。但回到伊斯坦堡，凱末爾卻未獲得應有的讚譽。他跟領導土耳其青年團的恩維爾帕夏（Enver Paşa）將軍之間的關係，充滿問題。凱末爾認為恩維爾無能，恩維爾則認為凱末爾是個需要注意的後起之秀。他將凱末爾派到東方荒野中的高加索前線，離伊斯坦堡四百英哩遠。

這幅刻畫未來偶像的肖像讓我著迷。帆布本身不到五十公分高，後來顯得耀眼的臉部線條，此刻看來卻不顯著。雜亂的鬍鬚遮住了尖削的頰骨；藍色眼眸看起來水汪汪的，而非銳利。看不到他的軍階；也沒有任何成就標誌。

很難想像這張士兵肖像，跟後來的阿塔圖克肖像一樣，被複製了幾百萬次，印在海報、茶杯套組跟打火機上。到了二十世紀末，凱末爾主義者發現舊的阿塔圖克崇拜形式都不適用了，包含在運動場舉辦大型紀念、掛上俯瞰公共廣場的陰沉官方肖像以及嚴懲任何抵毀者。新崛起的伊斯蘭主義者，像艾爾多安這樣的人，透過接觸跟人民建立真實的連結。因此凱末爾主義者也決定將阿塔圖克帶進私人領域。一九九八年，共和國建國七十五週年，新的官方展覽首度展出阿塔圖克的睡衣；歷史學家也在檔案庫中開始挖掘他的新照片——喝酒、談笑跟游泳的照片。

艾斯拉·歐茲由瑞克（Esra Özyürek）是住在美國多年的土耳其人類學者，當她返回土耳其研究一九九八年慶典時，發現土耳其人跟阿塔圖克的關係起了深刻的變化。她在二〇〇六年出版的著作《懷念現代》（*Nostalgia for the Modern*）中寫下：

> 雖然我在國父永恆的凝視下長大，但離開國家數年後再度返回土耳其，我仍對無所不在的阿塔圖克照片感到驚訝。令我驚訝的，並非數量，而是他出現在奇怪的新地方，並以新的姿態示人——領袖的商業化。凱末爾主義者企業家與消費者非常有創意地將國父納入私人生活與事業之中……在這些最近受到歡迎的影像中，最令人驚訝的是微笑的阿塔圖克，跟過去裝飾國家辦公室的嚴厲表情大相逕庭。

以前當艾爾多安還是個反對派新星時，艾瑟·胡爾多數時間都在對抗凱末爾主義者的迷思。一杯杯濃烈咖啡間，她打破了過去六年來我已經銘記於心的各種阿塔圖克故事：「他有假照片，例如那張睡在雪地上的照片。」意指一張在戰場上阿塔圖克知名的粗糙粒子黑白照。「那是演出來的……還有一個故事，是關於阿塔圖克被擊中，子彈卻被懷錶反彈。這大概也是編出來的。我的生涯多數時間都在解構凱末爾主義者對這個時代的詮釋。過去十年，人們開始感到不爽，因為現在每個人只想看到對正義與發展黨時代的批判。有時候我在推特講了關於凱末爾主義的事情，有人會質問我在幹什麼。他們會說現在不是批評凱末爾主義的時刻！」

我們在咖啡廳的背景音中講了三個小時，對話從阿塔圖克到艾爾多安，又轉回阿塔圖克。我們總結，兩個人都是虛構多於事實；但阿塔圖克有一點贏過艾爾多安。「阿塔圖克打過仗，」胡爾說，「艾爾多安從來沒有！」

她收拾東西，穿越四月溫暖夜晚塔克辛廣場上巔峰時刻的群眾，趕往下一場會議。廣場一側，挖土機正在拆除阿塔圖克文化中心的野獸派建築，讓出空間給新歌劇院。土耳其的世俗派感到震驚，視此為艾爾多安意圖裂解阿塔圖克所創造的國家，就像重塑人民心志一般，改造塔克辛廣場。隔著廣場，面對拆除現場另一側所發生的事，也無法安撫這些人。在此，一座新清真寺的骨架正在興起，跟夷平的文化中心幾乎同時進行。這是艾爾多安承諾了一整個世代的計畫，打從他成為伊斯坦堡市長開始。

胡爾跟我道別之後，新聞就進來了。政府宣布舉行閃電選舉，甚至比任何人預期的都來得早。兩個月內，在二〇一八年六月二十四日，土耳其人將提早十七個月，投票選出總統跟國會。無論如何，他們所做的決定都會讓國家的未來轉向。一旦新贏家產生，艾爾多安的新憲法將付諸實行，推翻阿塔圖克國會民主的遺產，讓任何拿下總統大位的人，幾乎可以擁有不受限制的權力，依其所願形塑國家。反對派必須趕快找到他們的總統候選人。艾爾多安甚至不用宣布參選：這是理所當然。

# 第十五章　艾爾多安的最後一局

## 二〇一八年六月二十四日
## 選戰之夜

民主的戰敗與死亡是一張灰敗病弱的臉。在一棟老舊伊斯坦堡建築吹著穿堂風的頂樓，男人們圍著小小的電視機，盯著土耳其地圖轉成一片艾爾多安政黨的代表色——黃。每個人都抽著菸，少有人開口。開口的人只是呢喃著微弱的抗議。

「計票還沒結束！」

「他們的數字跟我們不一致！」

「還有時間！」最後這句在微弱迫切的耳語中擠出。

隨著計票將近尾聲，殘存的希望流逝。艾爾多安大勝，在晚間九點三十分宣布勝選，距離投票所關閉僅僅四個半小時。這也是土耳其國會民主的結束。

一切塵埃落定時，情況彷彿顯而易見：艾爾多安從不會輸。這場戰役裡，所有武器都是他的：媒體曝光，資源，監禁對手的權力，這一切都是過去十五年間他所齊聚的。但結果已經不是土耳其選舉的真正重點，一切的重點在於這趟旅程、這場秀。二〇一八年六月的選舉成了政變企圖後，艾爾多安派忠誠度的最大考驗：挑戰者崛起，艾爾多安蹒跚向前，在六個星期的選戰中他的對手開始相信事情真的有可能改變。但也因此，他的信徒更大量湧出、更用力輔選、手段也更骯髒。當他終於打敗所有質疑者，再度贏得選舉時，信徒對他的擁戴更勝以往。危機不是過程，而是目標。結果證明了，世界上最身經百戰、技巧嫻熟的民粹主義者仍舊能夠團結大軍，持續往前邁進。

## 選戰

從時間點跟懸疑性來看，二〇一八年六月的選戰是一齣黑色喜劇傑作：反對派阻止艾爾多安的最後機會，遊戲即將結束。艾爾多安知道自己距離推動最後一步已經沒有太多時間了：經濟停滯不前，貨幣疲軟。他建立的一切支持基礎都將反轉。一向是個好賭徒的艾爾多安，這次壓在反對派的一盤散沙，以及阿弗林戰後國內高漲的愛國主義之上。

「誰準備好了？誰正在做準備？一天十小時的工作？巡視各省？建立聯盟？雷傑普．塔伊普．艾爾多安。還有誰？沒有了。」一位過去也是艾爾多安班底的人，在宣布舉行選舉前一個月對我說。「這是他最大的資產——他很會看風向。他從十三歲就開始對大眾演講。從那時候開始，他就一直泡在政治裡。這是有史以來我們首度擁有一位天生的政治人物。阿塔圖克不需要贏得大眾支持，他統治的時候，政治屬於狹隘的菁英集團，他只需要操縱這些團體。但艾爾多安是在民粹主義裡長大的。他是個造局者，也是個破局者。他穩穩地掌握著自己的選民。他的家人一週七天、每天二十四小時活在政治裡，甚至在假期裡也一樣。這是家中的防禦性政治。他們有在度假嗎？沒有，那個家裡從不度假。過去的部會首長還會想到退休生活。但艾爾多安唯一的休閒大概就是跟孫子女玩。也許伊斯蘭主義者政治人物都像這樣，因為他們總是在防衛。這是他們過生活的方式。政治無處不在。一週七天、每天二十四小時，沒有撤退方案。他們相信死後的世界，也許那裡就是他們的假期吧。」

二〇一八年春天，土耳其面對的議題還不少。士兵在敘利亞死去，受過教育的年輕人拋棄國家。隨著公司信用額度枯竭，建築工程半途停工，吊臂靜止不動。巨大的建築架構俯瞰城市公路，就像還沒到來的水泥版耶誕節鬼魂，預警著正義與發展黨的借款建設迷夢一旦反撲時將面臨的景象。但在二〇一八年春天，這些都被推到一邊，因為選戰裡實際上只有一個議題：有艾爾多安、還是沒有艾爾多安的土耳其？

所有主要反對派候選人都承諾，一旦當選，將撕毀公投結果，再度重寫憲法。民族主義派的「好黨」（Iyi Party）推出梅拉爾．阿克申娜（Meral Akşener），這位染黑頭髮的迷人祖母卻有著令人困擾的過往背景。一九九〇年代擔任內政部長期間，正是土耳其政府對東南庫德族區域造成嚴重傷亡的一段時間。她將極端民族主義的狼頭標誌換成珍珠耳環，並在手掌上以黑娜顏料彩繪出映襯髮色的星月，以此改造她的形象。但庫德人永遠不會忘記。

幸福黨是當年塔伊普跟其他年輕世代成立正義與發展黨時扔下的伊斯蘭主義政黨；他們推出年長的泰梅爾・卡拉摩拉歐赫魯（Temel Karamollaoğlu），一位鬍鬚花白的祖父級人物。該黨的競選影片將卡通版的卡拉摩拉歐赫魯描繪成超人，從天而降阻止艾爾多安駕車衝下懸崖。「第一位擁有幽默感的伊斯蘭主義者！」一位朋友評論道。

第一位站出來反對艾爾多安改成總統制的政治人物賽拉哈汀・戴米爾塔許，則是人民民主黨的候選人。他已經入獄十七個月，但仍舊是目前為止最受歡迎的庫德族政治人物。倘若投票日前，他面對的十七項恐怖主義指控有任何一項定罪，他就玩完了。他既無法舉辦群眾集會，也沒辦法直接對追隨者發言，只能透過律師轉發聲明。然而，投票日前七天，國家電視台決定給他十分鐘的時間。支持艾爾多安的媒體讚賞此舉為「民主的創舉」。

祖國黨的領袖多烏・佩林杰克（Doğu Perinçek）則是個外來者。這位新毛派、極端民族主義政黨實在太邊緣化，過去從未贏得百分之一以上的選票。共和人民黨則推出穆哈瑞姆・因傑，這位五十四歲的前物理教師，一年前曾跟凱末爾・克利其達洛赫魯競逐黨魁之位。

因傑是個風趣的演說者，很會掌控教室裡無聊吵鬧的青少年學生。土耳其小報拍到他邊喝啤酒，邊跳著愛琴海傳統的澤貝克舞（Zeybek）。這類休閒娛樂讓他被貼上純種土耳其世俗派的標籤，即便他的母親姊妹都戴頭巾。他宣布參選時，因傑拿下了共和人民黨的徽章——他所代表的族群標誌——承諾成為全土耳其的總統。

此舉卻遭正義與發展黨的媒體譏笑。「他甚至贏不了共和人民黨的黨魁之爭，」一位評論員說，「他怎麼會以為自己能贏得總統大位？」

這些競爭者看起來都沒有問鼎之相。我住家附近的公車站掛上了因傑的臉，我看到一位擦著紅色唇膏的女性隔著玻璃親吻他的額頭。多烏・佩林杰克的團隊在建案廣告看板上貼了一些零零散散的海報，蓄著鋼刷鬍鬚的領袖從濃密眉毛下瞪視著路人。從伊斯坦堡前往西利弗利監獄的道路分隔島上，我瞥見梅拉爾・阿克申娜的海報，她驕傲地微笑著。四月底，我來此參加針對戴米爾塔許恐怖主義罪行指控的其中一場聽證會。這將是他正式宣布參選後，第一次公開露面。記者、國際觀察員與庫德族運動者擠爆建築物，拍打著年輕憲兵戰戰兢兢守衛的監獄法庭大門。然而程序展開後，我們了解到即便是在這裡，舞台也不會給他；在自己的審判上，戴米爾塔許不會出現在法庭裡，法官說他生病了。

幾乎所有其他地方，從塔克辛廣場到棚屋區，都可以看到塔伊普嚴肅的臉俯瞰著你。他的臉出現在巴士站的告示板上，飄蕩在古老的巷弄中。每天，在穿越伊斯坦堡郊區的高架公路上，數百萬搭乘計程車與巴士的伊斯坦堡人都會跟他對眼無數次。他從貼在大廈牆面高達數層的帆布上看著眾人。

艾爾多安的團隊，決心要在選舉報導的過程中，穩穩地將我們握在掌心。五月底一個週六下午，選戰中途時刻，外國媒體群被召集到伊斯坦堡的希爾頓飯店，跟新聞部長穆罕默德・阿卡爾恰（Mehemt Akarca）會面。兩個多小時裡，過去擔任國家電視台記者的阿卡爾恰指責我們對艾爾多安發起「感知作戰」，要求我們在選舉前不可稱他為「獨裁者」。

「你們會因為看到梅克爾拿著一杯酒，就說她是酒鬼嗎？」他說，「那麼你們為何稱我們總統是獨裁者？」

事情並不總是如此。沒多久前，你幾乎可以跟土耳其任何人談任何事。受訪者在抒發意見的同時，會驕傲告訴記者他們的全名、職業、居住地，並確定你都寫對。當然還是有些限制，阿塔圖克是其中之一，另一項則是庫德族議題。談這兩個主題太容易出錯。但在經歷敘利亞國內的化名、假名與猜忌等烏煙瘴氣之後——四十年獨裁統治與恐懼體制的副產品——一開始我還覺得土耳其真是清新。但接著，土耳其也開始變了，從二〇一四年艾爾多安首度成為總統開始，在庫德工人黨和平進程的破裂中加速，政變企圖後則更加穩固。現在多數土耳其人只敢匿名發言，給出名字卻沒有姓氏，或者完全拒絕發言。支持艾爾多安的人也許願意發言，但他們對外國人的猜疑（特別是外國記者）反映出領袖的深刻偏執。在某個時間點我突然頓悟。二〇一三年我來到土耳其，以為我將見證一個獨裁政權的沒落。現在，我正看著另一個崛起。

不論艾爾多安的態度如何轉變，或者政治高度跌到多深，那些曾在他周圍的人，仍舊心存忠誠。

「你若二十四小時過著艾爾多安的生活，過上三天你就會變成獨裁者。身邊圍繞著你的人把你當神，無所不從。」二〇一八年選戰期間，一位艾爾多安最親近的前顧問，也是八〇年代末就一直是盟友的人告訴我。「我看到權力的弊病已經來到他身上。我經常對他很生氣，但仍舊每週都想幫他一把。看到他心情好的時候，仍舊是一直以來的那個人。接著一切崩潰。這是太成功的詛咒，我也在很多執行長身上看見。他們開始犯錯，自以為了解一切。現在艾爾多安被這些生命中還沒成功過的年輕人圍繞，他們視他如神。他們不敢說不。最大的問題是，他知不知道自己身邊沒有能人。」

那個具有領袖魅力的前反抗者，開始出現老態且脫節。愈縮愈小的圈子，不只是讓他改變從政的方式；少了艾洛爾．歐裘克的打點，他的光芒也開始黯淡。二〇一八年選前，正義與發展黨棄用歐裘克的廣告公司阿爾特，僱了另一個缺乏歐裘克魔法的新團隊。他們用了許多標語——「大土耳其需要強大領袖」、「土耳其的時代來臨」，卻缺乏對未來的想法。艾爾多安在群眾集會上，只談他的政績，將土耳其愈來愈多的問題怪罪到可疑的外國宣傳上。

「沒有策略。沒有對未來的願景。政治選舉中，你應該用新的想法與內容豐富自己的政策。在最近這場選戰裡，我都看不到。」二〇一〇至一五年間的正義與發展黨策略顧問阿提爾岡．巴耶爾（Atılgan Bayar）說。「土耳其國家需要療傷。選戰應該提出更正面和平的論述。他們不懂。這場業餘選戰當然會影響結果。政治選舉就像有機物。你對它作用，它們就會演化。所有內容——影片、標語及音樂——和諧地圍著預先定調的策略；沒有不協調或未知數。換句話說，選戰就像句子。他們的選戰擁有句子裡該有的要素，卻沒有句法或一致性，因此很難讓人理解。」

當艾爾多安蹣跚前進時，那位甚至無法贏得共和人民黨黨魁的穆哈瑞姆．因傑咬住了誘餌。因傑發動了排山倒海的選戰攻勢，超越所有人的想像，包括我在內。過去六年看著反對派胡亂行動，我已經將他們視為不重要且無可救藥、舊土耳其逝去的片段。但選前三天，數百萬人擠進聚集場地看因傑演講，大批飄揚的土耳其國旗讓這片區域變成一塊紅毯。在濕熱的伊茲密爾夏夜，群眾大呼口號，每次主持人提到主角名字時，就會爆出一陣歡呼。

這是因傑在四十九天內的第一百零五場造勢，每一場都比前一場更大更激烈。他幾乎完全被擋在土耳其國家電視頻道之外；選戰期間艾爾多安獲得一百八十一小時的報導，因傑只有十五小時。剩下多數頻道都是艾爾多安盟友所有，因此也完全忽略因傑的新聞。但在社群媒體上，因傑是當紅炸子雞。他對於總統的風趣貶損為他贏得尊敬與愛慕。艾爾多安的媒體軍試著挖掘因傑幾十年前出版的詩文來反擊，他們認為這些令人害羞的軟性情色詩文有傷風化。因傑只是笑笑回道：「對沒談過戀愛的人，我能怎麼辦呢？」

專業人士、學生與家庭前往伊茲密爾聽因傑演講時，選戰達到了高潮。「他一定會贏！當然如果其他人沒造假的話……」跟兩名同事一道前來的學校老師努蘭說。

舞台設在濱海公園裡，估計有兩百萬人擠滿台前台後的區域，甚至附近的街道巷弄。每座俯瞰舞台的陽台都擠滿揮舞土耳其國旗的民眾；因傑支持者也站上屋頂，跟特殊行動警察為伍。海灣裡，船隻拉起印有阿塔圖克照片的船帆，音響不斷大聲放出〈伊茲密爾進行曲〉。

傍晚的黏膩炙熱中，因傑搭乘巴士抵達現場；太陽正要西下，群眾的情緒逐漸上揚。他牽著迷人的金髮妻子于爾庫（Ülkü）的手大步上台，展開長達一小時的精采演講。「艾爾多安疲憊、傲慢又孤單。他是個沒有夢想的人！」他笑著說，群眾跟他一起爆出大笑。

不懂土耳其語的人，光從舞台上的聲音判斷，可能會以為艾爾多安跟因傑是同一個人。這位對手完全採用總統的演說風格——大聲嘶吼、拉出關鍵字特別強調、嘲笑對手。他的媒體團隊截出艾爾多安的片段，搭配經典的土耳其喜劇演員凱末爾．蘇納爾（Kemal Sunal）以鄂圖曼呆瓜角色聞名的演出，投射到大螢幕上。群眾之中高舉著一些趣味標語，如「老師，塔伊普太愛講話了！」

反對派終於有一個活生生的候選人，他的臉是可以放到商品上的。小販說他們從沒看過這麼大的銷量。「製造商那邊已經拿不到因傑的產品了，我得去黑市拿。」名叫瑟爾達的小販一邊展示他的圍巾，一邊告訴我。圍巾的一頭印著因傑的臉，另一頭則是阿塔圖克，兩者之間寫著「每個人的總統」。

很難不被這股希望之潮席捲，畢竟距離上一次反對派崛起的態勢，已經十六年了。因傑看起來也掌握了政治論述。當因傑承諾當選後將解除緊急狀態，艾爾多安也被逼到牆角，回應他也會檢討緊急法。民調專家預測，第一輪投票中，艾爾多安將會掉到百分之五十以下，被迫在第二輪跟因傑廝殺。許多土耳其人相信若是這樣，因傑將會有足夠動能，取得總統大位。

梅拉爾．阿克申娜跟泰梅爾．卡拉摩拉歐赫魯都說若進入第二輪投票，他們會支持因傑。庫德族人民民主黨黨魁賽拉哈汀．戴米爾塔許的支持者也很有可能跟進。因傑前往監獄拜訪戴米爾塔許，打破凱末爾主義者與庫德族幾十年來的敵意，並在迪亞巴克爾舉行造勢集會。最後，十六年來，反對派終於找到共同點：不論彼此歧異如何，艾爾多安都得下台。

然而那個伊茲密爾的仲夏夜晚，卻出現了警示訊號，雖然反對派視而不見。這些群眾，跟安卡拉與伊斯坦堡的群眾一樣，接下來兩天也持續聚集，雖然有數百萬之眾，卻只展現出土耳其的一面。我數了數，只有一小群女性戴頭巾；群眾舉的標語，以及集會結束後擠進伊茲密爾海濱酒吧喝啤酒的方式，他們所屬的陣營毋庸置疑。

我問街頭小販瑟爾達，他什麼時候會再進因傑的商品，他說廠商正在下注。「若選戰進入第二輪，他們會做一大批。」他說，「他們做的量都很大，但只剩下兩天，你知道的……」

## 敗戰

在共和人民黨的伊斯坦堡總部，選戰之夜帶著高昂的希望展開。目睹了部分先期開票結果的因傑，在推特上表示消息看起來還不錯。但初步正式計票開始進來，樂觀的情緒就像消風的氣球一樣枯萎。同時間，因傑消失了。他曾經承諾會整晚待在選委會，以確保計票公平，但在家鄉亞洛瓦省（Yalova）投完票後，他就飛到安卡拉躲在旅館裡，也許看著敗戰發生。

艾爾多安提前宣布勝利，他的支持者上街時，是共和人民黨的發言人布倫・泰茲強（Bülent Tezcan）現身在電視攝影機前面。隨著汽車喇叭聲與群眾呼喊聲充滿城市中心，是泰茲強試著穩住情勢。「我們緊盯著計票，艾爾多安先生的得票數從未超越百分之四十八，」他說，「這是公開操控，但結果是肯定的，艾爾多安一定會輸。我們要求大家別離開投票箱，他們希望的就是選舉觀察員回家，這樣才能施展詭計。」

政府控制的安納多盧通訊社是唯一一家通訊社，獲允進入最先開票的投票所。它的習慣是從最死忠的艾爾多安派選區開始發布票數，讓情勢看起來像是他將席捲勝利。公投開票夜，「贊成」票卻從一開始的百分之七十，縮到略高於百分之五十一。新聞部長穆罕默德・阿卡爾恰懇求我們在選戰之夜前往政府的媒體中心，這樣我們就能取得安納多盧的早期票數。共和人民黨則堅稱他們自己的計票結果跟安納多盧的票數不符。

但泰茲強的話聲卻在喧鬧之中蓋過，對搖旗的群眾來說，勝利已經底定。午夜過後，六大土耳其新聞頻道中最後維持獨立運作的福斯新聞土耳其台（Fox News Turk）報導，收到來自因傑的 WhatsApp 訊息。他從計票開始就未曾現身。福斯記者伊斯瑪儀・庫居卡亞（İsmail Küçükkaya）說，因傑承認敗選。共和人民黨的辦公室氣氛降到冰點。推特上立刻開始流傳各種嘲弄；其中一條寫著「因傑剛用 WahtsApp 跟他的支持者分手！」其他人則堅稱這是政府的花招，或者因傑一定是受到威脅，這給了半個國家的人希望。過去三天中在數百萬人面前演講的人，怎麼可能這樣結束一切？

幾分鐘內，泰茲強又回到攝影機前，面無表情且明顯焦慮。「投票率很高，我們感謝所有選民。」他說，「我們說我們將捍衛法律，並確保投進票箱的票，會跟結果一致。我們的朋友仍在等待，計票也持續。但我們的數字已經跟安納多盧的數字吻合。請大家保持和平，請勿挑釁。民主仍然運作中，無論結果如何，我們會持續為民主奮鬥。」

一切結束了，每個人都知道。艾爾多安贏了，不會有第二輪。土耳其會繼續走上塔伊普的道路，依他所願重新塑造，他的人民意志也如此回應。國家已經說話了，他們說想要更多同樣的一切——無論領袖多麼獨裁，無論選戰如何不公，無論還有百分之四十七的選民沒有投給他。所有人開始魚貫離開共和人民黨辦公室。

我也是。我走到杳無人煙的街上，開始找計程車載我穿過博斯普魯斯海峽，前往卡迪科伊區。我知道不像前一次艾爾多安的公投勝利，這一次那裡不會有抗爭。這一次的敗戰太過壓倒性。比起前一次二〇一四年的總統大選，艾爾多安的得票數明顯增加，反對派在難看的呻吟下退場。未來幾天，國際觀選團將對選戰期間的公平性提出強烈質疑，報告也指出國境東邊有票箱舞弊的狀況。然而這些都不會讓自行宣布勝選的艾爾多安，停下一分鐘的腳步。

當我打開公寓建築的沉重前門時，無聲的街頭空無一人。但從窗戶望向路對面，我看到所有鄰居都還醒著，跟政變那晚一樣，圍在電視機旁抽菸。所有頻道都鎖定正義與發展黨安卡拉總部外的場景，大批群眾聚集看著艾爾多安演講。站在陽台上，他做出政治生涯的重大演說，輕蔑國內外的敵人，並發誓加快土耳其的轉變。

「這場選舉的贏家是民主。」他大喊，「贏家是最高的國家意志。贏家是土耳其和土耳其人民。贏家是我們區域跟世界各地的受迫害者。」

群眾以如雷掌聲表示贊成。旗幟朝著頭上掃過的電視攝影機揮舞。艾爾多安承諾將繼續對抗那些反對他及他人民的人。

「我們不會停止！我們不會停止！我們永遠不會停止！」

我聽到外面遙遠車子的喇叭聲，愈靠近愈大聲。我探出窗戶，車隊剛好轉進我們這條街，長列車隊的車頂上飄蕩著艾爾多安旗幟與星月標誌的布條。音響大聲放送他的主題歌，一名戴著色彩鮮豔現代頭巾的年輕女性，掛在車窗上，對這個舊土耳其、百分之四十七的核心地大喊。車隊經過窗前時，我看到她的臉，介於狂喜與憤怒之間。

她尖叫：「雷傑普・塔伊普・艾爾多安～～！」

## 二〇一八年六月
## 搭乘東方快車

艾爾多安勝選後一週，我搭乘火車跨越土耳其。東方快車從安卡拉前往卡爾斯（Kars）——亞美尼亞邊境前的最後一座城市。兩個城市七百英哩的距離，要花上二十四小時。

這趟旅程最近成為土耳其人趕時髦的熱門行程。穿越冰封安納托利亞的冬季旅程，就像一幅完美的圖畫，類似《納尼亞傳奇》（*The Chronicles of Narnia*）；望向閃亮美景的窗戶上，印著流行的星月符號，專門給Instagram打卡用。最近這個冬天，數千名來自富裕開放西部地區的年輕土耳其人，搭上這列火車，人生中第一次前往國家的另一端。他們掛在開放的車廂門上抽菸，感受拍打在臉上的冷風。然而此刻，在六月底潮濕的熱天午後，這列火車被貶回以前不怎麼光彩的角色——這匹「駑馬」馱著付不起機票的土耳其人從國家的一頭到另一頭。

火車停留的城鎮都是土耳其比較不吸引人的區域，即便城鎮之間的風景如此壯麗。開塞利、埃拉澤、埃爾津詹、埃爾祖魯姆，列車停靠一個又一個相似的城鎮，看得到鐵軌旁的貧民窟及後方骯髒的新公寓社區。裹著披肩的老婦人拖著大包上車。火車再度離站時，衣衫襤褸的兒童對火車丟擲石塊。鐵軌兩側都是垃圾，這裡我幾乎看不到橫掃伊斯坦堡與西部其他城市的大型投資與現代化，甚至也看不到敘利亞邊界城市的發展，在那裡有難民、外交官跟援助工作者帶來世界各地的新人群。小媽媽帶著幼童站在路邊看火車經過，暗示此地幾乎沒有新鮮事物或令人興奮之事。目前為止，他們是土耳其新發展中受益最小的一群，但這些地方對艾爾多安的支持卻無可動搖，鐵軌穿越的遙遙欲墜村落裡，大幅海報就掛在最靠近鐵軌的房屋上。

兩個月前我到開塞利去看艾爾多安的第一場選舉造勢集會。那時候，跟他一樣，我也從機場進入城市——比起火車站要亮眼太多。我把時間算得剛剛好：返回伊斯坦堡的廉價飛機幾乎跟艾爾多安的私人飛機同時起飛，而從伊斯坦堡機場搭回家的計程車剛好隔著一小段距離，跟在他的車隊之後。從開塞利廣場集會前往機場時，艾爾多安被送上一輛窗戶全部遮蔽的巴士，特種部隊士兵分坐上層兩側，道路管制讓總統車隊能夠快速通過。

離開會場的巴士開下主街道時，喇叭大聲放送著：「愛與尊敬，獻給開塞利！」擠滿週六購物人潮的人行道對面，是拿著衝鋒槍的士兵。

「你讀過《一九八四》嗎？」我問我的土耳其朋友，一邊啜飲咖啡，看著這一幕經過。

「親愛的，我正住在《一九八四》裡。」他語氣不爽地笑笑回答。

艾爾多安將開塞利造勢跟新的PPP計畫國家醫院開幕儀式綁在一起，這是他百試不爽展現政績的策略。幾天前他才承諾要提高國家退休金金額，這一招肯定能贏得我周圍這些大鬍子男人的支持；當我在群眾間拿出筆記本時，這些人圍了過來。雖然多數人想談的，是歐洲。

「我喜歡他對外國敵人的強硬態度——希臘、亞美尼亞、法國。」一個人說，「他們都支持恐怖主義。我們也不相信歐盟！他們不守承諾。」

其他人搶著說話，每個人都希望自己講的話被我寫下。每個人的話都大同小異。

「其他領袖都沒有在國際社會捍衛我們的權利。」另一個人說，「這就是為什麼全世界不希望艾爾多安領導我們——因為他反對他們的殖民主義。」

「告訴我，」他的朋友說，「哪個歐洲城市有新醫院開幕？我在德國住了四十年，一間都沒有！」

我很想拿出數據給他看，幾年來歐盟給了艾爾多安的土耳其價值幾十億的補助與投資。加總起來將近四十億歐元，興建橋樑、隧道、鐵路跟醫院。但造勢集會並非理性辯論的好地方。熟悉的音樂響起，主持人上台暖場。喇叭聲音之大，我可以感覺到每個字重擊耳膜。我的訪問突然結束，這種噪音下，根本就不可能聽見任何人講話。但其中一人靠過來，給我最後的想法。他伸出食指，每講一個字都要點一下食指，就像指揮管弦樂團一樣：

「一個民族．一面旗幟．一個祖國．唯一領袖！」（*Tek millet! Tek bayrak! Tek Vatan! Tek lider!*），他在背景噪音中大喊，借用艾爾多安的競選標語之一：「一個民族．一面旗幟．一個祖國．一個國家」。

受訪者加上他自己的總結：「唯一領袖」。

艾爾多安對歐洲態度的轉向，是他整個轉變中最令人驚訝的部分。二〇〇三年時，他承諾將把土耳其帶進歐盟。現在，他似乎要在土耳其加入前，先讓土耳其被踢出門。

「（艾爾多安）成為總理後，他比任何前任政府，都更認真推動入歐進程。當我想想今天的土耳其，怎麼走到這一步的時候……艾爾多安是土耳其最棒的政治人物。」一九九〇年代與二〇〇〇年代初期派駐土耳其的一名外交官說。但二〇一六年後，當艾爾多安開始咆哮、陷入真正的民粹極權主義時，歐洲卻成了方便的替罪羔羊。土耳其人早就對永無止盡的入歐進程感到不耐，即便在安卡拉還是好學生的時候，德國的梅克爾與法國的薩柯吉（Nicolas Sarkozy）都說這個國家永遠不可能成為歐盟成員。二〇一六年，為了交換阻止難民湧入歐洲，達夫托赫魯取得了申根簽證的交易，但未能在艾爾多安的恨歐時期實現。這成了最後一根稻草。布魯塞爾說問題跟過去一樣：土耳其拒絕放寬反恐法律，這是加入申根的條件之一。當時正跟庫德工人黨爆發新一輪戰爭的艾爾多安，從未想過讓步；當年七月份的政變企圖之後，人權情況更是雪上加霜。很快地，兩邊就陷入相互攻擊的螺旋裡，歐洲批評土耳其最新的人權迫害，艾爾多安則用他們的話，在群眾集會中對著支持者大肆反擊，順帶攻擊布魯塞爾的偽善與恐土症。

「從我的角度來看，當薩柯吉與梅克爾說土耳其永遠都不可能入歐時，艾爾多安就從這種國民渴望中解放了，他可以用自己的渴望取而代之。」外交官說，「我想，那就是我們今日處境的原由之一……但我認為人們可能會回頭說，世俗派並未為國家發聲。二〇〇三年，大企業的人都認為艾爾多安很棒。他們想要騎上老虎，雖然事態發展並不如他們所想像。其次，共和人民黨這些世俗派除了對艾爾多安說不以外，從未對土耳其未來發展提出另一種想像。對大多數人民而言，他們什麼都沒拿出來。

「寫下歷史的時候，我們將看到艾爾多安理所當然要為今天的土耳其負多數責任，但部分也歸功於反對派跟犯了戰略錯誤的歐洲人。」

艾爾多安個人對布魯塞爾的想法，一向比其他正義與發展黨創黨元老來得模糊很多。他在穆斯林國家領袖之中比較自在，他們通常會仰望阿諛艾爾多安。在歐洲領袖之間，他則顯得陰鬱而不自在。土耳其人對歐盟的想法也有變化，比起二〇〇二年三分之二的人贊成入歐，現在多數人並不想加入。無疑地，部分是艾爾多安派土耳其媒體永無止境的騷動所造成的（二〇一七年兩國爭執高峰時，一份小報頭版將梅克爾描繪成希特勒的模樣）。然而隨著歐盟被經濟困境吞噬，難民議題爭吵不休，以及歐盟自己境內的民粹主義崛起，歐盟已不再是正義與發展黨執政初年那個值得下注的好對象。土耳其人相信現在有其他值得發展的關係，如俄羅斯、巴爾幹國家，以及脫歐後的英國。

在安卡拉，艾爾多安近身的小圈子裡，現在少有能對當權者說出真相，或夠了解歐洲到能推動土歐和解的人。勝選後，艾爾多安再度就任總統後的幾個小時內——這個活動被土耳其媒體稱為「新土耳其的第一天」——他就發布了親手挑選的新內閣名單。二十六位部長減成十六位；被裁減的職位之一是歐盟事務部長，現在被外交部收編。這件事清楚彰顯出入歐想法在艾爾多安的議程裡落得多遠。選前六週，我跟前總統阿布杜拉·居爾會面時，他最失望的事情就是入歐希望破滅。居爾對我說：「我對現狀很不開心。在（正義與發展黨執政）頭五年，我們全都擁抱人民，擁抱差異，專注在未來。我們做到了。軟實力是民主，是權力的分立。透明，責信。我們證明了這些。如果政治人物證明他們也是這個路線，將是給世界和平很好的禮物。

「我們成為許多鄰近國家的模範。我們成為啟發的泉源。我們試著做個好穆斯林，同時也維持民主。這些軟實力會在我們的周遭創造影響力。我總是捍衛我們的軟實力……身為總統的最後幾年，我告訴歐洲朋友，他們不該阻礙我們的（入歐）進程，他們應該幫我們完成談判程序。我問他們為何反對，若完成進程，也許最後土耳其有可能像挪威一樣。也許我們不會是完整成員，（但）重點是進入那個層級，接納那些（歐洲）標準……（在）歐盟、外交與區域事務上。現在我們的立場已經非常不一樣了。」

離開正義與發展黨或被黨棄於一旁的人，如阿布杜拉．居爾、阿赫麥德．達夫托赫魯或布倫．阿林奇等人留下來的空位，則被極端忠誠者、阿諛奉承者及一切贊成者所取代。選後，好幾位部長留任，但艾爾多安任命女婿貝拉特．阿爾貝伊拉克為財政部長，童年好友穆斯塔法．瓦朗克（Mustafa Varank）為產業科技部長，以及政變當晚展現忠誠的陸軍統帥胡魯西．阿卡爾（Hulusi Akar）出任國防部長，全都顯示他無意在內閣組成上關注多元意見。那個一度願意學習、願意傾聽外界聲音、傾聽批評的人已經遠去。

「讀讀馬奎斯（Gabriel Garcia Marquez）的《獨裁者的秋天》（*Autumn of the Patriarch*），那是圍繞著一位……高度成功領袖人物愈來愈封閉狹隘的顧問圈經典的書寫。」一切崩潰之時，一位派駐土耳其的外交官說：「一個接一個，正義與發展黨的創黨元老被清算，或直接淡出。」

若想找尋這個國家未來幾年在世界上如何定位的蛛絲馬跡，二〇一八年七月艾爾多安就職典禮的賓客清單，是個不錯的研究起點。西方國家對他的勝選不冷不熱。歐洲安全合作組織（Organization for Security and Cooperation in Europe）觀察員發現投票過程「自由但不公平」；

選戰期間媒體過度偏重艾爾多安，雖讓反對派陷於壓倒性不利，但他們並未親見任何重大舞弊行為。他提早宣布勝選，也壓制了任何關於結果或公平性的辯論。人群一旦上了街，一切就結束了。

華府或倫敦都沒人飛到土耳其，加入總統官邸阿克薩瑞宮花園的賓客之中。不過兩國都發出勝選恭賀。唯二來自歐盟的國家元首是匈牙利的維克多・奧班（Viktor Orbán）與保加利亞的魯門・雷得夫（Rumen Radev）——兩人都面臨破壞歐盟民主規範的指控。布魯塞爾派出移民代表，明顯還是希望維持難民交易。貪腐歡鬧的前義大利總理貝魯斯柯尼（Silvio Berlusconi）在場，委內瑞拉的馬杜洛（Nicolás Maduro）也在場，他是艾爾多安本人跟新鄂圖曼土耳其電視劇的粉絲。當艾爾多安與埃米內緩慢走過賓客，接受掌聲與禮砲致敬時，北賽普勒斯、亞塞拜然、波士尼亞、蘇丹、巴基斯坦、赤道幾內亞、索馬利亞、卡達、科威特……等全都在列。

不消多久，艾爾多安就開始行使新權力。宣誓就職後六小時內，他就宣布了內閣名單。次晨發布第一道總統命令，任命胡魯西・阿卡爾為參謀總長，並改變指揮系統。過去由一群將軍組成、決定軍中最高階人事的高階任命委員會，遭到廢止。現在，陸海空三軍都在總統的直接指揮之下，所有上校以上的職級都由他直接任命。

同時間，艾爾多安的鎮壓行動也擴大了。選後一天，民族主義領袖戴夫雷・巴赫切利（Devlet Bahçeli）在兩家全國性報紙上刊登全版廣告，列出七十名曾經批評或嘲笑他的記者名字，標題是：「感謝訊息」。在國會議員選舉中，他的政黨跟正義與發展黨結盟。巴赫切利的民族主義運動黨，原先看起來是選舉的最大輸家，每個人都預期它會大量失血給梅拉爾・阿克中娜的好黨。巴赫切利也幾乎沒什麼助選活動，但民族主義運動黨的得票數卻增加到百分之十一。現在他成了國會中的造王者——艾爾多安的正義與發展黨需要巴赫切利等民族主義者的支持，才能維持多數席次，這表示任何庫德族和平進程的希望都已破滅。巴赫切利現在還施展某種黑暗權力。艾爾多安並未給他任何正式的內閣職位，報紙廣告事件也許看來惡毒，但重點是民族主義運動黨跟黑道關係仍舊密切；一九九〇年代，右翼暴徒老大很樂意掃除幾個找麻煩的記者跟其他反對派，現在也很樂意再次動手。「簡直就像直接宣布攻擊目標。」一名憤怒的聯絡人告訴我。

艾爾多安正式宣誓就職的前一天，在政變企圖將近兩年後，發生了最大宗的葛蘭派嫌疑人士拘捕事件。一萬八千人，包含士兵、警察與法官，都遭到開除或逮捕。由於土耳其人大批衝上《官方公報》網站查看自己的名字是否也在清單內，導致網站當機。遭開除者的數字現在已經超過十八萬人。清算展開以來，司法部門已經失去三分之一強的人力。此刻在新制度下，高等法官將由艾爾多安與艾爾多安掌控的國會共同任命。緊急狀態雖然解除了（實施將近兩年時間），但已經沒有什麼差別了，現在艾爾多安已經掏空政府，換成他的忠誠支持者，以總統命令來治國。反恐法修正條文在緊急狀態結束前通過，允許警察可以在沒有指控罪名的情況下拘留嫌疑人，某些情況甚至可以長達十二天。由中央政府直接任命的地方首長，可以用安全理由持續限制人們進入公共區域，同時還有一系列比緊急狀態法令更寬廣的解釋空間可以禁止抗爭。

同時間，外國記者團收到通知，發出記者證（留在這個國家的門票）的單位將改由總統府直接掌控。我另外收到跟我合作最久的政府內部線人訊息。

「恐怕我們不能再跟你合作了，漢娜。」訊息上說，「有人很不高興。」

## 不死的阿塔圖克

我的火車之旅確實是通往終點的手段：我們要前往土耳其的盡頭，去看我跟朋友多年前首次聽說之後就發誓一定要與會的盛事。英國攝影師布萊德利是我在土耳其最早認識的人之一，跟我一樣，敘利亞戰爭初期，他也住在安塔基亞報導衝突；當西方記者在敘利亞的生存風險變險峻時，他也跟我同時搬到伊斯坦堡。六年來，我們一起生活、旅行、工作，也無數次討論過也許應該離開土耳其，找一個更輕鬆的地方。跟他一樣，我一直想像住在另一個城市會是什麼模樣，一個我不用在人行道上推擠，或爆粗口才喊得動人的地方。然而就在同時，我會看到博斯普魯斯海峽上的完美夕陽，或者渡輪上街頭藝人的憂鬱曲調，恰好跟我的心情合拍。我知道離開這個地方，我心頭將有一大塊永遠帶不走。

週六深夜，我們抵達卡爾斯，安卡拉以東六百二十英哩的地方。這裡看起比較像後蘇聯城市，而不像土耳其，充滿深灰色石頭建築跟奇怪的雕像，不過卻沒有伊斯坦堡跟安卡拉那些野心勃勃的地方區長為了慶祝艾爾多安勝選所掛的巨幅海報。次晨，我們找到一名司機，載我們穿越最後的六十五英哩，前往達馬爾（Damal）。

這個小鎮位於喬治亞邊界前的大片草原緩坡之間。春天的最後時節，綠色絨毯上點綴著紫白色野花，溫柔搖盪，波動的草原反射著陽光。我們的司機阿里，堅持要在沿著平穩新建道路前進的一個半小時車程中，進行語言交換。所以我們指向途經的事物，叫出他們的名稱，像幼兒牙牙學語一般。

「*inek!*」阿里大喊。

「牛！」我們叫回去。

我試著用我不怎麼樣的土語，跟阿里解釋我為什麼喜歡他的國家——經歷這一切之後，我仍然喜歡這裡。「很不一樣，每個地方都不一樣。」我告訴他，「每個省分，每個城鎮，都有一些不一樣的地方。」

「不是的！」他回嘴，「土耳其人是一體的。政變之後我們都團結起來，你也看到了！」

我說我指的是地理，不是人——南方邊界煙塵滿天的沙漠，西方海岸上的海濱派對城，黑海岸的翠綠山脈，跟持續搏動的伊斯坦堡大都會……。我也想說他錯了，人也是不一樣的。在前一版的新鄂圖曼民粹主義中，艾爾多安一度也承認這件事；然而民族主義掛帥的新形象卻終結了這一切。但在這個國家待了六年，教會我何時該閉嘴。

我們在村裡停下車，詢問向上前往展望台的路。每個人都知道我們該走的路。順著他們的手指走上一條彎彎曲曲的小徑後，我們終於抵達終點，這裡有一小塊兒童遊戲區，幾個有遮蔭的休息區，以及沿著自然山坡設置的幾排長椅。頂端有一處像公車亭的水泥遮蔽處，畫滿以阿塔圖克為主題的塗鴉。

三名年輕人坐在休息區聊天抽菸。另一處休息區中，是一個家庭的三代成員——小女孩吸著果汁罐，夾在爸爸跟精心保養的老太太中間。老太太一頭漂白金髮，穿著豹紋長褲，戴著阿塔圖克簽名形狀的金項鍊。

我們看向對面的山，陰影開始籠罩山體。布萊德利覺得他看到兩隻眼睛跟鼻子出現。我瞇起眼睛細看。

「不不，還沒有。」那位女士告訴我們，她的名字是娜絲爾罕・阿克強（Nesilhan Akcan）。「還有十五分鐘，你們會看到他。」

娜絲爾罕確實是最好的詢問對象，因為她哥哥阿德居澤爾・克米澤居爾（Adıgüzel Kırmızıgül）是最早發現穆斯塔法・凱末爾・阿塔圖克浮現在山頭陰影之中的人。「他回來告訴我們，我們全都覺得他瘋了！」她笑著說，露出上犬齒的兩顆金牙。「但我們上來，真的看到了。」

那是一九五四年，阿塔圖克去世十六年後，阿德南・曼德列斯正在土耳其推動改革，如火如荼。當太陽西下，跟平原形成恰好的角度時，陰影就會形成那個知名剪影的完美圖像。轉瞬即逝，流動無常，這個陰影圖像每年只會在特定月份的晚間出現半小時。消息漸漸傳開，一九七五年，土耳其軍隊派一名攝影師來捕捉影像。最近的村落因此改名為阿塔圖克科伊（Atatürkköy，意為阿塔圖克村）。最後，當地政府還蓋了這處觀景台，朝聖者開始為了奇觀蜂擁而至。

太陽開始西下時，一組婚禮人馬抵達現場，新娘抓著層層絲緞紗裙穿越長椅。接著一些家庭也開車上來，還有一名巡邏憲兵。叫賣小吃的人帶著袋裝爆米花跟行動熱水壺出現，開始泡起濃茶。

陰影開始浮現形狀，從右到左，一連串的曲線在我眼前清晰了起來。由單簧管樂手與鼓手組成的婚禮樂隊，開始演奏巴爾幹音樂，賓客也圍成圓圈。愈來愈多人抵達，長椅也都坐滿了人。一對年輕夫妻給小兒子們穿上迷你士兵制服。在巨大陰影面容的注視下，婚禮團體開始起舞。

我本來已經準備好，腦子裡甚至都打好草稿，要嘲笑那些阿塔圖克信徒，明明看不起虔信土耳其人的迷信，現在卻跑來加入這個瘋狂儀式。但那陰影逐漸揭露的相似度，卻如此驚人。直挺的鼻樑、濃眉、高聳的顴骨全部都有，完美呈現，俯瞰著將新人簇擁在圓圈中央的婚禮人群。沒有高聲唱誦，沒有標語，沒有商品，也沒有權力戲碼，只有傍晚陽光暖意中看著山的開心人群。

我跟小販的小女兒買了一包爆米花，坐回長椅上的位置；布萊德利到處蹲著拍攝婚禮人群的畫面。阿里摘下草原上的野花，偶爾抬頭看看奇觀；娜絲爾罕則坐到我旁邊。挽著手，我們沉默地看著阿塔圖克的景象出現，接著再次慢慢融入陰影之中。

# 致謝

我首先要感謝我的經紀人凱莉．福康納（Kelly Falconer）。她在我不成熟的想法中看見潛力，以全然的耐心、智慧與幽默感引導我走過這兩年的寫作歲月。同樣感謝威廉．科林斯出版社（William Collins）的編輯艾拉貝拉．派克（Arabella Pike）與喬．湯普森（Jo Thmopson），謝謝他們對這個主題的興趣，及對首次出書作者的信念。

感謝我在《泰晤士報》的同事，允許我到處旅行，縱容我的執念，以及在我寫作本書時的耐性。我保證不會再接更多案子！特別感謝安東尼．洛伊德（Anthony Loyd）的引導、友誼與鼓勵。

感謝布萊德利．賽克爾（Bradley Secker）、尤素夫．賽門（Yusuf Sayman）與瑪琳．奧立維西（Marine Olivesi），你們是我所能夢想到最棒的旅伴跟報導夥伴，你們的精神不斷出現在本書之中。少了布爾罕．於克塞卡許（Burhan Yüksekkaş）、歐努爾．賈克爾（Onur Çakır）、切倫．克納爾（Ceren Kenar）、艾曼．阿卡德（Ayman Akkad），以及其他接應人、翻譯、當地記者與希望不列名的傳話者（你知道就是你）的協助與引導，我絕不可能完成任何報導。

感謝安東尼與珍・法蘭克斯（Anthony and Jane Franks）、納森・弗利曼（Nathan Freeman）與葛倫・米德迪區（Glenn Middleditch）閱讀初稿，提供絕佳且不打折扣的回饋建議。寄上更好的修正版本感謝你們。

最後，我想感謝卡迪科伊區，這裡一直扮演著希望與清醒的天堂。少了這裡的土耳其酒館、午茶花園、穿衣服的狗、街頭藝人、塗鴉藝術家、海濱、費內巴切足球隊粉絲與抗爭，我可能早已回家了。

# 相關參考書目

## 報紙與雜誌文獻庫


- 法新社（L'Agence France Presse）
- 安納多盧通訊社（Anadolu Agency）
- 合眾社（Assocaited Press）
- 彭博社（Bloomburg）
- 路透社（Reuters）
- 《共和報》（Cumhuriyet）
- 《經濟學人》（Economist）
- 《環球郵報》（Global and Mail）
- 《自由報》（Hürriyet）
- 《紐約時報》（New York Times）
- 《新聞周刊》（Newsweek）

- 《晨報》（Sabah）
- 《泰晤士報》（The Times）
- 《土耳其政策季刊》（Turkish Policy Quarterly）


## 線上資源


- 阿布杜拉・鄂嘉蘭抗辯書：
  Ekud.net/mismas/articles/misc2011/2/turkey3139.htm
- Bellingcat.com
- 土耳其宗教高中課程：
  dogm.meb.gov.tr/www/haftalik-ders-cizelgeleri/icerik/11
- 瑞札・札拉伯起訴書：
  Justice.gov/usao-sdny/press-release/file/994976/download
- Turkeypurge.com
- 土耳其法律文獻庫：mevzuat.gov.tr
- 土耳其報紙銷量數字：medyatava.com
- 《土耳其政府公報》：resmigazette.gov.tr
- 土耳其統計局：turkstat.gov.tr
- 《漢薩德英國議會議事錄》（Hansard）：publications.parliament.uk
- 維基解密：WikiLeaks.org

## 學術論文

1. Seven Ağir and Cihan Artunc, 'The Wealth Tax of 1942 and the Disappearance of Non-Muslim Enterprises in Turkey', Journal of Economic History, vol. 79, no. 1 (March 2019)
2. Toni Alaranta, 'Mustafa Kemal Atatürk's Six-Day Speech of 1927: Defining the Official Historical View of the Foundation of the Turkish Republic', Turkish Studies, vol. 9, no. 1 (March 2008), pp. 115–29, University of Turku, Finland
3. Ceren Caner Berkman, 'Comparative Analyses for the Central Asian Contribution to Anatolian Gene Pool with Reference to Balkans', Thesis submitted to Graduate School of Natural and Applied Sciences, Middle Eastern Technical University, September 2006
4. William Joseph Bullen III, 'The Dynamic Between National Identity and Foreign Policy in Turkey', Thesis submitted to the Naval Postgraduate School, Monterey, California, December 2009
5. Michael M. Gunter, 'Political Instability in Turkey during the 1970s', Conflict Quarterly, journals.lib.unb.ca/index.php/JCS/article/download/14835/15904
6. Mahfud Junaedi, 'Imam Hatip School: Islamic School in Contemporary Secular Turkey', Analisa Journal of Social Science and Religion, vol. 1, no. 1 (June 2016)
7. Aram Yardumian and Theodore G. Schurr, 'Who Are the Anatolian Turks? A Reappraisal of the Anthropological Genetic Evidence', Anthropology & Archeology of Eurasia, vol. 50, no. 1 (Summer 2011), pp. 6–42
8. M. Hakan Yavuz, 'Political Islam and the Welfare (Refah) Party in Turkey', Comparative Politics, vol. 30, no. 1 (October 1997), pp. 63–82

9. Reyhan Zetler, 'Turkish Jews between 1923 and 1933 – What Did the Turkish Policy between 1923 and 1933 Mean for the Turkish Jews?' Bulletin der Schweizerischen Gesellschaft für Judaistische Forschung, nr 23 (2014)
10. Sinan Zeyneloğlu, Ibrahim Sirkeci, Yaprak Civelek, 'Language Shift Among Kurds in Turkey: A Spatial and Demographic Analysis', Kurdish Studies, vol. 4, no. 1 (2016)

## 專書

1. S. A. Arjomand (ed.), *From Nationalism to Revolutionary Islam* (London: Palgrave Macmillan, 1984)
2. H. C. Armstrong, *Gray Wolf: Mustafa Kemal* (London: Penguin Books, 1937)
3. Mustafa Kemal Atatürk, K.F. Kohler (trans.), *Nutuk* (The Long Speech) (Kindle edition)
4. Bülent Batuman, *New Islamist Architecture and Urbanism* (London: Routledge, 2017)
5. Frank Bovenkerk and Yücel YeŞilgöz, *The Turkish Mafia: A History of the Heroin Godfathers* (Lancashire: Milo Books, 2007)
6. Soner Cagaptay, *The New Sultan: Erdogan and the Crisis of Modern Turkey* (London: IB Tauris, 2017)
7. İpek ÇaliŞlar, *Madam Atatürk* (London: Saqi Books, 2014)
8. Ali Çarkoğlu and Barry Rubin (eds), *Religion and Politics in Turkey* (London: Routledge, 2006)
9. S. Conermann and G. Haig (eds.) *Die Kurden: Studien zu ihrer Sprache, Geschichte und Kultur* (Schenefeld: EB-Verlag, 2003)
10. Umut Duyar-Kienast, *The Formation of Gecekondu Settlements in Turkey: The Case of Ankara* (Munich: LIT Verlag, 2005)

11. Andrew Finkel, *Turkey: What Everyone Needs to Know* (New York: Oxford University Press, 2012)
12. Zsa Zsa Gabor, *One Lifetime Is Not Enough* (New York: Delacorte Press, 1991)
13. Michael L. Galaty and Charles Watkinson (eds), *Archaeology Under Dictatorship* (Berlin: Springer, 2004)
14. George W. Gawrych, *The Young Atatürk: From Ottoman Soldier to Statesman of Turkey* (London: IB Tauris, 2015)
15. O. R. Gurney, *The Hittites* (London: Penguin Books, 1952)
16. M. Şükrü Hanioğlu, *Atatürk: An Intellectual Biography* (Princeton & Oxford: Princeton University Press, 2011)
17. Joshua D. Hendrick, *Gülen: The Ambiguous Politics of Market Islam in Turkey and the World* (New York: NYU Press, 2013)
18. Edward Hoare, *Rome, Turkey and Jerusalem* (London: Hatchards, 1876)
19. Bettany Hughes, *Istanbul: A Tale of Three Cities* (London: Weidenfeld and Nicolson, 2017)
20. Ali Kazancigil and Ergun Özbudun (eds), *Atatürk: Founder of a Modern State* (London: C. Hurst & Co., 1981)
21. Sylvia Kedourie (ed.), *Turkey Before and After Atatürk: Internal and External Affairs* (London: Routledge, 1999)
22. Charles King, *Midnight at the Pera Palace: The Birth of Modern Istanbul* (New York: W. W. Norton & Company, 2015)
23. Patrick Kinross, *Atatürk: The Rebirth of a Nation* (London: Weidenfeld and Nicolson, 1964)
24. Stephen Kinzer, *Crescent and Star: Turkey Between Two Worlds* (New York: Farrar, Straus and Giroux, 2001)
25. Jacob Landau, *Exploring Ottoman and Turkish History* (London: C. Hurst & Co., 2004)
26. T. E. Lawrence, *The Seven Pillars of Wisdom* (London: Jonathan Cape, 1935)
27. Sean McMeekin, *The Ottoman Endgame* (London: Penguin, 2015)
28. Andrew Mango, *Atatürk* (New York: Harry N. Abrams, 2002)

29. Andrew Mango, *Turkey and the War on Terror: 'For Forty Years We Fought Alone'* (London: Routledge, 2005)
30. Aliza Marcus, *Blood and Belief: The PKK and the Kurdish Fight for Independence* (New York: NYU Press, 2007)
31. Chris Morris, *The New Turkey: The Quiet Revolution on the Edge of Europe* (London: Granta, 2005)
32. Abdullahi Ahmed An-Na'im, *Islam and the Secular State: Negotiating the Future of Sharia* (Cambridge, MA, and London: Harvard University Press, 2008)
33. Kerem Öktem, *Angry Nation: Turkey since 1989* (London: Zed Books, 2011)
34. Şemsa Özar, Nesrin Uçarlar and Osman Aytar, *From Past to Present: A Paramilitary Organisation in Turkey* (Diyarbakır: DİSA Publications, 2013)
35. Ezra Özyürek, *Nostalgia for the Modern: State Secularism and Everyday Politics in Turkey* (Durham: Duke University Press, 2006)
36. George Perkovich and Sinan Ülgen, *Turkey's Nuclear Future* (Washington DC: Carnegie Endowment for International Peace, 2015)
37. David L. Phillips, *An Uncertain Ally: Turkey under Erdogan's Dictatorship* (London: Routledge, 2017)
38. Hugh Pope, *Dining with Al Qaeda* (New York: Thomas Dunne Books, 2010)
39. Eugene Rogan, *The Fall of the Ottomans* (New York: Basic Books, 2016)
40. Raja M. Ali Saleem, *State, Nationalism, and Islamization: Historical Analysis of Turkey and Pakistan* (London: Palgrave, 2017)
41. Alev Scott, *Turkish Awakening: A Personal Discovery of Modern Turkey* (London: Faber and Faber, 2014)
42. Jeremy Seal, *A Fez of the Heart* (New York: Mariner Books, 1996)
43. Aaron Stein, *Turkey's New Foreign Policy: Davutoglu, the AKP and the Pursuit of Regional Order* (London:

Routledge, 2014)

44. Norman Stone, *Turkey* (London: Thames and Hudson, 2014)
45. Witold Szablowski, *The Assassin from Apricot City* (London: Stork Press, 2013)
46. Kabir Tambar, *The Reckoning of Pluralism* (Stanford: Stanford University Press, 2014)
47. Paul Theroux, *The Pillars of Hercules* (New York: Ballantine Books, 1996)
48. Nesrin Uçarlar, *Nothing in Its Right Place* (Diyarbakır: DI˙SA Publications, 2013)
49. Carla de la Vega, *Honour, Heels and Headscarves: Real-Life Stories of Women from Istanbul* (Ebook: self-published, 2014)
50. Jenny White, *Muslim Nationalism and the New Turks* (Princeton: Princeton University Press, 2012)
51. Christopher S. Wilson, *Beyond Anitkabir: The Funerary Architecture of Atatürk* (London: Routledge, 2013)

【VISUM】MV0011

**艾爾多安的崛起：**一場為了信仰、權力、國際地位，建構土耳其靈魂的新戰爭

**Erdogan Rising:** The Battle for the Soul of Turkey

作　　者❖漢娜・露辛達・史密斯（Hannah Lucinda Smith）
譯　　者❖林玉菁
封面設計❖井十二設計研究室
內頁排版❖張彩梅
總　編　輯❖郭寶秀
責任編輯❖力宏勳
行銷企劃❖許芷瑀

發　行　人❖凃玉雲
出　　版❖馬可孛羅文化
10483台北市中山區民生東路二段141號5樓
電話：(886) 2-25007696
發　　行❖英屬蓋曼群島商家庭傳媒股份有限公司城邦分公司
10483台北市中山區民生東路二段141號11樓
客服服務專線：(886) 2-25007718；25007719
24小時傳真專線：(886) 2-25001990；25001991
服務時間：週一至週五9:00～12:00；13:00～17:00
劃撥帳號：19863813　戶名：書虫股份有限公司
讀者服務信箱：service@readingclub.com.tw
香港發行所❖城邦（香港）出版集團有限公司
香港灣仔駱克道193號東超商業中心1樓
電話：(852) 25086231　傳真：(852) 25789337
E-mail：hkcite@biznetvigator.com
馬新發行所❖城邦（馬新）出版集團【Cite (M) Sdn. Bhd. (458372U)】
41, Jalan Radin Anum, Bandar Baru Seri Petaling,
57000 Kuala Lumpur, Malaysia
電話：(603) 90578822　傳真：(603) 90576622
E-mail：services@cite.com.my
輸出印刷❖中原造像股份有限公司
初版一刷❖2021年5月
定　　價❖540元

ISBN：978-986-5509-83-5
ISBN：978-986-5509-84-2 (EPUB)

城邦讀書花園
www.cite.com.tw



國家圖書館出版品預行編目（CIP）資料

艾爾多安的崛起：一場為了信仰、權力、國際地位，建構土耳其靈魂的新戰爭／漢娜・露辛達・史密斯（Hannah Lucinda Smith）著；林玉菁譯. -- 初版. -- 臺北市：馬可孛羅文化出版：英屬蓋曼群島商家庭傳媒股份有限公司城邦分公司發行, 2021.05
　面；　公分 --（Visum；MV0011）
譯自：Erdogan rising: the battle for the soul of Turkey
ISBN 978-986-5509-83-5（平裝）

1. 艾爾多安（Erdogan, Recep Tayyip.）　2. 傳記
3. 土耳其

783.518　　　　110005524